Frühstück in Timbuktu

SERIE

PIPER

Zu diesem Buch

Sie sind auf dem Weg zum Zigarettenautomaten und landen
zu einem Frühstück in Timbuktu? Gar nicht so ungewöhnlich, finden zwei Dutzend GEO-Autoren. Denn das Abenteuer ist überall anzutreffen, und jeder Tag ist eine Expedition ins Ungewisse – man muß nur den Blick dafür haben
und ein wenig reisen. Für ihre ausgezeichneten Reportagen
sind namhafte GEO-Autoren in der Stille des deutschen
Einödhofes heimisch geworden, haben sich von den Baummenschen auf Neuguinea entdecken lassen oder afrikanische Seelenlandschaften abseits bekannter Pfade kartographiert. Gründlich recherchiert und präzise geschrieben,
lädt diese Sammlung von außergewöhnlichen Beiträgen aus
20 Jahren zu einem spannenden Leseabenteuer ein.

Peter-Matthias Gaede, geboren 1951 in Selters, Studium der
Sozialwissenschaften, Soziologie und Publizistik in Göttin-
gen, ist Chefredakteur von GEO. Zahlreiche Auszeichnungen.

Frühstück in Timbuktu

Abenteuerliche Geschichten aus 20 Jahren GEO

Ein GEO-Buch
Herausgegeben von Peter-Matthias Gaede

Piper München Zürich

Als GEO-Buch liegt in der Serie Piper außerdem vor:
S.O.S. im Nordmeer (2770)

Ungekürzte Taschenbuchausgabe
Piper Verlag GmbH, München
April 1999
© 1996 Hoffmann und Campe Verlag, Hamburg
Umschlag: Büro Hamburg, Andreas Rüthemann
Foto Umschlagvorderseite: Arthus-Bertrand/Altitude/GEO
Satz: GEO QuarkXPress 3.31
Druck und Bindung: Clausen & Bosse, Leck
Printed in Germany   ISBN 3-492-22773-2

Inhalt

Vorwort

Reportagen sind wie Entführungsfälle aus bekanntem Terrain, ein Aufbruch ins Ungewisse. Sie sind ein Gang zum Zigarettenautomaten, der mit einem Frühstück in Timbuktu enden kann. Sie sind eine Abenteuerreise zu Menschen auf nahen und fernen Planeten. Reportagen beginnen mit einem Befremden. Denn wer den Mittelpunkt der Erde nicht an seinem Schreibtisch glaubt, der kann noch immer überall ins Staunen geraten. Und nur der wird es finden: das Ungewöhnliche im Gewöhnlichen. Das Verborgene unter der Oberfläche. Das zweite Gesicht der Wirklichkeit.

Erfahrungshunger ist das Grundnahrungsmittel des Reporters. Wer ihn verspürt, wird nicht vorher wissen, was eigentlich exotischer ist: die Nacht bei den Diamantenwäschern vom Mazaruni-Fluß in Guyana. Oder die Pas de deux der römischen Politiker auf dem *corridoio dei passi perduti*, dem Korridor der verlorenen Schritte. Oder die Expedition in den Supermarkt an der nächsten Ecke.

Dann aber lebt die Reportage von der allmählichen Überwindung dieses Befremdens. Lebt sie von der Kunst der direkten Beobachtung, von der Hingabe des Reporters an sein Sujet, vom Klügerwerden durch Erspüren, Ertasten, Erfragen; vom Erlauschen der Halb- und der Zwischentöne; vom Sehen der mitschwingenden Farben; vom Erfühlen der „Temperatur" eines Themas, der Chemie einer Situation. Dann lebt die Reportage vom Freilegen des Getriebes, das Menschen fliegen oder abstürzen läßt, vom Entschlüsseln einer Dimension hinter dem Puzzle der Fakten; dann geht sie tiefer als die Impression, befreit sich vom Protokoll – und beginnt schließlich zu atmen.

Dichtung und Wahrheit? Die Phantasie, schrieb der Reporter Egon Erwin Kisch, dürfe sich in der Reportage nicht entfalten, wie sie gerade lustig sei. Es sei ihr nur der schmale Steg zwischen Tatsache und Tatsache „zum Tanze freigegeben". Daß Reportagen die verführerische, die gefährliche und unberechenbare, die schöne und vielschichtige, kurz: die vitalste Form des Journalismus sind, weil sie bewegte Geschichten erzählen (und weil es 1001 Timbuktu gibt!), das ist die Gewißheit, die hinter zwei Jahrzehnten GEO steht.

Es ist die Überzeugung, daß gute Geschichten mit dem Schlagwörterbuch der großen Vereinfacher nicht zu schreiben, mit der Blutleere von Infografiken nicht anschaulich zu machen sind. Es ist das Vertrauen in ein Handwerk, das den Wörtern nicht erlaubt, unqualifizierte Arbeit zu leisten, und den Journalisten verbietet, am Vormittag schon zu wissen, wie sie den Abend gefunden haben werden. Denn Reportagen sind die offenste Form der Welt-Anschauung, und das ist ihre Chance.

Zwei Dutzend solcher Aufbrüche ins Unbekannte, Beobachtungen aus der Abenteuerlichkeit des Alltags sind in diesem Buch versammelt. Zwei Dutzend Begegnungen mit merkwürdigen Geschichten von fünf Kontinenten.

Zwei Dutzend Wiederentdeckungen aus 20 Jahren GEO.

Dieses Magazin, geliebt und vielfach ausgezeichnet für eine Reportage-*Fotografie*, die selbst schon Zeitschriften-Geschichte geschrieben hat, war nie nur ein Bilderblatt zum Blättern – und ist es bis heute nicht.

Am GEO-Anfang standen das Bild und das Wort; nebeneinander, beide ein Stoff für die, die nicht glauben, die Welt ließe sich in drei Sätzen erzählen, gar verstehen. Beide zusammen ein *vive la différence* und ein Sensibilisierungsversuch für jenen übergroßen Teil der Wirklichkeit, der weder Pressesprecher noch PR-Abteilungen hat. Und beide gemeinsam verantwortlich für eine im „Fernsehzeitalter" sonst kaum noch zu findende Lust eines lesenden Publikums, sich in jede Ausgabe dieses Magazins über drei Stunden zu versenken. In Bilder – und in Worte, die Bilder malen können.

Reportage ist der größtmögliche Abstand zur Verlautbarung, zum journalistischen Reflex auf das Offiziöse. Reportagen sind die Gelegenheit, dabeizusein, wenn gerade auf der nachrichtenabgewandten Seite der Welt die spannendsten Geschichten passieren. Und sie sind Beleg dafür, daß Aktualität nicht unbedingt das Datum des Tages tragen muß.

So hat das Reportagemagazin GEO im Laufe von 20 Jahren mit einigen tausend Recherchen nach einer Informationstiefe gesucht, die im journalistischen Tagebau nicht zu haben ist. So hat es Erlebnisse zusammengetragen, wie sie – mit Anna Seghers gesagt – „die Minister aller inneren und auswärtigen Angelegenheiten" nicht kennen.

GEO-Reporter sind ausgezogen, das versiebte Leben von Glücksrittern in Guyana genauso zu verstehen wie die schiere Unfaßbarkeit der höheren Mathematik, den Mikrokosmos der Ameise ebenso wie, über 100 Jahre danach, den legendären Ausbruch des Vulkans Krakatau von 1883.

Sie haben sich die Lehre von der Leere des australischen Outback angeeignet, haben sich im Robinson-Selbstversuch auf isolierten Inseln eingeschlossen oder in einer Hochdruckkammer für Millionen Menschen namens Tokyo. Sie sind in der Stille eines deutschen Einödhofs heimisch geworden, haben sich von den Baummenschen auf Neuguinea entdecken lassen oder afrikanische Seelenlandschaften abseits bekannter Pfade kartographiert.

Keine Geschichte vor die andere zu setzen, keine Rangfolge oder Kapiteleinteilung zu schaffen – das war die volle Absicht dieses Buchs. Absicht war es, die Gleichzeitigkeit und das Eigengewicht disparater Erfahrungsebenen für den Erkenntnisgewinn gelten zu lassen. Auch deshalb ist dieser Band eine Versammlung der Kontraste. Der Reportertemperamente.

Aufgebrochen an die Grenzen und in die Mitte einer immer noch zu entdeckenden Welt, sind die GEO-Autoren in den Untergrund und in den Hintergrund gegangen. Haben sie die Hoffnung auf den Frieden in El Salvador beschrieben und die Rituale von Zerstörung und Selbstzerstörung aus der Nähe gesehen, bei Kampfhundzüchtern und in New Yorker Drogen-Absteigen. Oder das Nachkriegstrauma derer empfunden, für die der Tag noch immer mit Schußwunden beginnt; am Vietnam Veterans Memorial in Washington, im Irak.

Sie haben im Sterbehaus der Mutter Teresa in Kalkutta letzte Mitteilungen zum Wert des Menschen erhalten – und bei der Verpackungsmesse „Interpack" gelernt, wie wichtig andere Menschen eine DIN-Bestimmung für Plastikflaschenverschlüsse nehmen können. Sie haben, im Rücken der News-Reporter, unbekannte Keller-Geschichten von der gespaltenen Vereinigung des neuen Deutschland zurückgebracht – und aus der Küche einer Moskauer Wohngemeinschaft den Blick auf das ganze Rußland gehabt.

Zwei Dutzend Abenteuer aus einer bizarren Welt, aber: kein GEO-Buch der Rekorde. Einige mit und durch GEO erwachsen gewordene Themen, besonders aus der Naturwissenschaft, fehlen in der vorgelegten Sammlung ebenso wie viele der namhaften Autoren, die GEO begleitet haben und begleiten, von Uwe George, Hans-Magnus Enzensberger und Horst Stern bis Tilman Spengler, Andrzej Szczypiorski und Viktor Jerofejew.

Und bei aller Freude darüber, daß bislang kein anderes deutschsprachiges Magazin so vieler wichtiger Reportage-Auszeichnungen für wert empfunden wurde: Auch die komplette Reihe der mit dem

Egon-Erwin-Kisch- und anderen Preisen geehrten Reportagen wird in diesem Buch nicht noch einmal abgeschritten.

„Frühstück in Timbuktu" – dieser Titel steht als Chiffre für den Aufbruch, nicht für die Ankunft. Das Buch nimmt mit auf ein Leseabenteuer. Es vereint Randgeschichten, die über den Rand, Momentaufnahmen, die über den Moment hinausragen. Heftige Erlebnisse unterhalb der Schwelle, an der die leicht zu vermarktende und schnell zu vergessende Sensation beginnt. Texte von der Zähmung der Unendlichkeit und dem Fluch der guten Tat. Privatgeschichten ohne Bezug zum Bruttosozialprodukt. Irritierende Berichte von wichtigen Ereignissen in fremden Räumen. Winzige Geschichten in der großen Geschichte, große Geschichte im kleinen.

Zwei Dutzend Tänze auf einem schmalen Grat. Entführungsfälle mit offenem Ende.

Hamburg, im August 1996   *Peter-Matthias Gaede,*
Chefredakteur GEO

BENNO KROLL

Charlys treuer Killer

*Allwöchentlich werden irgendwo in den USA an geheimen
Orten blutige Tragödien inszeniert: Bis der Morgen graut, hetzen
»Dogfighter« ihre beißwütigen Hunde aufeinander. Die Züchter
und ihr fanatisches Publikum sind eine verschworene Gesellschaft,
gegen die Polizei und Tierschützer nahezu machtlos sind.*

D ie Sonne war zweimal über Texas aufgegangen, als die sechs
weißen Männer die Karten auf den Müll warfen und ihr Po-
kerspiel beendeten. 40 Stunden hatten sie auf heißen Pla-
stikstühlen gehockt und runde 1500 Dollar über die stinkende Pferde-
decke geschoben, die auf dem Tisch lag. Einer der sechs Männer war
ein Maurer, einer ein Zuhälter, einer ein *con man*, ein professioneller
Schwindler. Zweien kam ich auch in 40 Pokerstunden nicht so nahe,
daß ich etwas über sie erfahren hätte. Und der sechste Mann war ich.

Beim zweitenmal war die Sonne an einem Mittwochmorgen aufgegangen. Charly, der Maurer, stapfte mit schweren Schritten in die
Küche des alten Holzhauses, das er seinen „shop" nannte und das sein
Büro war, so aber nicht aussah, denn es standen zu viele Betten darin
herum, und es war ärmlich eingerichtet und verwahrlost.

Die Bennys hatten ihre Wirkung verloren – die „Bennys" oder die
„Christmas trees" oder welche Sorte Speed er diesmal geschluckt
hatte. Mir hatte er eine Benny gegeben, und ich – an die trügerischen
Effekte einer reichlichen Amphetamin-Dosis nicht gewöhnt – war
noch immer wach und noch immer voller Zuneigung zu den Männern, die mich pleite gepokert hatten.

Charly briet sich ein Spiegelei und strich einen dicken Klumpen
Marmelade obendrauf. Dann schob er sich das Gemisch auf einer
Scheibe Toast zwischen die rotbärtigen Kinnbacken. Dabei sah er mit
jäh erwachendem Interesse nach draußen. Doch war es nicht der
Schuppen mit dem Gerümpel seines Baugeschäfts, dem dieses Interesse galt. Es galt auch nicht Louis, Charlys einzigem Arbeiter, obwohl der Bursche auf einem Sack in der Morgensonne schlief. Louis
war für Charly nur ein Nigger, und Louis wußte das.

Charlys Aufmerksamkeit war allein auf die Hunde gerichtet, die unter den hohen Sykomoren des weitläufigen Grundstücks am Stadtrand von Houston an ihren klirrenden Ketten zerrten, wenn ihnen ein Huhn zu nahe kam. Es waren gedrungene Tiere mit der breiten Brust der Dogge und den schalen Flanken des Terriers: 15 „American Pit Bull Terrier" an langen Ketten, die den Tieren noch zu kurz waren. Der Auslauf jedes Hundes war so bemessen, daß er den des nächsten nicht schnitt – sie hätten sich sonst zerfleischt.

Charly sah zu „Little Dude" hinüber und ich zu Charly, aber dessen Gesicht war grau und mürrisch. Little Dude war eine schwarze Inzucht mit krummen Vorderbeinen – und sein Hundegesicht eine einzige Wunde, die sich unter weißem Schorf zu schließen begann. Kurz vor Morgengrauen des vergangenen Sonntags hatte Little Dude einem anderen Hund irgendwo in Oklahoma in einer blutigen 112-Minuten-Schlacht die Courage aus dem Leib gebissen. Und weil er in diesem Gefecht – von dem nur die 400 Menschen wußten, die ihm in einer verdunkelten Scheune zugesehen hatten – zum Sieger erklärt worden war, hatte Little Dude seinem Herrn 500 Dollar erstritten. Doch seither fehlte ihm links die Unterlippe, und nun hatte er dieses sardonische Grinsen über dem unfreiwillig gebleckten Reißzahn.

Als Little Dude seinen Herrn hinter dem Küchenfenster sah, begann er ungestüm an seiner Kette zu zerren. Doch die Kette riß Little Dudes Sprünge, die von einer 20-Kilo-Muskelmassierung angetrieben wurden, immer wieder zurück. Der Hund warf den Kopf hoch und jaulte. Er preßte seine Kehle so lange gegen das breite Lederhalsband, bis er nur noch japsen konnte. Schließlich trommelte er mit seinen Vorderbeinen ein clownisches Schlagzeugsolo auf den Waldboden. Da war kein Zweifel möglich: Little Dude liebte seinen Herrn.

Doch Charly lächelte nicht. Er hatte das verschlossene Gesicht eines 29jährigen Mannes, der nie ein Kind gewesen war und der in langen Pokernächten durch die Erregungen des Spiels, durch Bier und Marihuana einer frühen Vergreisung zustrebte. Er lächelte nicht, aber seine grauen Augen mit den starren Pupillen ließen von Little Dude nicht ab. In einem Wohnviertel der unteren Mittelklasse bewohnte Charly ein Haus, das innen und außen wirklich wie ein Wohnhaus aussah, sieht man davon ab, daß der Living-room von einem verglasten Schrank voller Jagdgewehre und Maschinenpistolen beherrscht wurde. Er fuhr einen Cadillac. Und er trug einen Hut aus Biberpelz, eine breitkrempige Emphase texanischer Männlichkeit.

Dolly, Charlys Frau, kam in seinen Shop, um den Mann abzuholen, mit dem sie alles verband: eine gemeinsame Arme-Leute-Kindheit, zwölf Jahre Ehe an der Grenze des Gesetzes und die gemeinsame Leidenschaft für den *dogfight* – den blutigen Kampf zwischen Pit Bull Terriern. Mir schien der Augenblick gekommen, eine Frage zu wiederholen, die ich schon oft gefragt hatte: „Charly, wann nimmst du mich zu einem Dogfight mit?"

„Jee, Ben, sie haben mir noch keinen Tip gegeben, wo das nächste damn' motherfuckin' Match angeht." Da stand ich nun mit meiner Vierzigstundenwachheit, die mir wie mit Paukenschlägen gegen die Schläfen klopfte. Ich hatte geglaubt, ich hätte mir in 40 Stunden ungesetzlichen Glücksspiels die Vertrauenswürdigkeit erpokert, die ein *fancier* genießt, ein Liebhaber des ungesetzlichen Dogfights. Wie sollte ich beschreiben, was ich nicht zu sehen bekam?

Charly und Dolly gingen. Die anderen Männer hatten sich auf die Betten geworfen, die mit dem Schweiß durchreisender Dogfighter getränkt waren. Denn Dogfighter waren sie alle, meine Pokerkumpane. Männer, die Tausende von Meilen in rostenden Limousinen oder blitzenden Trailern durch die Vereinigten Staaten reisen, um mit ihrem Hund in einer Samstagsnacht ins *pit* zu steigen – in ein fünf mal fünf Meter großes Geviert kniehoher Holzplanken, das für diese Nacht in einer Scheune, im Hinterzimmer einer Kneipe oder unter einem Zeltdach in der Wildnis errichtet worden war.

Diese Männer sind dem Fieber der Wett- und vielleicht auch der Blutlust verfallen, für dessen Kitzel sie den Vorwurf der Tierquälerei hinnehmen und die Verfolgung durch Polizei und Gesetz. In ihren heimlichen Arenen lassen sie ihren Hund, von dem sie sagen, daß sie ihn lieben, auf das Tier eines anderen Dogfighters los – für einen Kampfpreis von manchmal 100 und manchmal 5000 Dollar. Oft dauert es zwei Stunden, ehe die Beißerei entschieden ist: eine blutige, bedrohlich stumme und bestürzend ausdauernde Auseinandersetzung zwischen Kreaturen, deren *gameness* Gottes Wille wohl nicht war, denn dieser Kampfgeist ist das Ergebnis menschlicher Züchtung.

Meine Pokerfreunde nennen den Dogfight ihren „Sport". Sie verteidigen sich mit dem Argument, daß sie nur Hunde gleichen Geschlechts und gleichen Gewichts miteinander kämpfen ließen und daß der Pit Bull Terrier den Kampf suche, weil er für den Kampf gezüchtet worden sei. Und: Ohne den Dogfighter gebe es diesen tapferen Hund nicht.

Es ist das Argument der Stierkampf-Liebhaber für den Tod in der Corrida – Hemingways Argument. Doch die Dogfighter, überwiegend Angehörige der untersten Gesellschaftsklasse, vermögen die Anmaßung kaum zu erkennen, die dieses Argument in sich birgt.

In Kalifornien können Dogfighter und die Promoter einer *convention*, eines nächtlichen Turniers mit mehreren Einzelkämpfen, mit bis zu einem Jahr und einem Tag Freiheitsentzug und 50 000 Dollar Geldbuße bestraft werden, denn dort gelten Dogfights als Verbrechen. In Colorado, Wyoming, Utah, New Mexico und Texas riskieren Promoter, Fighter und Zuschauer bis zu 1000 Dollar und einem Jahr Gefängnis – dort ist das Spektakel nur ein Vergehen.

Tierschützer schätzen, daß rund 5000 Amerikaner Dogfighter oder Promoter oder Züchter von Kampfhunden sind. Diese Leute frönen ihrer Passion nicht nur in der Wüste von Arizona, wo sie die Bedrohung durch das Gesetz leichten Herzens kalkulieren. Sie treten auch im Slumdschungel der New Yorker Bronx ins Pit. Und Jahr für Jahr sind es ein paar hundert mehr.

Charly hatte nach unseren ersten Sitzungen in seinem Shop, in denen wir uns wortkarg beschnüffelt und wortreich voreinander verborgen hatten, eines Tages trotz seines Mißtrauens wieder angefangen, seine Hunde für den Kampf zu trainieren. Vorher hatte er mich an langen, tatenlosen Tagen bei Marihuana und Bier in seinem gedehnten Texaner-Tonfall von der Schönheit des Dogfights zu überzeugen versucht.

Ich wußte, daß in seinen bestickten Stiefeln ein langes Messer steckte, und hatte gesehen, daß neben der Einfahrt zu seinem Grundstück ein Schild stand: „Durchfahrt verboten! Überlebende werden angeklagt!" Ich hatte ihm gesagt, daß ich die Dogfight-Story wollte. Doch Charly argwöhnte noch immer, daß ich Schlimmeres war – FBI-Agent etwa. Dennoch hatte er nichts dagegen, wenn ich ihm zusah, während er seinen Tieren das Beißen beibrachte.

An jenem Mittwochmorgen war es Joseph, Charlys Partner im Pit und auf dem Bau, der das Training übernahm. Joseph war ein muskulöser Mann und auf beiden Armen bilderreich tätowiert. Einst hatte er Faustkämpfe für Rummelplatzbörsen ausgetragen – Kämpfe mit der nackten Faust, und seine Gegner hatten ihm Lücken ins Gebiß geschlagen, und die Zuschauer hatten auf ihn gewettet.

Joseph „arbeitete" eine schwarze Hündin an der *catmill*. Die Catmill ist ein Riesenrad ohne Felge, dessen drehbare Achse so in die Erde gerammt wird, daß sich seine fünf Meter langen Speichen in Hüfthöhe eines Mannes und parallel zum Erdboden drehen können. Joseph band die Hündin mit einer Lederleine an das Ende einer Speiche. Die Hündin sollte die Catmill wie ein Zirkuspferd im Kreise ziehen, ein Gewicht, das vielfach schwerer war als sie selbst. So sollte ihre Muskulatur gehärtet und ihre Ausdauer gefestigt werden. Um sie in den Galeerenlauf zu locken, band Joseph einen lebenden Hahn an das nächste Speichenende.

Die Hündin riß Augen und Schnauze auf und rannte augenblicklich los. Sie zerrte die Catmill mit einer Geschwindigkeit von 30 Stundenkilometern über die runde, rote Sandpiste. Der Hahn versuchte, auf diesem Karussell zu stehen. Es gelang ihm anfangs, und er entlockte Joseph ein respektvolles Schnalzen. Der Hahn flatterte, er taumelte, und schließlich riß ihn der Fahrtwind von den Füßen. Mit einem Bein in die Schnur geknotet, die ihn an die Aluminiumstange band, hing er kopfüber herab und flatterte nicht mehr. Im *keep*, in den vier Trainingswochen vor der nächsten Hundeschlacht, muß der Hund Tag für Tag bis zu acht Stunden die Catmill ziehen.

Die Dogfighter haben kein Unrechtsbewußtsein. Ihr „Sport" war bis zum Jahre 1860 in allen Bundesstaaten der USA erlaubt und in einigen noch Jahrzehnte länger. Außerdem geht es ihnen nicht um Profit. Unter den 5000 verdient höchstens ein halbes Dutzend Züchter mit dem Verkauf von Welpen seinen Lebensunterhalt. Charly gibt mehr Geld für Futter, flüssige Proteine, Medikamente und die Fahrten zu den Conventions aus, als er mit nach Hause bringt.

Den Ansatz einer Erklärung für seine Leidenschaft hatte er mir an einem regengrauen Nachmittag in seinem Shop gegeben. Es war ein schweigsamer Tag, einer jener vielen Tage, an denen wir nicht einmal gepokert, sondern nur gedankenvoll aneinander vorbeigestarrt hatten. Plötzlich sagte er: „Ben, ich sage dir was: Dogfight ist das Pferderennen des kleinen Mannes." Und zehn Minuten später: „Glaub mir, ich liebe meine Hunde. Wenn ich im Pit bin und wenn mein Hund rübergeht, wenn er den Hurensohn angreift, dann ist mir, als ginge ich selber rüber, als peitschte ich selber diesen Sonofabitch."

Charly ist mit Hunden aufgewachsen, wie jeder Texaner mit Hunden aufgewachsen ist. Und wie nahezu jeder Dogfighter kommt er aus einer bäuerlichen Gesellschaft. Die Sentimentalität einer wohlhabenden Städterin, die ihren Pekinesen überfüttert, ist ihm völlig fremd. Als Kind hat Charly Hunde mit Steinen beworfen. Als Erwachsener streichelt er sie mit seinem Blick. Er gibt ein hektographiertes Dogfight-Magazin heraus – eine von drei Zeitschriften, die im Dogfight-Untergrund erscheinen. Auflage: 400. Seine Frau Dolly reist zu den Conventions und berichtet über die Kämpfe, und so naiv wie Dolly sind ihre Berichte. Aber sie sind nicht naiver als ihre Leser.

Während ich sie las, beobachtete Charly mich aus den Augenwinkeln. Er wurde den Verdacht nicht los, daß ich (mindestens) Agent der Tierschutzvereinigung war. Diese Agenten schleichen sich in Dogfighter-Kreise ein. Aber nur selten erfahren sie Ort und Zeit einer Convention früh genug, um der Polizei einen Tip geben zu können.

Denn nur der Promoter weiß, in welchem Schlupfwinkel die Hundeschlacht ausgetragen wird. Den Fanciern, ja selbst den Fightern, die ihm die Hälfte des Kampfpreises Wochen vor der Convention anvertrauen müssen, teilt er nur den Standort eines Telefons mit. Es steht in einem billigen Motel oder in einer abgelegenen Tankstelle. Neben diesem Telefon werden sich Fancier und Fighter viele Stunden langweilen oder betrinken, ehe der Promoter sie anruft und ihnen erklärt, wohin sie fahren müssen. Dann bleibt ihnen gerade so viel Zeit, daß sie die Arena erreichen, wenn der erste Akt beginnt.

Die logistischen Probleme der Tierschützer waren auch die meinen: Ich erfuhr nicht, wo eine Convention stattfand. Ich konnte nicht einfach hinfahren und um Einlaß bitten.

Als ich mich – immer noch an jenem Mittwochmorgen – mit einem Gefühl über die Maßen strapazierter Geduld und jäh erschöpft auf mein Hotelbett warf, ahnte ich nicht, daß die Convention, die ich schließlich erleben sollte, in diesen Tagen, vielleicht an diesem Morgen, in einem Farmhaus in Ohio vorbereitet wurde.

Die Vorbereitungen mögen darin bestanden haben, daß der Promoter die Direktiven ausarbeitete, die Fancier und Fighter erst ins Ungewisse und dann zum Ziel führen sollten. Es waren acht Begegnungen zwischen Pit Bull Terriern verschiedener Gewichtsklassen angesetzt. Dem Promoter waren die Verträge zugegangen, die von den jeweiligen Gegnern ausgehandelt worden waren. Die Kampfpreise lagen zwischen 200 und 1000 Dollar. Jeweils die Hälfte war dem Promoter bereits von allen Kontrahenten überwiesen worden. Wichtigster Paragraph war in allen Verträgen das Kampfgewicht der Hunde. Überschritt es in der Nacht der Convention die vereinbarte Höhe, hatte der Besitzer eines solchen Hundes die Begegnung kampflos verloren – und damit das vorausbezahlte Geld an seinen Gegner.

Es könnte an diesem Morgen gewesen sein, daß die Hell's Angels Murphy und Kean in ihrer ärmlichen Behausung nahe der Chevrolet-Fabrik in Cleveland/Ohio ihren Pit Bull Terrier auf einer lärmenden Tretmühle zu trainieren begannen, denn sie hatten für eine Catmill keinen Garten. Sie hatten den Hund, als er zwei Jahre alt war, von einem Polizisten gekauft. Mit nunmehr zweieinhalb Jahren war das Tier im richtigen Alter für seinen ersten Fight, aber es war nicht früh genug in Form gebracht worden. Auch war es einige Pfunde schwerer, als der Kontrakt erlaubte, den Murphy und Kean für die Bataille unterschrieben hatten.

Es könnte an diesem Morgen gewesen sein, daß der Indianer Sonny am Rande der kalifornischen Wüste mit 18 Pit Bull Terriern in die Berge ritt. Der Indianer ritt einen scharfen Trab, damit die Hunde zwischen den Dornbüschen und Salbeisträuchern des kargen Gebirges zu äußerster Anstrengung herausgefordert wurden. Denn einer von ihnen sollte in Ohio antreten. Allerdings war es nicht Sonny, der mit dem Tier ins Pit steigen würde. Er hatte den Hund einem weißen Dogfighter vermietet, der keinen eigenen besaß.

Es könnte an diesem Morgen gewesen sein, daß Jack Egan nach San Antonio fuhr. Jack war bei Jerome Wilbur als eine Art Hundehütejunge angestellt, und Jerome war bei allen Dogfightern als Züchter von Kampfhunden hoch geachtet. Jack wohnte mit seinem Boss und dessen Frau Jenny unter einem baufälligen Dach außerhalb von San Antonio in Texas zusammen. In der Stadt besorgte er sich eine weiße Pille, die wie eine simple Kopfschmerztablette aussah. Denn Jack sorgte sich um seine Freunde Murphy und Kean in Cleveland. Er wußte, daß sie im Pit noch unerfahren waren. Die Tablette sollte ihrem untertrainierten Hund zum Sieg verhelfen.

Und gewiß auch an diesem Morgen schrieb der ehemalige Hotelpage Ronny Oakland in Dallas, obgleich er nahezu Analphabet war, am letzten Kapitel eines Buches, das eine Huldigung an den Pit Bull Terrier war. Er hatte dieses Buch vor Jahren begonnen, und weil er sich seinem Ziel und damit der Erfüllung seines Lebens so nahe wußte, lehnte er die Einladung zur Convention am Telefon ab.

Jeden dieser Männer hatte ich besucht, weil ich einen finden wollte, der mich zu einer Convention mitnahm, und Ronny Oakland war der erste. Er war 44, ein schlanker Mann mit schwarzem Bart. Ein Züchter und Fighter, der, wenn er über die Hunde sprach, mit erhobener Schwurhand dozierte. In seinem Garten lagen 20 Pit Bull Terrier an der Kette, und hier griff mich zum erstenmal einer an, was ungewöhnlich war, denn diese Tiere, die ihresgleichen mit einem Haß bekämpfen, der ihr Schicksal ist, sind Menschen gegenüber von einer ebenso blinden, instinktiven Zuneigung erfüllt.

Ronny las mir zwei Tage lang mit feierlicher Stimme aus dem Manuskript seines Buches vor. So beispielsweise die Geschichte, wie er den höchsten Kampfpreis verlor, den er je riskiert hatte: 5000 Dollar. Er verlor ihn, weil der Hund seines Gegners mit Nikotinsulfat eingerieben worden war, und Ronnys Tier erlahmte, als er dem anderen das Fell durchbiß. Nun wäscht, weil derlei Tricks nicht neu sind, jeder Dogfighter den Hund des Gegners vor dem Kampf sorgfältig mit antiseptischer Seife ab, und anschließend leckt er am gewaschenen Fell, um den Geschmack zu prüfen. Doch Ronnys Gegner hatte das Gift mit einem Silikon-Film überzogen, den die Seife nicht abwaschen konnte und die Zunge nicht schmeckte. Seitdem setzt Ronny seiner Lauge hochprozentigen Alkohol zu.

Oder die Geschichte, wie Ronny einen Fight gewann, den er schon verloren wähnte. Als er am Ort der Convention eintraf, hatte er noch sieben Dollar und einen halben Tank voll Sprit. Er durfte den Kampf und damit den Preis nicht verlieren, andernfalls hätte er nicht mehr nach Hause fahren können. Doch in diesem Kampf brach sich Ronnys Hund am eigenen Biß erst den Ober- und dann auch den Unterkiefer. Nahezu waffenlos gewann er ihn nach 125 Minuten dennoch, weil er beim *scratch* noch angriff, während der andere Hund den Angriff verweigerte.

Der Scratch – die Attacke quer durchs Pit – ist eine Prüfung, die den Tieren vom Schiedsrichter auferlegt wird, wenn sie sich, für den Bruchteil einer Sekunde, voneinander abwenden. Der Hund, der, mit blutender Nase, zerrissenen Lefzen und gebrochenen Gliedern, dem Angriffssignal nicht mehr folgt, wird in seiner Ecke vom Schiedsrichter ausgezählt und hat den Kampf verloren.

Aber natürlich hat auch Ronny in seiner 25jährigen Dogfighter-Karriere die Schwänze seiner Hunde hängen sehen: am Ende einer verlorenen Bataille und an der Schwelle einer Herzattacke. Solche Hunde hat er erschossen – und vergessen. Mit den Verlierern unter ihren Hunden töten die Dogfighter, Verlierer in der menschlichen Gesellschaft, peinliche Erinnerungen. Sie haben ihre eigene Identität aufgegeben, um sie in ihren Hunden wiederzufinden, jedoch nur in den Siegern. Sie verfolgen die Stammbäume ihrer Tiere bis in die sechste Generation zurück – während sie kaum ihre eigenen Großeltern kennen.

Ronny Oakland gehört zu den Dogfightern, die für ihre Passion im Gefängnis gebüßt haben. Selbst wenn er zur Convention gefahren wäre, hätte er mich nicht mitgenommen. Auch der Indianer Sonny war nicht bereit, mir zu helfen. Er wollte mir nicht einmal seine Hunde zeigen. Ich lud Sonny und seine weiße Freundin, die sich aus Dogfight weniger macht als aus Sonny, zum Dinner ein. Und so lernte ich den Ideologen unter den Dogfightern kennen. Ich meine, sie sind alle Ideologen, das müssen sie sein, um sich vor der Gesellschaft zu rechtfertigen. Aber Sonny – ein schwerer 38jähriger Mann mit den grünen Augen seines französischen Großvaters – war auf eine Art zum Hundekampf gekommen, die ihn aus der Dogfighter-Gesellschaft heraushob: Vor 20 Jahren hatte er Jack Londons Hunde-Roman „Call of the

Wild" im Gefängnis gelesen, London hatte die blutige Leidenschaft in diesem Indianer geweckt, weil der Dichter selbst von ihr besessen war.

„Ein Dogfighter", sagte Sonny, „hat heute den gesellschaftlichen Rang eines Mädchenschänders. In den alten Tagen hatte er Prestige."

„Sonny, was macht einen Mann zum Dogfighter?"

„Das wirst du verstehen, wenn du einen Kampf siehst, falls dein Herz stark genug ist. Hör mir zu: Du fährst 1000 Meilen mit deinem Hund zur Convention. Du fragst dich, ob du ihn gut in Form gebracht hast. Hättest du ihm nicht kräftigere Kost geben sollen? Du erreichst das Motel. Jeder kennt dich als großen Fighter: ein Raunen des Respekts. Du fragst: Habt ihr den anderen Hund gesehen? Ist er scharf? Ist er schnell? Ist er *game*? Du wartest Stunden auf deinen Kampf. Du sitzt nicht neben deinem Hund, du sitzt ihm gegenüber. Du kannst ihn, er kann dich sehen. Das gibt ihm Vertrauen. Er ist vielleicht ein Brusthund – es ist seine Spezialität, den anderen an der Brust zu erledigen. Und dann, im Kampf, faßt er den anderen doch am Ohr. Jetzt darfst du ihn nicht ermutigen. Dein Hund darf die Kraft seiner Bisse nicht verschwenden. Warte, bis er den anderen an der Brust hat. Dann ermutige ihn! Ich sage dir, Ben, der Moment, in dem du dich beweisen mußt, ist, wenn der Schiedsrichter ruft: ‚Wendet eure Hunde!‘ Und: ‚Laßt eure Hunde los!‘ Dann bist du ein Teil von deinem Hund. Dann spürst du, daß du lebst!"

Im Dining-room spielte eine Band. Sehr feine, sehr alte Paare tanzten zur Dinnermusik. Sie waren teuer angezogen: Zelebritäten der kalifornischen Gesellschaft. Sie ahnten nicht, daß sich auch die Rothaut an unserem Tisch die Achtung erworben hatte, ohne die ein Mann nicht leben kann. Einer von jenen hätte Sonny mit seinen vier Jahren Missionsschule nicht werden können. Aber ein in seinen Kreisen berühmter Dogfighter konnte er werden.

Doch Sonny seufzte: „Es gibt nicht mehr viele gute Kämpfe. Heute siehst du viele schwache Menschen im Pit, Arschlöcher. Aber die Hunde, Ben, an die kannst du glauben."

Dann sagte Sonny, wen er mit den „schwachen Menschen" meinte. Einer war der, den ich anderntags in San Antonio besuchen wollte: „Jack Egan ist ein Niemand. Er ist trotz seiner weißen Haut nur Jerome Wilburs Nigger."

Es war gar nicht Jack Egan, dessentwegen ich nach San Antonio flog, sondern dessen Boss Jerome Wilbur, der mit seinen 64 Jahren noch der Zuhälter seiner 38jährigen Frau Jenny und ein *con artist* war, ein Schwindler mit kreativen Gaben. Doch als ich in das Dunkel des Hauses trat, in dem ein Museum des Dogfights verstaubte, erfuhr ich von Jack Egan, daß sein Boss am Morgen dieses Tages einen Herzinfarkt erlitten hatte und im Krankenhaus lag.

So folgte ich Jeromes „Nigger" über das Gelände der Züchterei, auf dem 30 Hunde ihrem blutigen Lebensziel entgegenwuchsen. Wir sprachen über den Grausamkeitsvorwurf des Tierschutzvereins.

„Bullshit!" sagte Jack. „Grausam ist einer, der seinen Hund für weniger als 500 Dollar kämpfen läßt."

Dieser Junge erschloß mir die Convention in Ohio, in einem Städtchen namens Seven Mile. Weil sein Boss krank war, konnte Jack nicht hinfahren. Aber die Doping-Tablette für den Hund seiner Freunde Murphy und Kean von den Hell's Angels mußte hin. Als ich ihn fragte, ob er mit nach Ohio fliegen werde – denn inzwischen hatte auch ich gehört, daß irgendwo in Ohio eine Convention stattfinde –, antwortete er: „Nein. Flieg ohne mich. Ich rufe meine Freunde an. Mit ihnen kommst du in die Convention rein. Du triffst sie Samstag morgen in Seven Mile im ‚H and H'-Motel. Gib ihnen die Pille. Sei früh da. Sie brauchen sie morgens."

Ich war früh da.

Das „H and H"-Motel war eine Zehn-Dollar-Herberge und gehörte einer alten Dame, die das Geschehen vor ihren acht Zimmertüren argwöhnisch beobachtete. Murphy und Kean und Keans Freundin Lana, ein blonder Teenager in prallen Jeans, kamen wenige Minuten nach mir in einem Kleinlaster. Ihr Hund war ein schwarzer Rüde und wog 46 Pfund, ein Pfund zuviel. Murphy war ein dünnbeiniger Riese mit einem kantigen Gesicht und dicken Brillengläsern, der kein Wort zuviel sagte. Er trug sein langes Haar zum Zopf gebunden. Kean war kleiner, zugänglicher, Langhaar offen. Die beiden waren über mich im Bilde, und ich gab ihnen die Tablette. Sie mieteten nur ein Zimmer.

Murphy drehte eine einzöllige Schraube in den Türrahmen vor der Dusche. Daran hängte er die Baumwollwaage auf. Dann hängte er den Hund mit seinem Lederhalsband an die Waage – wie einen Baumwollsack. Anschließend begann er unverzüglich, mit dem Tier in der Landschaft herumzurennen, damit es an Gewicht verliere. Die alte Dame kam aus ihrem Büro und streichelte den Hund. Sie hatte nicht die leiseste Ahnung, worum es hier ging.

Wir warteten den ganzen Tag. Abends begann es zu regnen. Kurz vor acht kam statt eines Anrufs ein blonder Bursche im Jeep, um die Hell's Angels zu holen. Als er mich sah, wurde er mißtrauisch. Murphy sagte, ich sei okay, aber das beruhigte den Mann nicht. Ich berief mich auf alle Dogfighter, die ich kannte. Immer noch zweifelnd fuhr der Mann mit Murphy, Kean und Lana los. Ich dachte, ich würde ihn nie wiedersehen. Doch wenig später kam ein anderer und holte mich im selben Jeep.

Wir fuhren etwa zehn Kilometer durch die verregnete Dunkelheit. Als der Fahrer von der Straße abbog, schaltete er die Scheinwerfer aus. Vor einer verdunkelten Scheune parkten 100 Fahrzeuge. Die Wachposten hielten uns nicht auf. In der Scheune nahm mir ein Bursche 40 Dollar ab – den Profit des Promoters. Das Pit aus Furnierholz war blutig befleckt und von einer nackten Neonröhre beleuchtet. Etwa 150 Menschen umringten es, unter ihnen einige Frauen und einige Schwarze. Es war eine derbe Gesellschaft in Parkas, Lumberjacks oder Wolljacken, und erst später bemerkte ich, daß einige der Männer bewaffnet waren. Charly und Dolly waren nicht gekommen.

Um acht wurden die Scheunentore geschlossen. Von nun an durfte niemand mehr hinaus, denn er hätte die Polizei holen können.

Und so habe ich alle acht Kämpfe gesehen. Die Convention dauerte bis 4.30 Uhr morgens. Zwischendurch gab es Kaffee und eine heiße Suppe. Manche tranken Bier aus mitgebrachten Dosen. Nach dem ersten Kampf mußte ich an den Indianer Sonny denken: „Wenn dein Herz stark genug ist..." Es war nicht stark genug.

Der erste Kampf dauerte nur 50 Minuten. Als er entschieden war, schrie der Verlierer. „Ich geh los und knall den Hurensohn ab!"

„Tu's nich!" rief jemand. „Ich nehm 'en."

„Dann nimm den Bastard."

Nie in meinem Leben habe ich mehr Tapferkeit, mehr Zähigkeit, mehr Leidensfähigkeit beobachtet als an diesen kleinen Tieren. Ich sah einen Hund, der, als er zum Scratch befohlen wurde, auf seinen Vorderfüßen nicht mehr laufen konnte. Dieser Hund griff den Gegner kriechend an.

Murphy und Kean hatten sorgenvolle Gesichter. Sie hatten geglaubt, daß auch der gegnerische Hund seinen ersten Kampf vor sich hatte. Nun wußten sie, daß er ein *master champion* war, ein fünffacher Sieger.

Es war Murphy, der den Hund ins Pit führte. Sein Gesicht war fast ausdruckslos vor unterdrückter Spannung. Er packte seinen Hund mit beiden Fäusten am Nackenfell, nahm ihn zwischen die Beine und richtete die Schnauze des Tieres in die Ecke des Pits, die „ihre Ecke" war. Ebenso verhielt sich der Gegner in der gegenüberliegenden Ecke mit seinem Meisterhund. Es war ein breithüftiger, fetter Mann mit Halbglatze, und sein Hund war in der Dogfightersprache ein „Roter", denn er hatte ein braunes Fell. Noch waren die Tiere ahnungslos, noch hatten sie einander nicht gesehen. Über dem Rand des Pits sahen sie nur menschliche Gesichter, neugierige, lüsterne, gleichgültige, auch beklommene. Die Hunde wedelten mit den Schwänzen.

Dann befahl der Schiedsrichter: „Wendet eure Hunde!"

Die Männer drehten sich und ihre Tiere um. Und als die beiden Bull Terrier einander zum erstenmal in ihrem Leben sahen, überwältigte sie die Angriffslust. Die Männer mußten ihre ganze Kraft aufbieten, um die Tiere bis zum nächsten Kommando festzuhalten:

„Laßt eure Hunde los!"

Sie stürmten aufeinander los. Sie bellten nicht. Es gab kein Abschätzen des Gegners, kein Umeinanderkreisen, kein Schnüffeln, keine Drohgebärden, nicht einmal ein Knurren. Der Angriff wurde vollkommen stumm geführt und völlig besinnungslos. Die Tiere sprangen aneinander hoch und bissen hitzig ins Leere. Aber der Hund der Hell's Angels wurde geworfen, und dann spürte er die Zähne des Gegners wie eine Eisenfalle an seinem rechten Hinterbein. Murphys Schwarzer sah nicht gut aus. Er war ein Nasenhund. Doch die Nase des Roten kräuselte sich, unerreichbar für den Schwarzen, über dessen Hinterbein. Die Wetten standen gegen Murphys Hund.

„100 Dollar auf den Roten!"

„200 Dollar auf den Roten!"

Der Kampf dauerte eineinhalb Stunden. Nach zehn Minuten hatten sich die Rachen beider Tiere mit Blut gefüllt. Murphy kniete zungenschnalzend neben seinem Hund. Der Dicke stand lässig im Pit und rauchte eine Zigarette. Manchmal knurrten die Hunde. Ich hörte das Scharren ihrer Krallen. Es roch nach Speichel und Blut. Und manchmal hörte ich es knirschen, dann brach ein Zahn oder ein Knochen.

„Beiß 'em, Sohn", schrie Murphy. „Guter Junge! Kill 'em!"

Nach 70 Minuten hatte Murphys Hund den Roten an der Nase.

„Halt sie fest, die Nase!" schrie Murphy. „Schüttle se!"

Er hielt sie fest, er schüttelte dem Roten die Seele aus dem Leib. Plötzlich schrie der Rote. Er schrie einen langen, winselnden Klagelaut. Einige Männer lachten, einer äffte den Schrei nach. Am Ende verweigerte der Rote den Scratch, und der Schiedsrichter zählte ihn aus. Murphys Hund, er hechelte mit blutiger Zunge, hatte den Kampf gewonnen.

Nach dem Kampf fotografierte Lana die Hell's Angels mit ihrem Hund. Murphy und Kean lächelten mit ernsten Augen. Der Hund pinkelte an die Scheunenwand. In seinem Urin war Blut.   (1979)

ALEXANDER SMOLTCZYK

Wo die Welt noch keine Kugel ist

In Baumhäusern, hoch über den Wipfeln des Regenwalds
von Irian Jaya (Neuguinea), wohnen die Korowai – eines der letzten
Völker, die noch wie unsere Steinzeit-Vorfahren leben. Sie
kennen weder Eisen noch Töpferei, und von der Existenz einer Welt
außerhalb der ihren wissen sie nur vom Hörensagen.
GEO-Reporter besuchten sie – und erlebten selbst, wie es ist,
entdeckt zu werden.

D as „Global Positioning System" wurde vom Pentagon entwickelt, damit sich die GIs in der Welt zurechtfinden. Mit Hilfe des kleinen Kastens sind Satelliten von jedem Punkt der Erde aus anzupeilen. So kann der eigene Standpunkt bestimmt werden – auf 100 Meter genau. Das Gerät gibt auch an, in welche Richtung man sich bewegen muß, um von A nach B zu kommen. Es genügt, die Koordinaten des Zielpunktes einzutippen. Zum Beispiel: 5° 12' 51" südl. Breite und 139° 49' 24" östl. Länge.

Das ist Point 26. Unser Ziel. Dort steht inmitten der Sümpfe im Süden Irian Jayas – des westlichen Teils von Neuguinea – ein Baumhaus, hoch wie ein Turm. Darin wohnen Menschen, die keine Kleider kennen und mit Bögen aus Schwarzpalmenholz auf Eidechsenjagd gehen. Die kein Wort haben für „Überraschung" oder „Wie?", die nicht wissen, was Eisen ist, und keine Vorstellung von Satelliten und der Kugelgestalt der Erde haben. Und die noch nie jemanden von außerhalb ihrer Welt getroffen haben.

Wir aber wissen einiges über Point 26. Das Baumhaus wurde aus der Luft lokalisiert. Wir wissen, daß dessen Bewohner zum Volk der Korowai gehören. Sie sind unser Ziel. Aber sie sind nicht erreichbar. Nicht mit aller Technik unserer Zeit. Denn die Korowai, die nackt wie neugeboren im Regenwald leben und sich mit Blättern, Rinden, Ästen ihren Alltag zusammenbauen, die keine andere Geschwindigkeit kennen als die des Gehens – sie wollen nicht entdeckt werden. Und wissen dafür zu sorgen, daß ihre Baumhäuser unzugänglich bleiben. Sie wollen jenseits einer Welt leben, von der sie zwar wissen, daß sie existiert, von der aber die Alten erzählen, eine Berührung mit ihr werde den Korowai-Wald umstülpen wie den Balg eines Paradiesvogels.

Hier ist die Geschichte einer Expedition ans Ende unserer Welt.

*

Die Welt der Korowai ist keine Kugel. Sie nennen sie auch nicht „Welt", sondern *bolübolüp* – was „Orte" heißt –, und sie besteht aus vier konzentrischen Kreisen. Zum einen ist da die von allen wahrnehmbare Welt, in der Menschen leben, die Tiere und Geister. Jenseits davon liegt das „Ende der Orte", wo die Seelen wohnen – ein genaues Abbild der sichtbaren Welt. Dahinter wiederum erstreckt sich das Große Wasser mit den Riesenfischen Ndewé. Und rings um das Wasser sind der Himmel, die Sterne und Planeten.

Am Rand der ersten Welt liegt Yaniruma. In der ehemaligen Missionshütte dieses Dorfes am Becking River sitzen zwei Männer, die hier von einer Cessna der „Mission Aviation Fellowship" im unzugänglichsten Teil Neuguineas abgeladen worden sind. Johannes Veldhuizen und Gerrit van Enk sind niederländische Missionare calvinistischer Konfession. Sie sind nach langer Abwesenheit für fünf Wochen zurückgekehrt, haben Medikamente und Malstifte mitgebracht.

In dieser Gegend sind die beiden berühmt. Als Veldhuizen 1978 mit dem Hubschrauber den Becking River hinaufflog, um über den Sandbänken Macheten und Angelhaken abzuwerfen als Zeichen der Freundschaft, wußte man von den Korowai nur, daß sie böse und gefährlich seien und Schwänze hätten wie die Krokodile. „Bevor sie sich setzen, müssen sie eine Kuhle graben", erzählten die Mandobo, die ein paar Kilometer entfernt leben. Veldhuizen glaubte ihnen nicht. Nachdem er genug Macheten und Haken ausgeworfen hatte, beschloß er, den Becking River hinaufzupaddeln und die Siedlung Yaniruma zu gründen.

Zehn Jahre später gab es in Yaniruma eine Sanitätsstation, eine Schule und drei Dutzend blechgedeckte Hütten mitten im Sumpf. Die Korowai, die der Missionar aus den Wäldern gelockt hatte, trugen T-Shirts, auf denen Sprüche standen wie „Get out of my way... I'm shopping", und am Sonntag läutete die Glocke. Als Veldhuizen nach zwölf Jahren immer noch keinen einzigen Korowai getauft hatte, tröstete er sich mit dem Gedanken, daß der Heilige Geist einen langen Atem habe, und kehrte heim nach Friesland.

Seit 1987 stand ihm ein blonder junger Mann zur Seite, der jetzt neben ihm im Missionshaus Nudelsuppe löffelt. Pastor Gerrit van Enk ist der einzige Mensch außerhalb des Waldes, der fließend Korowai spricht. Drei Jahre hat er sich zu den Korowai ans Feuer gesetzt und Wörter aufgeschrieben. Er wollte alles wissen über die drei- bis viertausend Menschen in den Sümpfen. Denn nur wer alle Wörter kennt, kann das Evangelium erzählen.

Als die indonesische Regierung ihm 1990 die Verlängerung des Visums verweigerte, packte van Enk seine Notizbücher zusammen und nahm eine Pfarrstelle in einem Friesendorf bei Groningen an, wo die Bauern Volvo und Mercedes fahren. Dort schrieb er abends an einem Wörterbuch der Korowai. Im Wohnzimmerschrank lag der Oberschenkelknochen eines Mannes. „Aber das ist eine andere Geschichte", sagt van Enk, und die würde sowieso niemand glauben. Obwohl Vater Sinomalé damals dabeigewesen sei und sogar den zweiten Pfeil ...

Aber dazu später.

Die Korowai leben im toten Winkel. Ihnen sind ihre Bolübolüp gelassen worden, weil es hier keine Tropenhölzer gibt, deren Abbau sich lohnt. In den Jagdgründen der Korowai sind keine Schätze verborgen, nur Sümpfe, Mücken und Kasuare – Vögel, die dahinschreiten wie die Mönche eines Karmeliterordens. Etwa die Hälfte der Korowai-Clans lebt hinter einer unsichtbaren Grenze, die von der indonesischen Regierung *pacification line* genannt wird. Die Grenze ist auf keiner Karte verzeichnet. Sie ist nur zu spüren als wachsender Widerstand und als zunehmendes Schweigen. Jenseits der Grenze verweigern die Clans jeden Kontakt mit jener anderen Welt, in der die weißhäutigen Geister leben.

Gerrit hat seine Suppe ausgelöffelt und betrachtet mit leichtem Unwohlsein die 293 Kilo Kameras, Töpfe, Kletterseile, die sich im Missionshaus stapeln. Er sagt: „Es gibt in diesen Wäldern Hunderte von Kulturen. Kaum etwas wird bleiben, wenn die Moderne erst einmal hereinbricht. Deshalb ist es wichtig, das Leben im Wald vorher noch zu dokumentieren." Er drückt auf den „Target"-Knopf des GPS-Gerätes: „Wir werden versuchen, uns zu Point 26 durchzubeißen. Zwischen Yaniruma und Point 26 liegen genau 22,34 Kilometer."

„Zwei Tage Marsch?"

„Möglich. Jenseits der Pacification line ist alles möglich."

Oder überhaupt nichts. Johannes Veldhuizen merkt an, daß im Korowai-Wald nicht nur wegen der Wurzeln schwer voranzukommen sei – nein, dichter sei das Dickicht von Zauber, Rache, Schuld und Verwandtschaften. Es erfordere Zeit, sich im Wald zu bewegen, und diplomatisches Geschick: genaues Beachten der Etikette, als ginge man zu Hofe. Nie dürfe Druck ausgeübt werden, stets seien Verwandtschaftsbeziehungen auszunutzen, um sich weiterhangeln zu können von Cousin zu Cousin: „Ohne Einladung geht gar nichts. Wir werden zuerst zum Baumhaus des Dajo-Clans gehen. Das ist der letzte Punkt, zu dem Weiße je vorgedrungen sind. Dort lebt der Clanführer Dakhi. Er trägt ein Trikot mit der Nummer 9 und wird uns weiterempfehlen."

Rings um das Missionshaus raspeln jetzt die Baumfrösche. Pastor van Enk verteilt unter uns Zettel, auf denen *golondabelén nokhu laléoda yanoptu* geschrieben steht. Die Wörter bedeuten: „Keine Angst, wir sind keine Geister. Nur Menschen." Und wenn keine Zeit mehr bleibe für lange Sätze, reiche auch *belén!* – „Nicht!"

Der Korowai-Wald liegt zwischen dem Becking und dem Pulau, zwei im Morgenlicht dampfenden Flüssen. Der Wald ist ein mit sich selbst vertäuter und verknoteter Verhau aus Lianen, Rattanpalmen und zu Schwamm gefaulten Kasuarinen-Stämmen. Da sind dornengespickte Sago-Wedel, von kerbenden, nagenden Ameisen bedeckte Strünke, die sich dem Fremdling breitwurzlig in den Weg stellen, die nachhaken und treten. Da sind trügerische Tümpel, aus denen sich armdicke Schlangenwurzeln räkeln.

Es ist ein 40 Meter hohes Gewölbe aus Pandanus-Palmen, Muskatbäumen und Feigengewächsen, aus jungen Bäumchen, die nach oben jagen, weil unten schon die Termiten und die Fäulnis lauern. Der Boden ist so mager, daß der Dschungel davon lebt, sich selbst zu verdauen. Und alles, was sich in ihm bewegt. Kaum taucht man in den Wald ein, ist zu spüren, wie er angelt, saugt und zerrt. Fliegen und kobaltblaue Schmetterlinge saufen sich besinnungslos am Schweiß. Blutegel stülpen sich an den Beinen der Eindringlinge hoch, es riecht nach Moder und Erde. Abwechselnd grün und schwarz, rot und braun quillt der Schlamm zwischen den Zehen der Träger hervor. Deren Füße haben sich dem Wald längst angepaßt. Es sind dreieckige, leicht nach innen gekehrte Laufkissen, die in keinen Schuh passen würden, greifgenau und mit zentimeterdicken Sohlen aus Menschenleder. Die Schritte schmatzen, als saugte der Boden nach dem Eindringling.

Dorfpastor van Enk hat sich in ein nasses, pausenlos Pfeife rauchendes, glückliches Tier verwandelt: „Es ist wie früher! Der Regen! Dieser Geruch von gärendem Holz! Der Schlamm..." Der gottverfluchte Schlamm, auf dem kein Glaube wachsen wollte. „Die Korowai haben uns als Paket betrachtet: ‚Verhalte dich wie der Missionar, und du wirst deinen Teil vom Wohlstand erhalten.' Und wie hätte ich diesen Menschen ohne Schuhe Bescheidenheit predigen können?" Van Enk schiebt einen Blattwedel zur Seite. „Ich bin kein Kopfjäger, der seiner Zentrale die Zahlen der geretteten Seelen melden muß. Es ist nicht unser Ziel, ihre Kultur zu zerstören."

„Aber es wird wohl die Folge sein."

„Ich fürchte, es gibt keine Alternative. Soll man einen Zaun um die Korowai ziehen? Was ist schlecht daran, Penicillin zu verteilen? Mir ging es nur darum, ihr Denksystem zu verstehen und zu überlegen, wie man im Wald nach den Zehn Geboten leben kann."

Und sich bückend, watend und kriechend durchs übermächtige Ringeln und Schlingen, Faulen, Brechen und Drängeln, zitiert er aus der „Institutio Christianae Religionis" des Johannes Calvinus: Ohne Gott kann der Mensch nicht erlöst werden.

Abends patrouillieren Feuerkäfer um unser Biwak. Die Träger sitzen im Geschrei der Nachtvögel und rauchen und reden. Fenélun ist ihr Chef, ein trockener Mann mit einer Afro-Frisur. Er kam eines Tages nackt wie ein Frosch nach Yaniruma, tauschte Pfeil und Bogen gegen eine zu große Shorts und blieb. Fenéluns Vater war an einem Bambuspfeil gestorben. Der Jäger hatte ihn für einen Vogel gehalten.

Das mag daran gelegen haben, daß Fenéluns Vater auf einem Zweig hockte und mit nußbraunen Federn bedeckt war. Er war gerade ein Vogel. „Und? Warum sollte es nicht möglich sein, sich in ein Tier zu verwandeln? Der heilige Paulus hat auch von Geistern gesprochen", sagt Veldhuizen. Ein fliegender Kakerlak sitzt ihm auf der Schulter, und es ist schon sehr weit bis zu den Ziegelhäusern Frieslands.

Fenélun sei ein Freund. Ein Christ ist er nie geworden. Vielleicht, weil seine Welt zu kompliziert ist. Monotheismus ist keine Religion für den Regenwald. Die Weißen sind für Fenélun *laléoalin* geblieben, „Geister". Dann sitzt er auf einer Trockenmilchdose „Full Cream" und erzählt die Geschichte vom Ende der Welt.

Lange dauert das, denn die Korowai erzählen in Spiralen, doch im wesentlichen scheint folgendes geschehen zu sein: „Der Große Geist Ginol schuf die erste Welt. Er gab sie wieder auf, weil sie nicht gut war. Dann machte er die zweite. Und zerstörte auch diese, mitsamt der Sago-Sümpfe und der Berge. Jetzt leben wir in der fünften Welt, und es wird nicht die letzte bleiben. Denn die Alten sagen, daß Geister kommen werden, und sie werden viele Dinge mit sich bringen. Wenn ein Korowai die Geister berührt, deren Haut weiß ist wie die von Fischen, oder wenn er Dinge anfaßt, wird auch die fünfte Welt ein Ende haben."

Fenélun, der Träger mit den Löchern in den Nasenflügeln, die nicht zuwachsen wollen, sitzt ernst da und sagt, alles würde dann „umkippen", die Berge würden vom Himmel fallen und der Boden im Wald sich schütteln, und es gäbe Feuer und Blitze und Donner. Das ist die Apokalypse des Fenélun. Und wenn er auch nicht mehr an sie glauben kann, so hat ihn doch seine eigene Mutter niemals im Dorf der Weißen besucht – zu groß war ihre Angst vor dem Ende der Welt.

*

Nach zwei Tagen Marsch durch Blutegelsümpfe zerreißt das grüne Geschlinge, und über einer Lichtung schwebt eine Arche im Regenschleier. Eine Hochburg aus Blättern und Ästen, aus der Kinderschreien strömt, Gelächter und das Quieken eines Ferkels: das Baumhaus des Dajo-Clans.

Die Korowai haben sich für das Leben in den Bäumen entschieden. Sie haben gelernt, aus Rattan, Sago-Wedeln und Rindenplatten eine 24-Quadratmeter-Behausung zusammenzubinden, ohne Nägel, ohne Stricke. Das Ganze balancieren sie, gestützt von Stangen, auf den gekappten Wipfeln der Urwaldbäume – in 30, 40 Meter Höhe, je höher, desto besser, nur weg von dem Boden, wo alles von Pilzen und Bakterien, Termiten und Ameisen verschlungen wird. Zwei eingekerbte Stämme dienen als Leiter. Man zieht sich hoch und spürt, wie das Pflanzengebäude unter der Last einer Großfamilie zittert, wie es ächzt auf den letzten Metern, bis der schwere Körper des Weißen sich schließlich auf den Rindenboden rafft.

Ein schrundiger Mann liegt da zusammengekrümmt neben der Asche. Zwei Frauen mit Dornen in den Nasenflügeln brechen Brocken von einem Sago-Klumpen ab und legen sie ins Feuer. Die eine mag gerade 20 sein, doch ihre Haut ist von Würmern durchpflügt. Kinder mit Hundezähnen um die Hälse. Eines hat einem Sago-Käfer die Beine ausgerissen und hält sich das schwirrende Tier vor den Mund. Das ergibt Töne wie von einer Maultrommel.

„Willkommen", sagt der Mann mit dem Trikot „No. 9". Demonstrativ zupft der Clanführer Dakhi an einer aus Holz gehauenen Gitarre. Vor zwei Jahren ist ein Ethnologe auf der Lichtung aufgetaucht und hat Macheten, T-Shirts und die Vorstellung von der Welt flußabwärts hinterlassen. Seither wartet No. 9 auf neue Geister. Sein T-Shirt hängt längst in Fetzen, doch er trägt es wie einen Fetisch, wie ein Souvenir aus der Zukunft.

Für Hemden gibt es in der Korowai-Sprache kein Wort. Man sagt: „Geisterhaut", so wie die Kerosinlampe „Geistermond" heißt und das Radio „Geisterkopf". Eine einzige Berührung mit der anderen Welt hat genügt, den Clanführer Dakhi die Haut wechseln zu lassen. Nun blickt er auf alle, die diese Initiation noch nicht bestanden haben, mit Verachtung: „Als wir hörten, daß ihr kommt, haben wir einen Boten zu den Sayakh geschickt. Die hatten noch keinen Besuch von Fremden. Sie haben keine Ahnung, wie ein Weißer aussieht, und tragen keine Geisterhaut. Aber sie haben davon gehört. Vielleicht sind sie bereit, euch zu empfangen. Doch jenseits der Sayakh..."

Alles weitere klingt wie ein Kapitel von Marcel Proust: Zwischen den Dajo und den Sayakh bestünden verwandtschaftliche Beziehungen mütterlicherseits, die Khalikhatun dagegen, eine Lichtung weiter, hätten vor Zeiten den Walofekhatun ein Mädchen geraubt, was sie für rechtens hielten, weil ein jüngerer Cousin der Sayakh ihnen ein Kind verhext hatte, und da immer noch eine Schuld offen sei zwischen den Sakhén jenseits des Flusses und den Dajo wegen jenes Schweines, das die Walofekhatun...

Kurz, die Clanbeziehungen verlaufen wie das Wurzelwerk des Waldes, versteckt, gewunden, aber allgegenwärtig und schmerzlich zu spüren. So getrennt die Clans auf ihren Lichtungen leben, so unentrinnbar sind sie miteinander verstrickt durch Schuld und Gunst und die komplizierte Austausch-Ökonomie des Waldes. Das Leben ist kurz, kaum einer kennt die Namen seiner Großeltern, doch die Schuld überspringt Generationen, und nichts wird vergessen.

Im Regenwald gibt es keinen natürlichen Tod. Es gibt nur *khakhua* – die Hexerei. Wenn jemand krank wird, dann ist ein Hexer am Werk, der die Gedärme ißt oder unsichtbare Pfeile abgeschossen hat. Kurz vor dem Tod erscheint dem Sterbenden der Name des Hexers, und es ist das Recht eines Clans, dessen Auslieferung zu verlangen. Denn anders als ein mit magischen Kräften vertrauter Zauberer ist der Hexer von bösen Mächten getrieben. Er muß getötet, vom Erdboden vertilgt werden. Dann werden die Bögen an die Wände der Baumhäuser geschlagen, und der Klang geht von Lichtung zu Lichtung.

„Ein Hexer muß wahrhaftig vertilgt werden", sagt van Enk.

„Menschenfresserei? Ich dachte immer, daß sei nur ein böses Gerücht."

„Das habe ich früher auch gedacht. Aber woher wissen die Korowai dann, welches Stück das beste ist?"

Die Baumhäuser, die von der Cessna aus zu sehen waren, liegen jenseits der Pacification line, im unbefriedeten Gebiet des Waldes. Laut GPS ist Point 26 noch 8,05 Kilometer entfernt. Von den Walofekhatun, den Sakhén, den geraubten Frauen und den Hexern, die zwischen hier und dort leben, weiß der Kasten des Pentagons nichts.

Irgendwann wartet wie selbstverständlich ein nackter Mann unter dem Baumhaus. Er hat den Flügelknochen einer Fledermaus durch die Nasenscheidewand gesteckt, trägt Pfeile und Bogen, und um die Stirn hängt der *einop*, das Netz der Jäger und Sammler. Mit einem Blatt hat der Nackte sich die Vorhaut zusammengebunden wie das Ende eines Luftballons. Der Rest seiner Männlichkeit ist im Skrotum verborgen, und das Blättchen genügt, vollkommen bekleidet zu sein.

Der nackte Mann heißt Domalé Makhé. Er kommt von den Sayakh, und er sagt, sie seien bereit, die Geister zu empfangen. Dann sagt er lange Zeit nichts. Erst viel später, mitten im Wald, lebt er auf. Als hätte er eine unsichtbare Grenze überquert, beginnt er zu pfeifen, fängt eine Gottesanbeterin, beginnt plötzlich, den Pfad zu säubern und Baumbrücken zu befestigen. Domalé Makhé ist zu Hause.

Denn der Korowai-Wald ist kein Geschlinge. Jeder Flecken, jeder Stamm hat seinen Besitzer. Niemand, der in dieser Hypertrophie nicht genau zu sagen wüßte, welcher Baum die Grenze welchen Territoriums markierte. Das Stück Rinde dort in dem gefällten Stamm? Es ist eine Warnung: „Hier ernte ich!" Der Wald ist gut beschildert. Ein besonders hoher Baum, ein Wespennest ist den Clans eine Landmarke wie anderswo eine Werbetafel, ein Kirchturm. Die Metaphern kehren sich um: Der Dschungel ist die Großstadt der Korowai.

Domalé war als einziger seines Clans schon in Yaniruma. Sein Gesicht war von Bakterien in eine eiternde Vulkanlandschaft verwandelt worden, und No. 9 hatte welterfahren gemeint, im Dorf könne er sich von einem der Geister stechen lassen und sei geheilt. Tatsächlich brachte die Spritze des Missionars die Vulkane zum Erkalten. Davon erzählte er seinem Clan, und manche begannen zu zweifeln am Mythos der Alten.

Domalé stößt einen Schrei aus. Ein Trompetenschrei, der unsere Ankunft meldet: Die Geister kommen. Über dem Biwak der Sayakh liegt eine Wolke Rauch im Nieselregen. Kein Mensch ist zu sehen. Alle sitzen in der Hütte und warten auf die andere Welt. Wie ein nasser Lumpen klatscht das Blatt eines Brotfruchtbaums herunter. Und dann – stülpt sich die Welt um wie der Balg eines Paradiesvogels.

Aber nicht die Welt der Sayakh. Unsere Welt.

*

Ein paar Tage später. Die Sayakh haben alles stehen- und liegenlassen. Sie schauen nicht mehr nach ihren Reusen, klettern auf keine Bäume mehr, um Ameisennester zu suchen. Flechten keine Sammelnetze. Sie sitzen von früh bis spät um uns herum und beobachten, was da in ihre Zeit eingebrochen ist. Wenn wir schreiben, folgen ihre

Blicke dem Umblättern der Seiten wie die Köpfe von Zuschauern einem Tennismatch. Aufmerksam begleiten sie uns beim Gang in die Büsche und lernen, daß auch Geister menschliche Bedürfnisse haben. Die Exoten hier sind wir. Und sie sind die besseren Ethnologen, geduldig und mit aller Zeit der Welt. Wenn sie die Schrift bereits erfunden hätten, würden sie sich gewiß Notizen machen.

Die Hütte der Sayakh ist niedrig und voller Rauch. Vom Dach hängen ausgeblasene Eier, Fischgräten und rauchgeschwärzte Schweinekiefer. Zu unserer Begrüßung vor ein paar Tagen hockten acht mit Asche verschmierte Männer ums Feuer und rauchten, ohne ein Zeichen der Erregung. An der Wand lehnten ihre Bögen. „Mbolombolop!" sagte van Enk. Der Gruß gegenüber allen, die älter sind. Er schüttelte lange die Hände, wie es üblich ist, setzte sich und verteilte Tabak.

„Ich war Missionar in Yaniruma..."

„Wir haben von euch gehört", sagte ein Mann, dessen Brust mit Brandnarben verziert ist. Er saugte wie ein Erstickender an einer kolbenförmigen Bambusrohr-Pfeife und verdrehte kurz die Augen. „Wir wissen Bescheid. Wir wissen, daß ihr Menschen seid. Wir haben keine Angst. Wie viele seid ihr? Warum seid ihr gekommen?"

Van Enk reichte ein Album mit Familienfotos herum, Bilder von blonden Mädchen und einem Pfarrhaus in Friesland. Es schien keine Rolle zu spielen, in welche Richtung er die Fotos hielt. Die Sayakh schauten auf die bunten Flächen wie wir auf ihren Dschungel, erst mit der Zeit ergab sich ihnen ein Bild.

Diese Menschen, die noch nie ein Ding gesehen haben, das nicht Stein ist oder Pflanze, die Stoffe, heißes Wasser und Lampenlicht nur vom Hörensagen kennen – sie fragten nicht. Vielleicht waren sie zu weit vom Rest der Welt entfernt, um Fragen zu stellen.

War das alles? War das die famose Erste Begegnung – jener Moment, der seit über 500 Jahren die Reiseschilderungen würzt und der aufgeklärten Menschheit ein schlechtes Gewissen verursacht?

Ja, das war alles. Gewiß, die Sayakh waren neugierig, ein wenig unsicher, und ihre Augen waren in schneller Bewegung. Gespannt waren sie und auf stille Weise aufgeregt wie das Publikum einer Theaterpremiere. Aber auch nicht mehr. Da war kein Schock, da wurde kein Mund aufgerissen in Staunen oder Furcht. Es war, sagte van Enk, als hätte man sich als Fremder an den Stammtisch eines abgelegenen Dorfes gesetzt.

Erst später erfahren wir, daß die Nachricht unseres Kommens den Sayakh-Clan gespalten hat. Die Alten und die Vorsichtigen haben sich auf die Baumhäuser tiefer im Wald zurückgezogen. Und noch später verrät Fenélun, daß von den Alten ein Angriff geplant war, daß Domalé sich für die rechtzeitige Abreise der Geister verbürgen muß-te. Die Sayakh hatten die Situation völlig unter Kontrolle. Sie waren es, die uns entdeckten, und nicht umgekehrt.

Wir bleiben sieben Tage zu Gast auf der Lichtung. Wir lernen Ülai kennen, das stets besorgte Clanoberhaupt, und Wali, dessen magere, faltige Frau, die immer mit zwei Netzen behängt ist: in einem das Neugeborene, im anderen das Ferkel. Da ist das schüchtern kokettie-rende Mädchen Fefelon und der pubertierende Mélanoalé, der ernst zwei Sagodornen in der Nase vor sich herträgt wie Insektenfühler und erst munter wird, wenn es auf Vogeljagd geht. Nach zwei Tagen ha-ben auch wir unsere Namen: „Lang-dünn-dünn" und – nach dem er-sten Bad im Fluß – „Weiß-rund-rund".

Wir lernen, einen Baumsprößling mit dem Steinbeil zu fällen und darauf zu achten, keine Fingernägel ins Feuer zu werfen, weil sonst ein Hexer Macht über das Biwak bekommen könnte. Vor allem aber erfahren wir, daß die Korowai sich morgens rasieren und Hunden beim Spielen zuschauen. Daß sie schlecht über ihre Nachbarn reden und ihre Kinder lieben.

Natürlich, sie sind nackt, leben auf den Bäumen und glauben an Geister, und manchmal essen sie auch einen Hexer auf – aber es sind unseresgleichen, die wir gefunden haben. Ihre Mimik ist lesbar, Lan-geweile, Freude, Staunen sind ihnen in die Gesichter geschrieben. Das wahrhaft Schockierende an den Korowai ist – ihre Normalität.

Das Leben der Sayakh ist arm und kurz, das Klima im Regenwald fruchtbar für Krankheiten und Tod. Die Umlaufzeit, Leben genannt, ist kurz. Die Menschen sterben an Malaria, an Geistern, Pfeilen oder Parasiten. Nach ein, zwei Tagen sind die Kranken tot, werden in ein verlassenes Baumhaus gelegt oder im Wald vergraben. Kaum einer wird älter als 35 Jahre. Die Männer sind schön und stark, weil nur die Starken in das Alter kommen, schön sein zu können. Kinder erhalten erst mit anderthalb Jahren ihre Namen. Zu viele sterben vorher.

Leben im Naturzustand, das heißt: von Fadenwürmern als Brut-ofen benutzt zu werden, bis der Hodensack von Larven anschwillt und dem Sack eines Ziegenbocks gleicht. Natur – das sind die aus-gelaugten Körper der jungen Frauen, das sind die schwärigen, dun-klen Wunden an den Beinen der Kinder, die Krater in ihren Gesichtern. Eine Spritze Penicillin würde genügen, den harzigen Wundfluß zu stoppen. Aber es gibt kein Penicillin – wenn nicht einer wie Johannes Veldhuizen kommt und allerorten seine Spritzen setzt. Wenn ihr ein

Schmerz im Zahn bohrt, preßt sich Wali einen heißen Kiesel auf die Backe: „Das tötet den Wurm", sagt sie. Bei Entzündungen verbrennt sie Baumborke über einer anderen Körperstelle, auf daß der Schmerz von der Wunde wegwandere.

Fortschritt nach unserem Muster hat mit Austausch zu tun, mit Gewimmel und Stadt. Im Dickicht Irian Jayas leben die Menschen isoliert voneinander. Zeit ist Hell und Dunkel und Dunkel und Hell, das Rad ist noch nicht erfunden. Wozu auch wäre es nütze?

Wenn den Sayakh etwas in den Sinn kommt, wird es sofort erledigt. Der Sago ist aufgebraucht? Sie stehen auf und verschwinden für drei Tage im Wald. Wenn sie müde sind, legen sie sich auf den Boden und schlafen nackt auf einem Blätterbett, Bauch an Rücken, wie es Verliebte tun.

Abend. Die Männer des Clans sitzen ums Feuer. Jeder Satz wird rhythmisch von einem *yeeeeh* unterbrochen, einem im Chor geäußerten Laut der Zustimmung, zu dem die Augenbrauen hochgezogen werden. Sie haben Zeit im Überfluß. Sie schauen die weißen Geister an, reden, haben ein leichtes Lächeln.

Jemand erzählt etwas. Vielleicht vom letzten Fest der Sago-Made. Das ist der Höhepunkt des Lebens, der Markttag im Wald ohne Zeit. Ein Fest der Fruchtbarkeit und des Handels. Schweine werden getauscht, Frauen und Geschichten. Rechnungen werden beglichen. Das ist der Moment, wo sich in den abgeernteten Sago-Sümpfen die Paare lieben. Es ist das Fest des Lebens, es ist Brautschau, Völlerei und Kopulation.

Die Sago-Palme ist der Baum des Lebens. Ohne sie gäbe es kein Leben im Sumpf und keine Korowai. Ohne das Mark des Baumes würden sie verhungern, ohne die Blätter und Stiele gäbe es kein Obdach, ohne die Dornen keinen Schmuck und ohne die zarten Sprossen keine Delikatesse. Sago ist das täglich Brot, und es schmeckt, als kaute man ein Stück Rauhfasertapete.

Um lebensnotwendiges Eiweiß aufzunehmen, essen die Korowai die Sago-Käfer. Appetitlich sehen deren Larven aus, cremefarben und mit kastanienbraunen Köpfchen. Sie werden roh verzehrt oder mitgebacken in einem Sagomehl-Pfannkuchen. Wie speckige, konvulsierende Wickelbabys liegen die Maden auf den Bananenblättern, bis sie dampfende, leicht säuerlich und nach Niere schmeckende Röllchen geworden sind. Die Larven sind die Shrimps der Korowai.

Es ist so wenig da zu essen. Der Hunger ist allgegenwärtig, so sehr, daß den Korowai ihre Gedärme der Ort des Fühlens und Denkens sind: „Ich pflanze in meine Gedärme" heißt „Ich denke, daß...". Es gibt kein Leder bei den Korowai, weil auch die Haut eines Tieres verspeist wird. Elf Wörter haben die Korowai für Sago-Palmen und je ein Wort für jede ihrer zehn Pfeilarten. Aber es gibt nur ein einziges Sammelwort für Liebe, Mitleid, Traurigkeit. „Sie zeigen ihre Gefühle nicht", sagt Veldhuizen. „In 15 Jahren habe ich nie ein Paar gesehen, das Zärtlichkeiten ausgetauscht hätte."

Zahlen ordnen die Korowai Körperteilen zu. Sie zählen nur bis 25. Dann sind Finger, Handgelenk, Unter- und Oberarme, Schulter, Ohren und Scheitelspitze abgezählt. Und wozu braucht der Mensch mehr Zahlen.

Die Sayakh müssen mit Mitteln des Neolithikums überleben. Feuer entzünden sie durch das Reiben von Rattanrinde an einem gespaltenen Holzstück, in dem Zunder liegt. Wasser holen sie in Bambusrohren aus Regenlöchern. Die Frauen stillen ihre Blutungen mit Baumfaserballen. Alles ist so einfach und so schwer.

Leben im Naturzustand – das heißt vor allem Langeweile. Herumsitzen und rauchen und warten. Worauf? Genug Sago und Ferkel zu haben, um den Preis für eine Braut zu zahlen. Eine Familie gründen, ein Baumhaus bauen. Eine Öffnung in das Grün schlagen – denn mit der Lichtung fängt das Menschsein an. Die Baumhäuser welken oder faulen, geben nach unter den Bissen der Insekten. Alle fünf, sechs Jahre muß neu errichtet werden.

Drei Wochen dauert der Bau eines Hauses. Aber es gibt kein Eisen, keine Spaten. Die Sayakh haben nur Steinbeile, von Generation zu Generation durch die Zeiten getragen, mit denen sie die Bäume Schicht für Schicht zerfasern müssen. An Lianen werden die fünf Meter langen Stangen hochgehievt und mit Rattan zusammengebunden. Ohne Plan arbeitet jeder an einer Ecke. Es ist nicht notwendig, sich abzusprechen, der Bauplan ist seit Urzeiten bekannt.

Aber warum bauen sie so hoch? Drei Meter Höhe reichen doch aus, dem Getier zu entfliehen. Es ist die Angst vor den Menschen, die die Korowai in die Bäume treibt. Ülai sagt: „Wenn wir in Streit leben, bauen wir ein sehr hohes Baumhaus. Wenn der Streit vorüber ist, bauen wir ein niedrigeres." Die Waldbewohner leben in einem Gleichgewicht der Angst, und die Höhe ihrer Häuser verrät, welche Furcht größer ist: die vor Gottes Natur oder die vor den Menschen. Wenn die Verhältnisse geregelt sind, wenn Frieden auf Erden herrscht, senken sich die Baumhäuser.

Zivilisation – das ist das langsame Absinken der Wipfelflöße aus den Baumspitzen. Der Mensch steigt vom Himmel auf den Boden, bis sein Haus knapp über der Lichtung steht, in Augenhöhe mit dem Rest der Welt.

*

Der Korowai-Wald ist ein flüsterndes, wisperndes Menschendorf. Sagosammler und Kasuarjäger tragen Neuigkeiten von Lichtung zu Lichtung. Nach wenigen Tagen hat jeder Clan erfahren, daß sich Geister im Wald aufhalten. Die Kunde von Weiß-rund-rund und Lang-dünn-dünn ist Tagesgespräch in den Baumhäusern. Sie wird verziert und vergrößert, wuchert wie der Dschungel. Und bald schon kommt das Echo zurück.

„Packt zusammen und geht", sagt Ülai eines Abends. „Die Stein-Korowai flußaufwärts haben sich zusammengeschlossen. Es ist die Rede von einer Armee mit vielen Bögen. Sie wollen euch nicht. Geht jetzt, wir können euch nicht schützen." Sind das Gerüchte? Munkelnde Waldbotschaften? Im Wald wird nicht getrennt zwischen Innenwelt und Außenwelt. Die Gedanken, Phantasien, Ängste sind so real wie die Termiten, das Feuer, der Tod. Und während die Träger am nächsten Morgen ihre Lasten zusammenbinden, sitzt van Enk auf einem Baumstamm und fragt Ülai, was er ihn schon lange fragen wollte: „Was denkt ihr über uns?"

„Ihr seid hier."

Das ist die einzige Antwort. Als machte es keinen Sinn, noch mehr Worte über diese Welt zu verlieren, die da plötzlich mit 293 Kilo Gepäck im Wald aufgetaucht ist – willkommen gewiß und von den Sayakh erwartet. Und doch als Zeitenwender.

Das ist die „Traurigkeit der Tropen": das ganz andere zu treffen und es im Moment der Begegnung schon in Vergangenes verwandelt zu haben.

Johannes Veldhuizen hat sich einen Pilgerstab gehauen und kämpft sich durch Lianennetze wie ein Wurm durch nicht enden wollenden Broccoli: „Es geht nicht. Ich habe damals gelernt, daß es unmöglich ist, unsere Botschaft in die Baumhäuser zu tragen. Der Weg ist einfach zu mühsam." Deswegen habe seine Mission vor allem darin bestanden, am Flußufer Dörfer zu gründen. „Ich wollte den Korowai die Möglichkeit lassen, ihren Weg in die neue Welt selber zu finden", sagt er. „Mission heißt die Tür offenhalten. Aber wir dürfen nicht hindurchgehen und sie holen."

„Aber ihr laßt ihnen ihren Glauben nicht."

„Das Evangelium hat allgemeine Gültigkeit", antwortet Veldhuizen. „Auch für die Korowai. Sie können meinetwegen weiter ihre Penisblätter tragen und glauben, daß Feneluns Vater ein Vogel ist. Aber

wir müssen ihnen doch sagen, daß es böse ist, ihren Nächsten aufzu-
essen, selbst wenn er ein Hexer ist."

„Johannes, zum letztenmal: Es gibt kluge Bücher, die beweisen,
daß es Kannibalismus nie gegeben hat."

„Mag sein. Hat Vater Sinomalé sie gelesen?"

Wir treffen Vater Sinomalé in Yafufla. Das Dorf liegt auf einer Anhöhe am Oberlauf des Becking. Es besteht aus einer Handvoll hernie-
der gestiegener Baumhäuser auf Stelzen, in denen rauchende Männer
hocken und Radio hören. Für die Alten im Wald ist das Dorf Sodom
und Gomorrha: „Dort sind unsere Frauen nicht sicher", sagen sie, und
es klingt darin die Angst jeder Landbevölkerung vor den Städten wider. Für die Missionare ist das Dorf ein idealer Zustand zwischen der
einen und der anderen Sünde, zwischen Kindstötung im Walde und
dem Konsum-Fetischismus in den Städten.

Oft würde, sagt Veldhuizen, ein Dorf gegründet, wenn sich die
Clans zu sehr in Schuld und Sühne verstrickt haben. Die Einwilligung
in den Bau eines Dorfes sei wie das Schlagen einer Lichtung im
Dickicht aus Rache und Widerrache. Das Dorf Yafufla zum Beispiel
sei auf den Knochen des Hexers Ganggu errichtet worden: „Frag nur
Vater Sinomalé."

Vater Sinomalé ist ein melancholischer Mann, der traurig auf seine
Lumpen zeigt, Ruinen eines Morgen, der nicht kommen wollte. Und
die alten Geschichten? Ach, die seien aus einer anderen, längst vergangenen Welt. Mein Gott, sagt er, wie lange ist das her...

Acht Jahre ist sie her, die Ursünde des Dorfes Yafufla. Hier ist Vater Sinomalés Geschichte: „Bevor Khuréare starb, sagte er, daß mein
Bruder Ganggu ihn verhext habe. Die Hinterbliebenen forderten seinen Tod. Ganggus Familie willigte ein, weil noch eine Schuld offen-
stand. Sie brachten Ganggu gefesselt zum Fluß. Ich stellte meinen
Fuß auf sein Bein. Der Hexer schaute auf, und ich sagte, daß ich heute seinen Oberschenkel essen würde. Da sagte der Hexer: ‚Oh, ich gebe auf, unsere Familien sind sich einig, was kann ich noch tun?' Ein
anderer stellte seinen Fuß auf Ganggus Arm. So wurde er aufgeteilt.
Die Familie von Khuréare sollte den Kopf und den Leib bekommen.
Der Kinggo-Clan das rechte Bein, und die Laifarun und die Khomei
bekamen die Arme. Wir banden ihn an einen Pfahl. Dann schossen
wir ihn in den Rücken. Es waren 50 Pfeile. Er fiel in den Fluß, und das
Wasser war rot. Wir zerschlugen einen Bambus auf seinem Kopf und
zerschnitten ihn."

Die zögernd begonnene Schilderung ist längst zu einem Schauspiel
geworden, bei dem Vater Sinomalé sämtliche Rollen übernimmt: Er

spannt den Bogen, schießt, schneidet und zerteilt den Körper, markiert die Schnittstellen auf der Haut des eigenen Bruders, stampft tanzend in zunehmender Begeisterung, sichtbar ergriffen von der Magie des Opfers. Zum Schluß wickelt er unsichtbare Organe und Glieder in Blätter, um sie auf heißen Steinen zu dünsten. Van Enk wird übel.

So genau hat er es nicht wissen wollen. Für ihn war jener Oberschenkelknochen im Wohnzimmerschrank seines Pfarrhauses immer ein Beweis für den Fortschritt des Menschengeschlechts. Denn nach der Verspeisung des Hexers hatte Vater Sinomalé Ganggus Knochen in den Wald gehängt, um Missionare und andere böse Geister abzuwehren. „Wenn hier ein Dorf errichtet wird", hatte er einst gerufen, als Johannes Veldhuizen den Fluß hinaufkam, „dann wird es auf deinem Schädel gebaut werden."

Und doch wurde ausgerechnet das Opfer Ganggus zum Sündenfall, der die Tore zum Wald aufstieß. Vielleicht, weil er um seine Familie fürchtete, vielleicht, weil „jetzt Schluß sein muß", wie er sagte – auf alle Fälle willigte Sinomalé ein, Frieden zu schließen, und erlaubte den Missionaren, eine Hütte zu bauen. Und als erste Tat riß van Enk Ganggus Knochen vom Baum ab.

Am nächsten Morgen ist Vater Sinomalé wieder ein alter Mann, der seine Tage damit verbringt, auf Touristen zu warten. Denn die gibt es selbst hier. Waren es einmal die Entdecker und Konquistadoren, die die Grenzen der Welt absteckten, so stehen inzwischen Angestellte aus Paderborn in vorderster Front der Zivilisation. Sie tragen Khaki-Hemden und Outdoor-Socken aus dem „Survival-Shop" und werden von einem Reiseveranstalter den Becking River hinaufgepaddelt, bis ans Ende der Welt – nach Yafufla.

Die Zeit ist durcheinandergeraten. Es sind nur sieben Stunden Fußmarsch von diesen Touristen bis zu den Stein-Korowai jenseits der Pacification line, die auf jeden Eindringling schießen – nur ein Tagesmarsch zwischen postindustrieller Freizeitgesellschaft und Neolithikum.

*

Wir haben einen Fehler gemacht, und ich werde versuchen, so genau wie möglich darüber zu berichten.

Ein letztes Mal haben wir versucht, jenes hohe, von Stein-Korowai bewohnte Baumhaus anzusteuern, das vom GPS unerschütterlich als Point 26 vermerkt wird. Der direkte Weg durch den Wald ist versperrt, so bleibt nur der Fluß.

Niemand weiß zu sagen, ob flußaufwärts Geister willkommen sind: Das Gebiet schon wenig oberhalb Yafuflas gehört zu der unbefriedeten Zone – zu jenem Tabubereich, in dem Fremde nicht willkommen sind und in dem jeder Schritt wie eine Meile zählt. Von dort schwemmen nur Gerüchte an: Es wird gemunkelt von Fehden und Krieg und Gewalt.

Baliamalé, einer der Bootsleute im Dorf, erzählt, sein älterer Bruder lebe noch auf den Bäumen: flußaufwärts jenseits der Grenze. Baliamalé, einst mit seinem Bruder wegen einer Braut zerstritten, hatte nichts mehr zu verlieren und war in die neue Welt ausgewandert, nach Yafufla. Möglicherweise erlaube der Bruder uns, über sein Territorium weiterzumarschieren – in Richtung Point 26.

Wie eine Schlange liegt der Becking River am nächsten Morgen im Wald, gelb-orangefarben leuchtend, weil es in den Bergen gewittert hat und das Wasser mit Lehm gesättigt ist. Auf den Sandbänken trocknen Krokodilspuren. Baliamalé steht vorn im Einbaum. Nach vier Stunden mühsamen Paddelns gegen Strom und Wirbel springt er wortlos an Land, erscheint nach längerer Weile wieder am Ufer und sagt, wir könnten seinen Bruder besuchen, aber erst morgen.

„Warum erst morgen?"

„Er muß sich vorbereiten."

„Aber so verlieren wir einen ganzen Tag. Laßt uns nur kurz zu ihm gehen, um zu schauen, ob es sich überhaupt lohnt, den Troß nachzuholen."

Er geht uns voran. Van Enk kommt nur unter Protest mit: Im Wald, sagt er, gebe es keine geraden Wege, man müsse warten können.

Plötzlich ist ein Mann vor uns. Er steht auf einem gefällten Baum. Um die Stirn hat er eine Schlangenhaut gebunden, in seiner Nasenspitze steckt eine winzige Kaurischnecke, das Gesicht ist mit Asche geschwärzt, in der einen Hand hält er den Bogen aus Eisenholz, in der anderen Pfeile.

Die Hände des Mannes zittern – ja, er schlottert am ganzen Leib, wie von einem Krampf geschüttelt. Der Kopf ist abgewendet, das Kinn nach oben gereckt. Der Mann kann nicht sprechen, nur manchmal starrt er kurz herüber, neigt dann den Kopf, um sich von dem schrecklichen Anblick dessen abzuwenden, das da auf seine Jagdgebiete eingedrungen ist, gegen jede Absprache und unerwartet. In seinen Augen ist – Angst? Oder Zorn? Oder beides?

Auf jeden Fall ist es furchtbar.

Van Enk breitet die Arme aus und spricht. Es klingt wie *golondabelén*, die Wörter für den Fall der Fälle. Er sagt sie immer wieder. Der Mann schreit, tanzt, schüttelt den Bogen, wendet die Augen von unserem bösen Blick. „Wir sind keine schlechten Menschen. Wir mögen dein Gesicht. Du hörst, ich kann nicht gut Korowai sprechen", sagt der Missionar, bis der Mann schließlich anfängt zu reden, sehr schnell und ohne uns anzuschauen.

Noch nie, nie, nie habe er jemanden wie uns auf seine Lichtung gelassen. Er hätte geschossen, wäre uns nicht sein Bruder vorangegangen. Er stampft mit den Füßen und spannt seinen Bogen. Erst später, als er sieht, daß die Geister zum Lachen sind, daß sie nicht wissen, wie man die Kerne des Brotfruchtbaums schält, daß sie noch nicht einmal einfache Wörter aussprechen können – erst dann grinst der Mann, weil er sieht, daß seine Welt bestehen kann. Er heiße Khatual.

Wir haben einen fatalen Fehler gemacht, und die Begegnung zweier Welten hätte um ein Haar kriegerisch geendet. Hier im Korowai-Wald, wo das Leben mühsam der Natur abgetrotzt wird und brüchig ist wie ein trockenes Reis – hier, wo der Mensch buchstäblich nichts besitzt außer Bogen, Clan und Baumhaus, bedeutet die Lichtung Überleben. Und das muß ständig verteidigt werden gegen Tiere, Pflanzen, Geister und Menschen.

Für einen Korowai ist es undenkbar, ohne laute Vogelwarnschreie in das Jagdgebiet eines Clans einzudringen. Wir haben diese Regel gebrochen, um etwas zu sparen, was im Wald keine Bedeutung hat: Zeit. Was für uns nur eine Frage der Höflichkeit gewesen ist, war für Baliamalés Bruder eine Frage auf Leben und Tod.

Auch am nächsten Tag bleibt Khatual zerrissen zwischen Neugier und Furcht. Er habe nichts zu essen für uns, sagt er. So geben wir Sago. Er bricht einen Ast über seinem Kopf und legt ihn ins Feuer; wendet ein Bananenblatt in der Hitze, bis es geschmeidig wird, beißt den Schaft herunter und wickelt unseren Sago-Klumpen ein wie eine Kostbarkeit.

Plötzlich zwängt sich laut rufend und gestikulierend eine alte Frau aus dem Dickicht, eine Verwandte. Sie scheint aufs äußerste erregt zu sein, schlägt sich mit der Hand in die Achselhöhle – „weit weg" heißt das. Weit weg sei ihr der Zutritt zu einem Baumhaus verweigert worden, weil Khatual mit den Geistern Kontakt habe. Viele Clans hätten sich gegen die Geister verbündet, die Bumkhei und die Walofekhatun und auch welche von jenseits des Flusses. Es heiße, die Fremden äßen ihre Fische auf.

„Die Männer sind schon unterwegs", übersetzt van Enk. Sie hätte gesehen, daß die Baumhäuser tiefer im Wald allesamt leer waren. Und . . .

„Und?"

„Es ist ernst: Die Frau sagt, sie hätte auch das Geräusch im Wald gehört."

„Welches Geräusch?"

„Das Schlagen der Bögen auf die Baumhäuser." Das Signal zur Menschenjagd.

Wir beschließen aufzugeben. Nach einer Nacht voller Angst, in der wir unsere wenigen Bögen und Pfeile zwischen all den Kameras und Positionssystemen zählen, nach einer Nacht der Selbstverwünschungen, in der sich die Minuten dehnen, kehren wir um. Wir lassen uns im Einbaum den Becking River hinuntertreiben. Der Wald hat sich noch enger zusammengezogen, hat von innen den Riegel vorgeschoben und Point 26 endgültig ins Jenseits unserer Welt geschoben.

Und Khatual, der Mann mit der Schlangenhaut um die Stirn, den unser Anblick in Schrecken versetzte, bleibt in seinem Baumhaus zurück mit einer Polaroid-Aufnahme von sich, einem Axtkopf, einer Handvoll Tabak und einer ganzen Welt. Denn jetzt gehört er dazu. Seine Position auf dem Globus ist 5° 17' 59" südl. Breite und 139° 56' 31" östl. Länge.

Im Einbaum sitzt Pastor Gerrit van Enk aus dem Friesendorf bei Groningen, wo die Bauern Volvo fahren und Mercedes, und schreibt sich neue Wörter in sein Notizbuch.

„Gerrit? Ich fürchte, diesmal waren wir es, die einen Hexenzauber hinterlassen haben."

„Nein, keine Hexerei. Eher Magie: Wir hatten gute Absichten. Aber das spielt sowieso keine Rolle."

Denn gute Absichten gelten im Wald ebensowenig wie moralische Skrupel. Khatual ist auch ohne uns längst entdeckt gewesen: War seine Lichtung nicht zur Eingemeindung verurteilt, als der eigene Bruder sich entschied, ins Dorf zu gehen? Gar schon, als zum erstenmal der Becking River auf eine Karte gezeichnet wurde? Längst hat die Regierung in Jakarta Pläne ausarbeiten lassen, um den Baumhausmenschen die Geister auszutreiben, sie mit Schrift, Kleidung, Geldwirtschaft auf den Boden herunterzuholen.

Khatual hatte keine Chance, weil er allein gegen den Mythos stand. Denn was die Alten sagten, ist Wirklichkeit geworden. Die Welt hat sich umgestülpt wie der Balg eines Paradiesvogels. Und Khatuals Kinder werden eines Tages in die Dörfer gehen, werden auf die Lichtung zurückkehren mit viel zu großen Hosen, einer rostigen Machete und vielen Geschichten.

Und irgendwann werden andere Geister kommen, und Khatuals Kinder werden sie mit offenen Armen empfangen. Weil es dann nur noch eine einzige Welt gibt – und nichts mehr im Jenseits von ihr. (1996)

RAINER JOEDECKE

Die Einöde

Rainer Joedecke war 66 Tage auf der
»Unterkellermühle« in der Oberpfalz. Er war im Frühjahr
dort und im Sommer, er grub im Herbst nach Kartoffeln
und ließ sich im Winter einschneien. Bei Ottilie, Anton und
Toni Wolfrum entdeckte er das einfache Leben.

N a, dann setz Er sich halt amal her, na mach ma Brotzeit." Ich bekomme meinen Platz am Tisch zugewiesen. „Wos will Er denn da schreibm? An und für sich passiert ja nix Bsonders bei uns. Sag ma mal so: Wen interessiert des?"

Es gibt Rauchfleisch und Preßsack zur Brotzeit.

„Noja, des muß Er selber wissn, wos er schreibm will. An sich hab i ja nix dageng, wenn er koin Unsinn schreibt. Will Er no wos z'essen? Genier Er se fei niat!" Ich genier' mich nicht, ich bin bloß satt.

„Er werd halt wos Bessers g'wöhnt sei." Das stimmt nicht. Damit sie's auch glaubn, ess' ich noch ein Stück Preßsack.

„Um viere kummt da Bou a'sm Wald. Dann kann Er ja mit eahm a no amal redn, ob er einverstanden is."

Januar. Draußen weht ein eisiger Wind vom Böhmischen her, es schneit und regnet abwechselnd. Vor dem Fenster picken die Vögel in den Sonnenblumenkernen. Meisen, Dompfaffen, Grünlinge... Ich sitze in der warmen, dämmrigen Küche der Unterkellermühle, einer Einöde im Oberpfälzer Wald. Im Herd prasseln die Scheite, der Wasserkessel summt, die Mutter macht Knödel und Kraut, der Vater erzählt Geschichten aus dem Wald. Ein altdeutsches Märchenbuch-Zuhause mit echten Leuten drin: Anton Wolfrum, der Alte, 65; Ottilie, seine Frau, 63; Anton, der Junge, Toni genannt, 38.

Anton, in blauer Jacke, blauem Schurz, mit Schirmmütze und Gummistiefeln, sitzt an seinem Stammplatz am Herd. „Im Winter ham mir Altn ja weng z'toun. Da ham mir praktisch nur des kloine Vieh zum versorgn und an Haushalt." Der Alte hat vor zwei Jahren den Hof übergeben: „I bin jetzt in der Ausnahm, da laß i's a weng langsamer gehn."

Ich verbringe den ersten Tag mit Anton in der Küche. Gespräche über das Wetter, die Arbeit, den Wald: Geschichten von Mäusen und Menschen. In den langen Pausen kommt immer wieder ein tief geseufztes „Ja, ja" oder „Ja, ja, sou is des".

Ottilie rastet nicht. Sie sortiert Kartoffeln im Keller, repariert den Zaun am Entenstall, flickt Wäsche in der Stube, schaut nach dem neugeborenen Kalb und kocht nebenbei das Mittagessen. Sie arbeitet mit der Präzision eines routinierten Ein-Mann-Orchesters, vergißt über dem Kartoffelsortieren nicht, das Kraut rechtzeitig umzurühren, und läßt die Knödel nicht verkochen, während sie den Zaun repariert. Sie ist immer in Bewegung. „I brauch des. Wann i koa Arbat hob, wiar e krank." Sie lacht mit ihren sehr blauen Augen.

Der Toni arbeitet als Holzhauer im Staatswald. Gegen Abend kommt er nach Haus, hängt seinen pechverklebten Rucksack neben die Tür, den pechspeckigen Hut dazu. Die Hand will er mir so nicht geben, er wäscht sich erst das Harz ab.

Ich erkläre ihm, daß ich eine Geschichte über den Hof machen will. „Mir is recht", meint er, „aber wieso kommen S' da grad zu uns Oanödhammel."

Er lacht selbst über das Wort „Einödhammeln": „Sou sagt ma halt, weil mir af da Oanöd alle a weng büffelhaft und sonderlich san. Sagt ma."

Die Oberpfalz gehört zu den ärmsten und – trotz einer der höchsten Geburtenraten – am dünnsten besiedelten Gegenden Deutschlands. Fast die Hälfte des Gebiets besteht aus Wald. Es gibt wenig Industrie, die Landwirtschaft ist mühsam. Der Boden ist karg und steinig, das Klima rauh. Boden und Klima verschlechtern sich in Richtung Norden und Osten zur tschechischen Grenze. Im Nordostzipfel des Landes, der Gegend, in der die Kellermühle liegt, ist es nicht mehr arg übertrieben, wenn die Bauern sagen: „A dreiviertel Jahr Winter, a viertel Jahr kalt." Hier nennt man die Oberpfalz „Steinpfalz", und aus dieser Gegend stammt auch der trotzig-stolze Wahlspruch der Oberpfälzer: „Knapp und spärlich."

„Erdäpfl und a Brot, wos anders ham mir früher daham fast niat kennt zum essen. Scho a trockens Brot hat's niat allaweil gebm. Nur vo de Erdäpfl, da is immer a Kessl am Feier gstandn, und da hat ma se halt gnumma – Erdäpfel in da Fröih, z'mittogs in da Bröih, aben's mitsamt de Hait, Erdäpfel in alle Ewigkeit."

Der Anton stammt aus dem Dorf Hermannsreuth, zwei Kilometer von hier. Der Vater war Holzrucker, einer, der die geschlagenen Bäume mit dem Gespann aus dem Wald zog. Ein paar Äcker hatte er noch von zu Hause mitgekriegt, acht Tagwerk insgesamt, keine drei Hektar. Davon haben sie eine Kuh gefüttert, ein Schwein und ein paar Hühner. Auf den Rest haben sie Kartoffeln gepflanzt.

„Mir warn daham sechs Boum und oa Moidl. Haltamal." Er nimmt die Finger und zählt nach: „Da Benno, da Otto, da Erich... Siebm warn ma. Siebm Boum und oa Moidl. Vo dene, wo glebt ham. Drei, wos i mi erinnern ko, san gstorbn."

Mit 13 ist Anton als Knecht zu einem Bauern gekommen. „Des hat ma früher niat anders kennt. Wenn de Kinder sou weit warn, daß s' as da Schul kumma san, ham's fortgmüßt zum Bauern. I moan, mir san gern wegganga, weil erstens 's Essen scho besser gwest is, und dann ham ma a Geld kriegt. An Lohn hat zwar da Vatta kassiert, aber zu de Feiertag, Ostern oder Kirchweih, da hat ma doch amal a Markl oder zwoa Trinkgeld kriegt vom Bauern, und des hat ma na b'halten derfm. Und z'Weihnachtn, da hat's na a wos gebm, an neia Schurz, a Hemad, a Paar Schouh vielleicht. Oamal hab i sogar an Stoff zu an ganzen Anzug kriegt. Des war allerhand damals."

Ottilies Geschichte hört sich ähnlich an. Sie kommt aus der Straubinger Gegend. Neun Kinder waren sie zu Hause.

„Unsa Vatta, der hat a Dreschmaschin gfahrn, der is de ganz Wochn net dahoam gwen. Mir ham a bissl a Landwirtschaft ghabt, die hat d'Mutta gmacht mit uns Kinder. Mir ham armselig glebt. Wenn die Donau wieder amal Hochwasser ghabt hat, dann is d'Mutta bis zu de Knia im Wasser gstandn und hat an Klee gmaht. Mir Kinder ham des Futter dann ausm Wasser gfischt und in Kahn tan."

Ottilie ist mit 14 von zu Hause weggekommen. Sie ist auch gern gegangen, aus den gleichen Gründen wie Anton – besseres Essen und ab und zu „a Markl oder zwoa".

Anton: „Mir san genausou arm gwest wie de arma Völker, wie ma's im Fernsehn sieht. Mehra ham mir a niat ghabt. Vo Hermannsreuth san s' damals auf Wendern ganga. Da war a groußa Gutsbesitzer, und da ham s' g'arbat nur fürs Essen."

Ottilie: „Des hat ma früher net anders kennt. D'Leut san z'viel gwest und die Industrie z'weng. Jetzt bist froh gwest, daß d'wenigstens 's Essen ghabt hast. Und d'Mutta und da Vatta san a froh gwest, wenn s' furt gwest san, de Kinda, daß se s' nimma füttern ham brauchn."

1929 hat Antons Vater seine paar Äcker und das selbstgebaute Haus in Hermannsreuth verkauft und mit dem Erlös von 6000 Mark, mit 2000 Mark Erspartem und einem Kredit von 2000 Mark die Kellermühle gekauft. Anton war zu der Zeit als Knecht im Württembergischen. Dort hat er 1937 Ottilie kennengelernt. „Mir san beim gleichn Bauern gwen. Sie in Kouhstall, und i hab de Pferd gmacht. No ja, wie's halt sou geht, i hab ihr halt ab und zu gholfn. Und dann is es halt sou weit wordn. Gspielt ham ma halt a weng, wie's halt so dahergeht. Na hab i gsagt: Jetzt geht's Heiratn los."

Der Toni war unterwegs. 1938 haben sie geheiratet. Krieg, Gefangenschaft, Ottilie hat in der Fabrik gearbeitet. 1949 ist der Vater gestorben, bald darauf die Mutter. Anton hat den Hof übernommen.

In einem sanften Taleinschnitt, ringsum von Wald umgeben, liegen die Felder und Wiesen der Unterkellermühle. Der Reichenbach, der durch das Tal fließt, treibt auch heute noch ein Wasserrad am Haus – jeden Dienstag nach der Brotzeit, wenn der Anton Getreide schrotet für das Vieh. Bis 1958 haben sie so auch ihren eigenen Strom erzeugt, haben die Dreschmaschine damit angetrieben und die Jauchepumpe. Der Bach speist auch noch zwei Fischweiher mit Karpfen, Forellen und Schleien, bevor er zwei Meter hinter dem Hof im Wald verschwindet und zum „internationalen Gewässer" wird: Er bildet die Grenze zur Tschechoslowakei, zum „Böhmischen", wie man hier noch sagt.

Zwei Monate, übers Jahr verteilt, hab' ich auf der Kellermühle verbracht. Ich hab' dort gegessen, geschlafen und gearbeitet. Nach zwei Tagen sind Anton und Ottilie vom altertümlich distanzierten „Er" zum „Du" übergegangen, und auch die Kühe haben sich bald an mich gewöhnt. Toni hat mich erst immer aus dem Stall geschickt, bevor er zu melken anfing: „Jetzt moußt assegehn, sonst wern d'Küh nervös, wenn a Fremder im Stall is. Des merkt ma glei an der Milch, des san glei zwoa Liter wen'ger." Als sich nach einer Woche die Kühe beim Ausmisten nicht mehr nach mir umschauen, kann ich auch beim Melken im Stall bleiben. Sie haben mich später dann auch nach längerer Abwesenheit wiedererkannt und freundlich nicht beachtet.

Ottilie behandelt mich bald so wie ihre anderen beiden Männer Anton und Toni. So wie sie mir am ersten Tag meinen Platz am Tisch zugewiesen hat, so wie ich jeden Tag „mein" Brotzeitbrett, „mein" Besteck und „meine" Blumentasse bekomme, so bekomme ich auch meinen Platz in Ottilies Herz zugewiesen als einer von „meine Mannsbilder". Wie Anton und Toni werd' ich ihrer resoluten Fürsorge teilhaftig: Sie schaut drauf, daß ich eine Mütze aufsetze im Winter, verlangt meine nassen Socken, um sie am Herd zu trocknen, verbindet mir trotz Protest – es ist nur ein Kratzer – die Hand, die ich mir am Pflug aufgerissen habe, näht mir Knöpfe an, kocht mir meine Leibspeise, Dampfnudeln aus Roggenmehl.

Diese Fürsorge ist nie entnervendes Bemuttern, aus ihr spricht immer die klare Stimme der Vernunft. Wenn Ottilie sagt: „Ziag dei

Mützn auf, wennsd' nausgehst, s'geht a schoafa Wimd", kann man sich darauf verlassen, daß einem ohne Mütze nach zehn Minuten die Ohren abfallen.

Ottilie, mit ihren fröhlichen blanken Augen, dem offenen Gesicht, mit vielen Lachfalten um die Augen und den runden roten Bäckchen, mit ihrer unauffälligen Betriebsamkeit und nicht nachlassenden Umsicht, ist die Seele und der Motor des Hofes. Es fällt kein Haar zu Boden, keine Maus trägt ein Körnlein fort, kein Schwein scheuert sich die Läuse im Stall, ohne daß es Ottilie bemerkt. Sie hört einen zugeflogenen Wellensittich aus einer hundertköpfigen Vogelschar heraus, sie weiß auf Anhieb, an welchem Tag im letzten Jahr der erste Frost kam und zu welcher Tageszeit die Maulwürfe ihre Hügel aufwerfen.

Sie ist so vernünftig, so einteilend und umsichtig, daß es unerträglich wäre, wenn sie nicht auch gleichzeitig über eine weise Nachsicht gegenüber menschlicher – vor allem männlicher – Unvernunft verfügte. Männer sind halt manchmal schlampig, vergessen das Wichtigste über dem Nebensächlichen, trinken mehr, als sie vertragen, frieren lieber, als sich was Warmes anzuziehen. Ottilie nimmt es als gottgegeben hin, ohne sich groß darüber aufzuregen. Ein Seufzer manchmal: „O mei, wann i amal nimmer kann, na gibt's Bruch."

Wohl die Hälfte der zwei Monate auf der Kellermühle habe ich in der Küche verbracht. Die Küche ist das Herz des Hofes. Hier wird nicht nur gekocht und gegessen, hier lebt man, zusammengerückt „um den heimischen Herd versammelt". Daß sich das Leben auf den zwölf Quadratmetern der Küche abspielt, liegt nicht am fehlenden Platz. Im Obergeschoß gibt es zwei geräumige Zimmer und drei kleinere Schlafkammern. Und neben der Küche ist noch die gute Stube mit den gerahmten Fotografien der Eltern, den Hirschgeweihen und dem blutenden Herz Jesu. Hier stehen der Fernseher und die Nähmaschine und zu Weihnachten der Christbaum. Ein Fernseh-, Näh- und Weihnachtszimmer – leben tut man in der Küche. Hier kocht die Ottilie, rasiert sich der Anton, schärft Toni seine Axt, hier wärmen sich die Grenzer bei einer Flasche Bier, und hierher bringt die Katze dem Walli die gefangenen Mäuse. In der Küche hat man immer Gesellschaft, und wenn's nur Walli ist, der Spitz, oder ein Vogel am Fensterbrett.

An manchen langen, dämmrigen Wintertagen komme ich mir hier vor wie auf einer Arche Noah – eng zusammengerückt mit Hund und Katze, Kuh und Schwein, Hühnern, Enten, Gänsen. Die große, die weite Welt löst sich auf in Nebel, draußen. Die Vorräte sind an Bord: Holz, Korn, Heu, Speck, Kraut und Kartoffeln. Der Hof bildet ein geschlossenes Geviert. Eine Seite Kälber, Hühner, Schweine, die nächste Seite das Holz, dann das Heu und Stroh und dann die Kühe, das Getreide, die Menschen. Nachts im Bett in den Entenfedern höre ich das Wiederkäuen der Kühe im Stall unter mir. In dem Hafer, der neben meinem Bett aufgeschüttet ist, rascheln die Mäuse. Der Fuchs schleicht ums Haus.

28 Tagwerk Land gehören zum Kellermühlenhof. Eine Hälfte davon Wiesen, die andere Äcker. Darauf bauen sie Roggen, Weizen, Gerste, Hafer, Kartoffeln, Futterrüben und etwas Gemüse. Der Boden ist nicht schlecht, aber steinig. Zweimal im Jahr, im Frühjahr und im Herbst, werden Steine geklaubt, aber: „Dou klaubst und klaubst, a jeds Jahr, solang d'lebst – de Stoi wern niat wen'ger. Jeds Jahr nach'm Ackern sans wieder grad soviel wie's Jahr z'vor." Der Anton tröstet sich damit, daß die Steine auch ihr Gutes haben: Sie lockern den Boden auf. Durch den Frost im Winter hebt sich der Boden, und damit heben sich auch die Steine. Wenn sich im Frühjahr der Boden wieder senkt, bleiben die Steine oben, arbeiten sich so durch den Boden und lockern ihn auf. „Ohne Stoi war's natürli besser, weil wachsn tout ja nix af'm Stoa. Aber für de Erdäpfl sans allaweil gout."

Die Bestätigung für diese agrarwissenschaftlich wacklige Theorie bekomme ich im Herbst bei der Kartoffelernte, als ich mit Ottilie die Steine vom Förderband der Erntemaschine sortiere: Immer wenn auf einem Stück besonders viele Steine kommen, kommen auch mehr und größere Kartoffeln. Die Kartoffeln werden, so wie auch das Getreide, an das Vieh verfüttert. Das ist nicht so unsinnig, wie's klingt. 1975, als in der Stadt der Zentner Kartoffeln mit 80 Mark gehandelt wurde, hätte der Anton für den Zentner handelsfertig sortierte Ware acht Mark bekommen. Da füttert er lieber die Sau damit. Die frißt sie auch unsortiert.

Mit dem Getreide ist es ähnlich. Sie haben sich ausgerechnet, daß sie besser wegkommen, wenn sie damit Mastvieh aufziehen, anstatt es zu verkaufen. Alles, was auf den Feldern wächst, wird auf dem Hof umgesetzt. Sie füttern damit acht Schweine, die sie zweimal im Jahr umsetzen, vier Milchkühe, eine Geiß und, momentan, neun Stück Jungvieh. Dazu kommen etwa 50 Hühner, 20 Enten und die Karpfen, Schleien und Forellen aus dem Fischteich.

Als Anton und Ottilie 1950 den Hof übernahmen, der Toni war damals zwölf, hatten sie keine Maschine und ein einziges Pferd zum Ziehen. Alles ging von Hand, nicht viel anders als vor 500 Jahren – so lange steht die Kellermühle schon. „Im Sommer san mir jeden Tag um halba drei aufgstandn und ham's Mahn angfangt. Dortmals san ma a no in Wald ganga und ham dort de Grasbüschl gschnittn, weils'

Futter niat glangt hat. Mir san scho unsre eignen Herrn gwen, aber g'arbat ham ma dreimal soviel wie als Knecht bei de Bauern."

Im Winter hat der Anton dazu noch als Holzhauer gearbeitet, „damit ma no a poar Pfenning ghabt ham zum zahln". Er mußte seine Geschwister auszahlen, an Maschinen war lange nicht zu denken.

„Ma hat se halt plagt und plagt, von da Früh bis af d'Nacht. Uns is niat arg gout ganga, trotzdem wars koi schlechte Zeit. Mir san jung und gsund gwen und ham vo Kind af nix anders kennt wia Arbat."

1964 hat sein Sohn im Wald als Holzhauer angefangen. Das Geld, das Toni da verdient hat – alles, was er bis heute verdient hat –, ist in den Hof geflossen. Sie haben Maschinen gekauft: zwei Traktoren, Melkmaschine, Ladewagen, Mähdrescher, Miststreuer, Vollernter, Strohpresse, Kreiselmäher, Heugebläse . . . es ist fast alles da, was einem Bauern heutzutage die Arbeit erleichtert. Auf dem Hof liegt keine Mark an Schulden, sie haben aber auch nichts sparen können bis jetzt. Jede verdiente Mark, ob sie aus dem Hof kam oder von Toni aus dem Wald, wurde sofort wieder angelegt. „Was solln ma mit'm Geld auf da Kassa — da tut's mir d'Arbat net."

Geld ist was Totes, Nutzloses für sie. Essen kann man's auch nicht, und so verwandeln sie es ganz schnell wieder in was Lebendiges, Nützliches, in eine Maschine, ein paar Ferkel, eine gute Milchkuh. Am liebsten, glaub' ich, würden sie das Geld ganz aus dem Spiel lassen und einen Mastbullen gegen einen Kreiselmäher tauschen, so wie sie einen Teil ihres Korns dem Bäcker geben und dafür Brot und Mehl bekommen. Für das tägliche Brot brauchen sie kein Geld. Und für das, was man dazu ißt, sehr wenig.

Da ist erst mal die Kartoffel natur „mit oder ohne Haut". Dann die zweite Stufe der Kartoffel, verwandelt in Dotsch (Kartoffelpuffer), Bauchstecherle (Kartoffelnudeln), Kartoffelsalat, Kartoffelknödel. Dann wird die Kartoffel von der Sau gefressen. Sie schlachten zweimal im Jahr, im Mai und im Dezember. Von der Sau wird ein Teil eingefroren, der andere Teil gibt Rauchfleisch, Sauerfleisch, Leberwurst, Blutwurst, Kochwurst und Preßsack. Die Kartoffel wird zum Fisch, nachdem die Karpfen sie gefressen haben. Sogar Ottilies Federbetten kommen auf dem Umweg über die Enten aus den Kartoffeln. Im Sommer haben sie frisches Gemüse und Salat und für den Winter Zwiebeln, Mohrrüben, Winterrettich, rote Rüben und selbstgemachtes Sauerkraut. Die Milch ist jeden Tag frisch, die Butter macht Ottilie auch selbst, und im Herbst friert sie Steinpilze ein.

Manchmal fühl' ich mich wie im Schlaraffenland. Wenn ich Lust auf Fisch habe, geh' ich einfach an den Teich und werfe ein Stück

Schnur mit Haken und Regenwurm rein. Längstens nach einer halben Minute hab' ich meine Forelle – Ottilie brät sie mir. Oder sie fragt mich: „Was mach ma denn heut zum essn?" Mein Blick fällt durchs Küchenfenster in den Hühnerhof. „Ein Bratgockel, Ottilie, wär' nicht schlecht heut'." Ich ertappe mich, wie ich wohlgefällig eine Sau mustere und dabei an den schönen Schinken denke.

Für das, was sie für den Haushalt kaufen muß, braucht Ottilie nicht mehr als 50 Mark im Monat. Essig, Zucker, Salz, Malzkaffee, Apfel, Semmelbrösel, Backpulver, eine Tafel Schokolade, Seife, Waschpulver. Dazu kommen noch das Bier und die Zigaretten für die Männer.

Den Wocheneinkauf macht Ottilie in Bärnau am Sonntag nach der Kirche. Wenn sie nicht in die Kirche kommt, fährt sie am Montag mit ihrem 20 Jahre alten Moped die fünf Kilometer nach Bärnau, dem nächsten größeren Ort. Ein Stück Drillich zu einem Schurz für Anton, Strümpfe, ein Hemd kauft sie in Tirschenreuth, der Kreisstadt. Kaufhäuser gibt's da nicht, die sind in Weiden, 30 Kilometer weg. Trotzdem war sie noch nie in Weiden. „I brauch koa Kaufhaus. Des, wos i brauch, kriag i in Tirschenreuth a." Sie kaufen, was sie brauchen, und sonst nichts. Da sie sich die paar Sachen, die sie wirklich brauchen, auch leisten können, sind sie wunschlos zufrieden, die Verlockungen des Konsums können ihnen nichts anhaben. Beim Werbefernsehen lacht Ottilie höchstens: „Da schau hi, was de se alls einfalln lassn."

Seit Beginn des Jahres sind sie an die Müllabfuhr zwangsangeschlossen, man hat ihnen eine Tonne auf den Hof gestellt. Die steht da blitzend, fremd und leer. Alle vier Wochen kommen die Müllmänner. Ottilie schmeißt dann immer anstandshalber was rein: gesammelte Kronenkorken vom Bier, eine Essigflasche, einen Plastiksack, ein Stück rostigen Draht.

So sparsam sie wirtschaften auf der Unterkellermühle – Buchführung und Kalkulation haben sie nie gemacht, wollen sie nicht, und brauchen sie auch nicht. Sie wissen nicht einmal genau, was übrigbleibt im Jahr vom Milchgeld, vom Verkauf der Schweine und der Mastbullen, von den Eiern, den Enten und den Fischen. Das interessiert sie auch nicht. Anton weigert sich zu rechnen: „Für was solln ma denn rechna. Mir toun unsa Arbat, mia lebm dabei niat schlecht, ham koi Schuldn – was brauch i dou no rechna."

Ich hab's trotzdem mal mit dem Toni ausgerechnet. Es sind etwa 8000 Mark herausgekommen, die übrigbleiben im Jahr. Davon kann man keine Maschinen kaufen, keinen Stall renovieren, kein Auto halten. Der Toni verdient das Doppelte im Jahr und steckt es in den Hof – damit die Hälfte rauskommt. „Unternehmerisch" gesehen ist die Bewirtschaftung des Hofes ökonomischer Wahnsinn. Der Maschinenpark der Wolfrums würde für einen dreimal so großen Hof ausreichen und dann erst rentabel arbeiten. Aber man kann halt keinen halben Kreiselmäher kaufen, und mit der Hand mähen nur noch Landkommunen-Hippies – eine halbe Stunde. Wenn Toni das Land verpachten würde und nur das Haus behielte – die Eltern bekommen eine kleine Rente –, hätte er doppelt soviel Geld und die halbe Arbeit.

So aber steht der Toni jeden Tag um halb fünf auf, heizt den Herd in der Küche und geht dann in den Stall. Kurz nach sechs ist er fertig. Er frühstückt und fährt dann zur Arbeit in den Wald. Wenn er kurz nach vier nach Hause kommt, sieht er manchmal aus, als würde er gleich umfallen vor Erschöpfung. Die Augen fallen ihm zu, er bewegt sich wie in Zeitlupe, als hätte er Blei in den Armen und den Beinen. Nach der Brotzeit hat er sich dann wieder einigermaßen aufgerappelt. Er arbeitet eine Stunde am Feld oder macht eine Arbeit am Hof. Dann kommt wieder Stall bis um sieben Uhr. Im Winter ist er dann fertig, im Sommer geht's weiter bis neun. Das ist dann auch seine Schlafenszeit. Samstags und sonntags sieht's nicht viel anders aus. Statt im Wald arbeitet er auf dem Hof. Samstags geht er manchmal abends in die Wirtschaft, am Sonntag geht er in die Messe und legt sich mittags eine Stunde hin. Seine Urlaubstage gehen für die Ernte drauf im Sommer und Herbst. Richtigen Urlaub, ohne zu arbeiten, hat er noch nie gemacht.

Der Toni weiß schon auch, daß er ein leichteres Leben hätte, wenn er die Landwirtschaft aufgeben würde. Ein schöneres Leben aber wär's für ihn, so glaubt er, bestimmt nicht: „Ich mach d'Landwirtschaft gern. Narrisch gern. Ich könnt ma koa an'das Lebn vorstelln. Wenn ma aufgwachsn is damit, na hängt ma dran, a wenn's no sou viel Arbat macht, ma hängt oafach dran."

Die goldene Freizeit – für Toni ist das ein leeres Wort. „Wann i jetzt bloß in d'Arbat gehn tat und kam abends um viere heim, i wüßt niat, wos i ofanga sollt. Vorm Fernseher hockn? Na! Jedn Tag ins Wirtshaus gehn? Des würd a bald langweilig. Oder sollt i mir so a Hobby ofanga und wia so a Halbnarr irgendwas z'ammbaun und wieder z'reißn und wieda z'ammbaun – bloß daß i was z'tun hab."

Arbeit ist ihnen keine Last, kein notwendiges Übel – dem Toni sowenig wie Anton und Ottilie. Wenn's ihnen auch manchmal ein bißchen zuviel wird, sie werden's nicht leid. Im Gegenteil. So seufzt die Ottilie einmal Ende Oktober, die Felder sind abgeerntet und bestellt: „O mei, jetzt kummt de Zeit wieder, wosd' koa Arbat hast. Des macht mi ganz krank."

Wenn ein Kalb geboren wird, zum Beispiel, lassen sie es eine Woche lang dreimal am Tag an der Mutter trinken. Diese Arbeit machen sich heute nur noch die wenigsten Bauern. Aber es ist halt besser für das Kalb, und so opfert der Toni eine Woche lang seine Mittagspause und fährt nach Hause, um das Kalb anzulegen. Ottilie zupft ihren Schweinen die Läuse ab. Eine unnötige Arbeit, aber die Schweine haben's gern. Die Vögel werden den ganzen Winter mit Sonnenblumenkernen gefüttert, und wenn Ottilie dreimal am Tag die viel zu vielen Katzen füttert, achtet sie darauf, daß keine zu kurz kommt. Anton verzichtet darauf, einen morschen Balken in der Scheune auszuwechseln, weil ein Schwalbennest dran ist, und sogar für die Mäuse auf dem Getreideboden hat er Verständnis. „De müssn ja a lebm."

Sie leben mehr mit dem Hof als vom Hof, die Wolfrums, in einer engen Gemeinschaft mit den Tieren, dem Land, dem Wetter, der Natur. Auf eine ganz unökonomische Weise sorgen sie für ihre Tiere, pflegen ihr Land. Diese archaische und anachronistische Verbundenheit mit dem Hof zeigt sich auch in den Bräuchen, die sie nicht „pflegen", sondern einfach machen. „Des ham unsa Eltern scho sou gmacht, und mir machn des a sou", sagt Anton.

Am Dreikönigstag wird das Haus mit Weihrauch ausgeräuchert und der Haussegen 19 K+M+B 76 von Ottilie auf alle Türen im Haus gemalt, auf die Tür zum Plumpsklo ebenso wie auf die Tür zur guten Stube. Kaspar, Melchior, Balthasar, die Weisen aus dem Morgenland, sollen das Böse fernhalten. Zu Ostern stecken sie Kreuze aus geweihtem Holz und einen Palmzweig in die vier Ecken des Kornfeldes, um die bösen Geister vom Feld fernzuhalten. Ottilie betet still das Vaterunser dazu: „Unser tägliches Brot gib uns heute."

Kleine Kränze aus Birkenreisig, an Fronleichnam geweiht, sollen das Haus vorm Blitz schützen (seit ich einmal halbmeterlange Blitze aus der Steckdose in der Küche hab' fahren sehen, geb' ich auch was auf den Brauch). Wenn eine Kuh gekalbt hat, bekommt sie geweihtes Brot und Salz, damit sie wieder aufsteht, und in der Heiligen Nacht um zwölf bekommt das Vieh Hafer vorgeschüttet, und der Stallgang wird ausgekehrt. Das macht immer der Anton.

„Mit'm Kehrn treibt ma an Teifl as. Früher hat ma gsagt, wenn ma se in da Christnacht in Stall asse legt und as Licht asmacht, kann ma 's Vieh mitananda redn hörn." Er hat's schon einmal probiert. „G'hört hab e zwoa nix, aba vielleicht hab i niat richtig afpaßt und hab gschlofn." Besonders fromm sind sie nicht, trotz der frommen Bräuche. Sie glauben halt an Gott und gehen am Sonntag in die Messe. Aber der Pfarrer kann sie nicht erschrecken.

Der besuchte mal die Kellermühle, als ihm zu Ohren gekommen war, daß Antons jüngerer Bruder, der Erich, eine „Evangelische" heiraten wollte. Ottilie erzählt mit Genuß davon. „I bin grad beim Kochen gwen, und er is da in der Küch gsessen und hat allaweil so rumdruckt. Endlich, wie i ihn nachher gfragt hab, was er aufm Herzn hat, is er raus mit der Sprach und hat gsagt, daß des doch a Sünd und a Unrecht wär, wenn der Erich a Evangelische heiratn tat. Hochwürden, hab i gsagt, wen der Erich heirat', des geht mi nix an und Sie genausowenig. Und außerdem, sag i zu eahm, brat a katholische Bratwurst in an evangelischen Pfandl genauso guat wie in an katholischen."

Der Anton hatte schon recht, als er mir sagte: „Eigentlich passiert ja nix Besonderes bei uns." Die Geburt eines Kalbes, ein Regen nach langer Trockenheit, ein zugeflogener Wellensittich, der erste Frost – das sind die großen Ereignisse hier. Der Ablauf der Jahreszeiten, der Kalender bestimmt den Gang des Lebens auf der Kellermühle, die Welt ist hinter dem nächsten Kirchturm zu Ende.

Ottilie sieht sich abends immer die Tagesschau an. „Damit i woaß, was in da Welt draußd passiert." Stumm und aufmerksam, wie ein Schulkind vorgebeugt, sitzt sie vorm Fernseher, schüttelt ab und zu ungläubig, erstaunt, belustigt den Kopf. Einen Kommentar hab' ich nie von ihr gehört. Das passiert alles so weit weg von hier, hat so wenig Beziehung zu diesem geordneten, überschaubaren Leben, daß all die Kriege, Flugzeugentführungen, Staatsbesuche, Verkehrsstauungen zu einem Märchenkaleidoskop geraten.

Die beiden Alten haben nicht einmal einen gültigen Personalausweis – Ottilies Ausweis, 1954 ausgestellt, seit '59 abgelaufen, war noch nie gültig, weil die Unterschrift des Beamten fehlt, und der von Anton, 1962 ausgestellt, ist auch seit vier Jahren abgelaufen. Sie haben beide ihren Ausweis noch nicht ein einziges Mal gebraucht. „In Landkreis kenna me alle Schandarm, und weita kumm i sou niat."

Trotz der Beschränktheit ihrer kleinen, geschlossenen Welt – beschränkt, vernagelt, „Oanödhammel" sind sie nicht, die Wolfrums. Sie sind weder stur noch unduldsam und „büffelhaft" schon gar nicht. Ihre Beschränktheit ist geographisch, nicht geistig. Anders als in der Stadt, wo man über der großen Welt das Nächste übersieht, kennen die Wolfrums ihre kleine Welt sehr genau und nehmen Anteil an allem. Sehr genau wissen sie über die Leute und die Ereignisse in den umliegenden Dörfern Bescheid. Die paar Stunden in der Woche, die sie vom Hof wegkommen, in die Messe, auf eine Beerdigung, zum Frühschoppen, reichen aus, um auf dem laufenden zu bleiben.

Dieses Idyll, diese kleine heile Welt der Kellermühle, ist bedroht. Nicht von Räumbaggern, von Autobahnprojekten oder Kraftwerksbauten – alles nichts, wofür sich eine Bürgerinitiative einsetzen könnte. Die Bedrohung ist nicht so spektakulär, aber nicht weniger tödlich.

Als ich im Juni wieder einmal auf die Kellermühle komme, finde ich Ottilie, die freundliche, liebe Ottilie, in grimmiger Stimmung. Der Schweinestall ist leer, im Bach schwimmen keine Enten. „Ich streik'", verkündet sie mir, „so geht's net weiter. Da mußt endlich a Frau her. Ich fütter koane Antn mehr und koane Säu – sunst moant er, 's geht immer so weiter."

„Er", das ist der Toni. Und das Problem ist, daß er mit 38 Jahren noch immer keine Frau gefunden hat. Die Stimmung ist gespannt. Alle drei wirken unzufrieden, bedrückt, gereizt. Der Anton sieht alt und krank aus. „Wenn i dran denk, was mir uns plagt ham de ganzn Jahr. Und für was des Ganze? Wann mir Altn amal nimmer könna, wos is dann? Da hat ma sei ganz Lebm lang g'arbat und woiß am End niat für wos. Für wos soll ma se denn da no plagn. Ja wenn da a Wei' da war und a poar kloine Kinder rumspringa tatn, da wissat ma für was."

Der Toni ist weder häßlich noch dumm, und menschenscheu ist er auch nicht. Daß er noch keine gefunden hat, liegt weniger an ihm als an den Umständen. „D'Zeitn ham sich g'ändert. Vo de Bauernmoidla will koine mehr auf'n Hof und auf d'Oanöd scho gar niat. I bin niat der oinzige Bauer, der koi Frau findt für sein Hof."

Seit er den Hof übernommen hat, ist die Lage noch aussichtsloser geworden. „Jetzt komm i gar nimmer weg. Früher bin i no alle Sonntag weggfahrn und hab mi umgschaut. Dreimal war's soweit zum Heiraten. Aber die eine wollt net auf die Einöd, die andre hat sich an meim ledigen Boum gstoßn, für den i zahln muß, und die dritte hätt gwollt, daß i die Landwirtschaft aufgib."

Wenn er die Landwirtschaft aufgeben würde, den Hof verkauft – er hätte in drei Monaten eine Frau. Aber: „Und wenn i des Moidl no so gern hätt, mir würdn net zammpassn. Des müßt i ihr immer vorwerfn: Wegen dir hab i die Landwirtschaft aufgebm, hab i mei Heimat aufgebm. Des lassat ma kei Ruh net."

Und wenn er keine Frau findet und die Alten eines Tages nicht mehr können? „Irgendwie muß es gehn. Solang i no jung bin und arbatn ko, schmeiß ma des scho!"

Im Herbst darauf hat Ottilie wieder Enten und Schweine.

„I brauch meine Viecha. Wann i de Arbat net hätt, käm i bloß ins Sinnieren und Grübeln. Des is net guat, wenn ma z'viel nachdenkt. Da könnt ma manchmal vazweifln."   (1977)

HERMANN SCHREIBER

Das endlose Dorf

*Tokyo. Die größte, die überfüllteste Stadt
der Welt. Zentrale einer Industriemacht, Kapitale der Computer,
Megalopolis, Moloch. Aber Tokyo gibt es gar nicht, Tokyo
existiert nur in seinen Teilen, und schon wenige Meter abseits
der brausenden Avenuen ist – Posemuckel.*

Das Beben ist sanft, ein Schauder, eine zitternde Berührung,
erwartungsvoll. Du spürst es unter der Bauchdecke, in den
Haarwurzeln, in allen Pulsen. Das Erschrecken. Und eine
Erregung, die der Lust verwandt ist. Lust am Untergang? Einmal, das
weißt du, das verdrängst du bloß, wird es das große Beben sein.
Diesmal?

Diesmal nicht. Das Zittern verliert sich, bleibt verloren, war also
kein Auftakt. Aber es wird wiederkommen, gemäß der Statistik vielleicht noch zehnmal an diesem Tag, mal stärker, mal schwächer. Ich
werde es wahrscheinlich gar nicht merken. Jetzt hat es mich geweckt.

Kurz nach fünf. Die Nacht hinter der Hotelgardine ist bleich geworden, hat ihre Lichter gelöscht. Noch ist der Morgen fast menschenleer, auch die buntbehosten Jogger sind noch nicht auf ihre
Sechs-Kilometer-Strecke rund um die kaiserlichen Gärten gegangen.
Die gesichtslose Geometrie der Büropaläste des Bezirks Marunouchi
spiegelt sich ungekräuselt in den Schwanenteichen entlang der blank-
gefegten Avenue Hibiya-dori, denn die Springbrunnen schlafen noch,
und die Uchibori-dori schlägt ihre sechsspurige Schneise in den
grünen Bezirk der Äußeren Gärten noch ohne erkennbaren Verkehrs-
nutzen.

Der Blick aus dem neunten Stock geht kilometerweit über Parks
und Paläste, wird aufgehalten erst am dämmrigen Horizont, vom un-
gestalten neuen Hochhaus des Polizeihauptquartiers zum Beispiel,
oder von einer naturgetreuen Nachbildung des Eiffelturms. Und diese
Aussicht kommt nahezu nirgends vor im weltweit verbreiteten Image
der Megalopolis.

Aber ich bin in Tokyo.

Hellwach ist die Stadt um diese Stunde bloß auf dem Markt, dem Zentralen Großmarkt, dem Fischmarkt zumal. Dorthin also. Und weil die Straßen noch leer sind, prescht der Taxifahrer los, als habe er einen dieser historischen Bambusbomber kamikaze ins Ziel zu bringen und nicht einen fremdländischen Frühaufsteher auf den Markt, zum Tsukiji.

Ich bin trotzdem fast unbesorgt, denn ich habe inzwischen eingesehen, daß schon nichts passieren wird. Warum, ist mir ein Rätsel; aber seit neun Jahren sinkt die Zahl der Verkehrstoten in Japan kontinuierlich, und in Tokyo ist sie besonders niedrig – 2,4 Verkehrstote pro 100 000 Einwohner, statistisch, aber auch augenscheinlich. Es ist zu voll hier für schlimme Unfälle, sagt der Taxifahrer ernsthaft und gewissermaßen auf englisch, wobei er voll beschleunigt. Es wird schon nichts passieren.

Tsukiji. Der Bauch von Tokyo. Vor allem aber der Traum eines jeden Operettenregisseurs von einer orientalischen Massenszene. Choreographisches Gewimmel; pressierte Händler zwischen archaisch knarrenden Handkarren und diesen neuzeitlichen Lieferwagen, die piep-piep-piep sagen, wenn sie rückwärts rangiert werden. Dann die gewaltige Halle.

Und dort, im harten, streifigen Morgenlicht, militärisch ausgerichtete Formationen tiefgefrorener Thunfische von Kanadas Küsten, am Boden dämonisch dampfend, die mondsichelförmigen Schwänze abgehackt, damit die Händler an den Schnittflächen die Qualität des Fleisches prüfen können.

Händler überall; an langen Tischen, mit langen Messern, unter nackt baumelnden Glühbirnen, doch vorwiegend heiter: Zweitausendzweihundert Tonnen Meeresgetier werden hier täglich umgesetzt, alles vom Seetang bis zum Oktopus. Überall auch flächendeckende Ansammlungen wassergefüllter Styroporwannen, in denen halbtote Schalentiere und Schuppenträger mit letzter Verzweiflung die prüfenden Griffe der potentiellen Käufer abzuschütteln versuchen.

Um sieben ist die erste Versteigerung. Die Händler stecken sich Zahlen an die Mützen, zwecks Identifizierung, und rotten sich zusammen auf kleinen Stehtribünen vis-à-vis den permanent brüllenden Auktionatoren. Ihre Gebote geben sie mit den Fingern ab, Zeichensprache im Lärm.

Ich finde Joyji Fukuzawa am Stand seines bevorzugten Händlers, über frischen Thunfisch verhandelnd, der an diesem Morgen überraschend reichlich aus nahe gelegenen Gewässern angelandet worden ist. Das kommt nicht mehr sehr häufig vor und drückt dann um so mehr die Preise. Fukuzawa deckt sich ein. Er ist Kunde hier, Inhaber und Betreiber eines jener unzähligen Sushi-Shops, in denen es an blitzblanken hölzernen Theken rohen Fisch gibt – mit kaltem Reis: Sushi, oder ohne: Sashimi; dazu Sojasoße mit grünem Meerrettich drin und hauchdünn geschnittenen Ingwer.

Fukuzawa ist praktisch jeden Morgen auf dem Markt, der Qualitätsauswahl wegen, auch wenn er, wie letzte Nacht, noch bis um drei mit ein paar bevorzugten und obendrein stark animierten Gästen auf der Disco-Szene war. Sein Sushi-Shop ist nämlich einer von den feinen, teuren unter den einheimischen Restaurants im sonst eher imitativ-weltläufig orientierten Stadtteil Roppongi, und er hat ebensogern Ausländer in seiner Klientel wie die Damen aus dem örtlichen Schaugeschäft. „Movin' on" steht auf seinem Levi's-T-Shirt über dem – untypischen – Bauchansatz und: „European Fit".

Halb acht. Wir entkommen den Karren der Zulieferer, die nach den Auktionen unbarmherzig durch die schmalen Gänge zwischen den Ständen pflügen, und gehen zum Frühstück in eine der Stehkneipen gleich hinter dem Markt. Neonlicht, trotz der harten Sonne draußen, reflektiert vom Resopal. Fukuzawa bestellt paniertes Schnitzel auf Curry-Reis – und natürlich Suppe. Diese Händler, sagt er schlürfend und fixiert die Männer in Gummistiefeln und karierten Hemden über seine Suppenschale hinweg, diese Händler gehen nach zehn Uhr alle Golf spielen. Und er? Fukuzawa grinst. Keine Zeit, man ist schließlich Unternehmer, acht Angestellte. Er ist ein Artist mit seinen Sushi-Messern, aber auf der Visitenkarte nennt er sich General Manager.

Ein neues Sushi-Messer, das er dem Schmied in Auftrag gegeben hat, wollen wir jetzt abholen, ein paar Blocks weiter, an der Harumidori. Auch da ist Markt, aber Einzelhandel, Kohlköpfe genauso wie Taschenrechner, eine Orgie der Offerten. Zum zweitenmal an diesem Morgen überwältigt mich die hemmungslose Inszenierung von Kommerz, die exhibitionistische Übersteigerung des Käuflichen. Basar als Lebensraum, als Spiel ohne Grenzen.

Hier hat auch der Messerschmied seine Werkstatt, mit Auslage unter freiem Himmel, und fertigt in Handarbeit Klingen von geradezu grotesker Vielfalt, dazu dutzenderlei assortierte Schnitzmesserchen, mit denen man aus Gemüse Gemälde machen kann. Zwei Mann und ein Schleifstein; uralter Familienbetrieb. Eine Generation früher hat die Familie noch Schwerter gemacht. Und der Schleifstein sieht aus, als wäre er dabeigewesen. Fast ein Idyll.

Aber ich bin in Tokyo.

Das ist die größte, die überfüllteste, die chaotischste und also doch wohl die gefährlichste Stadt der Welt, Zentrale einer atemlos expandierenden Industriemacht, Kapitale der Computer, Megalopolis, Moloch.

Zwölfeinhalb Millionen Einwohner insgesamt, achteinhalb Millionen in der City, circa drei Millionen Pendler täglich. Bevölkerungsdichte: 15 300 pro Quadratkilometer. Wohnfläche: fünf Quadratmeter pro Person, Grünfläche: ein Quadratmeter. 39 000 Fernsprechteilnehmer heißen Suzuki. Es gibt 98 500 Fabriken und 683 000 Geschäftsbetriebe.

Bin ich in Tokyo? Und was bedeuten diese Daten, was beschreiben sie? Woran messe ich eine solche Stadt? An Babylon, an Kalkutta? Gibt es überhaupt einen fairen Vergleich – außer vielleicht New York City?

New York, das ist Stadt schlechthin, *urbs ultima*, der unmögliche Traum von einer Kommune aller Rassen und Klassen. New York ist unregierbar, bleibt unregierbar, eine gleißende Wohlstandsruine, ein sündhafter Superlativ, ein Skandal. Und New York ist die großartigste, aufregendste, kreativste, faszinierendste Stadt der Welt. Ich liebe sie, und ich hasse sie, und ich weiß eigentlich nicht, wo der Unterschied ist. New York ist das Unvereinbare an sich. Normalität, was immer das sein mag, darf man da nicht vermuten. Aber nach New York City ist alles andere irgendwie Posemuckel.

Und nun Tokyo: noch größer, noch voller, noch teurer, noch versessener auf Wachstum, noch verrückter nach Superlativen? Kann das denn sein? Natürlich nicht.

Tokyo gibt es gar nicht. Wer hier lebt, nennt noch nicht einmal den Namen, sondern der redet von Shinjuku und von Shibuya, von Akasaka und von Roppongi, von Asakusa und von Ueno. Tokyo existiert in seinen Teilen, und die geben kein Ganzes, höchstens ein Konglomerat, eine allerdings gigantische Zusammenballung ehemaliger Dörfer, die immer noch ganz selbstgenügsam vor sich hin leben, auch nicht sonderlich viel miteinander zu tun haben. Und Posemuckel ist überall, gleich hinter Ginza.

Hundert Meter weg von den aufgedonnerten Avenuen, den immerzu verkehrsverstopften Hochstraßen beginnt eine Dorflandschaft. Viele kleine Grundstücke hinter manchmal mannshohen Mauern; eng verschachtelte Häuschen, zwischen denen es erstaunlich üppig grünt; und dann dieses Spinngewebe namenloser Gassen, die viel zu schmal und viel zu verwinkelt sind für den Durchgangsverkehr – lauter verkehrsberuhigte Zonen. Im Zentrum immer die Einkaufsstraße: ein

Freilicht-Dorado der Tante-Emma-Läden, die öffnen und schließen nach Bedarf.

Und dazwischen tausend winzige Kneipen, von denen man, wenn's sein muß, auch morgens um drei noch ein anständiges Essen serviert kriegen kann und jederzeit einen Topf Nudeln per Fahrrad überallhin.

Labyrinthe des kleinen Glücks, alternatives Leben inmitten der moribunden Metropolis, anderthalb Millionen winzige Holzhäuser zwischen den Wolkenkratzern, wuchernde Idyllen, der Moloch gibt Pfötchen – ist das Tokyo?

Tokyo besteht aus 23 Bezirken, 26 Städten, sechs Ortschaften und neun Dörfern auf insgesamt 2141 Quadratkilometer Fläche: Dies ist nur die sogenannte Metropolitan Region, wovon 577 Quadratkilometer auf die am dichtesten bevölkerten 23 Bezirke, die eigentliche City, entfallen. Das sagt die Statistik. Und das bedeutet überhaupt nichts.

Diese Stadt ist nicht zu überblicken, buchstäblich nicht und schon gar nicht abstrakt. Sie ist nicht en gros zu begreifen und wahrnehmbar nur im Detail: als eine endlose Reihe von Bildern ohne Zusammenhang, von Metaphern, von gegenläufigen Rhythmen und einem zufälligen Reim.

Diese Stadt ist vollkommen ungeordnet, perfekter Wildwuchs. Kein Städtebauer hat sie entworfen, niemand je ordnend eingegriffen in den 500 Jahren, während denen aus dem alten Fischerdorf Edo und umliegenden Ortschaften der Stammsitz der Schogun-Dynastie Tokugawa und schließlich die Kaiserstadt Tokyo wurde – dies immerhin erst 1868.

Die Stadt hat im Grunde keine Vergangenheit, weder architektonisch noch psychologisch. Edo ist wieder und wieder abgebrannt. Und auch Tokyo ist in der ersten Hälfte des zwanzigsten Jahrhunderts zweimal ausgelöscht worden, zweimal wortwörtlich aus der Asche wiedererstanden. Das große Beben vom 1. September 1923, vor allem das Feuer danach, hat 300 000 Häuser zerstört und 143 000 Menschen getötet. Die Luftangriffe im Zweiten Weltkrieg haben dann, von 1944 bis 1945, den gesamten Bereich der City fast vollständig in Trümmer gelegt, schätzungsweise 900 000 Häuser.

An solchem Ort hat nur das Unglück wirklich Tradition.

An solchem Ort geht es immer ums Überleben, gewissermaßen grundsätzlich. Und was könnte den Menschen da wichtiger, was hilfreicher sein als die simplen Sicherheiten des Lebens auf dem Lande? Urbanität ist hier weder gewachsen noch gewollt, wäre bloß ein weiterer Stressfaktor, jedenfalls keine Überlebenshilfe. Auch ist der Zug zu den Quasidörfern inmitten der Riesenstadt mitnichten nur nostalgisch. Die Tugenden der Landleute von vorgestern – Genügsamkeit, Ausdauer, Geschick und die stoische Bereitschaft, jeglicher Katastrophe standzuhalten – gelten auch für die weltmarktbeherrschenden Mechaniker von morgen noch. So schnell kann sich Verhalten gar nicht verändern.

Anders wäre auch nicht zu begreifen, daß Tokyo überhaupt funktioniert – da doch jede menschliche Ansammlung von dieser Größe und dieser Dichte im Grunde nicht mehr funktionieren kann. Wenn man bedenkt, wie New York City seit Jahren von Pleite und Streik bedroht, von Verbrechen terrorisiert, mit Müll zugeschmissen und aus vergleichsweise geringen Anlässen verdunkelt und verrammelt wird, dann müßte Tokyo eigentlich längst zugrunde gegangen sein. Es funktioniert aber – viel besser als New York.

In Tokyo kann man zum Beispiel nachts allein durch abgelegene Straßen gehen, ohne um Hab und Gut oder gar ums Leben bangen zu müssen. Dies ist eine Stadt ohne manifeste Furcht vor dem Verbrechen, und sie braucht auch keine zu haben, jedenfalls statistisch nicht: Anzahl der Morde, verglichen mit New York – ein Siebtel; Anzahl der Raubüberfälle – ein Zweihundertfünfzigstel; Aufklärungsquote bei Mord 97 Prozent, bei Raubüberfällen 80 Prozent. Im Jahr 1978 sind hier 232 300 Straftaten registriert worden, in Westberlin übrigens 205 933. Es gibt in Tokyo kein nennenswertes Drogenproblem und also auch nicht die Beschaffungskriminalität der Süchtigen. Es gibt keine Rassenprobleme. Der Besitz von Feuerwaffen ist verboten.

In dieser absurd angewachsenen Siedlung ist täglich ungefähr ein Drittel der bundesrepublikanischen Bevölkerung unterwegs – nämlich 20 bis 30 Millionen Menschen. Und auch das funktioniert. Der Moloch ist mobil. Tokyo ist ein Musterfall für funktionierenden Massentransport – nicht auf den Straßen natürlich; die könnten, selbst wenn sie mehr als nur elf Prozent des Stadtgebiets einnähmen (New York: 35 Prozent), solche Völkerwanderungen ohnehin nicht verkraften.

Die Schienen können es, auf dem Boden und vor allem darunter. Tokyos Eisenbahnen, ob über- oder unterirdisch, ob staatlich, städtisch oder privat, suchen in puncto Pünktlichkeit, Sicherheit und sogar Sauberkeit ihresgleichen – vermutlich vergebens, mindestens in New York.

Also, Tokyo funktioniert. Und das ist phänomenal, vielleicht unglaublich. Eins ist es bestimmt nicht: aufregend. Es ist staunenswert, aber nicht faszinierend. Das Phänomen hat, im abendländischen Sinne, keinerlei Ausstrahlung – weder verlockend noch aggressiv. Es ist eben Funktion, und die kennt kein Flair. Wer als urbanophiler Ästhet aus dem Westen hier mit geblähten Nüstern Atmosphäre inhalieren wollte wie sonst auf dem Forum Romanum oder am Boulevard Saint-Germain, der bekäme allenfalls den Smog in die Nase – und selbst Luftverschmutzung bekämpfen die Tokyoter jetzt angeblich effektiver als wir.

Nein, diese Stadt besitzt zwar die atemberaubendsten Kontraste, aber keine Atmosphäre, kein Klima – jenseits des Wetters. Ich verspüre jähe Ausbrüche von Endzeitstimmung, von Roaring Twenties made in Japan, vor allem, wenn abends der Alkohol fließt; ich verspüre gelegentlich einen Anhauch von unterdrückter Panik. Aber da prickelt nichts, und wo was glitzert, ist es gleich eine ganze Wand von Neon. Wenn permanente Übertreibung so etwas wie Charme haben kann, dann ist das der Charme der Weltstadt Tokyo, ihr einziger. Das Aroma der Stadt heißt: Ultra.

Vergiß, Wanderer aus dem Westen, wenn du Tokyo fassen willst, vergiß, lieber Neckermann, erst einmal deine Maßstäbe, vor allem die moralischen. Die Myriaden Götter des Shinto, deren Umtrieben du hier gar nicht entgehen kannst, sind mächtig heiter und lassen Essen, Trinken und ungehemmten Sex gern als die entscheidenden Freuden des Lebens gelten. Vergiß auch die „Grundwerte", von denen unsere Politiker so viel reden, oder daß immer „der Mensch im Mittelpunkt" stehe; vergiß die Persönlichkeit als höchstes Glück der Erdenkinder; vergiß jedwede Spontaneität.

Sondern versuche zu begreifen, daß hier die Gruppe ein Grundwert ist und eine Tugend die Unauffälligkeit, daß Rituale das Leben bestimmen und Traditionen, daß Konfuzius mächtiger ist als Marx. Versuche zu begreifen, daß *pursuit of happiness*, daß die ewige Jagd nach dem Glück hier ein ganz anderes Agens hat als bei uns; dies vielleicht: Angesichts der Katastrophe, die jederzeit hereinbrechen kann – hart arbeiten, feste feiern. *Semper ultra.*

Versuche zu begreifen, warum die scheußlichen Klumpen, zu denen Menschen hier oft genug geballt werden, nicht explodieren in offene Aggression, in psychischen Kannibalismus. Sei zur *rashawa*, zur Rush-hour, so zwischen acht und halb zehn morgens, in Shinjuku Station, dieser Schleuse für manchmal zwei Millionen Stück menschlichen Transportguts täglich, oder im Bahnhof von Ikebukuro, laß dich einsaugen in den reißenden Verkehrsstrom der *kotsu jigoku*, der berüchtigten „Transporthölle", und erlebe, wie die hastenden Figuren einander rempeln, dich rempeln, blicklos, fühllos, ohne Reaktion. Sie nehmen einander, sie nehmen dich überhaupt nicht wahr. Du hast für sie kein Gesicht, noch nicht mal eine Funktion; niemand hat dich vorgestellt; sie haben deine Visitenkarte nicht. Und als Person, einfach so als Mensch, kommst du hier nicht vor; du nicht und auch sonst niemand.

So funktioniert das. Nur so funktioniert das.

Ich verbringe den Vormittag in einer der 1239 winzigen Keimzellen von Recht und Ordnung, mit denen die City gesprenkelt ist: in einem *koban*, für Ausländer auch als *police box* bezeichnet. Das sind die vorgeschobenen Posten der örtlich zuständigen Polizeistationen, eine Art Unterstände, manchmal nicht viel größer als zwei zusammengenagelte Schilderhäuschen, rund um die Uhr besetzt.

Mein Koban gehört zu den größeren, denn er steht auf einem der belebtesten Plätze der Stadt, vor dem Shibuya-Bahnhof, einem ziemlich vergröberten Piccadilly Circus East. Hier steht auch, als Tokyos bestbekannter Treffpunkt, das bronzene Standbild des treuesten Hundes der Welt, Hachiko, der an dieser Stelle jahrelang auf seinen verschollenen Herrn gewartet haben und darüber gestorben sein soll.

Shibuya ist ein Tummelplatz junger Aufsteiger der mittleren Gehaltsklasse; die Klassifizierung Mittelstand würde hier nichts besagen, denn über 90 Prozent aller Japaner zählen sich, bezeichnenderweise, zum Mittelstand. Die Stadt läßt sich ohnehin besser an Hand spezieller Produkte aufgliedern: Elektronisches und Hi-Fi kauft man in Akihabara, Golfschläger in der Ueno Arkade, Skiausrüstungen in Ochanomizu, antiquarische Bücher in Kanda – und so weiter. Shibuya identifiziert sich überwiegend mit den Ritualen des Amüsements der Preisklasse B.

Ich kenne hier eine der Schlüsselfiguren der Tokyoter Sicherheit, einen „Omawari-san", was zu deutsch etwa „Herr Spaziergänger" heißt, aber einen Wachtmeister auf der Walze meint, einen mobilen Aufpasser. Der Omawari-san geht nicht nur Streife, er macht auch Hausbesuche, stellt sich vor, fragt nach dem Ergehen, diskutiert Probleme, registriert Veränderungen. „Verdächtiges" erfährt er sowieso, denn Auffallen gilt ja als unschicklich und darf, nein: muß denunziert werden.

Mithin tut diese Präventiv-Polizei per pedes den Leuten keinen Tort, sondern einen Gefallen; nicht anders übrigens als der – von Fremden fälschlich zum Teufel der „Transporthölle" hochstilisierte – „Hüftenschieber", der die überständigen Extremitäten der Passagiere während der Stoßzeiten in die überfüllten Waggons hineinsortiert, damit die automatischen Türen schließen können.

Mit Akira, meinem Freund und Helfer aus dem Koban vor Shibuya Station, bin ich ein paarmal unterwegs gewesen und kann also bezeugen, daß er durchaus diskret ist. Er übersieht fummelnde Pärchen in dem drei Gehminuten entfernten kleinen Park ebenso wie die Hakenkreuzflagge an einem Kinderdreirad oder kreischende Teenager, die der Limousine eines Popstars den Weg aus der Fernsehstation NHK verlegen. Seinen Dienstrevolver hat er, außerhalb des Schießstands, noch nie gezogen.

Im März 1980, einem beliebig gewählten Monat, sind in seinem Beritt ganze 79 „Vorkommnisse" registriert worden, überwiegend kleinere Diebereien, kein einziges Schwerverbrechen. Während ich bei Akira sitze, fragen vielleicht zwanzig Menschen zutraulich nach dem Weg, einer nach einem Zahnarzt, und ein Junge bringt Geld zurück, das er sich gegen Vorzeigen des Personalausweises im Koban gepumpt hat. Vernommen wird, weil von der Konkurrenz verpfiffen, ein Mann, der ohne polizeiliche Erlaubnis mit Handzetteln für ein Restaurant geworben hat.

Die mit Flaggen und einem Lautsprecherwagen bewehrten Ultrarechten hingegen, die hier bereits seit Stunden die Dezibel-Werte des automatischen Lärm-Anzeigers mit antikommunistischer Propaganda hochtreiben, haben eine Genehmigung. Manchmal spielen sie auch die Nationalhymne. Aber kein Passant kümmert sich darum.

Beiläufiges Mittagsmahl in einer der zahllosen kleinen Kneipen, die das Gewirr der Gänge unter den großen Bahnhöfen säumen. Mich faszinieren diese blitzblank gekachelten Katakomben, in denen man Kilometer zurücklegen kann, ohne länger als hundert Meter von der Versuchung zum Konsum verschont zu bleiben: lebenswahre Abbilder der Oberstadt, nur noch verwirrender. Otemachi, die U-Bahn-Station nahe meinem Hotel, hat 18 Ausgänge; erwische ich den falschen, lohnt sich für den Rest des Weges schon wieder ein Taxi.

Die Nudelsuppe ist akzeptabel und nicht teuer. Trinkgeld wird ohnehin nicht gegeben, auch nicht genommen. Die Gäste sind überwiegend Männer in nahezu identischen Hemdsärmeln, die Jacketts ihrer nahezu identischen Anzüge haben sie über die Stuhllehnen gehängt, gruppenweise. Ein *salaryman* kommt selten allein. Schon gar nicht in Tokyo.

Salaryman ist ein eminent japanischer Begriff in englischer Verkleidung – und ein Beruf. Nirgendwo in Europa wäre das Wort „Gehaltsempfänger" eine Berufsbezeichnung, hier ist es sogar eine Klassifizierung, und zwar eine mit Tradition.

Die Samurai, die privilegierte Klasse der Krieger, waren die ersten Salarymen: als sie am Ende der japanischen Bürgerkriege – zu Zeiten des streng isolationistischen, aber friedlichen Schogunats von 1603 bis 1867 – arbeitslos geworden waren. Regelmäßige Zahlungen ihrer ehemaligen Kriegsherren und das gesellschaftliche Gebot, die martialischen Energien durch übermäßigen Konsum, besonders von Nahrung und Genuß, zu binden, sollten die Samurai befrieden, sie als disziplinierte Diener der Staats- und Wirtschaftsmacht erhalten. Das ist gelungen, gelingt noch. Die Salarymen beweisen es.

Was sie tun, ist gar nicht so wichtig; das bestimmt ohnehin, wie fast alles im Leben, ihre Firma. Sondern wichtig ist, *wo* sie es tun: lebenslänglich Gehaltsempfänger bei einer guten, einer möglichst großen Firma zu sein. Es ist auch nicht so wichtig, *was* man gelernt hat, sondern *wo* man es gelernt hat; die „richtige" Schule garantiert den Zugang zu einer „guten" Company; für die eigentliche Berufsausbildung sorgt dann ohnehin die Firma, ganz nach deren Bedarf. Entscheidend ist immer der Clan. Ihm dienen die Salarymen wie Soldaten.

Seit ich ihnen zusehe, seit ich weiß, wie sie leben und sich leben lassen, glaube ich zu verstehen, daß es eine Art Militärbürokratie ist, die das japanische Wirtschaftswunder administriert – die Golfschläger statt der Schwerter schwingend. Sie tun, was sie tun, für Firma, Volk und Vaterland – und *wie* sie es tun! Arbeit ist Ehrensache.

Heute abend werden sie mir wieder begegnen, die Gruppen der Gehaltsempfänger mit ihren uniformen Geschäftsanzügen, auch wieder in Kneipen; aber dann werden viele sich aufführen, als wäre der letzte Tag ihres Lebens angebrochen. Denn auch Saufen ist Ehrensache – und außerdem Voraussetzung jeglicher informellen Kommunikation. Im Suff ist alles erlaubt. Aber auch der Suff ist ein Ritual.

Nachmittags nach Shinjuku: Das ist die junge, hochaufgeschossene Konkurrenz solcher Downtown-Bezirke wie Marunouchi oder Ginza; Konkurrenz sowohl als Geschäftsviertel wie als erogene Zone. Sechs Wolkenkratzer und fünftausend Bars, bemerkenswert guter Hochhausbau und wuchernde Neubildungen der traditionellen Vergnügungsviertel, elektronische Spielsalons und ambulante Wahrsager, türkische Bäder parterre und Baseball auf dem vergitterten Flachdach – Mutationen, Metastasen.

Hier herrschen die Kaufleute. Reichlich 300 Jahre hat der Aufstieg dieser ehedem Ehrlosen aus dem Souterrain der gesellschaftlichen Rangordnung bis in deren Beletage gedauert. Jetzt sind sie ersichtlich obenauf. Diese Betonbunker mit den Neonfassaden: Das ist ihre Architektur. Kauft, Leute, kauft! Wo immer hier Farbe vorkommt, will einer was verkaufen. Was immer hier glänzt und glitzert, ist entweder Ware oder Produktionsmittel.

Monumente des Materialismus. In den Shopping-Arcades der Wolkenkratzer wiederholen sich die downtown bereits in allen Kaufhäusern anzutreffenden Boutiquen europäischer Designer, deren Namen ich in Europa noch nie gehört habe. Die großen Namen, von Dunhill bis McDonald's, zieren ohnehin längst allen erdenklichen Zubehör, für den Japaner eine pathologische Passion haben: Sie verschlingen förmlich die Etiketten jener Fremdlinge, die sie in Wahrheit doch fürchten. Eben drum.

Wohlstand – jetzt! Das ist die Parole. Denn die nächste Katastrophe kommt bestimmt. Wirtschaftswachstum zwar nicht als Ideologie, aber als Conditio sine qua non. Solange die hiesigen Politiker für Wachstum sorgen, dürfen sie auch korrupt sein, egal, in welcher Partei. Zwölf Jahre hat ein eher idealistischer Sozialist Tokyo regiert, Ryokichi Minobe, und mit sozialen Reformen das massive Defizit der Stadtkasse noch höher getrieben. Dann ist wieder ein Konservativer gewählt worden, der das ändern will. Natürlich heißt er Suzuki.

Daß die Wolkenkratzer von Shinjuku auch einem schweren Erdbeben standhalten können, behaupten zumindest jene Bauherren, die dafür gesorgt haben, daß man seit ein paar Jahren überhaupt so hoch bauen darf. Zu beweisen bleibt es noch. In dem sechseckigen Sumitomo Building zum Beispiel, Höhe 210,3 Meter, haben viele Fensterbänke eingebaute Haltegriffe, zur gefälligen Benutzung, wenn es wackelt. Und es wackelt zuweilen. Der Seismograph in diesem Gebäude registriert Beben erst oberhalb Stärke vier. Das große Beben von 1923 hatte Stärke 7,9. Solch schwere Beben wiederholen sich nach empirisch erhärteter Mehrheitsmeinung der Seismologen hier etwa alle 60 Jahre. Die sind fast um.

Ich will daran nicht denken. Ich will ein Spiel machen. Aus den abgedunkelten Elektronik-Etablissements knallt und zischt und pieppiept es, als wären die Marsmenschen schon gelandet. Da stehen in Reih und Glied Bildschirme, auf denen es huscht und blinkt, und davor Menschen, die auf das Gehusche schießen. „Space Invaders" heißt das populäre Schießspiel, das auch in viele Kaffeehaustische eingebaut ist. Xenophobie als Zeitvertreib.

Ich spiele dann doch lieber Pachinko. Das ist eine Flipper-Variante, vertikal und vollautomatisch. Man zapft aus einem Automaten kleine Stahlkugeln, füttert eine Pachinko-Maschine damit, bedient eine Art

Gashebel, und die Kugeln klicken durch die Metallstifte, fallen in die richtigen Löcher oder in die falschen, vermehren sich oder verschwinden. Es gibt Tausende von Pachinko-Hallen in Tokyo, zigtausend Maschinen, vor denen zigtausend Verlierer sitzen, mit leeren Gesichtern, stundenlang, stumm, abgeschieden. *The lonely crowd.* Einsamkeit en gros.

Zu gewinnen ist nicht Geld, sondern Krimskrams, den man billiger kaufen könnte. Es geht nicht um Gewinne. Sondern Pachinko ist eine Droge, macht dich süchtig, sediert, dämpft dein Bewußtsein. Du sitzt in einem großen Rauschen, unter einem Wasserfall aus Metall. Du vergißt deine Gefühle, vergißt dich selbst. Eine Meditation. Ein Exorzismus. Du sollst nicht denken. Nicht denken.

Keine Kugeln mehr. Schon vorbei?

Sechs Uhr. Ich habe Yoshie versprochen, sie am Büro abzuholen, in Akasaka, aber vor sieben kann sie da sowieso nicht weg. Yoshie arbeitet in einer Werbecompany, ist *office lady*, wie das auf japanenglisch heißt, nicht eigentlich Sekretärin, eher eine Art Mädchen für alles: Teekochen, Telefonieren, Lächeln – eben die erwerbsgerecht industrialisierte Version der dienenden Frauenrolle, hierzulande eine begehrte, passabel bezahlte Position.

Yoshie ist demnächst 25 und denkt, zum Verdruß der Eltern, dennoch nicht ans Heiraten, wie sich das gehören würde. Schlimmer noch: Sie hat neuerdings sogar eine eigene Bude. Wann immer sie dort und nicht im winzigen Häuschen der Eltern nächtigt, muß sie freilich mit mütterlicher Nachschau rechnen. Nicht aus Gründen der Moral, sondern die Familie des künftigen Ehemannes könnte – und würde wohl auch – Anstoß nehmen, wenn da Herrenbesuch wäre.

Heute abend hat Yoshie die ziemlich dröge Uniform aller weiblichen Angestellten ihrer Company gegen etwas luftig Schwingendes, vom Gürtel abwärts Plissiertes vertauscht, das Emilio Pucci eingefallen sein könnte und einen Schmetterling auf Stöckelschuhen aus ihr macht. So sieht das hier fast überall aus, vor und nach Büroschluß: eine Stadt der plissierten Röcke. Swinging Tokyo. Butterfly 80. Aber bin ich Linkerton?

Die U-Bahnen, wir nehmen die Chiyoda Line, sind überfüllt um diese Zeit, circa 200 Prozent. Körperkontakt. Der Ventilator an der Decke, dieser Kuppler, weht mir Yoshies schulterlanges schwarzes Haar ins Gesicht, zehn Stationen lang, bis Kitasenju. Wo eigentlich, Yoshie, ist der Unterschied zwischen so viel physischer Nähe und Intimität?

Wir könnten in ein Love Hotel gehen, was meinst du? Das sind ja nicht schäbige Stundenhotels wie in Europa, sondern ebenso diskrete wie luxuriöse Etablissements zum Ersatz der daheim kaum herstellbaren Intimsphäre – die Hälfte der Klientel ist ohnehin verheiratet – und zur Anregung der Phantasie. In Meguro steht eins, das sieht aus, als hätte Disney das Schloß Neuschwanstein nachgebaut; und drinnen kannst du jede Form von aphrodisischen Extras haben, auch Apartments in allen denkbaren Ausstattungen, vom Dschungel-Look bis zum Video-Studio, auf Wunsch mit Kostümen. Möchtest du Barbarella sein, Yoshie? Und möchtest du mich als Astronauten? Oder doch als Linkerton?

Unsinn. Wir besuchen gleich deine Eltern, Kleinhändler ihres Zeichens, in deren ziemlich verwirrendem Verkaufsbüro plus Wohnzimmer an einer Ladenstraße in Arakawa, wo bis Schlag sieben viele Lautsprecher überflüssige Musik plärren; wir ziehen auch bloß die Schuhe aus und trinken artig grünen Tee, bis deine Freundin Kumiko kommt. Eure real existierenden *boyfriends*, zwei junge Japaner, mit denen wir zum Essen verabredet sind, treffen wir unauffällig ein paar Quergassen weiter in einer von Gerede und Gerüchen strotzenden, sehr familiären Pinte. Es gibt mindestens zehnerlei kleine Gerichte, Fisch, Innereien, Gemüse, exzellent und billig. Viel Bier dazu.

Ich fürchte, Yoshie, die Entscheidung, ob du heute riskieren willst, in deine Bude zu gehen, oder ob du nicht doch besser zu Hause schläfst, wird dir wieder mal schwerfallen.

Es ist übrigens mitnichten so, daß die traditionellen Sitten und Gebräuche in solch jugendlicher Runde verlacht oder auch nur ernsthaft in Frage gestellt würden. Die großfamiliäre Struktur der traditionellen japanischen Gesellschaft wankt ohnehin; und mehr Freiheit bei der Partnerwahl werden diese jungen Leute sich schon noch nehmen. Aber Yoshie zum Beispiel studiert in Abendkursen begeistert Ikebana, und in der uralten Kunst der Teezeremonie will sie eines Tages sogar Unterricht geben.

Kumiko krächzt wie ein Rabe, so heiser ist sie, seit sie am vergangenen Wochenende bei „Sanja Matsuri" aktiv mitgewirkt hat, bei dem alljährlich abgehaltenen Volksfest rund um den Sensoji-Tempel in Asakusa – bei einer jener unvergleichlichen Verbindungen von Religion und Remmidemmi also, die wir im Westen kaum kennen. Sie hat, leicht geschürzt, wie's der Brauch ist, einen der hundert beweglichen Schreine mitgetragen, die traditionell von den jungen Leuten aus dem Bezirk in wilden Prozessionen durch die Straßen geschleppt und dabei unter infernalischem Gebrüll auf und ab, hin und her geschwenkt werden, denn das mögen die Götter.

Warum macht ein modernes Mädchen Ende Zwanzig, von Beruf Assistentin beim Rundfunk, privat seit geraumer Zeit fest liiert, warum macht Kumiko das?

Wohl weil's ein Ventil ist, sagt sie. Man schreit sich einfach alles vom Leib, den Frust, die Enge, die Zwänge. Man fühlt sich freier danach.

Es gibt mehr solche Ventile. Die Straßentänze der *takenoko zoku* der „Bambussprößlinge“, zum Beispiel, die wochenends beim Yoyogi Park, dem Olympiagelände von 1964, in kühnen Kostümen und ebensolcher Bemalung, oder als Elvis verkleidet, zum Getön ihrer Kassettenrecorder gruppenweise Rock 'n' Roll tanzen. Oder die nächtlichen Radaufahrten der *bosozoku*, jener in Grenzen gewalttätigen Motorradrocker-Banden, die sich „Stamm der Tempobesessenen“ nennen.

Ventil, nicht Protest. Das System, das sogar die Gangster, die japanische Mafia, ziemlich weitgehend als eine Art Wirtschaftsfaktor integriert hat, läßt auch die jungen Leute nicht aussteigen. Denn Dabeisein ist alles: Tausche deine Individualität gegen die Sicherheit in der Gruppe; suche nicht die größte Chance, sondern das kleinste Risiko; mach deiner Sippe keine Schande. So funktioniert das.

Neun Uhr. Ich bin noch verabredet, in einer Ginza-Bar, einer von vielen Hunderten, aber nicht irgendeiner. „Club Rubens“ heißt sie und ist, nach den Begriffen der Branche, „very high-class“, also besonders teuer, eine spesenträchtige Dependance der Chefetagen. Zwei, drei Whiskies, eine halbe Stunde Hostessen-Geplapper, und ein paar Hunderter sind hin. Ich bin eingeladen. „Madam Tsukasa Yamaguchi registered special member“ steht auf der Plastikkarte, die ich einer erstklassigen Empfehlung verdanke.

Madam Tsukasa Yamaguchi, ich kenne sie als Yoko, war viele Jahre selber Hostess in einer Ginza-Bar, hat den Männern Whisky nachgeschenkt, Feuer gegeben, ihrem beduselten Geschwätz zugehört, immerzu „Ach, so ist das“ gesagt, ist Amateur-Psychiater gewesen und Mutter-Ersatz. Jetzt ist sie Mama-san, die Chefin hier, und es gehört ihr nicht nur der „Club Rubens“, sondern sie betreut außerdem zwei Coffee-Shops und eine kleine Importfirma. Sie ist Mitte Dreißig, auf eine unruhige, beunruhigende Weise anziehend, nicht verheiratet, wahrhaftig eine Karrierefrau. Und will das nun nicht länger sein. Ein Mann ist aufgetaucht, der sie mehr interessiert. Den soll ich kennenlernen.

Ein Haus voller Boutiquen und Bars, dritter Stock. Alles im „Rubens" ist üppig, bis auf die Mädchen. Rote Plüschpolster, rote Seidentapeten, vage Assoziationen mit Paris und Jacques Offenbach. Vielleicht vierzig Nadelgestreifte sind da und mindestens ebenso viele Hostessen, die meisten in Abendrobe, manche im Kimono, dazu ein Dutzend Smoking-Träger, die beim Servieren manchmal niederknien. Rituale: Konsumieren, Kommunizieren – eine Überblendung.

Yoko ist mit Verbeugungen und Honneurs beschäftigt. Die Gefährtin, die sie mir für den Abend zugedacht hat, erinnert mich, trotz Kimono, nicht an Madame Butterfly, aber immerhin an Puccini, denn sie hat eiskalte Hände.

Von dem Mann in Yokos Leben erfahre ich, seines eigenwilligen Umgangs mit der englischen Sprache wegen, nicht viel. Er trägt einen Schnurrbart, einen verwestlichten Vornamen, nennen wir ihn Toby, und ist laut Visitenkarte „President" einer World Trading Corporation. Wenn ich recht verstehe, handelt er mit Teppichen.

Bald nach elf Uhr schon starke Fluktuationen, Aufbrüche. Die letzten Züge verlassen die City gegen Mitternacht, und auch nicht jeder japanische „President" kann sein Spesenkonto mehrmals wöchentlich mit einer Taxifahrt von 50 Kilometern und mehr belasten. Es beginnt ein Exodus mit Regenschirm und Aktenkoffer. Jede Marscherleichterung ist jetzt erlaubt: aufgeknöpfte Westen, Haltsuche durch Unterhaken, Torkeln. Heimkehrende Krieger ohne Waffen – nun stürmen sie die Stationen der U-Bahn.

Was in diesen letzten Tokyoter Zügen an Sprit zusammenkommt, müßte reichen, aus jeder E-Lok eine Rakete zu machen. Alkoholissimo.

Um diese Stunde ist ganz Ginza ein Kampfplatz der Wagen und Gesänge: komplett voll mit dreireihig geparkten Limousinen und schwankenden Gestalten, die irgendwie zueinander zu finden versuchen. Aufbruch der Spesen-Elite. Gelärm. Viele Verbeugungen. Dazwischen heimwärts huschende Butterflies in zerknittertem Plissee. Wieder diese chaotische Choreographie einer Massenflucht: ein Tanz, vehement und vulgär. Weit kann der Vulkan nicht sein.

Yoko will mit Toby und mir noch in einen Jazzclub in Roppongi, ordert ein Auto und schickt nach Schirmen. Der Regen hat die Rüpelszene da draußen schwarz lackiert. Alles glitzert jetzt. Die ganze Stadt ist ein endloser Karneval für die Augen, ein optisches Babel.

„Fun City" hat John Lindsay, weiland New York Citys Bürgermeister, seine Stadt einmal genannt. Das war dort, und das ist hier, eine völlig korrekte Blasphemie.

Der Jazzclub heißt „Misty"; eine nachgemachte Tropfsteinhöhle, kellertief, hauteng, rauchverschleiert. Die Musik ist live und laut und läßt Tobys Konversation ersterben. Mehr Whisky. Einmal erreicht mich durch Schleier ein Blick von Yoko, der sagt, daß sie jetzt Jeans anhaben, mit den Beinen baumeln und ihr Haar fliegen lassen möchte. Toby ist eingenickt. Wir gehen wohl besser.

Als wir oben an der Garderobe auf unsere Schirme warten, spüren wir es plötzlich: das Beben.

Es ist ganz anders als die Tausend-Watt-Vibrationen der Lautsprecher dort unten. Es ist besitzergreifender, böser. Die Teeschale der Garderobenfrau tanzt klappernd auf der Tischplatte. Irgendwo knirscht Metall.

Ich drehe mich um. Toby ist weg, sucht wohl ein Auto. Yokos Augen sind weit offen. Sie hat die Hand gehoben, als wolle sie Stille gebieten, faßt meinen Arm. Diesmal?

Aber nein. Keine Vibrationen mehr. Auch die Teeschale hat aufgehört zu tanzen. Und über Yokos geweitetem Blick flattern jetzt lustig die langen Wimpern. Ihre Hand verläßt meinen Arm. Sie lächelt.

Diesmal nicht.   (1980)

ANDREAS ALTMANN

Der Frieden im Auge des Krieges

El Salvador ist ein Land, das viele Jahre im Bürgerkrieg lebte: zwischen marxistischen Guerilleros auf der einen und Regierungstruppen sowie rechtsradikalen Todesschwadronen auf der anderen Seite. Und mittendrin, zwischen den Fronten, Anamorós – ein Dorf wie viele andere.

Die letzten 15 Kilometer sind steil und steinig. Behutsam kriecht unser Bus über marode, vom Regen ausgewaschene Straßen. Vom Dach, eingezwängt zwischen Bettwäscheballen und gefesseltem Federvieh, blicke ich auf grünes Land. Wiesen, Bäume, Maisfelder. Hübsch und trügerisch. Die Erde taugt nichts: knallhart, felsig, mager.

Kaum 200 Kilometer liegen zwischen der Hauptstadt San Salvador und dem Dorf Anamorós, irgendwo im Nordosten des Landes, nahe der Grenze zu Honduras. Der Fahrtwind tut gut. Zweimal höre ich den Warnschrei und lege mich flach. Die Stromkabel hängen tief. Alberto, *el cobrador*, der Fahrscheinverkäufer, erzählt lachend von verschmorten Passagieren. Ich lächle schwach.

Am Parque, dem Hauptplatz von Anamorós, hält der Bus für einige Minuten. Kinder und Frauen rennen herbei, verkaufen durchs Fenster ihre Waren, etwas zum Essen, etwas zum Trinken, *un sorbete*, ein Eis. Ich steige aus. Schweine suhlen sich in den Pfützen der letzten Regennacht, rüsseln im Abfall. Zwei Hunde rammeln, Hühner gackern. An drei Seiten des Platzes flache Häuser mit Vordächern, vier Läden aus Blech, dünne Bäumchen, ein paar Bänke. Die höchste Bruchbude am Ort ist die Kirche. Zwei Jungen schießen ihren Ball gegen eine Betonbühne, ein Dutzend andere schauen zu. Dazwischen ein Ferkel.

Ich bin hier ein Fremder, *un chele*, ein Weißer. Ich spüre die Blicke. Nicht feindselig, aber überrascht, sehr überrascht. Diese Gegend gilt offiziell als *zona conflictiva*, als Unruhegebiet. Kriegszone. An den

Häusern die Einschußlöcher. 1000 Menschen sollen in Anamorós leben, aber genau weiß das niemand. Der Bürgermeister ist schon vor Jahren geflohen. Vor einem Krieg, der Anamorós so häßlich verstunken und pleite gemacht hat wie Hunderte von Dörfern in der Umgebung. Geld fehlt, überall. Für die Ziegel des ausgebrannten Rathausdaches, für die Wandtafeln in der Schule. Der einzige Auftrag, den sich die Dorfkasse derzeit leisten kann, ist die Errichtung eines öffentlichen Pissoirs.

Es ist seltsam still in Anamorós. Das Dorf liegt im Auge des Krieges. *Nada de especial*, nichts Besonderes in El Salvador, einem Land mit einem jährlichen Bevölkerungszuwachs von 2,1 Prozent, einer Analphabetenrate von 27 Prozent und der höchsten Mordrate in Zentralamerika. Seit der Unabhängigkeit 1821 wiederholt sich hier die ewig gleiche, ewig grausame Geschichte der Dritten Welt – gebeutelt von Korruption und Klassenhaß, schamloser Gier und beschämendem Elend, geknebelt von Unwissenheit und Frömmelei, hingerichtet immer im Namen des Guten, im Namen des Volkes, im Namen allerletzter Wahrheiten.

1981 beginnt der offene Bürgerkrieg. Zu leer die Bäuche der Hungerleider, zu fett die Gesichter der Nutznießer. Fünf Guerillagruppen haben sich zur FMLN zusammengeschlossen, zur „Frente Farabundo Martí para la Liberación Nacional", und schlagen los. Unterstützung kommt aus Kuba, der Sowjetunion, Nicaragua, von Freunden in Europa und den Vereinigten Staaten. Das Regime auf der Gegenseite – christlich, korrupt und privilegiert – bezieht Hilfe ebenfalls aus den USA. Eine Million Dollar pro Tag. Trocken kommentiert Erzbischof Rivera y Damas: „Die USA liefern die Waffen. Und wir liefern die Toten." Bis jetzt: 75 000.

Wo schlafen? Anamorós hat nicht einmal eine *hospedaje*, die sonst so beliebte Herberge, Schlafplatz für Huren und Kundschaft. Der Pfarrer schickt mich zum Lehrer. Der bietet mir an, in seinem Haus zu übernachten. Aber dann findet sich gegenüber ein Schuppen, man räumt ihn leer, eine Pritsche wird aufgestellt, eine alte Nähmaschine dient als Tisch. Innentemperatur 36 Grad, das Wellblechdach heizt auf. Princess und Negro, die Hunde von Señora Gloria Elsi, begrüßen mich jaulend. Ich wohne im Barrio Las Flores, im Ortsteil „Die Blumen", Primera Avenida del Sur Nr. 1. Eine feine Adresse. Die Tür klemmt, ein Schwein will rein, grüne Jauche fließt vorbei.

Abends treffe ich Señor Rios. Zufällig, im Parque, dem Hauptplatz. Fünf Minuten später nimmt er mich mit zum Abendessen. Es gibt – wie später noch so oft – Reis, Bohnen, Hühnerfleisch, Tortillas und Wasser. Die Familie versammelt sich, mich anzuschauen. Daß ein weißer Mensch aus dem superreichen Alemania herüberkommt, um herauszufinden, wie die Salvadorianer leben, niemand begreift das. Plötzlich hat Rios eine Idee. Er lacht begeistert: „Yo sé, yo sé todo. Usted busca a una hembra!" Jetzt dröhnt die ganze Familie, die Mutter, die Töchter, die Söhne. Das ist es, ich bin entlarvt. Ich suche eine *hembra*, ein Weibchen, eine Frau. „Le gustan?" fragen sie strahlend. Und ich antworte ebenso strahlend: „Und wie sie mir gefallen!"

Um sechs wird es dunkel. Um halb neun ist Anamorós tot, geschlossen. Gibt es Strom, brennen außerhalb der Häuser fünf Birnen. Alles andere bleibt finster. Als ich nach Hause gehe, knallen Pistolenschüsse. Kein Krieg, eher Ausdruck von Mißmut. Die *bolos*, die Trunkenbolde, sind unterwegs. Schüsse in die Luft signalisieren, daß man nun auf dem Nachhauseweg ist, also abgebrannt. Einer begegnet mir, er wechselt gerade das Magazin. Ich höre es klicken und husche nervös ums nächste Eck. Katzen streunen, im Schein der Taschenlampe leuchten die Augen hungriger Hunde. Durch die Wände der Häuser höre ich das Schluchzen von Frauen. Schlechte Schauspielerinnen zeigen „Cuando llega el amor" – Wenn die Liebe kommt. Eine TV-Endlos-Serie, Operettenmüll aus Mexiko.

Mein Schlafplatz ist gut bewacht. Princess und Negro kläffen bei jedem Geräusch. Nebenan liegt ein Hühnerstall. *Zancudos*, Stechmücken, schwirren. Der geliehene Ventilator funktioniert nicht, Stromausfall. Hernán, einer der Söhne von Señor Rios, wird mein bester Freund. Vorn im Gürtel steckt seine Smith & Wesson. Sechs-Schuß-Trommelrevolver Kaliber .38. Hier sind viele bewaffnet. Bissige Hunde gibt es und *ladrones*, Spitzbuben, die niederschlagen und ausrauben. Wir reiten hinaus auf die Felder seines Vaters, Kühe melken. Nichts eilt, keiner treibt, nie sehe ich jemanden außer Atem. Die Sonne macht langsam.

Hundstage. Eine Trockenperiode während der Regenzeit. Das ist ein Grund. Ein anderer Grund sitzt tiefer. Und es dauert, bis ich ihn erkenne. Irgendwann begreife ich: El Salvador ist ein zum Tode verurteiltes Land.

Wir gehen baden, runter zum Fluß. Eine braune Kloake, sogar das Blut vom Schlachthof läuft hier rein. Aber tagsüber gibt es kein Wasser, abgesperrt, rationiert. So bleibt nur der Fluß, um nicht auszutrocknen. Mehrere Male hören wir das Geräusch eines Hubschraubers. Provianttransport für Soldaten, die zehn Kilometer von hier stationiert sind. Sie hausen im Wald, ohne festes Lager, aus Angst vor Angriffen der Rebellen.

Hernán erzählt absurde Geschichten, bitter und saukomisch. Keiner der Jugendlichen verläßt Anamorós. Hier sind sie sicher. Dies ist ein gesetzloser Ort, leergefegt von jeder Autorität. Weiter unten im Süden, ab Santa Rosa de Lima, beginnt ein fast tödlicher Stress. Dort wird rekrutiert. Ohne schriftliche Vorladung, ohne Bedenkzeit. Dafür blitzschnell, mitten auf der Straße. Rollkommandos von je zwei Soldaten sind unterwegs. Wer ihnen geeignet erscheint – 15- bis 25jährige –, wird festgehalten.

Es bleiben zwei „legale" Auswege. Entweder man beschafft sich ein *carnet*, einen Ausweis, der bestätigt, daß sein Inhaber den Militärdienst bereits hinter sich hat. Oder *se tiene mucho cuello*, man hat „viel Hals", was bedeutet: viel Einfluß. Reiche Väter schmieren zuständige Stellen, der Fall ist erledigt. Hernán hatte nichts. Weder Carnet noch Cuello. Er berichtet, wie er sich losriß, durch ein Menschengewühl davonstürmte und sich dabei das Hemd vom Leib zerrte, um nicht wiedererkannt zu werden. Später sieht er sie rechtzeitig und simuliert einen Kriegsverletzten, seufzt und hinkt den Straßenrand entlang. Ein anderes Mal rettet ihn eine Frau mit Baby. Sie überläßt es ihm, er wiegt es sanft in seinen Armen, spielt Vater. Er kommt durch. Hernán ist so clever und originell wie alle anderen auch.

Die Armee hat einen schlechten Ruf, zwei Jahre Dienst sind lang und gefährlich, und die Bezahlung – 600 Colones, etwa 120 Mark – ist miserabel. Siebenmal wurden Busse gestoppt, mit denen ich über Land fuhr. *Jóvenes abajo*, Jugendliche raus, hieß es. Sechs, sieben Soldaten, auch sie blutjung, standen im Kampfanzug auf der Straße, die M-16 im Anschlag. Und mindestens drei arme Teufel blieben zurück, frisch requiriert für den Bürgerkrieg.

So rührt sich keiner vom Fleck. Reisen macht Angst. Arbeit oder Studium in einer fremden Stadt kommen nicht in Frage. Und wäre nicht die Furcht, fehlte das Geld, um Wohnung und Ausbildung zu bezahlen. Trotzdem ist die Situation besser als vor zehn Jahren.

Damals war Anamorós noch besetzt. Von der Policía de Aduana, der Zollbehörde, von der Defensa Civil, einer paramilitärischen Organisation, und der Guardia Nacional, einer „Schutztruppe" mit dem Ruf einer Mördergang. Wer seinen Nachbarn erledigen wollte, denunzierte ihn bei der Guardia als FMLN-Mitglied. Von diesem Augenblick an war der Mann tot. War seltenes Glück im Spiel, konnte das Opfer sein Leben mit Geld bezahlen. Tägliche, rohe Realität waren der „Huckepacktransport" über den Fluß, Gewehrkolbenschläge bei „respektlosem Gesichtsausdruck", die Konfiszierung von Lebensmitteln und Zwangsarbeit.

Im November 1982 überfallen die Rebellen den Ort, der Krieg kommt nach Anamorós. Ein Jahr später entführen sie Aparicio Contrera, den damaligen Bürgermeister. Sie hinterfragen seine Arbeit; es stellt sich heraus, daß er kein Leuteschinder war, vier Tage später ist er frei. Den ebenfalls entführten Richter des Ortes, Paulo Ramirez, verurteilen die Guerilleros zum Tode, das Urteil wird vollstreckt. Im Mai 1984 zünden sie das Rathaus an, alle Staatsgewalt flieht. Seitdem gibt es keine Polizei, keinen Soldaten, keinen Bürgermeister und keinen Richter mehr in Anamorós.

Inoffiziell gehört das Dorf jetzt den Rebellen. Sobald Soldaten sich wieder hierher wagen, zuletzt im September 1990, beginnen die Straßenkämpfe, es gibt Verwundete, ein paar Tote. Die Zivilbevölkerung rennt um ihr Leben, ihre kellerlosen, niedrigen Häuser bieten nur zweifelhaften Schutz. Jeder hat sein ganz bestimmtes Fluchtloch. Oscar, der Schneider, wirft sich mit seiner Familie unter die Spüle in der Küche. Vater Rios zeigt mir sein Versteck unter den Betten. Eliseo, der Hausmeister der Schule, drückt sich in eine Ecke, unerreichbar selbst für Querschläger. Sie alle beten dann.

Andere Gemeinden in der Umgebung, wie Lislique und Polorós, leben nicht weniger „gesetzlos". Rücken Soldaten ein, kommen die Rebellen aus den *campamentos*, ihren verminten und unterirdisch angelegten Lagern in den Wäldern, um sie zu vertreiben. Das macht die Leute nicht glücklicher. Der Krieg dauert zu lange, als daß sie ihn nicht längst satt hätten.

Nirgendwo eine klare, eindeutige Parteinahme. Auch kein Haß. Aber Gleichgültigkeit, Überdruß, das vage, scheue Verlangen nach einem anderen Zustand der Welt. Wer immer an die Tür pocht, der Schneider Oscar hat keine Wahl. Dann muß er Hosen flicken und Hemden stopfen. Die MP überzeugt ihn, ganz gleich, wem der Finger am Abzug gehört. Und der Campesino Antonio verteilt seine Tortillas an beide Parteien, beide haben Hunger, beide versprechen den Frieden.

Oft ist kein Krieg. Dann ist Anamorós der viereckige Parque mit den drei verbeulten Hauptstraßen in die nächsten Dörfer. Ist friedlich und brav. Hat nichts, kein Kino, keinen Buchladen, kein Café, keine Kneipe, keinen Schuhputzer, nicht einmal einen Lotterieverkäufer. Menschen, denen man sonst alle zweihundert Meter in diesem Land begegnet. Hier sind sie blank, und Glück hat niemand. Aber es gibt immerhin: eine Zeitung – wenn der Busfahrer sie nicht vergessen hat. Und *una casa de la cultura*, eine kleine Bibliothek – wenn der Schlüsselbesitzer Jaime nicht wieder wochenlang blaumacht. Und ein einziges Telefon für die 23 000 Menschen in der Region – wenn kein Sturm war und kein Regen und kein Kurzschluß.

Um vier Uhr früh stehe ich meistens auf. Die zehn Hähne meiner Wirtin krähen mich heraus. Plumpsklo, Kakerlaken, neben der Wasserstelle liegen die Gedärme der gestern abend geschlachteten Hühner. Fliegen wimmeln. Um halb fünf kommt der erste Bus. Die zwölfjährige Nelly hat ihre Feuerstelle schon aufgebaut. Daneben ein Tisch, zwei Bänke. Drei, vier dieser *comedores*, Eßplätze, stehen rund um den Parque. Es gibt guten *cafesito* und gebackene Bananen, hervorragend. Saul frühstückt mit mir. Er ist *despachador*, treibt von jedem Busfahrer fünf Colones ein, eine Art Maut für die Benutzung der Schotterrinnen.

Sauls halbe Zunge ist gelähmt, aber er ist tapfer. Wie Demosthenes mit einer Handvoll Kiesel im Mund erklärt er mir seine Liebe zu Rosaelia, einer Fahrkartenverkäuferin, die fünfmal pro Tag mit dem Bus vorbeikommt. Ist sie da, hält er den Mund, jetzt lahmt die ganze Zunge. Dafür stempelt er doppelt und schaut in die andere Richtung. Und jedesmal verspricht er mir hinterher, daß er es ihr sagen wird.

Zur Post gehe ich um neun. Es gibt keinen Briefkasten hier, aber Chanito. Der ist fett, hat die O-Beine seines Großvaters und die Arthritis vom vielen Sitzen neben Whiskyflaschen. Chanito ist Briefträger. Meistens döst er in seinem Verschlag und wartet auf den Postsack aus Santa Rosa. Manchmal kommt der Sack, manchmal nicht. Zwischendurch klebt Chanito Briefe zu und erklärt jedem ausführlich, wo der Absender stehen muß und daß die Adresse einen Wohnort braucht, weil sonst der Brief nicht ankommt. Chanito hat ein gutes, versoffenes Herz. 70 Jahre ist der Alte, und 700 Colones, rund 140 Mark, trägt er monatlich nach Hause. „Tranquilo", antwortet er, wenn ich ihn frage, wie es denn gehe. *Tranquilo* heißt ruhig, und Chanito meint: Komm rein, reden wir, ich habe stundenlang Zeit.

Kleines, überschaubares Leben. Gäbe es keinen Krieg, alles hätte Platz auf dem Millimeterpapier. Luiz sitzt in seinem Rollstuhl – seit seinem 103. Lebensjahr, seit letztem Sommer, als er einen Unfall hatte. Still sitzt er, schaut regungslos hinaus auf den Parque. Laut muß ich sein, damit er mich noch hört. Don Luiz ist längst einverstanden mit allem, mit seinem Leben, mit seinem Tod. Er rechnet nicht ab. Er ist da, ohne Widerstand, ohne Sehnsucht.

Miguel lauert vor dem *estanco*, dem Schnapsladen. Durch ein Eisengitter verkauft er „El Golfo", einen 45prozentigen, für zwölf Colones den Liter. Miguel rennt hinter mir her. Wenigstens eine *pancha*, einen bescheidenen Flachmann, soll ich springen lassen. Der junge

Mann ist auf dem Weg in den Ruin. Dabei hatte er mehr Chancen als andere. Als begabter Fußballer war er im Gespräch für die Primera División. Damit wird man hier nicht Millionär, doch der Verdienst ist weit über dem Landesdurchschnitt. Irgendwann ging ihm die Kraft aus. Jetzt trödelt er durch den Tag, schnorrt, arbeitet bisweilen als Tagelöhner für 35 Pfennig die Stunde. Hinter Miguel liegt José, hinter José träumt Pedro. Alle in Reichweite des Estanco.

Lorenzo tut gut. Seine *peluquería*, sein Friseurladen, ist ein Stuhl, den er vor die Lehmhütte stellt. Er hat überlebt, der Damenfriseur gab auf, zog weiter. Einmal rasieren für eineinhalb Colones. Lorenzo ist zufrieden. Wie überhaupt die Alten besser mit Anamorós fertig werden. Es bohrt nichts mehr in ihnen. Keine Gedanken an die Zukunft, keine Reue über mißlungene Vergangenheit. Das Wenige, was es gibt, akzeptieren sie als ihr Schicksal.

Jeden Abend fernsehen. Als Schlupfloch aus den öden Tagen. Kanal 5 aus Honduras ist am beliebtesten. Von morgens bis in die Nacht insgesamt sieben *novelas*. Eine Auswahl: „Wenn die Liebe kommt", „Tage ohne Mond", „Silencio y amor"; hundert Kapitel Liebesschmerz. Dieser Plot ist exemplarisch: Dienstmädchen vom Land bekommt Arbeit in reichem, herrschaftlichem Haus. Die einfache Magd sieht den Sohn, er sieht sie, eine orkanartige Liebe bricht los. Nächste Folge: Schwangerschaft, Riesenskandal, Flucht der Magd, der Jüngling hinterdrein. In den restlichen 98 Kapiteln treten auf: böse Tanten, ein Findelkind, eine ohnmächtige Mutter, der rasende Vater, ein gütiger Onkel, viele Betten, eine Frühgeburt, vier Tränensäcke, ein triumphales Ende.

Meistens sitze ich bei Eliseo vor der *caja idiota*, der Idiotenkiste. Eliseo hat 24 Jahre lang bei der United Fruit Company in Puerto Tela den Buckel krumm gemacht, anfangs für einen Dollar zehn, später für zweieinhalb den Tag. Jetzt liegt er in seiner zerfransten Hängematte und glotzt. Um sich herum sechs, acht Kinder, die eigenen, deren Freunde. Kakerlaken rennen über den Lehmboden.

Kurz vor neun ist meistens Schluß – das Elektrizitätsnetz bricht zusammen. Im Kerzenschein tapse ich hinaus, soll morgen wiederkommen. Draußen liegt José, mitten auf der Straße. Er schreit. Dreimal die Woche ist er blau vor Traurigkeit und Whisky. Ich ziehe ihn auf die Seite, er kotzt, sackt weg. Schönes, helles Nachtlicht fällt auf sein dreckiges Gesicht. Vor der Rathaustür hat sich Benito ausgestreckt. Neben ihm sein Arbeitsplatz, ein Berg Melonen. Er erkennt mich, lädt mich ein, noch eine Scheibe mitzuessen. Gegenüber liegt Pedro bei seinem Gemüse. Eine freundliche Nacht. Weit weg die Schüsse der

Säufer. Viermal, dann Stille, nur das Jaulen streitsüchtiger Katzen. Anamorós schläft ein.

An der Ortsausfahrt nach Santa Rosa liegt die *unidad de salud*, die Krankenstation. Zwei schäbige Zimmer für ambulante Behandlung, kein Trinkwasser, keine Toilette für die täglich 60 Patienten, und heute – wie an allen Tagen, an denen ich komme – kein Strom. Batterien versorgen den Kühlschrank für die Impfstoffe. Vor allem Frauen und Kinder warten. Und 15jährige Kindfrauen mit dicken Bäuchen. Ein schwerer Stoß Papier liegt bereit, Aufrufe zur Familienplanung. Schwieriges Unterfangen, wenn hier 70 Prozent der Menschen nicht lesen können. Alle drei Monate liefert die Regierung Medikamente. Nach zwei Wochen sind sie verbraucht. Gerüchte flüstern von Schwarzhandel und Privatverkauf.

Doctora Hilda Gladis und ihre beiden Krankenschwestern behandeln vor allem Bronchitis, Grippe, Denguefieber, Durchfall, Dehydration, Stichwunden. Die Frau Doktor ist nur Aushilfe. Ihr soziales Jahr läuft aus, sie muß zurück in die Hauptstadt, weiter studieren. Bevor sie kam, wartete Anamorós zehn Monate auf einen Arzt. Bald werden sie hier wieder warten.

Carlos, der Alte, und Jesus, der Junge, die beiden Pfarrer des Ortes, gehen der freundlichen Hilda aus dem Weg. Das hat Gründe. Während der Predigt rufen sie auf zum Boykott von Pille und Gummi. Künstliche Geburtenregelung komme aus der Hölle, töte Kinder, beflecke mit Todsünden. Kondom und Diaphragma verursachten Krebs – wörtlich. Eine Großmutter, 32 Enkelkinder, leise in mein Ohr: „Das stimmt schon. Manche Frauen bestraft der Herr, und dann wachsen kleine Bällchen in ihrem Bauch."

In Anamorós führt, verführt keiner in eine andere Richtung. Die Sprache reicht gerade, um die Handgriffe des Lebens zu beschreiben. Nach zehn Sätzen hört die Welt auf, dann beginnt der „Glaube". Hier kann sich der liebe Gott alles leisten, einen Bürgerkrieg, Todesschwadronen, ein erbärmliches Leben – und immer noch sagen sie: „¡Gracias a Dios. Gracias a Dios!" Sie haben eine Leidensfähigkeit, die überwältigt.

Manchmal bimmelt es morgens um halb fünf zum ersten Rosenkranzgemurmel. *Misa de réquiem* (Totenmesse), *oración de sanación* (Gesundbeterei), *enseñanza bíblica* (Bibelunterricht). Und nebenbei Fastenwochen, Sühnegebete, Beichtstunden, Sonntagsmessen. „Der Herr ist unter uns", höre ich und sehe durch die Kirchentür, daß José wieder im Dreck liegt. „Das Paradies wird bald kommen", singen sie anschließend, und draußen ist seit 500 Jahren Dritte Welt.

Manchmal hat Direktor Peña Depressionen. Er zeigt mir seine Schule – immerhin alle neun Klassen der Grundstufe. Aber nur jeder dritte Schüler kommt. Oft verständlich. Der endlose Weg, das Fehlen von Transportmitteln. Die Armut, die nichts übrigläßt für Lehrmittel und Uniform. Das mangelnde Vertrauen der Väter in ihre Kinder. Die Saat, die Ernte, die Notwendigkeit mitzuarbeiten. Öffentliche Gelder werden laufend gekürzt, das Gehalt der Lehrer ist lausig, die Korruption in der Schulverwaltung wuchert.

Kein Wort über politische Zusammenhänge, keine halbe Stunde über die aktuelle Situation, auch keine Sexualkunde. Peña hat ein Notprogramm erstellt, übt Druck auf die Eltern aus, auf daß sie zumindest die einfachsten biologischen Funktionen erklären. El Salvadors Prozentsatz an Kindern mit Kindern – geschwängert im Zustand völliger Unwissenheit – ist beträchtlich.

Auch dafür gibt es eine Erklärung. Was sonst tun in Anamorós? Ein lateinamerikanisches Grundgefühl. Ich frage Arturo: Woran denkst du? *En nada*, an nichts. In einer Stunde sammele ich elf gleiche Antworten. Ich frage auch: Was macht ihr die meiste Zeit? *Calle arriba, calle abajo*. Die Straße rauf, die Straße runter.

Die heißen, stillen Nachmittage zermürben, machen apathisch, bewußtlos. Keine Arbeit, keine Zukunft, kein Gedanke, der nicht längst gesagt wäre. Ist da ein Leben vor dem Tod? Arturo lächelt abwesend. Nichts los, und nichts los in hundert Jahren.

Viele von ihnen haben versucht, ohne Papiere in die USA zu entkommen. Das ist teuer. Der *coyote*, der Führer, verlangt knapp 1500 Dollar für seine gefährliche Dienstleistung. Viele scheitern, werden bis auf die Unterhose von der mexikanischen Polizei geplündert, landen im Gefängnis, kehren bankrott zurück. Aber in Arturos Stimme liegt keine Wut, kein produktiver Haß. Er schreit nicht vor Verzweiflung, glaubt nicht mehr an ein eigenes Schicksal, verdämmert.

Unten im *rastro*, im Schlachthof, ist gute Stimmung. Seltsam, aber das ist der fröhlichste Ort in Anamorós. Jeden Samstagabend um sechs treffen sich die sieben „Metzger" und bringen 13 Kühe um. Zum Großteil Schmuggelware aus Honduras. Sie zwängen mit Lasso und Tritten das Rind durch die Tür, holen mit dem großen Holzknüppel aus und prügeln das Tier bewußtlos. Binden rasch die vier Füße zusammen, zurren den Kopf nach hinten, Messer her und ein tiefer Stich in die Kehle. Blut sprudelt, das Schlachtvieh prustet, röchelt seinen Todeskampf, der Körper zuckt, verendet. Ein paar der Jungs schlürfen eine Handvoll frischen Kuhbluts. Die Metzgerei ist ihnen willkommener Zusatzverdienst, sie sind nicht wählerisch.

Bis vier Uhr morgens arbeiten sie. Einfangen, abstechen, aufschneiden, zerlegen. Manchmal kommt ein Kalb zum Vorschein, 25 Zentimeter oder ein Meter lang. Fast jeder von ihnen geht barfuß, trägt nur die Turnhose am Leib. Die Haut von Blut und Exkrementen beschmiert. Sie blödeln – Männerwitze, Großtaten, Märchenstunde. Nachts regnet es, Wasser tonnenweise, Blitzschläge, das Licht fällt aus, im Dunkeln die letzten Kühe festhalten, draußen keilen Schweine und Hunde um die Eingeweide, später hacken die Aasgeier.

In der Früh kommt das Fleisch auf den Sonntagsmarkt. Aus dem ganzen *departamento* strömen die Händler. Heute gibt es Fische, Sombreros, gebrauchte Nägel, Zaumzeug, Stichmesser, Plastikrosen, Babywäsche, Kugelschreiber mit Guckloch auf nacktes, verschlungenes Menschenfleisch und zur Wiedergutmachung – das dornenkranzumzäunte Herz Jesu im Plastikumschlag.

Ab sieben Uhr tritt Thomas auf und schreit die Frohe Botschaft über den Parque. Er arbeitet bei der schmächtigen Konkurrenz, sammelt Stimmen für die Iglesia evangélica. Der Herr träumte ihm, und so sei sein Auftrag unwiderruflich. Friedlicher Schaum in beiden Mundwinkeln legt Zeugnis ab von seiner Inbrunst. Bald darauf läutet der katholische Herrgott zum Gebet, Sonntagsmesse. Viele gehen hin, viele bleiben draußen, würfeln, bechern, spielen Karten, fragen den Papagei nach ihrem Los.

Ein Uhr nachmittags ist Anamorós wieder allein. Die Händler haben gepackt, zurück bleiben zehn Zentner Dreck mehr und die glücklichen Schweine. La Gordita, das Dickerchen, sitzt wieder in ihrer blechernen Limonadenhütte und wartet. Saul wartet. Arturo wartet. Sonntage sind die unbarmherzigsten Tage in Anamorós. Nicht einmal heute sehe ich zwei Menschen sich küssen. Männer unter sich, die Frauen woanders. Macho-Alltag. Die Biersäufer hängen dunkelblau auf ihren Eseln, die Machete am Sattelknauf, die Pistole am Gürtel, in der rechten Hand die Flasche. Whiskyfreunde liegen schon. Das sind die Ärmeren, denn der Dusel kommt schneller, billiger.

Irgendwann höre ich José schreien. Er hat Schwierigkeiten. Ein Faustschlag landet in seinem Gesicht. Er sitzt bereits auf der Straße, kippt nun völlig um. Der andere nimmt den Flachmann, trinkt hastig. Ich schleife José ums Eck. Pedro, der Schläger, verzieht sich. „Somos amigos carnales", wir sind Brüder, sabbert er. José stinkt vor Hitze und Alkohol. Von meinem Kinn tropft der Schweiß auf seinen schmierigen Hals. Ich ziehe ihn hoch, will ihn aufsetzen. „A better way in Naperville" steht auf seinem zerrissenen T-Shirt. Vom Fluß nähert sich das Geräusch eines Hubschraubers. José kotzt.   (1992)

CHRISTOPH REUTER

Szenen aus einem verschlossenen Land

*Der Irak ist reich: Er besitzt große Erdöl-Ressourcen
und fruchtbare Böden, die Menschen sind gut ausgebildet. Doch
Saddam Husseins maßlose Herrschaft, zwei verheerende
Kriege und die UN-Blockade haben das Land ruiniert. Abgeschnitten
vom Rest der Welt leben die Iraker in Angst und Armut, zwischen
offiziellem Wahn und privater Wirklichkeit.*

Er hat ein pergamenthäutiges Vogelgesicht, eine Stimme wie Likör und den Händedruck eines Halbtoten. „You can call me Ali." Ali, der Nachtportier im Raschid-Hotel, diesem immer noch makellosen Palast aus Marmor, Messing, dunklem Holz und vor allem Beton, ist allein, bis auf ein paar schlafende Kofferträger, als wir mitten in der Nacht Bagdad erreichen. „Ah, wir haben Sie erwartet. Sie kommen spät. Und Sie müssen früh aufstehen, sich morgen als erstes im Informationsministerium melden. Einen Fahrer für Sie weiß ich auch schon."

Ali wird unser Nachtgespenst, unsere lächelnde Belagerung. Jede Nacht sitzt er in dieser Hotelfestung, die mit ihren panzerverglasten Wachtürmen, ihren Betonmauern und Kameras auf allen Korridoren offenläßt, ob man mehr um die Sicherheit der Gäste oder deren unbefugtes Entkommen besorgt ist. In dieser spukhaften Kulisse, in der Dutzende von livrierten Kellnern Abend für Abend auf Besucher warten, die nicht kommen, und die Souvenirverkäufer in ihren Ladenboxen sitzen wie Museumswächter.

„Wir müssen auf Sie achtgeben", sagt Ali mit väterlichem Timbre, „es sind unruhige Zeiten." Und: „Stellen Sie Ihren Wecker auf halb acht. Nicht später. Welcome to Iraq!"

Willkommen also im Jahre sechs des Irak unter Quarantäne, abgeschottet per Embargo vom Rest der Welt, von Export und Import, von Geld, Gästen und vom Flugverkehr; zu erreichen nur in einer 15stündigen Taxifahrt von Jordanien aus durch die Wüste. Vorbei an den explodierten Autowracks der Benzinschmuggler und den ausrangierten Metallbäumen der Überlandleitungen, die behängt sind mit Autoreifen und in der staubigen Ebene wie Totempfähle stehen.

Willkommen auch im Reich des „Herrn des Ganzen" und des „Lieblings der Massen", in dem Kliniken und Galerien, Raketen und Brücken und aufmerksamerweise selbst der größte Slum des Landes SEINEN Namen tragen. Wo mehr Religionen, mehr Sekten friedlich nebeneinander existieren als sonstwo in der arabischen Welt, aber wo ein falsches Wort in irdischen Belangen, ja schon die eigene Telefonnummer im falschen Notizbuch, das Verschwinden bedeuten kann.

Und willkommen im Land der permanenten Siege, der „Mutter aller Schlachten", wo Verschwörungstheoretiker, Verfemte und Verwirrte sich die Klinke reichen, Schirinowski, Le Pen und Iljumschinow, Präsident der Republik Kalmückien, wo die Gewißheit der zionistisch-amerikanischen Weltverschwörung letztes Heimatrecht besitzt und George Bush in der Lobby des Raschid-Hotels mit Füßen getreten werden konnte.

„IT'S A WILD THING. Hey, babe, you make my heart sing ... Schön, daß Sie uns wieder eingeschaltet haben. This is FM Radio Bäägdääd", spricht die Moderatorenstimme der täglichen Oldie-Sendung aus Hassams Autoradio. Mit seinem Chevrolet – „90er Import aus Kuwait" – hat Hassam am Morgen, wie bestellt, vor dem Hoteleingang gewartet. Und wir rollen durch eine Stadt, die keine Spuren trägt von Krieg und Niedergang.

Bagdad sieht aus wie vor dem Krieg: Die Betonburgen der Macht schimmern zwischen erdfarbenen zweistöckigen Wohnvierteln, wir passieren intakte Brücken und, von fern, die dampfenden Schlote eines Kraftwerks. „Fun, fun, fun, 'til her daddy takes the T-bird away", singen die Beach Boys, und allgegenwärtig grüßen die meterhohen Portraits des „Herrn der zwei Flüsse", des „Herrn der gesegneten Hoffnung" zwischen Schaufenstern voller Auslagen.

Wir hatten uns das anders vorgestellt, und nicht nur wir. Fluchend reklamiert ein britisches TV-Team im Informationsministerium, als wir unsere Anträge auf Erteilung von Antragsgenehmigungen stellen. „Wo sind die leeren Läden? Damned, wo ist das Embargo, wo sind die Bilder?"

Wo ist die Wirklichkeit?

Schehad wird vier und steht ratlos vor der gelben Frucht. „Papa, wie ißt man das?" Die drei Bananen, beiläufige Wegzehrung aus Jordanien und nun ein Gastgeschenk, sind die ersten ihres Lebens. Alles kann man kaufen in Bagdad, aber Bananen, und nicht nur sie, hängen zu hoch für normale Menschen wie Musanna, den kleinen 43jährigen Beamten, der als Übersetzer im Informationsministerium arbeitet, Dokumentationsabteilung „Mutter aller Schlachten".

500 Dinar kostet eine Banane, zuviel für sein Monatsgehalt von 3000 Dinar. Musanna hat seinen goldenen Ehering gegen einen aus Silber getauscht, hat fast alle Möbel und den Goldschmuck seiner Frau verkauft, und wenn er seine Bücher behalten hat, dann nur, weil sie ohnehin nichts bringen. „Verflucht sind wir, die studiert haben. Verflucht, wer ein Festgehalt bezieht. Was hat meine Familie der Welt getan?"

Ein Dinar, das waren mal drei Dollar, früher. Jetzt ist es eine Spielgeldmünze für Schehad: Schon das Kilo Tomaten kostet 80, das Kilo Schaffleisch 1000 Dinar. Die Lebensmittelrationen, ein paar Kilo Reis, Mehl, etwas Zucker, Tee, reichen für zehn Tage. Dann kommt das Gehalt, noch eine Woche geschafft, und dann kommt die Angst. Kommen die demütigenden Besuche bei reichen Verwandten, kommen die letzten Wertgegenstände zum Trödler, kommen Gelegenheitsjobs, Saubohnen, hungrige Abende, kommt irgendwann die Entscheidung, die älteren Kinder doch lieber zum Zigarettenverkaufen als zur Schule zu schicken. Wo doch die Lehrer ohnehin selten da sind, sondern Taxi fahren, kellnern oder selber Zigaretten verkaufen, das Stück zu 25 Dinar.

Musanna mit seinem traurigen Walroßschnauzer ist Beamter geworden in jenen besseren Zeiten, „weil dann alles seine Ordnung hat mit sicherem Einkommen und ruhigem Leben".

Doch nun ist alles in Unordnung geraten. Nach sechs Jahren sind die Reserven verzehrt, alles zerfällt hinter den Kulissen. Dieser Frieden zerstört nachhaltiger, als es der Iran- und der Golf-Krieg getan haben. Fabriken verrotten, die Staatsbürokratie folgt dem Ruf des „Enrichissez vous!" – Bereichert euch! – aus schierer Notwendigkeit. Elitesoldaten der Republikanischen Garden verkaufen lauwarme Cola vor dem Eingang zum Zoo, wo der letzte Löwe auf Fleisch statt Bohnen wartet und die Direktion zwei Pudel angeschafft hat, die auch Krach machen, aber nicht soviel fressen.

Dunkle Zeiten. Und glänzende Tage für jene, die in verkehrten Welten immer oben ankommen. Friedensgewinnler, Spekulanten, die reich geworden sind im rasenden Auf und Ab der Gerüchte und Wechselkurse, die den Dollar mal mit 300, mal mit 3000 Dinar bewerten. Oder das Mitglied der germanistischen Fakultät, das aus seinen Deutschlandkenntnissen das profitabelste Fazit gezogen hat und

Schäferhunde züchtet für die Villen der diebstahlsängstlichen Reichen.

Den König der Gewinner treffen wir zufällig, er lehnt eines Samstagmorgens einfach am Tresen der Bagdader Börse und beobachtet seine Broker. „Kann ich Ihnen helfen?" lispelt Dr. Kubba höflich, Herr über Kubba Consultants, Kubba Software, Kubba Broking und bester Dinge. „Die USA schotten ihren Markt mit Protektionismus ab – uns haben sie dieselbe Situation zwangsverordnet. Ungestört von Importen können wir uns entwickeln, haben bereits für zwei Banken und 150 Firmen die Software geschrieben: Personalmanagement, Finanzbuchhaltung, Lagerverwaltung, alles speziell entwickelt für den irakischen Markt. Und wir sind konkurrenzlos billig, gegen uns hätte nicht mal Microsoft eine Chance. Wenn das Geld wieder fließt, gehört uns hier der ganze Markt."

Das Embargo – ein Goldrausch.

„So ist das. Die Armen waren immer arm", sagt der bekannteste Regisseur des Irak mit seinem weichen Wiener Akzent, „und wir sind reich geblieben. Je nun." Der Fernsehdirektor, der in Österreich studiert und in Kuwait Millionen verdient hat mit der arabischen Version der Sesamstraße, ist mit der bekanntesten irakischen Filmschauspielerin verheiratet, hat eine fein ausgewählte Kunstsammlung zusammengetragen und auf die Schilderung des Elends im Land eine Antwort: „Haben Sie heute abend schon etwas vor? Wir feiern mit Freunden. Kommen Sie doch mit."

Eine opulent geschnittene Villa am Tigris, Ufergrundstück, beleuchteter Pool. Der Besitzer, ein Ketchup- und Dattelmarmeladen-Magnat, hatte Glück: „Goldenes Business, heutzutage, fällt nicht unter das Embargo!" Soignierte Herren stehen an der Bar, an ihrer Seite viel zu schöne Frauen mit viel zu tief geschnittenen Dekolletés, Wodka mit wenig Eis und eine tanzende Zigeunerin. Katzenhaft, vibrierend am ganzen Leib, springt sie zum Rhythmus des Schlagzeugs zwischen den Tischen, bisweilen eine kleine Wolke aus Geldscheinen hinter sich lassend, die suchende Hände zuvor in ihren Ausschnitt gestopft haben. Der Musiker ist eigentlich Arzt. Gläser klirren leise, übers Gras wieseln zwei kleine Jungen und klauben die 250-Dinar-Noten auf.

Der Regisseur ist selig: „Und? Ihr seht, es ist nicht nur Elend." Es ist auch Langeweile, für die Gäste, wie den Erben des größten privaten irakischen Baukonzerns. Er zählt gerade seine Latifundien in Europa auf – „und da ist da noch das Haus in München, wo mein Porsche auf mich wartet..." –, als sich ins Tackatack der Trommel jäh

Maschinengewehrfeuer vom anderen Ufer mischt. Die Damen kieksen, das Personal schaut fragend, der Hausherr spricht: „Aah. Die Nachbarn. Wir sollten antworten." Eine polierte Kalaschnikow wird aus dem Haus gereicht. Er feuert auf den Mond, und über den nachhaltig geschnittenen Rasen trippelt der Diener, beidhändig ein kleines Silbertablett mit frischer Munition herantragend. „Hier ist vieles möglich", sagt unser Freund.

Mehr als das. Alles ist möglich in diesem Land, wo Satellitenschüsseln verboten, Schreibmaschinen genehmigungspflichtig und Stadtpläne nahezu unauffindbar sind. Wo das Fernsehen mangels Staatsgästen die gelbstichigen Aufnahmen längst vergangener Besuche eines schwarzbärtigen Fidel Castro wiederholt. Wo an nachrichtenlosen Tagen, wenn es nichts zu vermelden gibt über IHN, mit dem doch jede Nachrichtensendung beginnen muß, ER fernen Staatsführern zu erfundenen Nationalfeiertagen Glückwunschtelegramme schickt. Und, an folgenden nachrichtenlosen Tagen, ein dankendes Antworttelegramm erhält.

Längst hat die Wirklichkeit den Gerüchten das Feld überlassen in diesem Höhlenbiotop, in dem die jüngste auffindbare „Newsweek"-Ausgabe von 1986 und die Nachrichten der Kurzwellensender die letzten Kontakte zur Außenwelt sind. In dem selbst vernunftbegabte Menschen einem erzählen, der Führer stecke mit den USA unter einer Decke, sei ein CIA-Agent. Warum sonst hätten die ihn nicht abgesetzt, 1991, als sie Bagdad hätten erobern können?

Der Irak, eine verkehrte Welt, in der Benzin hundertfach billiger ist als Trinkwasser, in der die USA sich diplomatisch von Polen, die Franzosen von Rumänien vertreten lassen, in der alles für möglich, aber nichts für wahr gehalten wird. In der das Dokumentationszentrum „Mutter aller Schlachten" unterschiedslos FAO-Berichte und Science-fiction-Geschichten zum Golfkrieg übersetzt — etwa die „Verschwörung der Illuminati" gegen den Irak, bei der eine „fußballfeldgroße Untertasse mit US-Hoheitszeichen und 30 CIA-Agenten an Bord" in den Kampf schwebte gegen „reichsdeutsche Flugscheiben", die im Irak stationiert und zum Zeitpunkt des alliierten Angriffs gerade auf Weltraummission waren.

CHALID, DEN ICH EINES ABENDS TREFFE, schlägt Kapital aus dem Irrsinn; unter seinen Händen werden die Gerüchte Wirklichkeit, ein zählbarer Tauschwert. Er ist Geldwechsler, „einer, der in Dollars macht", wie jene Iraker mit neidvoller Abscheu sagen, die so was nicht tun. Unterwegs in seinem weißen Fiat in der Raschidstraße, stoppt er und bietet mir an, mich mitzunehmen, nicht als Taxi, sondern aus Neugier, aus Spaß. „Alles ist hier ein Spiel, ich werde es dir zeigen."

Eines, das jeden Abend aufs neue beginnt: kurz nach neun, wenn jeder die Nachrichten der „Voice of America" gehört hat, wenn vielleicht der US-Außenminister nach Damaskus gereist oder UN-Generalsekretär Boutros-Ghali krank geworden ist. Dann wandern die Wirklichkeitssplitter binnen Minuten wie Nervenimpulse durch die Stadt; jedes Zucken der Weltlage kann Dinar oder Dollar stürzen lassen. „Ist Boutros-Ghali krank, gibt es keine Verhandlungen", erklärt Chalid die Mechanik der Gerüchtewelt, die unter ihm und seinen Kollegen in Telefonaten, mit Botenjungen und Kurzverhandlungen zur Handelsmasse gerinnt.

Nach einer halben Stunde weiß an diesem Tag ganz Bagdad: Der Dollar ist heute abend 860 Dinar wert. Aber nicht jeder Dollar, nur der in Hunderter-Scheinen; Fünfziger werden zu 820 gehandelt. Warum? „Das ist so, Hunderter sind mehr wert." Es ist so, wie halt die Wirklichkeit immer eine Frage des Konsenses, der Überzeugungskraft ist.

Ein Spiel, in dem die Regierung selbst den genialsten Coup gelandet hat, der sogar Chalid Respekt abnötigt: die „100-Dollar-Idee". Alle Zeitungen hatten Anfang des Jahres damit aufgemacht, daß die Aufhebung des Embargos unmittelbar bevorstehe, daß die irakische Volkswirtschaft gegen die USA gesiegt, daß der „böse, grüne Dollar" verloren habe gegen den starken Dinar, daß neue 100-Dollar-Scheine eingeführt und die alten wertlos würden. Die Sache mit den neuen Scheinen stimmte, das übrige nicht, aber gleichzeitig wurden Staatsvorräte in die Läden gepumpt, die Preise fielen, und panische Iraker brachten mehr als 100 Millionen Dollar zu den Banken. Der Kurs fiel binnen Tagen von 3000 auf 400 Dinar.

„Willst du ein anderes Bagdad sehen?" Chalids Geschäfte sind mäßig gelaufen heute abend, ohnehin schläft er lieber tagsüber. Also ziehen wir los, zu den Nachtgeschöpfen: über die Märkte, wo kurz vor Mitternacht um Fisch und Tomaten gefeilscht wird, weil die Käufer glauben, am Schluß sei alles billiger, und die Händler nicht gehen wollen; durch die Cafés, und schließlich ins „Nachtrestaurant". Wir sitzen kaum, als der Kellner versucht, gegen den Lärm einer schief spielenden Kapelle anzuflüstern: „Pepsi, tea or girls?", und wir uns mit allen dreien wiederfinden.

Amal bedeutet „Hoffnung". Amal ist 20 und träumt von gar nichts mehr. Sie hat zwei kleine Brüder zu versorgen und ihren Mann, der immer vor der Tür des kleinen Zimmers wartet, von dessen Zweck die Nachbarn nie etwas erfahren dürfen und in dem sie mit den Männern meist nach einer halben Stunde fertig ist. „Noch Fragen?" Ja. „Dann laßt uns woanders hingehen. Reden ist gefährlicher als Sex." 20 000 Dinar kassiert der Kellner, der Tee war umsonst, und wir landen in einem Café um die Ecke. Amal zieht die Stola über die Schultern.

Eigentlich hat sie Medizin studieren wollen, kommt aus guter Familie, ihre Eltern hatten ein Haus mit Garten in Amiriyah, einem Vorort Bagdads. Bis der Krieg kam und eines Abends die Eltern in den Luftschutzbunker gingen, während die Kinder bei einer Großmutter übernachteten. In jener Februarnacht im Jahre 1991 blieb ganz Amiriyah unversehrt – nur den Bunker traf erst ein Marschflugkörper der Alliierten und Minuten später, punktgenau in das Loch, das der erste gerissen hatte, der zweite. Von mehr als tausend Menschen überlebten – nach offiziellen Angaben – ein Dutzend. Amals Eltern nicht.

Und so sitzt sie da, mit schulterlangem Haar und kaltem Blick, müde, ihren Mann neben sich, der viel zerbrechlicher wirkt als sie und dankbar ist, einmal nicht vor der Tür des Zimmers warten zu müssen. „Warte", ruft sie zum Aufbruch, „kannst du mir Parfüm besorgen?"

Welches? „Egal, irgendeines. Ich brauche doch so was, oder?"

WIR GLEITEN WEITER ohne Ziel durch die nächtliche Wärme und enden bei Sonnenaufgang an einem staubigen, fußballfeldgroßen Areal im Zentrum. Zu Fuß, ein paar Werkzeuge in der Hand, versammeln sich hier Hunderte von Männern. Erbittertes Gedränge entsteht, als die ersten Plätze auf den Lastwagen vergeben werden. Wir sind am Sammelplatz für die Tagelöhner der Palastbaustellen gelandet, SEINER „Gästehäuser", von denen zwei allein in Bagdad neu entstehen, weitere in Mosul, Babylon, im ganzen Land. Eine pharaonische ABM-Maßnahme.

Chalid will nach Hause. „Komm übermorgen abend zur selben Stelle, an der wir uns getroffen haben. Dann besuchen wir meinen Onkel." Spricht, fädelt sich mit seinem weißen Fiat in den beginnenden Morgenverkehr und ist verschwunden.

Ali, der Nachtportier, ist entsetzt: „Wo waren Sie? Trauen Sie niemandem! Trauen Sie nur mir! Und Sie wollen doch nicht, daß ich Meldung mache...", aber dann huscht er schon wieder weiter, erfolglos bemüht, das Personal davon abzuhalten, in der Eingangshalle die Marzipanrosen aus der metergroßen Torte zu Ehren des 59. Führergeburtstags zu zupfen.

Am nächsten Abend wartet Chalid wie versprochen. Erst nach Einbruch der Dämmerung passieren wir das Tor zu einem unauffälligen Haus in Mansour, einem Viertel, in dem die Menschen ihren

Schmuck, aber noch nicht ihre Möbel verkauft haben. Chalids Onkel ist ein Mann über 70, mit spöttischen Augen und nachlassendem Haupthaar, pensioniert zwar, aber einst irgendwo im undurchdringlichen Geflecht von Palast, Geheimdiensten und Armee beschäftigt.

Einer von denen, deren „Hände bis zum Himmel reichen", wie die Iraker jene nennen, die vielleicht die Regeln des großen Spiels auch nicht durchschauen, aber sie diktieren.

Chalids Onkel war im Ausland, USA, Türkei, Frankreich, was ihm den Weg zu weiterem Aufstieg ein wenig verbaut hat. Nun hat er Zeit, verläßt selten das Haus und übersetzt Bücher ganz für sich allein. Gedruckt würde es nie, sein kleines literarisches Bestiarium: Orwell, Huxley, Solschenyzin, dessen „Archipel Gulag" er gerade ins Arabische überträgt, denn, kichernd, „das erinnert mich hier an so vieles".

Behutsam zieht er ein zerfleddertes Exemplar von García Márquez' „Herbst des Patriarchen" aus dem Regal: „Hören Sie", und er liest vor, zunehmend begeistert, von der jahrhundertelangen Lethargie unter einem Diktator, an dessen Anfänge niemand zurückdenken kann; vom Wahn, von der Lüge, von der anderen Wahrheit hinter der Wahrheit, „und hören Sie hier über IHN: ... dessen Macht so groß gewesen war, daß er einmal fragte, wieviel Uhr ist es, und man ihm antwortete, die Stunde, die Sie befehlen, Herr General, und das stimmte ... ' Woher kennt der das? War er hier?"

Chalids Onkel, ein *homme de lettres* aus Überlebensnotwendigkeit, nicht irre zu werden in der irren Welt. „Alle haben wir besiegt, den Iran, Kuwait, die USA, die Uno, so viele Siege", und dann schauen wir zum Fernseher, wo seit Stunden die Geburtstagsfeier des Führers übertragen wird. Mali, Aserbaidschan, Afghanistan, Tadschikistan und der Tschad haben gratuliert. Gerade tritt ein Ballett der Schrubberinnen auf, 20 kleine Mädchen in Paillettenkleidern mit Spielzeugeimern und Miniaturschrubbern, die sie wie Speere schwingen vor einem unbewegten Mann im weißen Smoking, skandierend: „Ja ja ja, wir wollen Papa Saddam. Ja ja ja ... "

„Jeder weiß, daß das eine Lüge ist", fährt Chalids Onkel fort. „Aber jeder hat Familie, verstehen Sie." Und jede Familie hat ihre Geschichte. Chalids Onkel hatte einen Cousin, der einfach verschwunden war eines Tages. Alles, was sie herausbekamen, war, daß bei einem anderen Verhafteten seine Telefonnummer gefunden worden sei. Das reichte. Nach 17 Jahren durfte eine Schwester ihn wiedersehen. Sie sah einen alten Mann, 20 Meter von sich entfernt, von dem sie hinterher nicht einmal wußte, ob es der richtige war.

„Und was soll nach IHM kommen? Sein Sohn etwa? Gott bewahre!" Aber der rebellische Süden? Und der kurdische Norden, der gänzlich unabhängig werden will? „Nein. Alles wird bleiben, wie es ist. Die Menschen haben noch mehr Angst vor einem Bürgerkrieg als vor IHM. Aber bitte, fahren Sie durchs Land, überzeugen Sie sich selbst."

NACH TAGEN BEKOMMEN WIR im Informationsministerium jene kleinen Passierscheine, die den Namen „tashil muhimma" tragen, „wesentliche Erleichterung", und mit denen wenig, aber ohne die gar nichts möglich ist. Wir fahren nach Basra im Süden, das einst Venedig des Nahen Ostens genannt wurde und von dem seine Bewohner heute sprechen, als wäre es das untergegangene Atlantis. Wie vom Paradies reden sie von 1979, „dem letzten guten Jahr in Basra", als die reichen Kuwaiter in Yachten den Schatt Al-Arab hinaufkamen, als die Corniche den Blick auf Palmen, nicht auf Schiffswracks eröffnete. Und dann nur noch Krieg, gegen den Iran, dessen Truppen bis ans Ufer gegenüber vorrückten. Acht Jahre Massakrieren für nichts, für dieselbe Grenzlinie wie zuvor. Zweieinhalb Jahre Pause, wieder Krieg, dann ein vergeblicher Aufstand gegen Bagdad und seit sechs Jahren Embargo.

„Kriegsopfer? Hier?" Dr. Abdelsalam Yasin Taha, Chefarzt in Basras größtem Krankenhaus, nickt. „Sicher, aber welchen Krieg meinen Sie? Wir hatten mehrere."

Seit 1991 registriere man eine steigende Krebsrate, „aber das ist vor allem Lungenkrebs, weil die Leute hier rauchen wie die Wahnsinnigen". Mindestens zweimal pro Woche meldet sich der erste, in Bagdad längst vergessene Krieg zurück, wenn wieder ein Bauer mit zerfetzten Beinen eingeliefert wird, weil er auf eine der Minen getreten ist, die nie geräumt worden sind.

„Es stirbt sich leicht hier", simple Dinge wie Antibiotika fehlen, es wird mit halber Dosis narkotisiert, und die Leukämiepatienten im dritten Stock erleben auch ihr letztes Stadium ohne Morphium. Wenigstens brauche man kein Insulin mehr, fast alle Diabetes-Patienten seien tot. Nur an einem fehlt es nicht im mindesten – an gut ausgebildeten Ärzten, die weder kündigen noch emigrieren dürfen.

„Wir waren gut," sagt ein Assistenzarzt, dem gerade ein Siebenjähriger wegstirbt, „wir haben ganz früh eine Hirnhautentzündung diagnostiziert; wäre mit passenden Antibiotika leicht zu heilen gewesen. Alles, was wir tun konnten, war, den Eltern zu sagen, woran er stirbt." Der Mann war zehn Jahre lang Militärchirurg, was die Anteilnahme verdünnt: „Mit den Patienten ist das wie mit unseren Kriegen. Linie um Linie weichen wir zurück: Mal gibt es Infusionslösung, aber keine Kanülen, mal funktioniert das Röntgengerät, aber wir haben keine Filme, und am Ende verlieren wir."

„Aber Medikamente fallen doch gar nicht unter die UN-Sanktionen."

„Mag sein", sagt der Arzt, „aber über das Embargo dürfen wir uns beklagen – über sonst nichts. Wir sind müde, verstehen Sie, unendlich müde."

Vor dem Schatt Al-Arab, mit Blick auf die verkohlten Palmenstümpfe und das rostrote Band halbversunkener Schiffe, die bis zum Horizont reichen, sitzt Adnan. Adnan, der Kellner, der stumm den Tee serviert, schlechte Zigaretten raucht und ins Nirgendwo schaut. Wenn er redet, dann nur, weil gemeinsame Bekannte ihn gebeten haben. „Eigentlich sollte ich nicht mehr hier sein. Gott hat mich wohl vergessen."

Er war Soldat in beiden Kriegen, und aus dem letzten kam er als einziger seines Bataillons zurück. „Wir lagen hinter Kuwait in unseren Schützengräben, als die Amerikaner vorrückten: Riesige Raupenbagger vor uns walzten alles nieder. Und hinter uns die Republikanischen Garden, die jeden niederschossen, der zurücklief. Irgendwie habe ich überlebt, bin eine Woche lang zu Fuß gelaufen. Jetzt bin ich 40, ein alter Mann. Es muß ein Irrtum sein", und einmal lacht er, „ja, ein Irrtum Gottes."

ZURÜCK IN BAGDAD. Die 20-Uhr-Nachrichten der BBC vermelden lapidar, daß UN-Generalsekretär Boutros-Ghali eine Kurzreise nach Moskau angetreten habe. Nichts sonst, aber binnen einer halben Stunde gärt aus dem tausendstimmigen Wispern des Marktes die Meinung, dies sei ein schlechtes Zeichen für die Verhandlungen. Bis zum Morgen fällt der Dinar von 750 auf 900 pro Dollar.

Ali lächelt hinter seinem Rezeptionstresen und bietet uns 800. Alle Marzipanrosen von der Führergeburtstagstorte im Raschid sind verschwunden. Nur SEIN kandiertes Profil hat niemand angeknabbert. Aber was ist unter dem Zuckerguß? Wo, beginnen wir uns zu fragen, ist in all dieser Erosion der Geist des Allgegenwärtigen geblieben?

ER, dessen Namen niemand ausspricht, aber der uns als Staatsmann, als Beduine, als Betender, Arzt, Richter oder Brückenbauer penibel gepinselt und überlebensgroß im ganzen Land begegnet? Dem allein gehuldigt wird als „Garanten der Gegenwart" und als „Versprechen auf das Morgen".

Von Amts wegen, denken wir, können wir im Außenministerium eine offizielle Sicht der Dinge erwarten, über das menschenverachtende Embargo, über die USA, denen es um Öl, um Macht, aber nicht um Menschenrechte gehe, über IHN.

„So, aus Deutschland kommen Sie", sagt der Ministeriale und setzt an: „Karajan! Kennen Sie die Aufnahme der Beethoven-Symphonien von 1977? Und Anne-Sophie Mutter, wie sie Mozart spielt?" Und dann beginnt er zu schwärmen, von Bach, von den Salzburger Festspielen, die er früher immer besucht habe, vom verführerischen Klang der CDs und daß nie wieder Kassetten hören möge, wer einmal die Rauschlosigkeit einer CD genossen habe. „Aber wir", und sein Blick wandert über die Wände, wo drei Portraits des Führers es unmöglich machen, ihn gänzlich zu übersehen, „wir müssen uns mit Kassetten zufriedengeben."

Manche Worte, zumal hier, sind entweder eine Lüge oder lebensgefährlich. Also spricht das Ungesagte. Das, wofür niemand verantwortlich gemacht werden kann. Und die Augen des Ministerialen schauen beim Reden so oft himmelwärts, daß das Weiße unter den Pupillen nach vorn rollt.

Alle Ideologie, alle Parteiprogramme sind abgeblättert. Alle Macht braucht hier keinen Grund, alle Siege bedürfen keiner Logik mehr, und selbst die Witze, argwöhnen jene wenigen, die noch welche erzählen, selbst die Witze über den Führer werden erfunden vom allmächtigen Apparat seines Hofes und unter das Volk gebracht. Eine Diktatur in kristallinem Zustand. „Das Volk ist die Partei, und die Partei ist der Führer", steht auf einem der letzten Transparente, auf denen die einst so mächtige Baath-Partei überhaupt noch erwähnt wird.

Während wir auf die nächsten Genehmigungen fürs Verlassen der Stadt warten, lernen wir die sonderbaren Existenzen kennen, die das Leben in diesem Laboratorium der Druckverhältnisse hervorgebracht hat. Menschen wie Yasim, den Ladenbesitzer, der uns sein unfreiwilliges Mausoleum kleiner Papptafeln zeigt – Tausende, auf Stöcken montiert, verstaubt, mit einem prekären Motiv: ER, beim Handschlag mit Hosni Mubarak von Ägypten.

Vor Jahren war einmal ein Gipfeltreffen geplant, und Yasim ließ Plakate drucken für das todsichere Geschäft mit der Jubelparade. Dann kam die Sache mit Kuwait dazwischen – kein Gipfeltreffen, keine fähnchenschwingenden Massen. Was tun? Unmöglich, Tausende Portraits des Präsidenten zu vernichten, „das wäre Selbstmord", entfährt es dem Mißlichen, „aber kaufen will sie auch keiner".

Nasir, der traurige Ex-Zensor, den wir im Hassan Adschmi, Bagdads traditionsreichem Café, treffen, schwärmt von alten Zeiten: „Stellen Sie sich vor: jeden Morgen, die ganze Weltpresse, ‚Le

Monde', ‚Washington Post', ‚Newsweek', umsonst, unzensiert auf meinen Schreibtisch!" Ein Privileg, das nach Nasirs Lektüre kein Käufer mehr genießen konnte: Der bekam nur noch Schnittmusterbögen zur Lektüre. „Aber seit dem Embargo kann sich ja niemand mehr ein Abonnement leisten. Ich habe mich gelangweilt und gekündigt."

Nach dem dritten Tee erzählt Nasir von einem Kollegen bei der Filmzensur. Der schuf sich ein „Œuvre" als Regisseur, klebte über die Jahre herausgeschnittene Schnipsel zu einer Essenz des Verbotenen zusammen: bewegte Betten und nasse Saris auf Frauenleibern indischer Billigschnulzen, das schmale Gesicht von George Bush zwischen Fellinis Aufnahmen wogender Brüste und behaarten Männerhintern aus amerikanischen B-Movies.

DIE LETZTE GENEHMIGUNG IST DA. Wir dürfen aufbrechen nach Norden. Die Nacht in Kurdistan ist sternenklar, und der Berg Bablu hat sein Geräusch. Mit Safkan, einem 24jährigen Dolmetscher, sind wir auf die schroffe Spitze nahe der Stadt Dohuk gefahren, um es zu hören: „Tüüüttüt-tüt-tüt-tüüüt-alloo?-tüüüt-alloo?-alloo?-tüt-tüt-tüt-tüüüt." Ein Dutzend Autos mit laufenden Motoren und offenen Türen parken auf der Kuppe. Überdimensionierte Antennen wippen im Nachtwind. Aufgeregte Stimmen brüllen zu Dutzenden „Alloo...alloo?", Familienklatsch, finanzielle Transaktionen, Liebesbeteuerungen und Fluchtpläne in die Hörer.

„Willkommen in der Telefonzentrale Kurdistans": Safkan, der am letzten Checkpoint – „militärisches Sperrgebiet" – nur kurz einen Telefonhörer gehoben hatte, um durchgewinkt zu werden, genießt den Moment. „Alles ist illegal hier", erläutert er das Verfahren, mit eingeschmuggelten, funkverstärkten türkischen Mobiltelefonen eine private Telefonagentur zu betreiben. „Aber es funktioniert."

Das ist Kurdistan, dieses staatsrechtliche Irgendwas in Nordirak, eine Freizone ohne legalen Status, beschützt von den UN, bisweilen bombardiert von den Türken, aber in Freiheit zumindest von Bagdad – was die die beiden kurdischen Parteien nicht davon abgehalten hat, die neugewonnene Autonomie prompt für interne Kämpfe zu nutzen. Nun ist Waffenstillstand, seit einem Jahr. Ein seltener Zustand für die Gegend, die von Landwirtschaft und vor allem vom Schmuggel lebt, von Zigaretten aus der Türkei und Öl aus dem Irak, die in entgegengesetzte Richtung exportiert, aber gleichermaßen hier „verzollt" werden.

Die Waffenstillstandslinie von 1991 und ungefähre Grenze der Autonomen Region von heute ist längst Umschlagplatz für einen florierenden Grenzverkehr geworden. „Komplette Unabhängigkeit ist gar nicht unser Ziel", sagt Massud Barzani, Chef der Demokratischen Partei Kurdistans (KDP) und vor allem Sohn des großen Kurdenführers Mustafa Barzani, „wir wollen politische Autonomie, aber wirtschaftliche Kooperation – mit Bagdad."

Letztere gibt es längst: Der Strom für Kurdistan kommt vom Saddam-Staudamm nahe Mosul, und zur Verhandlung über die Wiedereröffnung der Ölpipeline vom Irak in die Türkei reiste Erdölminister Amer Raschid quer durchs Kurdengebiet, eskortiert von Barzanis Peschmergas, die auch die Pipeline bewachen. „Ein föderales System wäre die vernünftigste Lösung für den momentanen Stand der Dinge", sagt Barzani beim Interview in seinem Hauptquartier, das früher ein Kurhotel war.

Auf dem Weg zurück nach Bagdad klingt es wie Silvester. Nach einjährigen Verhandlungen hat sich die Regierung bereit erklärt, die UN-Resolution 986 zu unterzeichnen. Für zunächst zwei Milliarden Dollar darf der Irak Öl verkaufen, für zwei Drittel davon sollen Nahrungsmittel und Medikamente unter Aufsicht der UN im Land verteilt werden. Auf den Straßen wird vor Freude geschossen, in den Nachrichten der „große Sieg des Irak" von denselben Nachrichtensprechern verkündet, die denselben Sieg jahrelang als „erniedrigende Einmischung in die irakische Souveränität" verdammt haben. In Bagdad beugt sich ein Taxifahrer lachend quer durch den Fond: „Wir wurden erniedrigt, endlich, wir wurden erniedrigt!"

Chalid ist unauffindbar, der Dinar schießt binnen einer Nacht von 1000 auf 350, aber sein Onkel empfängt uns strahlend: „Fooooood! Hühnchen, Milchpulver, Antibiotika, jetzt gibt es die Dinge, die dieses Volk wirklich interessieren! Wir glauben ja ohnehin nur noch, was wir schmecken und fühlen können." Alle Politik verblaßt vor den Proteinen. Erst nach Stunden und viel Arrak beschließt Chalids Onkel das Thema kurz und illusionslos: „Nun, ihr habt gemerkt: Unser Teflonpräsident hat mal wieder gesiegt, und außerdem können wir uns gar keinen anderen mehr vorstellen. Wäre ER fort, wir würden zitternd auf den nächsten warten. Ihr seht: Im Diesseits ist wenig zu begreifen. Aber fahrt nach Nadschaf, vielleicht werdet ihr dort verstehen, was unsere Seelen bewegt."

Nach Nadschaf also, der heiligen Stadt in der Wüste, in die viele Iraker erst nach dem Ende ihres Lebens gelangen. Nadschaf, das ist die Stadt der Totengräber und Grabsteinmetze, der Lohnprediger und Leichenträger, die pro Trauerfall entlohnt werden und deshalb die Särge im Dauerlauf um den Schrein tragen. Diese Stadt lebt von ihren Toten. Von ihrem Friedhof, der an Ausmaß längst die Stadt ausgestochen und sich mit jedem Krieg kilometerweit in die Wüste gefressen hat. Von der Ehre, die es für jeden Schiiten bedeutet, hier begraben zu sein. Tür an Tür mit dem Schrein des Imam Ali, des letzten Kalifen aus der Gefährtenschaft der Propheten. Früher kamen die Toten noch aus dem Iran und Saudi-Arabien hierher, „aber seit der Luftweg gesperrt ist, kommen nur noch lebende Pilger", sagt der Moschee-Verwalter Salih al-Hakim fast bedauernd.

Hier treffen sich Versprengte wie jene Handvoll Afghanen, die vor 20 Jahren hier hängengeblieben sind und seither diskutieren, wie Gott alles gemeint haben mag, vor allem aber auf bessere Zeiten daheim warten. Und hier ist der Ort für Beseelte – für den 19jährigen Wiener zum Beispiel, der im Winter hierher an die islamische Hochschule kam als erster Europäer aller Zeiten und keinen Namen braucht, weil ihn alle nur „Nimsawi" nennen, „den Österreicher". Halb Rotznase, halb Eremit, nimmt er Platz im Gästesaal der Moschee. Ohne einen Cent kam er in Bagdad an, ein frommer Taxifahrer lieferte ihn ab bei einem der Privatgelehrten, die von Spenden sich und ihre Schüler ernähren.

Nimsawi ist mit 17 Jahren zum Islam konvertiert, vor Ekel über das Abendland und dessen vielen Fragen ohne Lösungen. Hier sitzt er, dem selbst Ghom, die iranische Hochburg schiitischer Theologie, noch zu westlich, zu verwässert von Ablenkungen war, als bizarrer Paradiesvogel. Der Fremdeste von allen, glücklich am Rand der Welt, der für ihn die Mitte ist, spricht: „Schauen Sie nicht hinter den Spiegel. Lassen Sie es, fragen Sie nicht mich, fragen Sie nirgends! Hier haben die Menschen ihren Frieden!"

Tatsächlich ist etwas anders hier, und es fällt uns erst bei der zweiten Fahrt durch die Totenstadt auf. Es zeigt sich in dem, was nicht da ist: Dieser Friedhof, der größte des Irak, vielleicht der arabischen Welt, ist der einzige öffentliche Ort von Wichtigkeit im Land, an dem die Iraker SEINEM Portrait nicht begegnen. Ein Ort des Friedens – zumindest ihrer Asche.   (1996)

CARMEN BUTTA

Die Choreographie der Macht

*Politik in Rom: Das sind rhetorisch hochschlagende
Reden im Parlament, das sind Mißtrauensanträge und Unter-
suchungsausschüsse. Das sind aber auch diskrete Pas de
deux und intime Tête-à-têtes zwischen Regierung und Opposition –
draußen neben dem Sitzungssaal, auf dem »corridoio dei
passi perduti«, dem Korridor der verlorenen Schritte, wo Absprachen
gewispert, Fallen gebaut, Intrigen gesponnen werden.
Wo ein geflüstertes Wort oft wichtiger ist als die offizielle Rede
im Abgeordnetenhaus.*

D er diskrete Tanz beginnt wie immer am späten Vormittag.
Herrenschuhe aus weichem Leder treten auf den vanillefarbe-
nen Marmor. Drei, fünf, acht Paare nebeneinander oder im
Kreis. Sie kommen selten allein, sind niemals in Eile. Gedämpft gleiten sie über die polierten Fliesen, kehren um, verschwinden für einen
Moment im Seitengang, erscheinen wieder, halten an. Manchmal
hebt sich eine Schuhspitze, manchmal klackt ein Absatz nachdrück-
lich auf, oder ein paar Damenmokassins nähern sich. Dann fließt der
Tanz weiter, immer neue Konstellationen formen und lösen sich auf,
verdichten sich zu einer verwirrenden Choreographie.

Korridor der verlorenen Schritte, *corridoio dei passi perduti*, nennen die Akteure den langen stuckgesäumten Saal mit seinen Leuch-
terschlangen an der Kassettendecke, den roten Marmorsäulen und
den Girlanden der Fensterbögen. Korridor der verlorenen Schritte:
das eigentliche Theater römischer Politik. Er ist nur ein Flügel des
Regierungspalastes. Doch was nebenan in der Aula des Parlaments
vorgetragen wird, hatte in diesem Saal seinen Ursprung und findet
hier später auch seinen Epilog.

Wispern dehnt sich im Saal wie Melasse, und Metaphern tropfen
aus den Runden der Herren, die sich in den roten Ledersesseln fläzen.

Die Stunden verrinnen in Plaudern, Scherzen und eingehakt Flanieren – mit dem Parteifreund, dem politischen Gegner, dem devotesten Journalisten. Man zieht an der Zigarre, gibt sich leicht und zerstreut, läßt hin und wieder eine Andeutung durch die Rauchschwaden segeln. Wie auf einer Dorfpiazza. Für die staatstragenden Männer ist dies „der Ort des Müßiggangs ohne Ruhe und der Mühe ohne Arbeit".

Eine noble Intrigenschmiede, die seit der Gründung der Republik immer neue Regierungsumstürze gebar. Nicht um die Machtverhältnisse wirklich zu ändern, sondern um die *partitocrazia*, die Herrschaft der führenden Parteien, fünfzig Jahre lang zu zementieren. Wie im alten Byzanz gibt die Ranküne im Korridor den Impuls – für persönliche Vorteile, Posten und Pöstchen, für Machtzuwachs. Ein hier geflüstertes Wort ist wichtiger als die offizielle Rede.

Aber jetzt sind die Neuen da. Sie stolzieren über den spiegelnden Marmor. Dort, Gerardo Bianco, Wahlsieger und Vorsitzender des katholischen Partito Popolare, eher ein gemütlicher Lateinprofessor aus der Provinz. Er schwankt auf dem Flur des Korridors, der dem Festsaal eines Luxusliners nachempfunden ist. Gerührt bläst er die Wangen: „So viele unverhoffte Freunde hier!"

Und da, Massimo D'Alema, auch Wahlsieger, Sekretär der kommunistischen Nachfolgepartei PDS. Er huscht über den glatten Stein – um den sich ausstreckenden Händen zu entgehen. Selbst Blicken weicht er aus. So wie im alten Rom soll nach gewonnener Schlacht keiner sich anbiedernd auf den Wagen des Siegers schwingen.

Vor der Glastür macht sich einer der Verlierer an den Präsidenten der Abgeordnetenkammer heran. Gianfranco Fini, der Führer der Postfaschisten, gelackt, gebräunt, gescheitelt, pirscht sich an die Seite von Luciano Violante, den er noch gestern als „kommunistischen Dämon" angeiferte. „Großartige Rede mit Bürgersinn", dröhnt Fini jetzt. Und Violantes Augen schweifen, suchen nach dem Dolch im emphatischen Ausbruch.

Etwas abseits, neben einer Säule, konspiriert ein anderer Verlierer: Rocco Buttiglione, Präside der Christdemokraten und langjähriger Berater des Papstes. Seine Haare kleben am Schädel wie ein Toupet. Nuschelnd schwört er drei Hofschreiber auf den Sturz der noch nicht einmal vereidigten Regierung ein: Alles könne sich ändern. Ein neues, großes Zentrum mit den milden Konservativen und den Moderaten der Siegerkoalition sei durchaus denkbar.

Immer wieder mündet das Flanieren in der Nische am Ende des Korridors, dort, wo unter einer mattierten Glaskuppel die „mitica Buvette" sich duckt – eine ordinäre Bar, dekoriert mit Nelken in den Farben der Trikolore. Hier werden die perfidesten Fallen ausgelegt.

Umworben von lauernden Journalisten lehnt der Medienherr und ehemalige Premierminister Silvio Berlusconi an dem geschwungenen Tresen. Der Barmann fragt: „Was möchten Sie?" Berlusconi blickt zur Kassettendecke des Korridors: „Den Senat." Die Journalisten lächeln gefällig und amüsiert. Es klingt wie ein Scherz.

Doch nur ein paar Schritte entfernt steht der künftige Premierminister Romano Prodi. Er schwenkt gelassen die Kaffeetasse, als habe er das Angebot nicht verstanden. „Gib uns eine Scheibe Macht, die Präsidentschaft des Senats, und wir werden in der Opposition nicht zu sehr beißen", ist das Signal des herabgestuften Berlusconi, über das in den nächsten Tagen alle Politiker heftig polemisieren werden.

Unbemerkt hat sich ans andere Ende des Tresens ein professioneller Ränkeschmied gestellt. Die schlanke Gestalt ist gekrümmt, jeder Finger ein Spinnenbein. Stefano Andreani war einer der vielen *portaborse*, der „Taschenträger", des langjährigen Ministerpräsidenten Giulio Andreotti. Männer wie er sollen nicht nur den Aktenkoffer ihrer Herren schleppen, sondern politische Feinde besänftigen und auslauschen, Schmiergelder eintreiben oder zahlen, verschwiegene Liebesnester für ein Rendezvous arrangieren und eben Intrigen anzetteln.

Viele Jahre lang trug der hagere Kettenraucher Andreani für Premier Andreotti die Tasche, bis der wegen Mafiabegünstigung vor Gericht kam. Da ließ der Diener Andreani seinen Maestro fallen. Seither spielt er den Parlamentsjournalisten. „Vier Jahre schon … Und immer noch haftet der Andreotti-Geruch an mir", stöhnt er wie der Held einer Tragikomödie und beißt in eine ölige Krokette.

Auf dem grauen Kopfsteinpflaster vor dem Parlament setzt sich der Tanz der Abgeordneten, der Portaborse und der Journalisten fort. Die obligatorischen *telefonini* am Ohr, kreuzen sie durch die Gassen, bleiben plötzlich mit dem Rücken zum blockierten Verkehr stehen, gestikulieren und parlieren laut genug, damit jeder hören kann, daß sie mit dem berühmten *dottore* oder *presidente* per du sind. Oder sie kokettieren mit den Kameras der Polit-Paparazzi, die ab ein Uhr mittags vor dem Palazzo lauern. Dann nämlich schwirren die Volksvertreter und ihr Gefolge in die umliegenden Restaurants – wo informeller und deshalb intensiver um die Macht gekungelt wird.

„Oh, buongiorno, estimatissimo presidente …, buongiorno, gentilissima dottoressa …, buongiorno, illustre avvocato", schnurrt Fortunato jeden Mittag, wenn die Glastür seines Restaurants auf- und zuquietscht. Für eintretende Abgeordnete läßt er ein schlichtes und zugleich besonders salbungsvolles *onorevole*, Ehrenwerter, ertönen.

Im holzgetäfelten „Fortunato al Pantheon" treffen sich Politiker aller Couleur – was beim Wirt alle Sinne vibrieren läßt. Er muß riechen, ob der Gast heute einen Tisch neben seinen Parteifeinden wünscht oder einen gerade noch in Hörweite von ihnen, oder ob er sich gar an die Tafel von potentiellen Alliierten setzen möchte. Er muß ertasten, ob der Tisch heute als Podium oder als abgeschirmter Alkoven der Politik dienen soll.

Was hat der Wirt alles zu bedenken ... Dieser Platz neben dem Kamin gilt als Pechtisch für die Forza Italia, weil an ihm die Nachricht vom Sturz Berlusconis bekannt wurde. Und jener hinter der Palme bringt der PDS Glück: Fortunato flüsterte dort dem verwunderten Luciano Violante ins Ohr, daß der vier Tage später zum Präsidenten der Abgeordnetenkammer ernannt werden solle – wie es auch geschah. Den runden Tisch mit bestem Überblick vergibt der Gastronom nur an Privilegierte, immer wieder aufs neue, besonders nach Regierungswechseln. Bislang durfte dort Lino Jannuzzi, die graue Eminenz der Forza Italia, mit seinen politischen Kampfhunden speisen. Jetzt, nach deren Niederlage, lauert jeder gespannt, wem Fortunato nun zum Glück des runden Tisches verhelfen wird.

Gerade belagern drei Journalisten den weitsichtigen Beau. Sie wollen die Parteihierarchien durchleuchten und fragen ihn, wessen Funktelefon gestern am Tisch der Konservativen geklingelt habe. Fortunatos Gesicht erblüht zu einem Lächeln, aber hinter seiner Stirn arbeitet es: Im politisch-kulinarischen Kammerspiel ist es häufig erwünscht, Interna und Details weiterzugeben. Doch diesmal verbeugt er sich leicht, entschuldigt sich: „Es klingeln hier so viele Telefone ..." Und mit flinkem Blick zur Seite beordert er einen Kellner, dem frisch gekürten Ministerpräsidenten Prodi erwärmte Brotscheiben mit Honig und Ricotta-Käse zu servieren. Der hohe Gast wird wie immer protestieren, um sofort entzückt zuzugreifen.

JE WEITER VOM PALAZZO entfernt, desto üppiger floriert die Politik. An einer Tafel verliert ein Gegner, der Suppe schlürft oder von den Bambini erzählt, seine gefährliche Aura. Über dampfenden Terrinen schrumpfen die abstrakten Formeln und Prinzipien der Parteien ein. Nichts ist im katholischen Rom definitiv. Alles läßt sich besprechen, immer wieder neu vereinbaren und *aggiustare*, zurechtbiegen – bis in die Nachtclubs hinein.

So wird das „Gilda" an der Via Mario de' Fiori ab montags, wenn die Abgeordneten aus der Provinz zurückkehren, zum Zirkus der

Mächtigen. Bis um drei Uhr nachts schlägt dann der Postfaschist Teodoro Buontempo gemeinsam mit Berlusconis Aposteln seine Kapriolen, und ehemalige Sozialisten spendieren den Leghisten aus dem Norden, die hier ihre Jägerjacken ablegen, prickelnden Brut. Am Glasrand rutscht leicht mal ein Wort zuviel heraus. Sogar der erzkonservative Kardinal Silvio Oddi sitzt hier hin und wieder, schaut sich amüsiert das Treiben an und zieht nebenbei ein paar politische Fäden.

Starlets bilden im „Gilda" die Staffage, aber auch *sciampiste* – jene Mädchen, die im Frisiersalon dem Kunden nicht die Mähne stutzen, sondern nur schamponieren dürfen und beim Massieren der Kopfhaut kaugummikauend und verträumt mit den Augen am Poster eines Fotoromanhelden kleben. Für die Politiker sind sie das Barometer der Macht. Denn sie pendeln schmusend nur zu denen, die den Geruch von Einfluß verströmen.

Prustendes Gelächter löst bei den Kellnern des „Gilda" immer wieder die Erinnerung an jenen Abend aus, als der damalige Postminister der rechten Alleanza Nazionale sich hier auslebte. In einem wüsten Durcheinander aus Schenkeln, Brüsten und rotlackierten Krallen lag Giuseppe Tatarella unter drei Starlets begraben und wurde tiefer und tiefer ins samtbezogene Polster seines Sessels gepreßt. Glasig stierte der Postminister aus dem Fleischberg hervor, bis er plötzlich einen Reporter der gegnerischen „L'Unità" entdeckte. Tatarella sprang auf, der Fleischberg purzelte kreischend zu Boden. Wie in Trance stieg der Neofaschist über Schenkel und Brüste hinweg und blökte erlöst dem Kommunisten zu: „Ah, Stefano..."

AUCH SCHLOSSDAMEN drehen am Karussell der Macht. Genießerisch spinnen sie in ihren *salotti* an immer neuen politischen Verbindungen. Möchte beispielsweise ein Minister einem einflußreichen Gegenspieler oder einer Finanzgröße begegnen und ließe er den Termin von seiner Sekretärin arrangieren, so könnte das als Eingeständnis der Unterlegenheit gedeutet werden. Solche *occasioni d'incontro*, Treffgelegenheiten, werden diskret von den fünf Schloßdamen Roms arrangiert – meist als Präludium des politischen Spiels. Jede der großen Tageszeitungen hat einen Parlamentsjournalisten eingesetzt, der ausschließlich über die Salotti der Kapitale berichtet.

Gerade hat die Contessa Donatella Pecci Blunt in ihrem Palazzo an einer neuen Partei gewebt, die sich später für den Wahlsieg der Mitte-Links-Koalition als entscheidend erweisen wird. Die Machtsüchtigste unter den Salotti-Damen hat in Heidelberg, Barcelona und Paris studiert, dichtet Romane mit Titeln wie „Ich, Mona Lisa", entwirft und vertreibt unter ihrem Namen Lingerie, Kosmetik sowie das

Parfüm „Teufel im Leib" – ein altersloser Vamp mit blondgefärbten Locken, Schmollmund und weit aufgerissenen Rehaugen. Alle hat sie umgarnt: Christdemokraten, Republikaner, Liberale, Sozialisten, später die Neue Rechte, zuletzt sogar den grünen Bürgermeister Roms. Ihr Gewebe dehnt sich immer mehr nach links, dahin, wo der politische Wind weht.

Drei Tage vor der Wahl öffneten livrierte Pförtner das Tor zum Salotto Pecci Blunt für den damaligen Premier Lamberto Dini, vier Minister, zig Abgeordnete, hohe Beamte und Aristokraten. In cremefarbenem Hosenanzug aus glitzerndem Seidensatin stand die Contessa am Ende der Freitreppe, verteilte Luftküsse auf Hunderte Wangen und zwitscherte mit unermüdlicher Entzückung: „Carisssssima… Oh, che piacere…"

Beim Champagnercocktail im Saal der bukolischen Fresken verebbte dann jäh alle Konversation. Premierminister Dini stellte sich ans Mikrofon – der Teint wächsern, die Stimme eingefroren. Verraten fühle er sich von seinem ehemaligen Gönner Silvio Berlusconi, malträtieren würden ihn die Neuen Rechten, alle alten Alliierten widmeten sich nur den eigenen und nicht den nationalen Interessen. Die Worte schossen wie Stahlkugeln über seine Lippen. In nur drei Sätzen rechtfertigte der Staatsmann seinen elastischen Sprung zur Mitte-Links-Koalition und stieß anschließend ein Messer in eine pistaziengrüne Torte mit der Aufschrift der hastig zusammengebastelten Partei „Rinnovamento Italiano", Italienische Erneuerung. Die Contessa applaudierte mit den Fingerspitzen, triumphierend um sich blickend.

„Contessa, Contessa… Rührend, wie sie sich zur römischen Aristokratie drängt", säuselt Principessa Elvina Pallavicini in ihrem grauen Schloß auf den Ruinen der Konstantinsthermen. Die über achtzigjährige Grande Dame hält den exklusivsten Salotto der Kapitale und lehrt dabei mit scharfem Blick und noch schärferer Zunge die römische Aristokratie von ihrem Rollstuhl aus Mores.

Unter einem Baldachin aus rotem Samt prunkt in der Empfangshalle der Thron von Papst Clemens IX., dem ihre Familie den Titel verdankt. Immer noch nennen alte Adelsfamilien wie die Pallavicini den Pontifex „Il Papa Re", Papstkönig. Und immer noch werden sie „die schwarzen Aristokraten" genannt – wegen der Farbe der Priestergewänder sowie der Sympathie für die extreme Rechte und weil sie immer noch über das Ende des Kirchenstaats trauern.

Jetzt aber ließ sich der Adel von der umtriebigen Contessa politisch spalten. Deshalb der Zorn der Principessa, die zwei Tage nach diesem Dolchstoß als Gegenoffensive die rechte Oligarchie und die

Schwarzen Aristokraten in ihren Salotto beorderte. „Unnachgiebige Schärfe gegen den kommunistischen Morbus" hämmerte dort die Generalin im Rollstuhl dem postfaschistischen Führer Gianfranco Fini ein. Den dünnhäutigen Adligen fröstelte es.

Saal der Putten, Saal des Pferdes, Saal der Gobelins, Saal der Spiegel, roter Saal, blauer Saal, grüner Saal, Velázquez-Saal, Rubens-Saal . . . Am Ende der schier endlosen Fluchten wartet die ätherische Prinzessin im Halbdunkel und nippt an einem Tee. Sie will mir den Brief zeigen, den sie nach der Wahl an den Kardinal von Rom schreiben ließ. Eine Drohung: Falls der Vatikan nicht von der Unheilspolitik abließe, die linke Koalition zu unterstützen, wolle der römische Adel keine Kirchensteuer mehr entrichten. Die Prinzessin streckt den Kopf vor wie ein Falke, einer in rotem Chanelkostüm.

„SALOTTI . . .", höhnt der gerade ausscheidende Minister für die Öffentliche Verwaltung, Franco Frattini, „Salotti sind die Inkubationskästen unserer pathologischen Politik." Er prustet aus. Noch öfter als im Korridor des Palazzo seien ihm sibyllinische Andeutungen und impertinente Fragen in den privaten Palazzi zugeraunt worden: „Was willst du haben, damit du für mein Dekret stimmst? Nichts? Aha, du willst also mehr . . ." Oder: „Warum solche Strenge mit deinen Reformen? Diese Regierung geht sowieso bald zu Ende . . ." Oder noch, im besorgten Ton der Freundschaft: „Wenn du dir so viele Feinde machst, was wirst du später arbeiten?"

Frattinis Bild vom Rom des Machtkampfs: eine große, vielschichtige Torte, von der sich alle etwas absäbeln wollen, Politiker, Schloßdamen, Adlige und – nicht zuletzt und nicht zu wenig – Beamte. Über 800 000 sind es, die in den 20 Ministerien, Staatsunternehmen, Behörden, Ämtern und Dienststellen an Schaltern oder vor speckigen Tastaturen sitzen und den Stempel als Waffe schwingen.

Wie sehr hat Frattini jeden Morgen die drei Minuten vom Eskortenwagen bis zu seinem Schreibtisch im Ministerium gehaßt, diesen peinlichen Spießrutenlauf an Pförtnern, Fahrstuhlführern, Schalterbeamten und Wärtern vorbei, die sich ihm in den Weg stellten. „Da gäbe es den Neffen meines Cousins . . . ein ordentlicher Bursche, Untersachbearbeiter läge ihm . . ." Gefallen, Gefälligkeiten, Empfehlungen verlangten sie einschmeichelnd, um sie sich dann von den Bittstellern mit kleinen Aufmerksamkeiten, Lire oder Naturalien, honorieren zu lassen. Frattini zieht die Mundwinkel herunter: „Der kleine römische Beamte fegt für sich die Machtkrümel zusammen."

Meist werden die Anträge von den Portaborse hereingereicht und gleich dutzendweise abgesegnet: Tauschware für Wählerstimmen. So können Beamte mit ihrem Stempel die Macht der Abgeordneten erweitern – oder durch Verweigerung verkleinern. Deshalb scheiterte Frattini mit einer Reform, die für die Abwicklung von Anträgen weniger Stempel vorsah. Düster urteilt er: „Rom fehlt der Sinn für das Gemeinwesen."

Kaiser, die ihren Regierungspalast anzünden, Päpste, die mit Mätressen Kinder zeugen, Premierminister, die Cosa-Nostra-Bosse geküßt haben sollen: Rom hat nur noch Verachtung für das jahrtausendealte Gespinst der weltlichen und klerikalen Macht. Jede Aura zerstiebt hier wie Dampf. „'bè?!" ist die Floskel der Kapitale – „na und". In der Trägheit der ewigen Stadt spielen sich keine Dramen mehr ab.

DEM NEUEN VIZE-PREMIERMINISTER der linken PDS aber hat Rom noch nicht die Unbefangenheit geraubt. Um seinen Wählern zu demonstrieren, daß er sie auch nach dem Sieg nicht vergessen wird, besucht Walter Veltroni an einem regnerischen Freitagmorgen den Campo de' Fiori. Ockerfarbene Palazzi beugen sich um diesen römischsten aller Plätze, Marktstände umscharen die Statue des Denkers Giordano Bruno, der hier in den Flammen der mächtigen Inquisition starb.

Der sanftmütige Veltroni stößt auf ein skeptisches Volk. Kaum einer dreht sich um oder schließt sich ihm an, niemand applaudiert. Eine junge Frau spöttelt mit Kratzstimme: „Aò, an' vedi, è arrivato er divo" – sieh mal, die Diva ist da. Doch generös spielen die Bäcker mit, reichen dem Politiker ihre mehlgepuderte Hand und Türme von Pizza, rufen wohlwollend „Bravo, auguri!", während eine Blumenfrau Veltroni 20 Baccara-Rosen schenkt und ihm am Gemüsestand sogar in Pappbechern Spumante spendiert wird.

Nach einer knappen Stunde ist das Spektakel vorüber, und der Campo de' Fiori kehrt zu sich selbst zurück – zu seinen Weisheiten und Wahrheiten, zu seiner Bauchstimme. Ein Gemüsehändler mokiert sich beim Sortieren der Artischocken: „Er ist ein braver Junge, aber wohl nur eine Puppe. Es sind die dahinter, immer dieselben, die kommandieren. Sie haben nur die Karten neu gemischt..." Geringschätzig zieht der Schlachter Bruno Sciarra das Kinn hoch: „*Tutti uguali*, alle gleich... Sobald er den Machtsessel im Palazzo berührt, wird auch er sich an dem großen Fressen beteiligen."

Die Arme über der Schürze verschränkt, steht sein Bruder Sergio neben ihm, blickt schweigend über den Platz. Plötzlich wedelt er mit der gespitzten Hand und lacht. Uralt römisch spuckt er heraus: „Wer seine Finger in Honig taucht, leckt sie hinterher ab."   (1996)

KLAUS IMBECK

Einmal Robinson sein

Die Malediven: 2000 kleine Inseln,
umgeben von leuchtend grünen Riffen. Mittendrin Oriwaru,
ein Flecken im Meer, so klein, daß man ihn in 21 Minuten
umwandern kann – und menschenleer. Bis GEO-Reporter
Klaus Imbeck kam und sich dort aussetzen ließ.

DONNERSTAG. Drei Uhr nachts. Der Wind blies auch das zweite Streichholz aus. Ich stand fröstelnd im Hafen von Malé und starrte auf das Boot. Ein paar Neonlampen warfen ihr kaltes Licht auf einen sechs Meter langen, offenen Holzkahn ohne Mast. Der Bug war mit einer Plane überspannt, unter der sich im einsetzenden Regen drei Frauen und vier Kinder zusammendrängten. Vom Heck des Kahns sahen mich vier Männer erwartungsvoll an.

Ich murmelte mein *salem aleikum*, gestikulierte sicherheitshalber noch einmal so lange herum, bis klar war, daß die mit dem Ding wirklich zum Miladummadulu-Atoll fahren wollten, und quetschte mich zwischen die Männer. Der Regen wurde stärker. Ich wickelte mich in eine Zeltbahn und versuchte weiterzuschlafen.

Irgendwann trat mir irgend jemand auf die Hand. Im Morgengrauen weckten sie mich und wollten wissen, wo der Motor geölt werden müsse. Ich sah durch eine Luke in der Plattform auf den neuen kleinen Yanmar-Diesel, deutete verstört auf irgendwelche Nippel und schlief sofort wieder ein. Als ich aufwachte, war es Mittag, und wir waren schon weit draußen auf dem Meer.

Das Dieselchen tuckerte tapfer gegen die See und gegen den Wind. Die Frauen verteilten geröstetes Palmmark, das wie Zwieback aussieht und wie Sperrholz schmeckt. Es hatte aufgehört zu regnen, aber der Wind blies die Gischt über das Boot und durch unsere Kleider, und langsam bildete sich eine feine Salzkruste auf der Haut.

So fuhren wir zwei Tage lang durch eine Ecke Welt, von der ich soviel wußte, wie in Meyers Enzyklopädischem Lexikon steht: Malediven. Hauptstadt Malé, Republik im Indischen Ozean zwischen 7 Grad nördlicher Breite und dem Äquator. 19 Atolle mit rund 2000 Inseln.

FREITAG. Als wir auf dem Miladummadulu-Atoll vor Anker gingen und an Land wateten, sahen wir aus wie Sindbad der Seefahrer und dessen Mannschaft nach dem fünften Schiffbruch. Aber wir waren der – fast – fahrplanmäßige Liniendampfer von Malé nach Huludu.

Die Einwohner von Huludu standen vor ihren Palmhütten und sahen uns gespannt entgegen. Durch die Palmen leuchtete eine rote Abendsonne, aber vielleicht läßt sich Huludu am besten damit beschreiben, daß es dort keine Zigaretten und kein Coca-Cola gibt. Huludu liegt also wirklich ziemlich am Ende der Welt.

Ich fragte nach Herrn Ibrahim Hassan und übergab meinen in der Kringelschrift der Malediver geschriebenen Brief. Das Schreiben hatte mir der hilfsbereite Mister G. T. in Malé aufgesetzt, und darin stand, daß ich eine Zeitlang allein auf einer unbewohnten Insel verbringen wolle. Er bäte, mir dabei behilflich zu sein.

Das Schreiben löste zunächst Verwunderung aus, und ich wurde gefragt, weshalb ich denn nicht in Huludu bleiben wolle. Es gab mehrere Beratungen, denen ich meist stumm, mit einer Tasse Tee in der Hand, von einer Hängematte aus zusah. Irgendwann behauptete ich, auch in Europa häufig allein durch die Wälder zu streifen, und irgendwer in der Runde glaubte, daß es dort viele Tiger gebe. Ich hütete mich, das richtigzustellen, und galt von da an als mutiger Mann.

Die ganze Sache mit der Insel schien nun keine besonderen Probleme mehr zu bereiten. Ich übernachtete irgendwo auf einem Holzbrett und sollte gleich am anderen Morgen zu einer unbewohnten Insel mit dem geheimnisvollen Namen Oriwaru gebracht werden.

SAMSTAG. Oriwaru, sagte man mir, bedeute nichts. Zwar sei Ori ein Fisch, aber Ori und Waru zusammen ergäben keinen Sinn. Die Sonne brach durch die Wolken, das Segel blähte sich brav im Wind, und das Meer begann plötzlich so blau aufzuleuchten wie in den einschlägigen Schlagertexten. Ibrahim Hassan, mit Sonnenbrille und Oberhemd deutlich als Sippenoberhaupt gekennzeichnet, drei zerlumpte Männer und ich segelten auf Oriwaru zu.

Ich klemmte zwischen Mast und Süllbord und starrte auf den Horizont. Das verwischte Pünktchen Grüngraublau hatte eine erkennbare Kontur bekommen: eine flache Insel mit einem Palmenwäldchen im Südwesten, die schnell größer wurde.

Plötzlich stand Brandung vor dem Bug. Wir schossen durch die Riffeinfahrt, die Zerlumpten legten das Ruder quer, der Kiel knirschte auf Sand, und ich sprang an das Ufer der Insel.

Da war ein schmaler Streifen Strand und dahinter ein undurchdringlich wirkendes Gemisch aus Pandanuswurzeln, Mangroven und

Palmen und Büschen und Gräsern, die ich nicht kannte. Die Luft über dem Sand flimmerte, auf meiner Stirn bildeten sich die ersten Schweißtropfen und liefen mir in die Augen, die zu brennen begannen. Die Malediver fingen an, Feuerholz zusammenzutragen, das sie mit nach Huludu zurücknehmen wollten, und ich ging langsam den Strand entlang um Oriwaru herum.

Groß war das Ding jedenfalls nicht. Aber der Strand war weißgoldfarben und frei von dem üblichen Treibmüll der Zivilisation. Keine Plastikflaschen, keine über Bord geworfenen Gummisandalen und kein dunkler Ölstreifen zwischen Land und Meer. Ich ging den Strand entlang auf die Ostseite, wo er etwas breiter wurde, aber mit zerbrochenen Muscheln übersät war, und dann über die Nordseite, wo das Wasser bis zu den Mangroven stand, und kam wieder auf die Südseite zurück. Unversehens traf ich auf meine eigenen Fußspuren und erschrak eine Sekunde lang.

Die Malediver waren dabei, ihre Holzbündel in das Boot zu laden. Ibrahim Hassan fragte mich, wie mir Oriwaru gefiele. Ich log ihm vor, es sei die schönste Insel, die ich je gesehen hätte. In Wirklichkeit ließ mich Oriwaru ziemlich gleichgültig. Ich war müde, meine Kleider waren feucht von der Bootsfahrt, und der Schweiß brannte in den Augen, und das Salz brannte auf der Haut.

Ibrahim Hassan zeigte mir die Wasserstelle. 20 Schritte vom Strand entfernt war ein etwa eineinhalb Meter tiefes Loch in den Boden gegraben, in dem eine dunkle Brühe stand. Die ersten Moskitos stachen auf uns ein. Wir starrten eine Weile schweigend in das Loch im Sand, dann fragte Ibrahim Hassan, ob sie mir nicht von Huludu Wasser bringen sollten. Ich lehnte ab und sagte, ich käme schon klar. Dann schleppte ich den Pappkarton und meine Koffer in das Palmwäldchen, wobei ich mir ziemlich albern vorkam, und begann mit dem Beil einen kleinen Platz freizuschlagen. Dort spannte ich eine Zeltbahn zwischen zwei Palmen. Danach schlug ich eine schmale Schneise zum Strand.

Ibrahim Hassan und die Männer halfen eine Weile mit und sagten dann, sie müßten jetzt fahren. Mir fiel das Wasser wieder ein, und ich bat sie noch, mir 20 grüne Kokosnüsse von den Bäumen zu holen. Wir prüften durch Schütteln, ob sie auch Flüssigkeit enthielten. Dann begleitete ich die Männer zum Boot.

Am Strand sagte mir Ibrahim Hassan, daß ich in Notfällen nachts ein großes Feuer anzünden solle. In Huludu, das als winziger Punkt unter dem Horizont lag, müsse das zu sehen sein. Ich erklärte, ich würde einfach eine Signalrakete schießen. Ibrahim Hassan traute den

Raketen nicht. Ich traute dem Feuer nicht. Schließlich vereinbarten wir, ich solle heute abend zur Probe eine grüne Rakete schießen. Die Männer setzten ihr Segel, boten mir noch einmal an, mich wieder mit zurückzunehmen, und verschwanden über das Meer.

Ich war allein. Allein auf einer Insel.

Es war schon später Nachmittag. Der Strand war so heiß, daß ich wieder Schuhe anziehen mußte, aber die Hitze hatte auch die Moskitos vertrieben. Ich ging zu dem Wasserloch und probierte vorsichtig. Es schmeckte zu salzig. Brackwasser. Salzwasseranteil zu hoch. Offensichtlich lag das Loch zu dicht am Meer. Ich würde ein neues graben müssen. Irgendwann morgen und mehr in der Mitte der Insel.

Die Sonne ging unter, und es begann schnell dunkel zu werden. Ich kramte die Signalpistole aus dem Koffer und ging wieder an den Strand, um die vereinbarte Leuchtkugel zu schießen. Ich schob eine grüne Leuchtpatrone in den Lauf, spannte den Hahn, hob die Pistole und zögerte.

Plötzlich packte mich die Vorstellung, die Patrone krepiere im Lauf, die Splitter zerrissen mir die Hand, und ich sänke blutüberströmt und hilflos im Sand zusammen. Dann drückte ich ab.

Die Leuchtkugel stieg hoch und schwebte in einem langsamen Bogen ins Meer. Auf Huludu war nicht einmal ein Licht zu sehen. Ich fühlte mich einen Moment lang einsam, rauchte noch eine Zigarre und trank das Wasser einer grünen Kokosnuß. Dann schob ich die Koffer unter der Zeltbahn zusammen, rollte meinen Schlafsack auf dem Boden aus und schlief augenblicklich ein.

SONNTAG. Der zweite Tag. Ich erwachte kurz vor Sonnenaufgang. Die Moskitos stachen in meine Augenlider und saßen auf Schultern und Armen, schöne, große schwarzweiß geringelte Anopheles. Im Wald lärmten irgendwelche Vögel.

Ich setzte mich am Strand in den Wind, weil da die verdammten Moskitos nicht waren, und sah zu, wie die Sonne aufging. Das Meer war unglaublich still. Erst als die Flut einsetzte, begann die Brandung gegen das Riff zu schlagen. Das Geräusch erinnerte mich an ein startendes Flugzeug, und ich sah mich darin sitzen, an einem eiskalten Glas mit Orangensaft nippend, weg von dieser dämlichen Insel.

Natürlich: Ich brauchte Trinkwasser. Und das dringend. So begann ich, als es heißer wurde und die Moskitos etwas weniger heftig stachen, in der Mitte der Insel ein neues Wasserloch zu graben. Mit einem breiten Messer und mit den Händen wühlte ich mich in zwei Stunden etwa eineinhalb Meter tief. Dann gab ich schweißüberströmt und zerstochen auf. In dem Loch hatte sich eine dunkle Pfütze gebildet.

Ich legte mich eine Weile ins Meer. Das Wasser war lauwarm. Als
ich wieder zu dem Loch zurückging, war die Pfütze größer und klarer
geworden. Ich konnte einen dreiviertel Liter Wasser herausschöpfen,
den ich durch einen Katadyn-Filter pumpte. Der Hersteller versichert, so gefiltert könne jedes Naturwasser bedenkenlos getrunken
werden, nur kann man damit natürlich aus Salzwasser kein Süßwasser zaubern. Ich probierte vorsichtig. Das Wasser schmeckte immer
noch salzig, war aber viel süßer als das aus dem anderen Loch.

Im Lauf des Nachmittags grub ich mein Wasserloch etappenweise
weiter aus. Einmal verirrte ich mich – plötzlich fand ich nicht mehr
aus dem Grün, drehte mich im Kreis und versuchte mich durch die
Büsche zu zwängen. Alles sah so völlig gleich aus, die Dornen zer-
kratzten Arme und Beine, ich begann zu bluten, atmete heftiger und
lief schneller, blieb aber dann stehen, überlegte, wo die Sonne war,
und hatte damit wieder die richtige Richtung.

Nach Sonnenuntergang saß ich müde und zerstochen in meinem
Camp, hatte eine Petroleumlampe aufgehängt und braute den ersten
Tee. Er schmeckte leicht salzig, war aber trinkbar. Ich hatte Wasser –
richtiges Wasser. Und sofort sah alles ganz anders aus: Auf dem in der
Ebbe breiten, feuchten Strand spiegelte sich der Mond. Zwischen den
Mangroven am Ufer leuchteten weiße Blüten, deren Duft manchmal
bis an mein Feuer drang. Wind kam auf, und das Mondlicht, das
durch die Palmen in den Dschungel fiel, begann sich sanft zu bewegen. Ich saß in einem verzauberten Garten am Ende der Welt.

MONTAG. Der dritte Tag. Mich beschäftigte allerlei Kleinkram. Ich
verbesserte die Feuerstelle. Im Camp, das ich weiter rodete, baute ich
eine Art Sandbett, und eine zweite Zeltbahn spannte ich am Wind-
strand als Sonnensegel auf. Meinen knappen Proviant, Corned beef,
Reis, Chili-Pfeffer, Zucker und Tee, verpackte ich ameisen- und re-
gensicher. Ich legte eine Barriere an, weil sich die ersten Strandkrab-
ben schon bis in mein Lager hineingearbeitet hatten und nachts an
den grünen Nüssen nagten. Dann bestimmte ich mit Hilfe einer See-
karte meine Position mit 5° 48' Nord und 73° 17' östlich Greenwich
und beschloß als pflichtbewußter Robinson, morgen eine Karte von
Oriwaru zu zeichnen.

DIENSTAG. Der vierte Tag. Eine Stelle, von der ich die ganze Insel
überblicken konnte, gab es nicht. Das Innere war mal undurchdringlicher, mal durchdringlicher Dschungel, den ich schon mehrere Male
abgesucht hatte, ohne etwas Interessanteres zu finden als eine aus-
gebrannte Glühbirne, die ziemlich in der Mitte der Insel lag. Nach
Aufschrift und Fassung stammte sie von einem Schiff.

Die Form von Oriwaru bestimmte ich mit einem Peilkompaß und mit abgezählten Schritten. Als ich die Zeichnung fertig hatte, zeigte sich, daß die Insel wie ein nach Osten fahrendes Schiff aussah. Das Riff lag wie ein Ring um die Insel herum und war an einer Stelle schon so hoch, daß kleine Büsche darauf gewachsen waren. Darwins Atoll-Theorie fiel mir ein: Ein Berg versinkt im Meer, um seinen sinkenden Gipfel wächst ein Korallenkranz langsam zur Wasseroberfläche, bis sich ein Ring aus Korallen-Inseln um den versunkenen Berg gebildet hat. Die Korallen zerreiben sich zu Sand, der Wind oder ein Vogel bringt das erste Samenkorn, Gräser wachsen, Büsche, die erste Palme, und um die neuen Inseln wachsen wieder neue Riffe, aus deren Korallen sich, vom Sturm zerschlagen und von der Strömung zusammengetürmt, wieder neue Inseln bilden ...

Um einmal herumzulaufen, brauchte ich eintausendeinhundertundsiebenundzwanzig Schritte. Oder 21 Minuten. Danach überschlug ich, daß Oriwaru etwa 80 000 Quadratmeter groß sein müsse.

MITTWOCH UND DONNERSTAG. Der fünfte und sechste Tag. Inzwischen hatte ich gelernt, auf Oriwaru zu leben. Wenn mich die Moskitos wachgestochen hatten, nahm ich eine grüne Kokosnuß und setzte mich in den Wind an den Strand, um die Nuß aufzuschlagen. Das Geräusch lockte jeden Morgen zwei Kahlus, rabenähnliche schwarze Vögel, an den Strand, die aufgeregt im Sand herumtrippelten, bis ich ihnen die leere Nuß zuwarf, aus der sie sich die dünne Schicht Fruchtfleisch heraushackten.

Wenn es heißer geworden war, ging ich mein täglich Wasser holen, die erste Arbeit, die mich zu stören begann. Für meinen Tagesbedarf von sechs Litern mußte ich 250mal pumpen und zwischendurch immer wieder den Filtereinsatz reinigen. So wurde es Mittag, und ich kochte meinen Morgentee. Danach räumte ich im Camp herum, nähte an einem Lendenschurz oder arbeitete an einer Palmenmatte, von der ich noch nicht einmal wußte, wozu ich sie verwenden wollte.

Alle zwei Tage kochte ich Reis, und jedes zweite Mal spendierte ich mir eine Büchse Corned beef dazu. Außer dem Corned beef besaß ich noch vier Dosen Ananas und eine kleine Dose Fleischextrakt, mit dem ich schrecklich geizte. Natürlich hatte ich auf Fische spekuliert und Draht mitgenommen, um einen Grill zu bauen. Aber schon die Malediver hatten mir gesagt, daß Oriwaru kein guter Fischplatz sei. Im Riffbereich schwamm manchmal eine Gruppe farbloser Winzlinge herum, die alle zusammen nicht einmal eine dürftige Suppe ergeben hätten, und über das Riff hinauszukommen war ohne Boot nicht möglich. Trotzdem erwog ich einmal ernsthaft die Konstruktion einer

Harpune, und noch später trieb mich die Gier nach Fisch so weit, daß ich bereits anfing, ein Floß zu bauen. Doch die Angst vor Haien und vor der Gefahr, abgetrieben zu werden, überwog.

Nachmittags drängten mich die Moskitos wieder aus dem Camp. Ich zog mich an das Südwestkap zurück, saß dort tagebuchschreibend unter meinem Sonnensegel oder später abends einfach im Wind und sah zu, wie der Himmel langsam dunkler wurde.

Den Rest der Welt hatte ich völlig vergessen. Ich sah nicht einmal nach Huludu oder zu den anderen Inseln hinüber. Nur die Segelschiffe, die manchmal über den Horizont zogen, beachtete ich und sah ihnen lange nach – weiße Dreiecke, die stumm durch das Meer glitten. Am späten Abend ging ich oft noch einmal um die Insel, fühlte mich unbeschreiblich frei, suchte vergebens nach Treibgut und kehrte mit einem Arm voll Feuerholz zum Teekochen ins Camp zurück.

FREITAG. Der siebte Tag. Nachts kam jetzt meist Sturm auf, aber es fiel kein Regen. Dunkle Wolkenfetzen jagten durch den Mond, und die Stämme der Palmen bogen sich und knarrten, wenn sie sich wieder aufrichteten. Aber unten im Windschatten der Mangroven war von dem Sturm nicht viel zu spüren, nur manchmal flackerte das Feuer hoch, und als ich vom Strand zurückkam, hatte sich ein heruntergestürztes Palmblatt genau dort, wo sonst mein Kopf lag, mit dem dreikantigen Blattansatz in den Sand gebohrt.

Ich stand eine Weile fast andächtig davor. Dann räumte ich es weg und versuchte mir nicht vorzustellen, was geschieht, wenn einem fünf Kilo Hartholz aus sieben Meter Höhe auf den Kopf fallen. Noch in der Nacht brachte ich zwei Palmstämme als Schutz über meinem Schlafplatz an.

SAMSTAG. Der achte Tag. Bis zum späten Mittag brütete ich über einer Art Wasserleitung mit Durchlauffilter. Ich war das tägliche Pumpen leid. Dann ging ich erst einmal Wasser holen, unterbrach das aber wieder, um bei Flut weiterzumachen. Inzwischen hatte ich begriffen, daß die Flut das Süßwasser aus dem Inseluntergrund heraufdrückte. Die Differenz im Wasserloch machte gut zehn Zentimeter aus. In der Zwischenzeit kochte ich Reis.

Schon beim Abschmecken fand ich den Reis gallbitter, aß dann trotzdem die Hälfte, weil ich den Fleischextrakt schon drangetan hatte. Mittendrin bekam ich aber doch Bedenken. Ich stellte den Reis weg und ging zum Wasserloch. Dort schöpfte ich einen halben Becher heraus, wartete, bis sich der gröbste Schmutz gesetzt hatte, und kostete.

Das Wasser schmeckte gallbitter. Ich vermutete, daß irgendwelche Blätter hineingefallen wären, und begann das Loch etwas auszugraben. Als ich das zweite Mal hineinlangte, stieß ich auf etwas Weiches. Es war ein toter Vogel, und er war schon gut angegangen. Da drehte ich durch. In einem Anfall von Ekel schüttete ich das ganze Wasser, das ich schon gefiltert hatte, einfach weg.

Jetzt hatte ich kein Wasser mehr. Kein Wasser. Außer der Brühe mit dem toten Vogel, die ich nicht trinken mochte, und dem Wasser in den grünen Nüssen. Aber davon hatte ich nur noch 14 Stück, und Nachschub war schwer zu besorgen. Ich hätte die ersten Palmen fällen müssen. Auf der Insel gab es nur eine einzige Palme, die so krumm war, daß ich sie erklettern konnte, und selbst dazu brauchte ich ein Seil und einen Balken. Der Sturm schlug nachts zwar häufig Nüsse herunter, aber gerade die grünen waren in dem Dschungelgrün nur schwer zu finden. In der Regel fand ich pro Sturm nur zwei reife Nüsse. Reife Nüsse enthalten aber nur sehr wenig Wasser.

Besorgt saß ich abends am Feuer, starrte in die Flammen, überlegte lange, bevor ich eine zweite Nuß aufschlug, und irgendwann spät in der Nacht kramte ich die Signalpistole aus dem Koffer und zählte meine Patronen. Es waren 17 Stück. Ich zählte sie zweimal.

SONNTAG. Der neunte Tag. Ein toter Vogel im Wasserloch – war das wirklich so tragisch? Bevor ich aufstand, grübelte ich eine Weile herum, empfand mich plötzlich als ungeheuer zimperlich und ging mit einem Topf in der Hand im ersten Morgenlicht zum Wasserloch.

Es war leer. Völlig leer.

Irgendwie war das unvorstellbar, aber da war nichts mehr als eine feuchte Schicht Sand auf dem Grund. Und irgendwarum blieb ich völlig gelassen. Kühl rechnete ich alle meine Chancen durch – vom Neues-Wasserloch-Graben über Eine-Palme-mit-grünen-Nüssen-Fällen bis zum Signale-Schießen-nach-Huludu –, fand, daß ich noch jede Menge Chancen hätte, und entschied mich für das Bequemste: Ich würde zunächst abwarten, ob die Mittagsflut nicht doch wieder Wasser hochdrückte.

Bis Mittag baute ich am Strand an einer Abdeckung für das Wasserloch. Mit der einsetzenden Flut wurde ich langsam nervös. Schließlich hielt ich es nicht mehr aus und lief zum Wasserloch.

Es war wieder voll.

Aber das Wasser war immer noch gelblich verfärbt und roch faulig. Trotzdem trank ich die Brühe und versuchte mir dabei die Vorstellung aufzuzwingen, das Wasser käme aus einer frischen, kühlen, klaren Quelle im Gebirge. Wie zum Hohn zogen ausgerechnet an diesem Tag Sturmfahnen auf. Ich starrte gierig in die Wolken. Aber es regnete nur ein paar Tropfen für die Moskitos.

MONTAG. Der zehnte Tag. Heute kam ich dazu, die Sonntags-Ananas aus der Dose zu essen. Ich hatte das Wasserloch jetzt abgedeckt, hielt von nun an stets einen kleinen Vorrat gutes Wasser in Reserve und stellte für die Kahlus Kokosnußschalen mit Wasser auf. Die schwarzen Raben waren außer den Seeschwalben und dem lästigen Kleingetier die einzigen Lebewesen auf der Insel, und ich fing an, sie intensiver zu beobachten. Es gab sogar drei oder vier, genau klärte sich das nie, weil alle so gleich aussahen, und ich nannte alle Georg, obwohl ich niemanden kenne, der Georg heißt.

Es kam vor, daß ich sie mit einem „Guten Morgen, die Herren" begrüßte, und manchmal betrog ich sie, indem ich morgens eine reife Kokosnuß aß. Das harte Fleisch der reifen mochten sie nicht und hackten nur ein paarmal lustlos darauf herum. Manchmal strichen sie nachts durch mein Camp. Sie flogen fast lautlos und hoben sich kaum von dem dunklen Himmel ab.

DIENSTAG. Der elfte Tag. Ich hatte fast nichts mehr zu tun. Ich baute mir keine Hütte, weil ich keine Hütte brauchte, und mir war klar, daß ich auf Oriwaru wohl eine Weile überleben, aber nicht leben könnte. Alles begann zu verrosten.

Ich lag im Sand und fluchte über die Hitze, über die Moskitos, über das Wasser und über meine von den Korallen zerschnittenen Füße. Am Abend befand ich mich plötzlich wieder, ohne jeden Grund, in der Verzauberter-Garten-am-Ende-der-Welt-Stimmung, starrte dann aber noch lange in die Flammen und überlegte, ob mir ein Freitag oder besser eine Freitägin fehle.

Nein. Irgendwie gehört zu einer Insel, daß du allein darauf lebst.

Danach trieb ich das naheliegende „Was-hättest-du-jetzt-am-liebsten-hier?"-Spiel, wobei ich schließlich doch zwischen der Freundin meiner Freundin und einer Gebirgsquelle schwankte, mich aber nach einigem Hin und Her für die Gebirgsquelle entschied. Ich schob neue Zweige in das Feuer, schloß die Augen und versuchte mir vorzustellen, ich ginge durch Hamburg, die Bergstraße hoch, links die Mönckebergstraße hinunter und durch die Spitalerstraße auf den Bahnhof zu. Langweilig.

Das einzige, was ich wirklich vermisse, ist Wasser.

Aber in dieser Nacht träume ich: Ich bin, bis an die Hüften eingegraben, der höchste Punkt der Insel. Ich bin die Insel. Und mein Kopf dreht sich, und ich sehe über die anderen Inseln, die Sonne geht auf und unter, der Mond wird voll und nimmt ab, und so vergeht endlos Tag um Tag, bis die Sonne langsam erlischt. Das Meer überzieht sich mit einer Eisschicht. Die ersten Schollen schieben sich auf den

Sand. Und dann überzieht sich auch mein Kopf mit Eis, noch kann ich sehen, aber das Eis wird dicker, noch springt das Eis wieder ab, aber dann stockt die Bewegung, steht, und die Eisschicht über meinen Augen wird dicker und undurchsichtig.

Ich stand auf, legte neue Zweige in das Feuer und setzte mich an den Strand. Es war wieder so unglaublich still. Durch die Mangroven am Ufer sah ich mein Feuer flackern, bis es langsam verlöschte.

MITTWOCH. Der zwölfte Tag. Am Nachmittag geschah etwas wahnsinnig Aufregendes: Ich fand ein kleines Stückchen Brett am Ostkap angetrieben. Auf einer Seite war es mit grüner Farbe gestrichen, und ein rostiger Nagel steckte darin. Ich überlegte, was es wohl gewesen sei und woher es kommen mochte. Ein Stück gesunkenes Schiff? Der Bruchteil eines ins Meer geschwemmten Hauses? Der zerbrochene Deckel einer Seekiste aus Bombay oder einfach nur Abfall aus Huludu? Schließlich säuberte ich es mit Sand und benutzte es, um meine Chili-Schoten darauf zu schneiden.

DONNERSTAG. Der dreizehnte Tag. Ich tat immer weniger. Und bei dem wenigen, was ich tat, wurde ich pedantisch genau. Jeder Gegenstand bekam seinen bestimmten Platz, obwohl das Camp eher chaotisch aussah. Ein pedantisches Chaos. Wirst du allein auf einer Insel langsam verrückt? Ganz sicher nicht in 13 Tagen.

Oft lag ich stundenlang am Strand, starrte in die Wolken und dachte mir ihre Bewegung um. Und die Wolken blieben stehen, und Oriwaru trieb langsam nach Norden über das Meer.

FREITAG. Der vierzehnte Tag. Gegen Mittag begann die Luft über dem Sand wieder zu flirren. Ich kniff die Augen zusammen und zog den Hut tiefer in die Stirn. Da saß ich nun – 80 Kilo Mensch im Lendenschurz, malte 14 Striche in den Sand und überlegte, ob 14 Tage, ohne einen anderen Menschen zu sehen, eine lange oder keine lange Zeit seien. Aber mir fiel keine Antwort ein.

Ich überlegte, was wohl geschehen würde, wenn man mich hier vergäße. Nicht viel. Irgendwann ginge der Proviant zu Ende, eine Zeitlang würde ich mich noch von Krabben, Baumblättern und durch Palmenfällen ernähren können, zuletzt würde ich mit den letzten Vorräten auf einem Floß über das Meer treiben – falls ich nicht vorher an einer so simplen Sache wie einem vereiterten Backenzahn stürbe.

SAMSTAG. Der fünfzehnte Tag. Im Tagebuch wechseln die Eintragungen. Ich beschrieb so Sachliches wie das Öffnen einer Kokosnuß: „...dann die Schale der Nuß auf der Stielseite ringsum mit dem Messer anschlagen, ein ‚Auge' aufstechen, kräftig von der Seite anschlagen, und die Kappe springt ab."

Dann notiere ich wieder, nachts am Feuer sitzend oder nachmittags im Schatten der Pandanuswurzeln verkrochen, romantische Schilderungen des Sonnenuntergangs und der allabendlichen Teezeremonie: „Langsam, unendlich langsam wurde die Sonne gelb. Danach änderten sich die Farben schneller. Später zogen Wolken auf, wie auf alten flämischen Schiffsbildern: Cumulonimbus-Türme, unten grauviolett und an den Spitzen hellrosa vom letzten Licht. Der Wind streichelt sanft über die Haut, der Strand ist wieder so unglaublich weißgoldfarben und nach der Flut geglättet. Bevor die Sonne ganz versank, drang sie noch einmal als rote Scheibe durch die Wolken am Horizont, und durch das Rot fuhr ein Schiff mit drei Segeln."

SONNTAG. Der sechzehnte Tag. An diesem Morgen kam ein Boot. Ich war am Ostkap und sah es erst, als es schon in der Riffeinfahrt vor Anker lag. Es schien mir wie ein Ding, das nicht hierhergehört.

Ibrahim Hassan und zwei andere Männer aus Huludu standen am Ufer und warteten auf mich. Wir gaben uns die Hand und erkundigten uns höflich nach dem gegenseitigen Befinden.

Ob ich nachts auch immer gut geschlafen hätte? Ob mir irgend etwas Seltsames aufgefallen sei?

Nein.

Dann unterhielten sie sich eine Weile untereinander. Schließlich wandte sich Ibrahim Hassan wieder an mich: Ob ich wisse, was Dschinns seien? – „Sicher", sagte ich, „Geister."

Ob ich hier welche gesehen hätte? – „Wo?"

„Hier." – „Nein", sagte ich.

„Ganz sicher nicht?" – „Ganz sicher nicht."

Die drei berieten eine Weile. Mir fiel ein, daß die Malediver manche Inseln nicht bebauen, weil sie glauben, sie seien von bösen Geistern bewohnt.

Sie berieten immer noch. Dann machte ich Tee, den wir zusammen tranken. Danach erklärte Ibrahim Hassan, sie müßten jetzt fahren. Ich ging mit ihnen zum Boot. „Morgen kommen wir wieder", sagte Ibrahim Hassan, als ich half, das Heck in den Wind zu drehen, „wir wollen auf der Insel Palmen pflanzen." Die Männer zogen ihr dreieckiges Segel hoch, und das Boot schoß durch die Riffeinfahrt. Ich blieb völlig verwirrt am Strand zurück.

MONTAG. Der siebzehnte Tag. Am Morgen kamen sie wieder. Sie brachten mir Brot, drei Eier und Zucker mit und begannen das Buschwerk zwischen den Kokospalmen herauszuschlagen und zu verbrennen. Ich hörte die Stimmen der Männer und die Schläge ihrer Beile den ganzen Tag. Ich zog an das Südwestkap und saß ratlos im

Sand. Plötzlich war die Wirklichkeit gekommen, und ich war nichts weiter als eine alberne Figur – ein bezahlter Robinson mit einer motorgetriebenen Kamera auf dem Bounty-Bacardi-Insel-Romantik-Trip.

Natürlich, Oriwaru war keine Insel. Oriwaru war ein Kokosnußacker, den die Männer von Huludu für 180 Rupien im Jahr von ihrem Staat, der aus einem Präsidenten besteht, gepachtet hatten. Jetzt, da die einfachen Fischer und Pflanzer sicher waren, daß es dort keine Geister gab, wollten sie ihn neu bestellen. Ibrahim Hassan hatte mir gesagt, sie würden 400 Kokospalmen pflanzen. Eine grüne Kokosnuß wird für eine halbe, eine reife für eine viertel Rupie verkauft. Und das bedeutet Brot für die Männer von Huludu.

Und es würde weitergehen. Ich schloß die Augen. Plötzlich standen rot-weiße Meßlatten auf Oriwaru, und ich hörte Betonmischmaschinen und das häßliche Sirren von Außenbordmotoren. Eine Neonschrift flackerte „Coconut Island Hotel" vor den Himmel, und die Männer von Huludu trugen weiße Jacken und servierten Fischsuppe. Eine Stimme fragte: „Machen Sie morgen auch den Ausflug in das nette Eingeborenendorf mit?" Am Abend sagte ich zu Ibrahim Hassan, ich führe wohl bald. „Wenn ich bei Sonnenuntergang drei grüne Leuchtkugeln schieße, dann schickt ein Boot und holt mich ab."

DIENSTAG. Der achtzehnte Tag. An diesem Tag kamen sie nicht. Aber der Tag war zäh. Ich wanderte traurig über das verbrannte Grün. Am Abend nahm ich die Leuchtpistole aus dem Kasten und schoß drei grüne Kugeln in den Sonnenuntergang.

MITTWOCH. Der neunzehnte Tag. Sie kamen erst am späten Nachmittag. Ich warf nicht einmal mehr einen Blick auf das Camp. Es wäre ohnehin nicht viel zu sehen gewesen. Dann fiel das Segel und verdeckte Oriwaru. Irgendwo im Wald hörte ich die Kahlus krächzen. Wir nahmen Fahrt auf.

SAMSTAG. Daß Träume besser immer Träume bleiben, hatte ich natürlich schon vorher gewußt. Aber die Trauer um das verlorene Paradies hielt nicht einmal einen ganzen Tag. Schon jetzt, während ich noch durch die Inseln des Miladummadulu-Atolls hindurch auf Malé zufahre, verändert sich die Erinnerung. Ich vergesse den in den Augen brennenden Schweiß, die Sorge um das Wasser, die zerschnittenen Füße und die zerstochenen Arme, und Oriwaru wird wieder zu einem Traum aus weißgoldfarbenem Sand, aus Palmen, auf denen das Mondlicht glänzt, ich höre das Grollen der Brandung am Riff, das Knistern des Feuers und die schrillen Schreie der Vögel, morgens, bevor die Sonne aufgeht und das Meer vor dem Riff so hellgrün aufleuchtet und draußen hinter der Brandung so tief, tief blau.   (1978)

ANDREAS ALTMANN

Der Tod unter der Schädeldecke

*Crack, eine billige Fast-food-Droge aus Kokain, Wasser
und Backpulver, ist das schnellste Gift der Welt: gefährlich, tödlich,
hirnaufweichend – die Rezeptmischung für einen schwerelosen
Kopf. Ein Zug aus der Pfeife, sagen sie in East New York, und du bist
süchtig. East New York, irgendwo am Rand von Brooklyn,
wo die Häuser Ruinen sind und die Menschen auch.*

Eines seiner Gedichte heißt „Vergnügungen". Und die beginnen
mit: „Der erste Blick aus dem Fenster am Morgen". Glücklicher Bert Brecht. Hier wäre ihm diese Zeile nicht eingefallen.
Ich blicke nach draußen und sehe: Stacheldraht, einen löchrig gero-
steten Kühlschrank zwischen Autoreifen, einen jungen Kerl am
Straßeneck, der auf seine süchtige Kundschaft wartet. Die demolierte
Bushaltestelle. Ein Poster, das 10 000 Dollar für erfolgreiche Hinwei-
se auf einen Polizistenmörder verspricht. Ein zum Platzen fettes Ehe-
paar. Die zwei schreien, sie streiten.

Ich beobachte sie durch die Glastür eines „Chinese Restaurant".
Hier kann man nicht sitzen und essen. Nur vor einer kugelsicheren
Trennscheibe stehen und durch eine schmale Durchreiche die
Glasnudeln entgegennehmen. Ich warte. Die beiden Dicken keifen
noch immer. Der Dealer verkauft schon wieder. Es regnet in East
New York, nicht weit von Manhattan, irgendwo am Rande von
Brooklyn, irgendwo am Rande der Welt.

„Every blue moon", sagt Terryl, verirre sich ein Weißer in diese
Gegend. Terryl ist hübsch und schwarz und wohnt im Obdachlosen-
asyl für Frauen. Unten am Eingang steht bewaffnetes Security-Perso-
nal, die Fenster sind vergittert, jeder Besucher muß einen Metall-
detektor passieren und seine Tasche durch ein Röntgengerät schleusen.

Terryl hat recht. Ich falle auf wie ein bunter Hund. Ein unbekannter
Weißer in East New York wird von beiden Seiten verdächtigt. Die

Polizei vermutet einen Drogenhändler und die Drogenhändler einen *undercover cop*, einen Zivilfahnder, der spitzelt. In East New York sind solche Verdächtigungen höchst ungesund. Hier wird um die Wette liquidiert. Das Viertel – 160 000 Einwohner auf 5,6 Quadratmeilen – hält viele einschlägige Rekorde: höchste Mordrate aller New Yorker Polizeibezirke 1988, 1989 und 1990, dritthöchste Mordrate 1991. Viele Verbrechen sind *drug-related*. Drogen-Verbrechen, Crack-Verbrechen. Denn Crack ist ein *upper*, ein Stoff, der peitscht, der die Nerven bloßlegt und die Sicherungen.

Terryl kommt aus der Hölle, und sie will mir den Weg dorthin zeigen. Ihr Leben reicht für drei Hollywoodfilme. Ich finde Terryl auf der Straße. Ich habe Glück, denn sie besitzt den Mut und das Wissen, in diesem Business zu überleben. Immer sagt sie zum Abschied: „Watch out, take care, be safe." Paß auf dich auf.

Auf einem leeren Grundstück zwischen zwei Häusern, an einer der Straßen von East New York, die aussehen wie die Vierte Welt, wie das Wrack einer ausgeschlachteten Stadt, treffe ich vor dem Schrott der letzten drei Tage und der letzten 30 Jahre Pastor Dwight und seine St. Paul Pentecostal Church. Das sind neun Frauen und vier Männer. Sie singen die frohe Botschaft und verteilen kleine Zettel, Aufschrift: „Please, do not go to HELL". Man muß grinsen, so komisch klingt der Satz.

Mit der Sprüchesammlung gehe ich zu Glen und Jerome. Sie leben am Rand einer sumpfigen Wiese in ihrem Verschlag. Ein paar Stangen, darüber Pappdeckel und Folien. Darunter zwei schimmlig gefaulte Matratzen, ein Knäuel schmieriger Decken, zwei Pornohefte, Bierflaschen, am Boden Hunderte winziger Plastikröhrchen: *crack vials*, fünf Dollar das Stück. Jetzt leer, wertlos, längst verraucht.

Heute mittag haben wir uns vor der Suppenküche der Grace Baptist Church kennengelernt. Sie sind die einzigen, die meiner Neugier nicht mißtrauen. Sie haben nichts zu verlieren, sie haben schon alles verloren. Nachmittags sammeln wir weggeworfene Dosen. Das bringt fünf Cent das Stück. Als wir uns nachts wiedersehen, sind sie pleite. Wie üblich um diese Zeit. Und hungrig, nach Crack. Auch üblich. Wir gehen einkaufen. Nach vorsichtigen Schätzungen existieren in East New York über 100 *copping zones*, wo Drogen verkauft werden. Am Hauseck, im Flur, in Wohnungen, durch Autofenster, hinter Kirchenmauern, in Kellern, drei Straßenzüge lang.

Glen geht voraus, ich soll in einiger Entfernung warten. Die Dealer müssen sich erst an mein Gesicht gewöhnen. Es geht schnell. Ein *lookout*, ein Aufpasser, der nach Polizisten späht, kündigt Glen an. Der wischt durch die Haustür, nimmt die Ware, gibt das Geld, kommt zu uns zurück. Dann ab in den „Camel Jockey Shop". So nennen sie hier die Lebensmittelgeschäfte der Araber. Heimlich verkauft Wadi neben Lutschern und Eiscreme die so wichtigen *stems*, die Pfeifen, elf Zentimeter lange Glasröhrchen mit einem Drahtsieb am Ende.

Diesmal gehe ich mit. Als Glen nach dem *tool*, dem Werkzeug, fragt, platzt Wadi der Kragen. Von was er überhaupt rede, schreit er: „Stem, tool, what the fuck are you talking about?" Er steigert sich, will über die Theke springen, droht, handgreiflich zu werden. Die Show gilt mir. Wadi schwitzt Existenzängste, hält mich für einen Mitarbeiter des gefürchteten Tactical Narcotics Team, einer Spezialeinheit in Zivil, die zum Schein Drogen kauft und in flagranti verhaftet. Glen und ich ziehen uns zurück. Zehn Minuten später schicken wir Jerome. Pechschwarz, Rastafrisur, abgerissen. Lichtjahre vertrauenswürdiger als ich. Wadi rückt die Glaspfeifen anstandslos heraus.

Vor knapp zehn Jahren kam Crack nach New York. Die Droge war ein geniales Produkt, um auf die Überproduktion von Kokain zu reagieren und den Markt auf astronomische Weise zu vergrößern. Zuvor hatte man Koks nur schnupfen oder spritzen können. Sündteuer, die Droge blieb ein Luxusartikel, eine Ekstase für wenige Zehntausend. Wer damals Kokain rauchen wollte, mußte es vorher mit Äther reinigen. Ein hochriskantes Unternehmen. Es kam zu dramatischen Unfällen, wenn der Äther explodierte. Crack ist die Lösung all dieser Probleme. Man nimmt Kokain, mischt es mit Backpulver und Wasser, erhitzt es, läßt es abkühlen und zerschneidet die Klumpen in 50 bis 100 Milligramm große Portionen. Crack ist billig, unkompliziert, verführerisch. Vom exklusiven *high* der Reichen zum Volksrausch. Crack, die erste Fast-food-Droge des Jahrhunderts.

Jerome, Glen und ich gehen auf getrennten Wegen zurück zum Verbau. Um nicht aufzufallen. Es ist Nacht. 50 Meter entfernt, hinterm Sumpfgebüsch, steht ein Polizeiwagen. Als Wache, damit niemand ein gestern halb abgebranntes Haus leerräumt. Glen legt die weißen Kügelchen auf das Sieb der Glaspfeife, setzt das Feuerzeug an, zieht *the cloud*, die Rauchwolke, tief ein, hält sie fest in den Lungen, läßt sie langsam ausströmen. Der erste Zug verspricht das erregendste High, *the tingling sensation*, das Kribbeln, das unter die Schädeldecke rast, das überwältigende Gefühl eines schwerelosen Hirns. Dazu kommt, auf seltsame Weise faszinierend, das Geräusch beim Anzünden von Crack. *It cracks*, es knackt, man erkennt die Droge an ihrem Klang. Die Pfeife macht die Runde. Die nächsten zwei, drei Züge haben schon ihre Kraft verloren, der *flash* ist stark, aber nicht mehr sensationell. Dann der nächste *hit*, die nächste Portion, die nächsten fünf Dollar. Crack ist verlogen. Weil es so billig erscheint. Und weil es jeden in den Bankrott treibt, der es nicht losläßt.

Die nächsten Tage und Nächte ziehe ich mit den beiden durch verschiedene *crackhouses*, Wohnungen, die als geheime Raucherzimmer funktionieren, in denen sie weniger von Festnahme bedroht sind und ungestört rauchen können. Nur persönliche Bekanntschaft oder die Vorstellung durch einen Freund verschaffen Einlaß. Das kostet. Man zahlt mit dem Gift. Gängiger Preis: ein Hit pro Besuch.

Die Absteigen: Bruchbuden, am hellichten Tag verdunkelt. Mobiliar meist nur in Restbeständen vorhanden. Einmal trete ich in der Toilette daneben. Als ich meinen Fuß herausziehe, sehe ich durch das Loch im Holzboden hinunter auf das Klo im ersten Stock. In den Nebenzimmern liegen Matratzen. Nicht zu überhören die Geräusche erregter Liebender. Mädchen gibt es mehr als genug. Für eine Pfeife stillen sie jedes Bedürfnis. Nicht alles ist Beschaffungsprostitution, vieles auch Wollust.

Die Ausflüge mit Glen und Jerome sind wichtig, ich lerne. Ich brauche Zeit, um an Tiger heranzukommen. Dessen Ruf ist wüst und schillernd. Tiger ist ein *bully*, ein Schläger, ein Messerstecher, ein Dealer, ein Junkie, ein Killer, ein achtfacher Zuchthäusler, ein zwölffacher Vater, ein auf unberechenbare Weise plötzlich weicher, tränengerührter Mensch. Terryl will mir helfen, sie kennt ihn.

Nachmittags um zwei auf der Pennsylvania Avenue, der Hauptstraße des Viertels. Jemand packt mich am Nacken, sagt trocken: „Ich bin ein gefährlicher Mensch. Ich schlag' dich, wenn du nichts rausrückst." Nicht Tiger, nur ein gewöhnlicher Krimineller. Ein Tag wie jeder andere. Fußgänger, Autoverkehr, rote und grüne Ampeln.

Hundert Meter weiter steht ein vergittertes Gebäude. Als ich vorbeikomme, frage ich, ob dies das Gefängnis sei. Der Security-Mann vor der Tür lacht: „Good idea, but it's not. This is Thomas Jefferson High School." Der Schulbericht wird hier mit Blut geschrieben. Allein in den vergangenen acht Monaten: drei Leichen, ein Schwerverletzter. 16jährige Tote, 14jährige Mörder.

Tiger und ich treffen uns. Über drei Stunden dauert unser Gespräch. Seine lange kriminelle Karriere, sein langes Sexualleben: mit elf verführt, mit 15 zum erstenmal Vater. Die gerade gespritzte Droge verlangsamt sein Hirn. Seine Zunge entgleist manchmal, man spürt die Anstrengung, sich zu konzentrieren. Hinterher nimmt er mich mit. Tiger und sein Anhang leben verbarrikadiert. Man pocht, jemand schreit: „Who?" Man nennt seinen Namen. Gesichtskontrolle durch den Türspäher, dann erst wird der zwei Meter lange Sperrbalken entfernt. Dahinter vier Zimmer, Küche und Bad.

In den folgenden Tagen und Nächten werde ich erfahren, daß nichts fehlt. Die 70 Quadratmeter bieten alles. Eine Wohnung, ein Eroscenter, ein Asyl, ein Waffenversteck, eine *shooting gallery* für Heroinsüchtige, eine Dealerzentrale für Tina, Tigers Frau. Und ein rund um die Uhr betriebsbereites Crackhouse. „Dort", hatte mir Terryl versprochen, „findest du beides: ein Irrenhaus und die Hölle."

Vier Räume gleich vier Abstellkammern mit Möbeln von der Müllhalde. Fliegenfänger an brüchiger Decke. Muffige Kleiderberge, ungewaschen. Die von schwarzem Fett vergrindete Küche, das zwischenzeitlich unspülbare Klo. Kriechtiere, Kakerlaken. An den Wänden angenagelte Teddybären und ein *certificate of achievement*. Ein Zeugnis für Teresa. Für gutes Benehmen in der Schule. Im Augenblick liegt Teresa hinter einem der Kleiderberge, todmüde vom nächtlichen Berufsverkehr. Die Kleine verkehrt mit Männern. Ihr Beruf ist lausig bezahlt, die Konkurrenz erdrückend.

Als wir ins Haus kommen, braucht Tiger wieder einen Schuß. Er mag kein Crack. Kokain allein ist ihm zu rasant, Heroin zu deprimierend. „He's speedballing", er drückt beides. Er schüttet Kokainpulver und Heroin in einen Flaschenverschluß, gibt Wasser dazu, rührt, hält ein Feuerzeug darunter, erhitzt. Dann zieht er die Mischung durch ein Stück Baumwolle in die Spritze, schnürt mit einem Lederriemen den linken Oberarm ab und setzt am Handgelenk an. Es geht leicht. Schweißgebadet steht er auf und jagt Fliegen. So macht er es immer. Über eine Stunde läßt er die Nadel in der Vene.

Im Nebenzimmer wird geraucht. Es ist dunkel und wolkig, wie in alten chinesischen Opiumhöhlen. Acht Menschen, jeder arbeitslos, jeder ein *hustler*, jeder mit der Gewißheit im Kopf, daß er zwei Stunden später wieder pleite sein wird und der *hustle* von vorn anfängt: irgendwie Geld auftreiben, klauen, erbetteln, organisieren. Viele leben *on welfare*, beziehen Sozialhilfe. Die reicht eine Woche, dann beginnt der Stress.

Keiner vertraut, keiner verläßt auch nur für Augenblicke seinen Platz, ohne alle Habseligkeiten mitzunehmen. Manche gehen auf und ab, um nicht wegzudösen und das Bewußtsein zu verlieren. Sobald die angezündeten Crackkügelchen knacken, werden einige ganz still, verlassen die Welt, sind high und unberührbar. Andere reden drauflos, wollen die letzten Fragen der Menschheit diskutieren. Danach kommt die schwierigste Zeit: *to stretch the gap*, die Pause verlängern bis zum nächsten Hit. Die Sucht hinauszögern, um nicht sofort alle

Dollars zu investieren. Die Pfeife reinigen, die an den Glaswänden hängengebliebenen Reste abkratzen und nochmals anzünden.

Es gibt keine Uhrzeit. Die Abhängigkeit drängt 24 Stunden. Nur unterbrochen von der elenden Pflicht, die Lust zu finanzieren. Gut 60 *crackheads* pochen pro Tag und Nacht an die Tür. Viele bleiben nur eine Pfeife lang, verschwinden wieder. Ein harter Kern von knapp einem Dutzend gehört zur *family*. Höchst bizarre Mitglieder, die ein hitziges, schrilles, nervenfetzendes Familienleben führen.

Pat, *the breeder*, die Gebärmaschine. 28 Jahre, acht Kinder, acht verschiedene Väter. Sie ist wieder im neunten Monat. Das Kind wird in die Statistik der täglich in den USA geborenen *crackbabies* eingehen. Pat raucht exzessiv, die Folgen für das Neugeborene sind absehbar. Zur Auswahl stehen: schwere Atembeschwerden, Spasmen, Nierendefekte, körperliche Deformationen. Pat kassiert Stütze, dealt nebenbei, stellt, noch immer, ihre primären und sekundären Geschlechtsmerkmale gegen Entgelt zur Verfügung. Ich frage nach und höre den bemerkenswerten Satz: „Pregnant pussy good pussy."

Oder Birdy, die Hausklavin. Zahnlos, haarlos, eine 60jährige Haut an einem 45 Jahre alten Körper. Die Schönheitsfehler retten sie vor dem Strich. Dafür ist sie das Opfer von Tina, der Chefin. Tina sieht gut aus, ist Mutter von fünf Kindern, dealt nicht selbst auf der Straße, läßt andere verkaufen, quält jeden, der schwächer ist, zieht sich einen Kreis hündisch ergebener Habenichtse heran, die auf nichts anderes lauern als auf den Augenblick, wenn Tina eine kostenlose Runde Crack verteilt. Stunde der *freeloaders*, Stunde der Parasiten.

Oder Barbie, die Puertoricanerin. Ihr nicht mehr kontrollierbarer, junger, straffer Körper. Dreimal muß sie ausholen, um eine angebotene Zigarette zu greifen. Ihre Auftritte sind eine Mischung aus Breakdance und hysterischer Bewegungssucht. In diesem Zustand bittet sie mich ins Hinterzimmer. Dort erzählt sie, daß ihre Mutter im Krankenhaus liege, Geld benötige. Sie zappelt an meinem Reißverschluß herum. „Fuck me", bettelt sie, „I've got to get the money."

Auch Peggy hat ein Auge auf mich geworfen. Ist sie wieder zurück auf der Erde, schüttelt sie ihre Brüste und schnüffelt an ihren Schuhen, um nach imaginären Crackteilchen zu suchen. Erfolglos. Dann schreibt sie auf ein Blatt Papier ihre Angebote und die dazugehörige Preisliste. Ich bin weiß und Geldbesitzer. Ich zahle doppelt.

Junge Burschen treten auf, vor allem nachts, bis fünf Uhr früh. Sie arbeiten als Straßenverkäufer für Tina, liefern Geld ab, bekommen ein neues *pack*, ein Bündel mit 20 bis 24 Stück Crack. Sie sind die ärmsten im Drogengeschäft, riskieren das meiste. Carlos versteckt unter einer Skihose seine oberschenkeldick bandagierten Waden. Erinnerung an sechs Schüsse eines unfreundlichen Kunden. Die Wunden sind lange verheilt, die Polster dienen als Stützen.

Tammy kommt. In der Rechten hält sie eine Flasche „Wild Irish Rose", einen starkprozentigen Billigfusel. Als Tiger, die Nadel am Handgelenk, sie in der Küche lallen hört, zieht er ihr mit einem Glasfiberstab über den Hintern. Tammy hat gestern einen Kunden beklaut. Nicht der Rede wert. Daß sie das Diebesgut hier im Haus versteckt, *no problem*. Daß sie aber volltrunken jeden darüber informiert, das verdient Hiebe. Die kleine Dünne fällt heulend auf die Knie, flennt zum Gottserbarmen um Verzeihung.

Nach der Strafaktion begibt sich Tiger auf sein Zimmer. Viermal täglich spritzt er, acht Stunden schaut er fern, und „einmal am Tag", sagt er, „muß ich heulen. Da kommt irgendeine Familienscheiße im Fernsehen, und ich weiß, daß mein Leben kaputt ist". Seine Kids sind fort, verteilt auf Großmütter, Gefängnisse und die Straße.

Wütendes Gekeife plötzlich. Schichtwechsel. Sechs Mädchen sollen ausrücken. Drei gehen anschaffen, drei andere schreiben die Autonummern der Kunden auf. Es regnet. Zwei Mädchen weigern sich zu gehen. Die Wortschlacht droht handgreiflich zu werden. „You motherfuckerundercovercrackhead" steht entweder am Anfang oder am Ende einer Anrede. Tina bellt dazwischen, die sechs ziehen ab.

Bald darauf schrillt es wieder. Barbie entdeckt auf dem Fußboden geknäultes Klopapier. Die Knäuel riechen gemein, benutzt. Peggy gerät in Verdacht, sie soll das *monster pig* sein. Peggy schwitzt vor Wut, fährt mit einem Kleenex durch die eigene Unterwäsche, zieht triumphierend das fleckenlose Papier hervor, schnaubt: „Listen, bitch, my ass is clean."

Die Straßenhändler kommen zurück, fassen neue Ware. Einer bringt Tina die tägliche Ration Kokain. Sie zieht sich das Pulver mit einem Strohhalm in die Nase. Das macht sie großzügig. Sie spendiert ein paar Crackkrümelchen. Es ist spät, die Freeloader haben für heute alles verschachert. Ihr Geld, ihren Körper, sogar die *food stamps*, die Lebensmittelscheine, sind verpfändet. Das alles ist sofort Vergangenheit, *it cracks*, zehn Minuten lang heben sie ab, fliegen. Die Welt ist vorbei, weit weg.

Bis die Tür knallt. Peetee stürmt herein, schreit: „Tiger, gib mir deine Knarre." Tiger zieht seine „Iver Johnson M1" unterm Bett hervor. Peetee hastet zurück auf die Straße. Vor einer Stunde wurde Pat auf dem Heimweg vom Lebensmittelgeschäft überfallen, um 18 Dollar und eine Handvoll Crackpackungen erleichtert. Peetee, der vor der Haustür dealt, hat das räuberische Trio gesichtet, will es abfangen.

Pat, Tyson und Tammy stürmen mit. Die drei kommen nicht weit. Eine Frau fällt ihnen auf, eine alte Feindin, unverbesserliche Schuldnerin lächerlicher Schulden. Es ist Nacht. Die Zeit für Mahnreden ist vorbei. Tyson (schwanger) eröffnet mit einem Schwinger auf die Nieren, Pat (schwanger) zielt mit einer Geraden auf die Brüste, Tammy holt mit den Füßen aus. Das Opfer geht schluchzend in die Knie, fällt in den Dreck. Die Sieger filzen die Taschen, fummeln unter dem Büstenhalter, erbeuten genau 3,70 Dollar. Sie lassen ab. Peetee kommt. Ohne Beute. Das Trio hat sich spurlos verzogen.

Ich breche auf, muß schlafen. Mitten im schmutzignassen East New York treffe ich Angel. Drei Narben ziehen sich durch ihr hübsches Gesicht. Wir kennen uns flüchtig. „She's headstrong", heißt es von ihr. Halsstarrig. „Komm", sagt sie, „ich weiß einen ruhigen Platz." Es ist kühl, wir laufen. In der Van Sinderen Avenue steht ihre Lieblingsruine, wir schlüpfen hinein. Man hat mich gewarnt vor ihr: „You better stay away. This girl is a transformer."

Dreißig Sekunden später weiß ich, daß sie recht haben. Angel zieht das Glasröhrchen aus ihren Turnschuhen und legt die weißen Kügelchen auf das Sieb. Der erste Zug genügt. Sie knöpft ihr einteiliges Kleid auf, wirft es zu Boden. Sie ist nackt, bis auf den Slip und die Schuhe. Gackert. Flache, gepreßte Laute, noch gedämpft von der typisch krächzenden Stimme des Crackrauchers. Dann durchsucht sie wie von Sinnen ihren Körper, wühlt in den Achselhöhlen, späht zwischen die Beine. Nichts. Nichts in den Schamhaaren, nichts im Hintern, nichts zwischen den Zehen, nichts in den Ohren. Kein Milligramm Crack. Wer diesem Teufelsritt aufsitzt, wird „transformiert", schleudert in einen anderen Bewußtseinszustand.

Angel ist nun unerreichbar, taub. Jede Hilfe schlägt sie zurück. Nach zwei Minuten wird ihr die Ruine zu eng. Sie muß hinaus, irgendwo da draußen liegt das Crack, sie weiß es. Und sie rennt los, rennt nackt und laut schreiend durch die von Müll und Häßlichkeit stinkende Van Sinderen Avenue. An irgendeinem Sonntagmorgen, irgendwann zwischen 5 und 5.15 Uhr früh, irgendwo an der Grenze zwischen dem beschissenen Brownsville und dem beschissenen East New York, irgendwo am Rande der Welt.   (1993)

ALEXANDER SMOLTCZYK

Unsere gute Frau
in Kalkutta

*Mutter Teresa ist die höchstgeachtete Frau der Welt:
Niemand wird so häufig wie sie als Vorbild genannt. Doch längst
hat sich ihr Mythos verselbständigt, und kaum jemand kann
genau sagen, wie die »Missionarin der Nächstenliebe« lebt und
arbeitet – und was von der immer wieder geäußerten
Kritik an ihrem Werk zu halten ist.*

Es ist einfach, die Heilige zu sprechen. Sie hat Telefon. Es ist eine siebenstellige Nummer, bei der Auskunft zu erfragen. „Guten Tag, können Sie mir bitte sagen, ob sich Mutter Teresa gerade in Kalkutta aufhält?" – „Ich *bin* Mutter Teresa." Eine dunkle, leicht lispelnde Stimme. Die Stimme sagt, sie sei nicht zu sprechen für Journalisten, so viel sei schon geschrieben worden, wo doch nur das Werk zähle und nicht der Mensch. Die Stimme gibt ihren Segen: „God bless you."

Die vor fast 85 Jahren in Skopje als Bürgerstochter Agnes Bojaxhiu geborene Nonne ist die wohl geachtetste Frau der Welt. Parteichefs, Großmächtige und Kanzler beugen sich zu ihr hinab, um die Botschaft der Nächstenliebe zu vernehmen. Tyrannen leihen ihr das Ohr. Mutter Teresa ist eine Lichtgestalt, eine Fleischwerdung des Guten. Ihr Name wird mehr als jeder andere genannt, wenn Volkserkunder nach einer vom Schlechten gänzlich unbefleckten Person fragen. Nur der Dalai Lama ist noch reiner. Aber der ist ein Gott.

Mutter Teresa ist keine Göttin. Jeder kann sie anrufen. Oder besuchen. Sie hat eine Adresse: ein grauverputzter Neubau an der Bose Road, einer brüllenden, von Teekochern, Ersatzteilhökern und Saftpressern wimmelnden Straße. Hier im Zentrum von Kalkutta liegt das Hauptquartier des Ordens, das „Mutterhaus". Neben der Eingangspforte ist eine Holztafel angebracht: „Mother Teresa. IN/OUT". Ein Schieber gibt ihre Präsenz an.

„Lookin' for Mother?" Ein Herr mit Menjou-Bärtchen lehnt rauchend aus dem Fenster gegenüber. Mr. John Graham von Grahams „Pack and Transport Ltd." ist seit 26 Jahren Mutter Teresas Hausnachbar. An seinem Fenster sind schon die Queen und Bush und Carter vorbeigelaufen und ...: „Arafat – ein Männchen mit zwei großen Pistolen. Ich kenne sie alle. Alle Großen sind kleine Menschen, wenn Sie mich fragen. Nur bei Mother ist es umgekehrt."

„Ist Mother für jeden zu sprechen?"

„Für jeden. Aber Sie werden sie nicht zu fassen bekommen. Na, probieren Sie's."

Die Pforte öffnet sich auf einen Innenhof. Morgens um halb sechs ist der Konvent ein Waschhaus. Im Licht einer 60-Watt-Birne wringen junge Vestalinnen ihre Saris, schöpfen Wasser und vergessen doch nie, sich vor der Madonna zu bekreuzigen.

Gebet in der Kapelle. Die Schwestern stehen barfuß in Reihe. Manche gähnen. Für sie ist es nach dem Morgengebet früh um fünf schon die zweite Andacht. Sie besitzen drei Saris und einen Rosenkranz, eine Bibel und die Kopie der Ordenssatzung. Darin steht, daß sie Anrecht haben auf „einen Bleistift, einen Füller, ein Radiergummi und ein Lineal". Keine Spiele, keine Romane, keine Armbanduhren. Kein Radio, kein Fotoalbum, keine Besuche. Briefpapier nur alle vier Wochen. Nach zehn Jahren der erste Heimaturlaub.

Draußen erwacht der Verkehr, hupend, knatternd, klingelnd, kreischend. Aber wo ist Mother? Da, am Eingang, kauert ein kaum kniehohes Bündel, eine blaue Strickjacke, aus der groß wirkende, knorrig ineinander verschränkte Hände ragen: Mothers Hände.

Auf allen Fotos sind diese Bauernhände zu sehen, sie segnen, heilen, schützen und beten: Sie sind die Chiffren der Heiligkeit Mutter Teresas. Wenn sie, wie jetzt gerade, aus den Archivolten ihrer Finger wiederauftaucht, den Kopf gegen die Krümmung des Rückens nach oben gestemmt – dann ist sie, bis in den Faltenwurf, der Mater dolorosa so ähnlich, als wäre hier ein Körper in eine unsichtbare Form gewachsen.

Mother kniet gleich unter dem Lichtschalter, stets um sich schauend, ob auch jeder Gast einen Plastikrosenkranz bekommen hat; und wenn sich jemand in der Liturgie verliert, ist es Mutters Wurzelhand, die ihn zurückführt. Sie scheint alles zu sehen. Und kaum fällt der erste Lichtstrahl herein, reckt sich aus dem Weiblein ein Arm und knipst die Neonröhren aus. Denn Verschwendung ist Diebstahl an den Armen, und den Ärmsten der Armen ist das Leben der Teresa geweiht. Für sie hat sie 1950 ihren Orden „Missionarinnen der Nächstenliebe" gegründet, für sie hat sie neben Keuschheit, Armut und Gehorsam noch ein Gelübde festgesetzt: „den Ärmsten der Armen von ganzem Herzen ohne Gegenleistung zu dienen".

Auch Mother gähnt. Dann läutet ein Glöckchen. Während die Schwestern ins Refektorium eilen, bleibt sie auf der Wandelgalerie stehen. Gäste kommen. Eine sehr blonde Dame aus Texas legt sich die Wurzelhand aufs Haar, andere versuchen, den Saum des Saris zu berühren. Teresa läßt es in Demut über sich ergehen, fragt nach Woher und Wohin und verteilt kleine Aluminium-Medaillons, die sie durch eine Berührung der Lippen segnet.

Wie viele Spender es wohl geben mag? Und wie mögen die 20jährigen Novizinnen, die meist aus besseren Verhältnissen kommen, das gestrenge Leben im Mutterhaus ertragen? „Fragen Sie Mother", sagt Schwester Dina und lächelt.

Wie klein sie ist. Teresas Körper ist zusammengeschrumpft, als wollte er sich der Welt entziehen. Ihr Sari ist mehrfach geflickt. Die Sandalen, in denen sich auch die Zehen wie zum Gebet verschränken, würde jede Altkleidersammlung zurückgehen lassen. Diese Frau wird keine Kathedralen bauen. Und wie normal sie ist, wie unscheinbar. Graublaue Augen, wie halbgefrorenes Wasser.

„Mother. Darf ich Sie etwas fragen? Wieviel . . ."

„Zahlen? Das ist nicht wichtig. Wer weiß schon die Zahlen." Ihre Hände sind fest und federleicht.

„Aber für eine Reportage brauche . . ."

„Unwichtig. Soviel wurde schon geschrieben. Fragen Sie nicht, seien Sie kein Reporter. Sagen Sie: *Ich*. Denn es gibt nur einen, der die Antworten kennt." Sie weist mit dem Finger nach oben, in den dieselsatten Himmel. „Sprechen Sie nicht mit uns, wir sind nichts. Lassen Sie IHN zu Ihrem Herzen sprechen."

„Aber wie . . . Mother?"

„Seien Sie morgen um acht im Sterbehaus."

Ich also. Am nächsten Morgen stehe ich vor Nirmal Hriday, dem „Haus des reinen Herzens". Das ehemalige Pilgerhospiz liegt in Kalighat, dem mit Teesiedern, Huren und Pilgern übervölkerten Tempelbezirk Kalkuttas. Särge werden zimbelschlagend zur Brandstätte am Fluß getragen, ein Zicklein dem Altar der Kali zugeführt. Das Fleisch teilen später die Elenden unter sich auf – zu Ehren der großen und furchtbaren Göttin.

Als älteste Wirkstätte Teresas ist auch das Sterbehaus eine Art Heiligtum: „Mutters erste Liebe", sagt ein Schild am Eingang. Hierher werden aus Rinnsteinen und Bahnhöfen die Halbtoten und Zerfressenen gebracht. Damit sie in Würde sterben können, wenn schon ein solches Leben ihnen nicht gegeben war.

In Decken geschlagen hocken die Todgeweihten auf ihren Liegen, wie Rabenvögel. Nur ihre Augen sind feucht und dunkel. „Liebe Schwestern und Helfer, heute wollen wir des Paulus gedenken", beginnt Schwester Dolores den Tag. „Paulus war nicht immer heilig. Nein, er war der böse Pharisäer Saulus, bis der Herr ihn rief. Das lehrt uns: Niemand ist verloren. Hier", die Oberin schiebt mich lächelnd in den Kreis: „Unser junger Freund aus Deutschland kam als Reporter, nun bleibt er als liebender Helfer. Saulus – Paulus!"

Die Gruppe wendet sich einem Kästchen zu, in dem ein Marienpüppchen mit Orden leuchtet. Es ist Mothers Lotusorden, die höchste Auszeichnung der Republik Indien. Unter dem Schrein kauert auf Pritsche Nr. 32 der Bettler Abdul, dem die Wunden nicht heilen. Und der jetzt die jungen Menschen aus Kalifornien, Tokyo und Paris vor sich stehen sieht, wie sie Unverständliches rezitieren: „Lieber Gott, großer Heiler, ich knie vor Dir. Ich bitte Dich, gib meiner Hand Festigkeit, Klarheit meinem Geist, Sanftmut und Mitgefühl meinem Herzen." Abdul wartet still aufs Frühstück.

Und doch. Es macht Sinn, daß diese Überirdischen ausgerechnet vor dir, dem gottverlassenen Rabenmenschen Abdul, das Kreuz schlagen. Denn in jedem Siechen ist der Körper Christi, auch wenn der Körper schwärig ist und die Maden in ihm wühlen. Der Dienst am Todkranken, hat Mother gesagt, ist ein Gottesdienst. Das Sterbehaus mit seinen 105 Pritschen ist eine Kirche.

Ein Gotteshaus allerdings, das jetzt mit Dampf gefüllt ist. Haarige, mit Pergament bespannte Skelette hocken im Waschraum und kippen sich Wasser über die Knochen; in Kesseln werden die verkoteten Decken der Nacht gewalkt, ein Greis mit riesigem Geschlecht zieht sich über den Zementboden, und die Dame aus Texas versucht durchzuhalten, was Dolores als Tageslosung aufgegeben hat: „Wir lächeln den ganzen Tag."

Es dampft aus den Bottichen, die Freiwilligen singen Gospels. Aus einer Ambulanz wird ein neuer Körper gebracht, es scheint eine halbverbrannte Frau zu sein. Dem wimmernden Mann, in dessen Mumienkörper aus irgendeinem Grund immer noch Leben ist, kratzen zwei Schwestern die Würmer aus dem Fuß, und neben der Kammer, wo die Särge liegen, hocken Helferinnen und schneiden Zwiebeln und Kohl. Es wird geputzt, gekocht, gewaschen, bandagiert, alles in einem Raum, und jetzt trippeln auch Kinder mit Schultaschen durch den Sterbesaal, weil auf dem Dach der Unterricht beginnt.

Das ist eine eigenartige, erfrischend unromantische Mischung aus Pietät und Hemdsärmeligkeit. Nicht jede Geste der meist indischen Schwestern ist ikonenreif, aber sie lachen und scherzen mit den Patienten. Hier arbeiten keine Madonnen voller Mitleid, sondern Handwerkerinnen der Nächstenliebe. Ralf, Freiwilliger aus Frankfurt: „Ich habe in einem Münchener Altenpflegeheim gearbeitet. Es gab Ultraschall, Morphium, Röntgenbilder. Alles war hocheffizient und professionell. Wie in einer Fabrik. Und eben das ist der Unterschied. Mir sind der Schmutz und das absolute Gottvertrauen hier lieber."

Seit 1952 gibt es das Haus der reinen Herzen. Ein ehemaliges Kassabuch verzeichnet die Ein- und Abgänge: „Lfd. Nr. 65 644 Reman Sahabudi, 18 Jahre, Muslim, männlich, Tb, wohnhaft: Fußweg neben Sealdah-Station." Oder: „Nr. 65 630, Nibadhitha, 12 Tage, Hindu, weiblich." Die Krankenberichte werden mit Bleistift geführt und immer wieder ausradiert, um Papier zu sparen.

Die Sterbenskranken werden liebevoll gepflegt – medizinisch behandelt werden sie kaum. Daß Tuberkulöse nicht isoliert liegen, daß Kanülen zwar sterilisiert, dann aber über Nacht bis zum neuen Gebrauch im Freien liegengelassen werden – das ist nicht wichtig. Gott hat seinen Plan für jedes Erdenwesen. „Wir sind kein Krankenhaus, wir sind ein spiritueller Orden", sagt die Oberin Dolores. „Mother sagt: Gott hat uns nicht gerufen, um erfolgreich, sondern um reich an Glauben zu sein." Ich möge bitte verstehen: Es gehe nicht um die Kranken, es geht um IHN.

Diese Haltung wird Mutter Teresa immer wieder zum Vorwurf gemacht. „Die Ordensschwestern haben Geld genug. Warum soll den Ärmsten nicht die gleiche medizinische Behandlung zustehen wie den Reichen?" wird Dr. Jack Preger fragen, dem ich später begegne. Seit 18 Jahren unterhält er zwei Straßenkliniken. Mit Mother kam es zum Bruch, als Preger begann, die Ärmsten der Armen über Familienplanung aufzuklären. Wie viele andere kritisiert der Arzt aus Wales, daß in Teresas Häusern die Siechen nur als Mittel zum Zweck benutzt würden: den Schwestern als Gottesdienst, den meist unausgebildeten Freiwilligen als Erfahrungslabor. „Viele der Sterbenden könnten durch professionelle Behandlung gerettet werden. Aufopfernde Pflege allein genügt nicht, Schmerz läßt sich auch mit einer Doppeldosis Liebe nicht ertragen."

Dr. Jayanta Mukherjee kommt dreimal die Woche nach Feierabend mit seinem Motorroller im Sterbehaus vorbei, ein Freiwilliger. „Okay", sagt er. „Wir improvisieren mit den Medikamenten, die wir haben. Wir verabreichen bisweilen Valium, aber die ausgezehrten

Körper vertragen meist keine starken Schmerzmittel. Und vergessen Sie nicht: Wir sind in Indien. In dem Staatskrankenhaus, wo ich arbeite, streiten sich die Patienten mit Hunden und Katzen ums Essen."

Mother wehrt sich gegen eine Professionalisierung der Fürsorge. Sie will nicht, daß ihre Nonnen medizinische Kenntnisse erwerben. Sie sollen arm bleiben, schlicht im Geiste und ohne Gepäck. Schwer sei es gewesen, sagt Doktor Mukherjee, überhaupt Bluttransfusionen oder die Sterilisierung von Nadeln durchzusetzen. Aber, sagt er, Dinge ändern sich. Heute werden im Operationssaal des Leprahauses Titagarh auch Amputationen durchgeführt. Nicht jeder Hindu-Bettler muß die Leidensstationen Christi durchleben, bevor er in den Himmel entlassen wird. Es kommt dank Dr. Mukherjee immer häufiger vor, daß die Moribunden sich erholen, daß sie eines Morgens auferstehen, ihr Bündel packen und wieder auf die Straße gehen. Ohne ein Wort des Dankes, denn Arme sind unbescheiden.

Die Leidenden genießen es, ihre Helfer herumzukommandieren. Bestellen Kamm und Rasur, beschweren sich lautstark, wenn das vorgeschriebene zweite Ei nicht im Blechnapf liegt. Die Ärmsten der Armen sind nicht automatisch auch die Besten der Guten. Sie sind hart, weil sie keine Kraft mehr zur Güte haben.

Und selbst hier in der Vorhalle des Jenseits gibt es zwei Kasten. Sie sind in den Krankenbüchern als „Ups" und „Downs" gekennzeichnet. Die Pritschen der hoffnungslosen Fälle stehen zu ebener Erde, die anderen etwas höher auf einem Treppenabsatz. Ruhig hocken die Ups da und sehen zu, wie – weit, weit unter ihnen – ein Down den Mund aufreißt, den stoppligen Kopf im Nacken, wie er stöhnt und hustet. Sie haben schon zu viele sterben sehen. Die blonde Helferin versteht nicht, was der alte Bengale wimmert. Sie streichelt dem Greis den welken Arm, mit langsamen, betont liebevollen Bewegungen, als wenn ein Kind mit einer Puppe spielte.

Mike ist seit fünf Monaten Freiwilliger im Sterbehaus. Obwohl zwei Drittel der Patienten Tuberkulose haben, lehnt der 60jährige Versicherungsmakler aus Vancouver Mundschutz und Handschuhe ab: „ER wird Sorge tragen." Für ihn ist das Waschen virensatter Decken ein Gottesbeweis. Ich tauche die Hände lieber in das Weihwasserbecken mit einem Desinfiziens.

Viele Freiwillige wohnen auf eigene Kosten in den Hotels der Sudder Street. Kaum einer leidet unter dem Helfer-Syndrom: „Ich will eine Erfahrung machen. Nirgendwo sonst kann ich wie eine Krankenschwester mit Schwerstkranken arbeiten, ohne Ausbildung", sagt die Dänin Astrid. Sie hat für nächsten Monat einen Trommelkurs in einem Ashram gebucht. Warum auch nicht, weshalb sollen auch die Helfer leiden?

Alle paar Stunden zieht eine Touristengruppe durch das Haus des reinen Herzens. Mutter Teresas Sterbehaus ist Teil jeder Kalkutta-Tour. Mother erlaubt es, weil nur durch den Anblick der Armut die Herzen der Satten bekehrt werden könnten. Es ist eine Schockbehandlung. Vier Japanerinnen müssen schluchzend hinausgeführt werden, sie schützen ihre Gesichtchen vor dem Anblick der Rabenmenschen, überwältigt vom Leid und gerührt von der eigenen Rührung.

Dabei liegt da nur Nr. 22. Dem geht es gut heute. Er wird gleich rasiert werden und hat schon zweimal Tee bekommen, und wenn er so gräuslich agonierend die Hand reckt, will er nur sagen: Mein Bein liegt quer, ich spüre es nicht, und ich brauche meinen Spucknapf.

Ich helfe. Drücke gespendete Mixed-Pickles-Portionen der Air India aus, kämme, füttere, wasche und lasse bunte Pillen in dunkle Münder fallen, warte, daß ER zu meinem Herzen spricht.

Dann ist da Sahabudin, der Junge auf Pritsche 33, den sie aus Bihar gebracht haben. Er hat sich erst nicht waschen lassen wollen, hat gefragt, was mit seinen Habseligkeiten geschehe, die er in einer Plastiktüte aufbewahrt. Die Schwindsucht hat seinen 18jährigen Körper abgenagt. Jetzt zittert er und wimmert, und ich verstehe ihn nicht. Er klammert sich an mich wie an einen großen Bruder und hustet und würgt und hat Augen wie – wie ein kleiner Bruder. Über Sahabudin hängt ein Foto des Besuchs vom Heiligen Vater in Kalighat und ein Ausspruch der Mutter. Sahabudin kann nicht lesen, was da in Englisch geschrieben steht. Ist wohl auch besser so: „The greatest aim in life is to die in peace with God (Mother)."

Als ich zwei Tage später komme, ist die Pritsche 33 leer. Dafür liegen im Nebenraum der Küche drei Bündel in Laken gerollt. Aus einem schaut ein Paar Füße hinaus. Es sind staubige, hornige Füße, und Sahabudin braucht sie nicht mehr.

Auf dem Boden steht ein Milchpulver-Karton. Das Neugeborene darin ist schon mit Kalk bestreut. Die Schrift an der Wand der Kammer sagt: „I'm on my way to heaven".

Für die Toten gibt es keine Messe. Sie werden aneinandergebunden zu einer letzten, ewigen Umarmung und dann auf eine Bahre gelegt. Wir tragen sie durch die Küche, an den gleichmütig essenden Kranken vorbei, auf die Straße. Eine Hand fällt heraus. Ein Hund schnuppert daran, Kinder schauen kurz herüber oder bleiben mit gekreuzten Armen stehen. Die Körper riechen. Weil nie viel Leben in ihnen war, setzt die Verwesung schnell ein. Wir schleppen sie zum städtischen

Verbrennungsort am Fluß. Der Geruch wird noch lange an den Händen kleben.

Zwei Stunden liegen Bündel und Karton in der Sonne. Eine Krähe kommt und setzt sich nieder. Rings um die Feuerstätte ist Wäsche aufgehängt, die Kinder der Leichenbrenner spielen mit Murmeln, ein Hund liegt zusammengerollt in der Asche der Toten. Es ist heiß und friedlich. Nach einer Weile beginnt es nach Sonntagnachmittag im Park zu riechen, nach Barbecue. Das Holz brennt ohne Flammen. Alles geht in Rauch auf und steigt gen Himmel. Fast alles. Sahabudins linker Fuß nicht. Den haben die Krähen schon weggepickt.

GEGENÜBER VOM MUTTERHAUS hängt John Graham aus dem Fenster.

„Wie war's im Sterbehaus?"

„Nicht sehr romantisch."

„Ich sage Ihnen 'was: Die Freiwilligen dort huldigen ihrer Göttin der Barmherzigkeit, und die Opfergabe sind sie selbst. Das Sterbehaus ist ein Herzschrittmacher für frustrierte Europäer. Ort der reinen Herzen und des reinen Gewissens. Die sollten lieber ihr Flugticket spenden, davon hätten die Armen mehr."

Mag sein. Mag ja sein. Aber warum muß ich immer an Sahabudins Fuß denken? Diesen Blick, als er sich den Brustkorb drückte?

Der Schieber am Mutterhaus sagt: „Mother IN." Ich gehe hinauf.

Im Treppenaufgang hängt eine Weltkarte zu Füßen Christi. Sie erinnert jede Nonne täglich daran, wie groß die Aufgabe ist, die Mother ihnen gestellt hat. In 115 Ländern gibt es mittlerweile 543 Pflegeheime, Waisenhäuser, Suppenküchen und Aidszentren – 543 „Tabernakel", wie Teresa sagen würde. Sie war es, die als erste Missionarin Zutritt zum Sowjetreich bekam. Sie hat Libyen und Irak, Kuba und Sudan erobert. Und doch gibt es noch einen weißen Fleck: „Bevor Mother in Frieden sterben kann, möchte sie ihrem Herrn noch China schenken", sagt Schwester Fabienne, eine ehemalige Benediktinerin aus Frankreich. Ein Haus in China – dann erst kann sie gehen.

Den Großteil ihres weltlichen Tages verbringt Mutter Teresa auf der Wandelgalerie im ersten Stock. Die ist Audienzsaal und Kommandobrücke, verbindet die Kapelle mit dem Büro, schlägt die Brücke zwischen Geist und Welt. Hier werden die Spenden abgegeben, wird jeder Schein, jede Münze sorgsam zu Häufchen gelegt. Rücklagen und regelmäßige Almosen lehnt Teresa ab, weil sie dem Armutsgelübde zuwiderliefen. Sie akzeptiert weder zweckgebundene Spenden, noch schaut sie, ob der Spender saubere Hände hat.

Jedem Almosenbringer, der an die Pforte klopft, dankt Mother mit einem gelben Segenskärtchen, auf das sie „God bless you M Teresa" schreibt. Es ist die Handschrift einer Lehrerin, jeder Bogen sorgfältig ausgefahren und mit kräftigem Druck.

„Mother..."

„Sie kommen aus Berlin? Ah, da haben wir auch ein Zentrum. Sie haben nur ein Haus, ich dagegen habe 543 Häuser und..."

„Mother, was geschieht mit all den Geldern?"

„Oh, das Geld. Was die Menschen uns bringen, wird sofort ausgegeben. Wir betteln nicht. Für morgen sorgt Gott, so wie er für die Lilien auf dem Felde sorgt."

Es ist unmöglich – eine multinationale Organisation, deren Spendenaufkommen auf 50 Millionen Dollar geschätzt wird, kann so nicht verwaltet werden. Nicht mit einem einzigen Telefon, dem in Mothers Zelle. Nicht mit sechs mechanischen Schreibmaschinen. Nicht ohne Finanzplanung, Rücklagen und Haushaltsrahmen. Nicht in jeder Entscheidung abhängig von einer 84jährigen Greisin, in deren Gedächtnis kein Tag mehr hängenbleibt. Es kann nicht funktionieren. Nicht so.

Es funktioniert. Seit 45 Jahren.

Mother regiert die 3500 Schwestern ihres Ordens mittels kleiner gelber Kärtchen, auf die sie mit Kugelschreiber Anweisungen schreibt. Ihre Sendschreiben werden per Kohlepapier vervielfältigt. Sie denkt nicht an morgen, sondern kümmert sich um das Nächstanstehende, so wie sie sich zeitlebens um ihren Nächsten gekümmert hat, spontan und nicht zu fassen.

Gewiß, es gibt einen *general council*, sechs gewählte Schwestern, die von Mutter Teresa je nach Bedarf zusammengerufen werden – doch liegen alle Entscheidungen, die über das bloße Verwalten hinausgehen, nach wie vor in Mutters Händen: „Frag Mother. Nur sie kann es sagen."

Ihre Allgegenwart hat groteske Züge. Seit Teresas Kräfte nachlassen und sie abends schon um zehn Uhr schlafen geht, achtet sie auf das kleinste Lichtlein in einem der Schlafsäle und schickt sogleich eine Botin, es zu löschen. Jede Ausgabe über 5000 Rupien, 250 Mark, muß von der Ordensgründerin genehmigt werden, bevor sie aus dem braunen Tresor des Mutterhauses ausbezahlt wird. Über jede Rupie ist Rechenschaft abzulegen. Ist Mother auf Reisen, ruhen die Geschäfte.

Das Geheimnis des Ordens ist, daß es kein Geheimnis gibt, keine schwarzen Kassen oder grauen Eminenzen. Nur ein unbedingtes Gottvertrauen. „Es funktioniert", sagen die Schwestern, und jede kann erzählen, wie sie gerade einen Mixer kaufen wollte, und schon zog jemand am Glockenstrang des Mutterhauses und hatte einen Mixer dabei. „Gott wird Sorge tragen. Glauben Sie mir."

Dieser unbedingte Glaube ist die Stärke der Missionarinnen. Ohne ihn ließe sich das harte Leben im Geiste des heiligen Franziskus nicht ertragen. Für das, was die Weltlichen Effizienz nennen, ist es katastrophal. Ein Beispiel: Bevor Oberin Imelda im Behindertenheim von Dum Dum einen Schuppen abreißen durfte, um einen neuen Schlaftrakt zu bauen, vergingen Monate. „Mutter kam. Sie hörte zu, dann betete sie und sagte, nein, ihr Herz lasse den Abriß nicht zu", erzählt sie. „Also beteten wir weiter für den Neubau. Mutter kam noch einige Male. Immer beteten wir für sie. Eines Tages sagte sie: Es ist gut."

Mutter Teresa ist unfähig zu weltlicher Größe. Sie glaubt nicht an ausgeklügelte Organisation. Das koste nur Zeit, die sie besser für die Armen verwende. Jede Bürokratisierung ist ihr unheimlich, wie der Vorbote eines Verrates an den Allerärmsten. Im August 1993 löste sie per Rundschreiben sämtliche Landesvertretungen ihrer Laienorganisation „Co-workers" auf. Zehntausende von freiwilligen Helfern, Werbern, Almosensammlern wurden nach Hause geschickt. „Wir leben wie die Armen", sagte Mother. „Wir brauchen keine Büros und Gehälter und Versammlungen. Ich hätte das nicht erlauben sollen."

Es hatte unautorisierte Spendensammlungen in ihrem Namen gegeben. Vor allem jedoch war ihr die Laienorganisation zu mächtig geworden und unerträglich der Gedanke, daß mit Almosen Faxapparate und Lohnsteuer bezahlt werden sollten.

Die Boten der Nächstenliebe sollen ohne Gepäck kommen, sollen leben wie die Armen. Im Sommer, wenn Kalkuttas Dächer in der Sonne glühen, gibt es keinen Ventilator im Mutterhaus, auch in Teresas Zelle nicht. „Sie hatte eines Tages sogar überlegt, ob sie nicht alle Orden, Diplome, Auszeichnungen verkaufen könnte, um den Armen zu helfen. Aber wir Schwestern haben sie schnell davon überzeugt, daß all das keinen Geldwert hat", berichtet Schwester Fabienne.

Pater Menezes, einer der Beichtväter des Ordens, meint: „Das System Teresa läuft, weil absoluter Gehorsam herrscht. Mutters Wort ist Gottes Wort. Aber vor allem funktioniert es", fügt er hinzu, „weil Mother SEIN Werkzeug ist."

ABENDS TREFFE ICH auf einer Brahmanenhochzeit den Stadtplaner Nayak. Die Gäste trinken Whisky sour, und die Mauern des Palastgrundstücks sind blickdicht mit Ketten aus Nelken behängt. „Mother? Eine gute Frau, aber sie verdirbt unser Image. Sie präsentiert dem Ausland eine 900-Millionen-Nation als hilfsbedürftig. Sie verteilt Almosen, und die Armen verhökern sie weiter, statt selber zu arbeiten. Wir brauchen keine individuellen Aktionen, sondern besse-re Politik." Smog zieht über die Mauern und mischt sich mit den Par-füms und den Duftstäbchen der Oberschicht. „Inzwischen glaubt doch alle Welt, daß Kalkutta nur aus Sterbenden, Dreck und Mother besteht. Dabei haben wir 3000 herrliche Paläste, drei Golfplätze, einen Poloclub..."

Gewiß, gewiß. Doch die Stadt ist zum Inbegriff des Unlebbaren ge-worden, zum Menetekel, zur Hölle und damit zum Paradies der rei-nen Herzen, der Hilfswerke und Missionsschulen. Nur vor dem My-thos „Kalkutta", der Müll- und Massenstadt mit ihren Rattentempeln, konnte der Mythos „Teresa" entstehen. Nur vor dem trüben Hinter-grund Kalkuttas gewann die Hutzelgestalt im weißen Sari genügend Kontrast, um in alle Welt auszustrahlen.

So haben die Bewohner der Megalopolis ein gespaltenes Verhält-nis zu ihrer berühmten Mitbürgerin. Mother ist zugleich die Stadthei-lige Kalkuttas und dessen schlechtes Gewissen. An die Schulen und Gefängnismauern ist ihr Runzelgesicht gemalt – aber die Reichen halten sich abseits, sie loben und spenden und schließen die Augen.

Und die Armen? Kalkutta brodelt zu sehr von Aktivität, als daß die Teeköche oder Zuckerrohrpresser sich noch um den Greis kümmern wollten, der auf dem Pflaster darbt. Irrsinn und Siechtum sind Teil des Alltags, kein Grund für Ekel und auch keiner für Mitleid.

ICH GEHE NACH DHAPA, der Müllstadt, einer Landschaft aus Riesel-feldern, Schlamm und Müll. „Mutter Teresa" ist den Kloakenmen-schen unbekannt. Sie lesen die Zeitungen nicht, sondern verarbeiten sie zu Schnipseln. Ich gehe zur Howrah-Brücke, zum elendigsten Ort der Stadt. Ich frage die Ärmsten, die sich aus Straßenkot Wände kne-ten. „Mother" ist ihnen keine Heilige, sondern eine Adresse, wo es jeden Mittwoch Pillen und Brot gibt – „wenn man es geschickt an-stellt".

Kalkutta ist kein Ort für Sozialromantiker. Auch Teresas Schwe-stern machen sich keine Illusionen. Wenn sie durch die Kartonstädte ziehen, wissen sie, daß sie von den Ärmsten der Armen als Milchkühe gesehen werden, selten als die Engel mit den drei blauen Streifen.

Die Missionarinnen der Nächstenliebe verteilen Hustensaft und Darmtabletten am Sealdah-Bahnhof, wo die Provinzzüge ankom-men. In Titagarh lehren sie Lepröse Saris weben, und sie haben ein Kinderhaus im Slum „Stadt der Freude". Sie laufen durch die Gerber-siedlung Prem Dan, verteilen Anrechtsscheine auf Almosen, kontrol-lieren, ob die Armen immer noch arm sind und bedürftig. Sie machen viele gute Dinge und machen sie in der Regel gut. Sie tun, was auch viele andere Helfer täglich in Kalkutta tun, und ohne Jesusbildchen an der Wand. „Aber", sagt Pastor Christiaan Minderhoud, Direktor des sehr aktiven Lutherischen Weltdienstes, „es wird immer einen Rest geben, um den sich nur die Schwestern Teresas kümmern."

Ich gehe ins Waisenhaus Shishu Bahvan, ein weiteres Heiligtum des Teresa-Ordens. Im ersten Stock des Hauses, an dessen Front steht: „Laßt uns etwas Schönes tun für Gott", gibt es einen Raum, den kein Besucher betreten darf. Als wäre hier das Allerheiligste des Ordens verborgen. Es ist der Raum der ungewollten Kinder.

In Brutkästen und Gitterbetten liegen Wesen, die im sechsten, siebten, achten Monat geboren und dann von ihren Müttern verlassen worden sind. Schwester Charmaine zeigt auf einen frühgeborenen Kindergreis mit Kanülen in den Bleistiftarmen, der sich stumm im Brutkasten rekelt. „Ein Lastwagenfahrer fand das Baby auf der Straße, in eine Zeitung gewickelt. Er hatte sich gewundert, daß Hunde daran schnüffelten." Die Hindu-Helferinnen haben dem Kind einen roten Fleck auf die Stirn gemalt, er soll Glück bringen.

Ich weiß nicht, ob es weise ist, in einem so überfüllten Land gegen Kondom und Pille zu Felde zu ziehen. Doch die Frage, ob unerwünschte Föten gerettet werden müssen, erübrigt sich zwischen den Alubetten des Schlafsaals von Shishu Bahvan. In jedem dieser Menschlein ist eine Welt gerettet worden.

Später werden die Kinder zur Adoption vor allem ins Ausland freigegeben, an Eltern aller Konfessionen. Für Schwester Charmaine ist jedes gerettete Kind ein Gottesbeweis: „Ich bringe sie alle durch, mit SEINER Hilfe" – mit fünf Brutkästen und staunenswerter Herzenskraft und Intuition. Nur für das Greislein mit dem roten Punkt auf der Stirn soll es nicht ausreichen. An einem der nächsten Morgen liegt wieder ein Milchpulver-Karton im Sterbehaus.

Ich gehe auch nach Prem Dan, der ehemaligen Chemiefabrik. Im Schatten einer Werbetafel leben 300 geistig Behinderte in Frieden, geschützt durch eine glasgespickte Mauer vor den Anfeindungen der umliegenden Gerberslums. Es sind Menschen, die zusammengefaltet auf dem Boden hocken, vor sich hin brabbeln und mit den Augen rollen in harmlosem Wahn. Keiner will sie haben. Schwachsinnig gewordene Frauen, die ohne Prozeß 40 Jahre im Staatsgefängnis saßen, vergessen von allen, bis Mother sie auslöste. Und die jetzt in Prem Dan ihr Gnadenbrot bekommen. Oder die Bucklige, die nach Fliegen schnappt und jault wie ein Welpe. Man fand sie vor 18 Jahren im Wald, ein ausgesetztes behindertes Kind, das von Bären aufgezogen wurde.

Die Menschen, die keiner will, ernähren sich von dem unaufhörlichen Ausstoß der indischen Schreibstuben. Wie um Rache zu nehmen für die Untätigkeit des Staates, leeren sie alte Aktenordner, zerreißen Quittungen, Belege, Vermerke und stampfen alles zu Altpapierballen, um sie zu verkaufen.

Ich gehe auch nach Titagarh, sehe, wie den Leprösen vom Bruderorden Teresas beigebracht wird, Saris zu weben. Und kein Leprakranker muß den Rosenkranz beten können, bevor er Aufnahme findet.

IST DAS ALLES? Das ist alles. Diese Nonnen wissen nichts von Langzeit-Entwicklungsstrategien, von Hilfe zur Selbsthilfe. Das Strategiepapier des Ordens ist das Evangelium, ihr Szenarium für die Slums ist die Bergpredigt, und sie verbringen mehr Zeit mit Beten als mit Barmherzigkeit. Denn sie sind keine Sozialarbeiter, keine Reformer, und sie sind auch keine Heiligen mit Goldrand, sie sind eben nur katholische Nonnen. Nicht mehr und nicht weniger.

„Mother IN" steht am Mutterhaus in der Bose Road. Nachbar John Graham spielt Halma. Er weiß Neues: „Haben Sie gehört? Gestern sollte Teresa die neue Kirche drüben in Prem Dan eröffnen, das Marmorschiff über den Jauchepfuhlen. Die gesamte Kirchenhierarchie Bengalens war versammelt. Und wo war Mother? Verschwunden. Kurzfristig abgereist nach Mangalore, hieß es. Um irgend etwas zu entscheiden. Sie ist wirklich nicht zu fassen."

„Das war auch mein Eindruck. Ich reise ab."

„Mother ist Mother. An ihren Werken sollt ihr sie erkennen. Einer Heiligen sieht auch der Klerus die Capricen nach."

„Ist sie denn wirklich heilig?"

„Mir ist sie eine gute Nachbarin. Aber für die anderen . . . Sehen Sie doch nur!"

Auf der Galerie des Mutterhauses ist wieder Gedränge. Frauen in bunten Saris beugen sich zu einer verwachsenen Gestalt hinab, die kaum über die Brüstung reicht, und versuchen, ihre Sandalen zu berühren. An der Wand hängt ein Bronzerelief, und wenn man genau hinschaut, sind es die gleichen Gesichtszüge wie die des Weibleins.

Der Weg in den Himmel jener Frau, die einmal Agnes Bojaxhiu aus Skopje war, ist vorgezeichnet, ausgemalt in all den Ölbildchen und Ikonen, die in den Waisen- und Siechenheimen hängen. Auch ohne den Segen des Vatikans wird sie schon zu Lebzeiten als Sancta Teresa verehrt, täglich heiliggesprochen von ihren Anhängern. Ihrer ist das Himmelreich.

Doch was wird werden auf Erden, ohne sie? Seit die Gestalt im weißen, dreifach gestreiften Sari zum Universalgewissen geworden ist, schrumpft ihr Körper und knotet sich zusammen, als wollte er sich der Welt entziehen. Aber er darf nicht. Vor zehn Jahren bat Mutter Teresa ihren Vertrauten Johannes Paul II., eine jüngere Nachfolgerin zuzulassen. Sie war die endlosen Audienzen mit Kardinälen und Bischöfen leid und wollte ihre letzten Jahre im Sterbehaus verbringen auf der helfenden Seite. Der Heilige Vater lehnte ab. Und das General-Kapitel, das über hundertköpfige Konzil der Regional-Oberinnen und Delegierten, wählte Mother gegen ihren Willen wieder zur General-Oberin. Sie darf nicht gehen. Das nächste Konzil ist 1996.

Und so befindet sich der Orden in einem Zwischenstadium. Er wird noch im apostolischen Geist geführt, in völliger Fixierung auf eine 84jährige Gründerin, die sich längst gern von der Welt verabschiedet hätte, aber doch alles tut, um eine Normalisierung zu vermeiden. Nein, es darf keine Delegation geben, keine Strukturen und Büros. Die so schnell gewachsene Kongregation der Barmherzigkeit wird geführt, als hätte ER selbst das Kommando. Als säße der Allwissende, Allmächtige im Dunkeln hinter den Gitterstäben der Bürostube. Vielleicht ist es ja auch so.

Teresas Körper hat sich schon verabschiedet. Ihr Herz durfte es nicht. Als es vor einigen Jahren aussetzte, bekam Mother einen Schrittmacher. Seither werkelt sie weiter wie eine unermüdlich sirrende Maschine. Ihr Gedächtnis verkürzt sich, die Tage und Menschen ziehen vorbei, ohne einen Abdruck zu hinterlassen. Jeder kann sie sprechen, bekommt seinen Segen und sein Alu-Medaillon.

Doch auch wenn der Schieber auf „IN" steht, ist Mother nicht zu fassen. Die Person zerrinnt zwischen den Fingern. Ihre letzten Jahre lebt sie in einem schmalen Abteil des Zeitzuges, kümmert sich um den Nächsten und das Nächstliegende, während draußen die Welt vorüberjagt. Für morgen sorgt der Herr.

„Mother..."

„Willkommen! Woher kommen Sie? Aus Berlin? Ah, da habe ich auch ein Haus. Ich habe 543 Häuser und ..."

Sie erkennt mich nicht.

„Mother, wer wird nach Ihnen kommen?"

Die Wurzelfinger wachsen in den Himmel. „ER wird rechtzeitig für jemanden sorgen. Und plötzlich ist eine andere da, ich bin doch nicht wichtig. God bless you."

Es ist leicht, mit einer Heiligen zu sprechen. Es ist nicht schwer, sie zu besuchen. Es ist unmöglich, sie zu enträtseln. Jedenfalls in dieser Welt.

(1995)

JENS REHLÄNDER

Verführung auf der grünen Wiese

*Sie setzen auf »Pilotabteilungen« und »Service-
departments«, auf »dezente Zwangsführung« und »Waren-
bündelungsgruppenfarbenleitsysteme« – die Strategen
der großen Supermärkte vor den Toren der Städte, die den Einkaufsbummel zum Erlebnis aufwerten wollen. Mit tausend Tricks
machen sie sich an die »Rehumanisierung« des Konsums. Und
doch geht es immer wieder nur um das eine: dem Kunden
soviel Geld wie möglich aus der Tasche zu ziehen.*

Bewunderung spricht aus den fachkundigen Gesichtern, die sich in der Düsseldorfer Messehalle 12 um den Stand D/04 scharen. Im Halbkreis bestaunen sie das Gefährt, das auf einer schrägen Bühne im Licht der Scheinwerfer glänzt. Die Karosserie entzückt durch kühnen Linienschwung, ist bordeauxrot-metallic lackiert, und die kleinen Räder kontrastieren effektvoll in knalligem Gelb. „Ein Prototyp", vertraut mir ein Vertreter der Firma wanzl an, „eine Designstudie, die wir als Blickfang aufgestellt haben. Den Wagen in Serie zu produzieren käme viel zu teuer."

Nun ist dies aber keine Automobilausstellung, und der Wagen, der wegen seines futuristischen Designs die Blicke auf sich zieht, hat nicht mal einen Motor. Es ist eine Einkaufskarre.

Die Firma im bayerischen Leipheim gehört zu den Branchenführern, liefert jährlich 750 000 Wagen, „bis nach Tripolis", wie der Messemann nicht ohne Stolz anmerkt. Die Verkaufsrenner rollen in den Standardtypen ELA 150 und D 130 RC vom Band, aber auch als „Jumbo" im bulligen Format amerikanischer Marktstraßenkreuzer. Wahlweise mit integriertem Taschenrechner, uni- oder regenbogenfarbigem Griff, Kindersitz, Fahrsteigrollen, faltbarer Heckklappe für Bierkisten und fehlendem Unterboden, „damit nichts an der Kasse vorbeigemogelt wird".

Alle drei Jahre trifft sich die Internationale des Einzelhandels auf der „Euro-Shop" in Düsseldorf, der größten Messe ihrer Art in Europa. Hier informieren sich Marktmanager über Neuheiten, etwa im Bereich der Scannerkassen, der Diebstahlssicherung, der Preisetiketten und der Folienverschweißung für Thekenfleisch.

Seit „Tante Emma" allenthalben stirbt, haben in den Citys Großbasare ihren Platz eingenommen, von Aldi über Tengelmann bis Spar. Und in Gewerbe-Öden, am Saum der Städte, ziehen die Parkplätze der Filialriesen von Wertkauf oder Plaza Kaufkraft auf vier Rädern an. Nur den Laien – und welcher Durchschnittskunde ist das nicht? – erscheinen diese Märkte als bloße Warendepots, in denen einzig mit Regalen Ordnung gehalten wird. Tatsächlich bleibt in den Mega-Läden nichts dem Zufall überlassen, lenkt der Einkaufswagen den Kunden auf unsichtbaren Schienen durchs Regallabyrinth, hängt er an Fäden, die Verkaufsstrategen ziehen – und merkt nichts davon.

„Ein Supermarkt wird nicht einfach auf die Grüne Wiese geklotzt, der wird komponiert", schwärmt der Messe-Statthalter der Firma Systec. „Ziel ist es, den Kunden so durch die Regalgänge zu führen, daß er bis zur Kasse alle Abteilungen durchlaufen hat."

Um herauszufinden, wie die Regale zu diesem Zweck angeordnet sein müssen, bietet Systec präparierte Einkaufswagen an – für den gläsernen Kunden der Zukunft. Ein Sender am Korbgeflecht korrespondiert mit Empfängern an der Marktdecke, so daß der Kurs aufgezeichnet wird, den der Käufer nimmt. Umgekehrt lassen sich am Wagen auch Informationen empfangen. Wenn er also bei den Waschmitteln ankommt, leuchtet auf einem kleinen Display an der Karre der Hinweis auf, daß Ariel heute im Sonderangebot ist.

„Mit der Botschaft auf dem Display wollen wir dem Kunden ein Erlebnis vermitteln", sagt der Systec-Mann. „Darauf läuft heutzutage ja alles hinaus: Der Einkaufsakt soll *erlebt* werden. Wenn der Marktleiter will, kann er auf unserem Display auch einen Witz einspielen, um seinen Shoppern eine kleine Freude zu machen."

Der Kunde wird als König wiederentdeckt, selbst wenn Aerobic-Girls sicher keinen Auftritt zwischen den Konserven und Bierkisten im Laden um die Ecke haben werden: Auf der Messe immerhin hüpfen sie lächelnd zu lauter Musik auf einer Bühne herum, schwitzen und johlen, um Interessenten für die neuen Kühltruhen Marke Samba Calipso 2000, Rumba 13 und Tango 9 V 18 an den Stand zu locken.

Lächelnd erscheint auch das Mädchen auf dem Videobildschirm der Self-Scanning-Maschine, der Kasse ohne Kassiererin. Hier darf ich meine Einkäufe selbst über das Scanner-Fenster ziehen und kontrolliere den gebuchten Preis auf dem Bildschirm. Die Ware rollt übers Förderband und plumpst am Ende in die aufgespannte Einkaufstüte. Habe ich alles umgeladen, erscheint auf Knopfdruck der Bon mit der Summe, die ich am Ausgang zu zahlen habe.

Das ist aber längst nicht alles: Wenn ein Preis vom Scanner nicht korrekt abgelesen wird oder wenn ich drei Äpfel in einem Beutel habe, der den Preis für zwei Äpfel trägt, rollt das Band zurück. Das Mädchengesicht erscheint und umschreibt mit charmanten Worten, was sie in Wahrheit von mir denkt: daß ich schummeln will. Peinlich, weil die Ermahnung vom Videoband auch von den anderen gehört wird, die hinten anstehen und mir nun erst recht neugierig auf die Finger schauen. Wenn ich vor lauter Aufregung drei Bedienungsfehler gemacht habe, blinkt eine große Lampe auf. Nun weiß jeder ringsum, daß ich entweder ein entlarvter Ladendieb bin oder zu dämlich, das System zu beherrschen. Das Videomädchen aus den USA tröstet: „Help is on the way."

DASS DER SUPERMARKT mit kleinen Raffinessen zur Erlebniswelt umgestaltet werden müsse, davon ist auch der Mann vom Edeka-Stand überzeugt: „Die Kunden sind anspruchsvoller geworden. Die wollen nicht nur kaufen, sondern auch kreativ sein." Und dafür hat Edeka ein zeitgemäßes Spielzeug entworfen. „Neues vom Fruchtterminal" steht über der Kiste in den Messe-Kulissen einer Gemüseabteilung. Das Chassis ist bekannt: Es handelt sich um einen Computer, wie ihn Banken als Geldautomaten aufstellen.

Geld rückt der Edeka-Automat nicht raus. Dafür erzählt er mir auf Befehl „Produktstorys" – zum Beispiel alles, was ich über Ananas schon immer wissen wollte, aber bis jetzt nie zu fragen wagte.

Ich wähle, klick, „Geographie": Woher kommt die Ananas?

„Ernährung", klick: Wieviel Cholesterin haben 100 Gramm Ananas?

„Zubereitung": Wie schneide ich eine Ananas auf?

„Rezepte": Wie gelingt ein Tropic-Salat im Ananas-Boot?

Ich kann das Rezept auch als Computerausdruck mit nach Hause nehmen oder – „Recycling", klick – den Tip, daß man die dekorativen Salatöl-Karaffen von Kühne-Exquisit nach ihrer Leerung zum Beispiel als Rosenvase benutzen kann oder auch als schmuckes Gefäß für Eierlikör.

Wie alles, worüber sich die Konzeptionisten den Kopf zerbrechen, birgt natürlich auch Edekas Fruchtterminal kaufmännisches Kalkül: „Viele unserer Kunden wissen mit Ananas, Auberginen und Avocados nichts anzufangen", erklärt der Vertreter. „Denen wollen wir die Angst vor den Exoten nehmen, damit sie sie kaufen."

DER SUPERMARKT als Erlebniswelt? Also fort mit dem Gestirn der Neonröhren, das fahl vom blechernen Hallenhimmel scheint? Schluß mit engen Regallabyrinthen, in denen ich einer von Hunderten bin, die nicht finden, was sie suchen, sich dabei dauernd mit ihren Karren in die Quere und die Hacken fahren, die einander nicht kennen, das Personal nicht kennen, vom Personal nicht erkannt werden und an der Kasse Schlange stehen?

Ums Image der Supermärkte ist es nicht zum besten bestellt: Sie gelten als Konsumrevier der kleinen Leute, die ein Brancheninsider den „D-E-Schichten" zurechnet. Der Bann soll endlich gebrochen, die erste Güte, die Käufer aus den „A-B-C-Schichten", auf die Grüne Wiese gelockt werden.

So will auch der Einzelhandelskonzern Massa im Trend liegen und hat eine Erlebniswelt entwerfen lassen, einen „Look von morgen", dem der Massa-Marketingchef Wolfgang Kamolz den Namen „Einkaufsparadies" gegeben hat und das Motto „Rehumanisierung": „Wir müssen den Menschen wiederentdecken." Prestigeobjekt ist die Filiale in Kaiserslautern, mit 47 000 Quadratmeter Verkaufsfläche der größte Selbstbedienungsladen Deutschlands.

„Eigentlich", sagt Kamolz, als wir davor stehen, „sind solche Märkte nur Gebilde, die links und rechts, vorn und hinten eine Wand haben und ein Dach oben drauf. Aber bei uns ist das anders. Früher hat man gesagt, die Leute kommen wegen der günstigen Preise, denen ist es wurscht, in welchem Ambiente sie einkaufen. Heute hat der Preis nicht mehr die Priorität: Da müssen wir den Kunden optischen Zucker geben."

Und dann geht es im Sauseschritt vorbei an der alten Dame, die zögert, weil sie dem Tempo der automatischen Drehtür mißtraut, hinein in das von Marketingstrategen, Marktforschern und Psychologen entworfene Einkaufsparadies.

Vorbei am Informationsstand, der im Marketingdeutsch nun „Servicedepartment" heißt, auch wenn das gelangweilte Mädchen hinter der Theke – dem „Desk" – das tut, was es vor den paradiesischen Neuerungen auch schon getan hat: Kunden-Quittungen über Bürobedarf fürs Finanzamt schreiben oder defekte Quarzuhren für 9,99 Mark in Augenschein nehmen.

Wir durchschreiten das Eingangsgatter, betreten das helle Basarpflaster und biegen nach rechts in die Hauptgasse. „Warum rechts?" frage ich.

„Weil die menschliche Natur dazu neigt, einen Rechtslauf zu machen", antwortet Kamolz. „Also führen wir den Kunden rechtsherum durch den ganzen Laden zur Kasse." „Dezente Zwangsführung" nennt er diese Strategie.

„Unser Hauptgang ist sechs Meter breit. Wir haben den Mut gehabt, wertvolle Verkaufsfläche nicht zu aktivieren, keine Waren zu zeigen. Das ist vor Jahren undenkbar gewesen und heute eine unwahrscheinliche Erkenntnis! Es gibt keine Rempeleien mehr, und wir zeigen: Massa bejaht den Menschen."

Im weiten Rund führt der breite Weg den Hauptkundenstrom zu den „Pilotabteilungen": vor allem Getränke, aber auch Fleisch. Die steuert fast jeder an. Darum werden diese Abteilungen möglichst weit vom Eingang entfernt installiert, damit andere Produkte, die nicht auf dem Einkaufszettel stehen, ihren Reiz ausüben können. Gleich rechts vom Eingang lockt ein solcher „Warenbereich mit Nischeneffekt": Drogerieartikel.

„Drogerieartikel – wie das schon klingt", stöhnt Kamolz. „Beauty & Clean heißt das bei uns." Wir stehen davor, und er fragt, ob ich *es* sehe? Ich nicke höflich, gleichwohl auf Erklärung hoffend. „Unser neues Warenbündelungsgruppenfarbenleitsystem", sagt er.

Tatsächlich, jetzt sehe ich etwas: Ein lachsfarbenes Band am Regalblech, dort, wo die Preise kleben. Ich bin beeindruckt. Vor allem, weil er den Namen dieser Kreation aussprach, ohne einmal Luft zu holen, aber auch wegen der anschließenden Ausführungen, die offenbaren, mit welcher gedanklichen Kühnheit Herr Kamolz seine Farbenlehre einsetzt.

„Beauty & Clean ist die Abteilung für die Frau", sagt er. „Deshalb haben wir hier zur Gestaltung, auch der Wände, Farben verwendet, von denen Psychologen sagen, sie seien die femininsten: vor allem Rosé und ein zartes Grün."

Und sonst? „Mit einem Eisgrau", fährt er fort, „simulieren wir Kälte. Das kommt also zu den Kühlwaren. Das Sonnengelb gehört den ‚Foods', wie Käse, Molkereiprodukte. Grün ist Vitalität, Leben, Öko – also ins Gartencenter und in die Gemüseabteilung. Und Rot sagt: Achtung! – also Glas und Porzellan, aber auch Spirituosen. Da hatten wir die gedankliche Brücke: Vorsicht, lieber Mensch, trink nicht zuviel Alkohol!"

Ich nicke. Auch wenn mir manche Analogie nicht sofort schlüssig erscheint. Zumal als Herr Kamolz mich ins Reich der Mischtöne einzuweihen versucht, um auch den Briefumschlägen, den Taschenrechnern und Suppendosen einen Platz in der Farbenskala zuzuweisen. Welche Erlebnisse die bunte Welt dem Kunden bereiten soll, davon hat Herr Kamolz genaue Vorstellungen.

„Wenn er aus der eisgrauen Tiefkühlkost kommt und hinüber geht zum gelben Food, dann merkt er nicht nur, daß er die Abteilung wechselt. Auch sein Inneres lockert sich; vom Unterkühlten, Verschränkten wandelt er sich im Gelben. Er wird entspannt, genießt die Sonne. Und dann geht er in die Gemüseabteilung, kommt ins Grüne. Dort ist Leben, Obst, Natur. Dann kommt er heraus, verabschiedet das ‚Erlebnis Obst‘ und will einen neuen Höhepunkt. Er macht eine positive Schocktherapie durch. Das Auge des Kunden soll…“ – Kamolz stockt auf der Suche nach Worten, die dem Impuls gerecht werden – „… das Auge soll gewissermaßen ein Jubelfest erleben: Mensch, was ist das für eine Gabe, daß ich registrieren kann, daß das Rot, Grün, Gelb mit dem Blau so wunderbar paßt! Das ist doch ein Kundenerlebnis, oder nicht?“

Weiter geht's zum „Foodterminal“, der das Logo „Eat & Drink“ trägt und den Untertitel „Probieren geht über Studieren“. Dort stehen „Verköstigungsdamen“ hinterm „Desk“, um Cola und Orangensaft auszuschenken und Fertigsuppen heißzumachen, während über ihren Köpfen Videoclips der Hersteller laufen.

„Video ist wichtig, ein Teil unserer heutigen Kultur“, befindet Herr Kamolz. „Das gehört auch in unsere Sportabteilung rein, die wir jetzt ‚massa-sportiv‘ nennen.“ Dort laufen Aufzeichnungen des „Eurosport-Channels“ über acht kleine Monitore.

„Zu Hause sagt der Kunde dann, ich war dabei, als Massa ein Tennisspiel übertragen hat, einen Boxkampf oder ein Autorennen. Und wenn er Wanderer sieht, stimuliert ihn das vielleicht für einen Abstecher in unsere Lederwarenabteilung, die wir jetzt ‚Jet & Go‘ nennen. Das meint: Koffer und Schuhe.“

Am „Fitness Snack“-Stand warten zwei Damen auf Kundschaft, die Geschmack an einem Glas Ananas-Soja-Milch oder einem Stück Vollkorn-Kirschkuchen haben. Doch meine Enttäuschung wächst. Das soll ein Einkaufsparadies sein?

Sicher, man läuft weniger Gefahr, unter die Räder der Einkaufsroller zu kommen, fühlt sich bei einer Regalhöhe von 1,60 Meter nicht so, als durchstreife man die Schluchten des wilden Kurdistan. Aber am Ende bleibt dennoch der Eindruck: Man befindet sich in einem Supermarkt.

Doch das sage ich Herrn Kamolz lieber nicht, lenke statt dessen seine Aufmerksamkeit in eine andere Richtung und will wissen, wie die Waren plaziert werden, um möglichst viele Abnehmer zu finden. Das hätte ich besser nicht gefragt. Herr Kamolz gibt sich unversehens wortkarg.

Diese Verschlossenheit erlebe ich bei Marktmanagern nicht zum erstenmal. Schließlich berührt die Frage einen Punkt, der nicht gern preisgegeben wird: das Geheimnis, warum Kunden an der Kasse stets mehr im Korb haben, als sie eigentlich kaufen wollten. Denn wenn Wolfgang Kamolz mir unschuldig in die Augen blickt und sagt, er wolle mit seinen Erlebniskreationen „allen Menschen, die Massa lieben, etwas Zusätzliches bieten", so verschweigt er das eigentliche Ziel: die Konsumenten möglichst lange im Laden zu halten, damit sie möglichst viel kaufen.

ANGENOMMEN, ICH ROLLE meine Einkaufskarre in einen beliebigen Supermarkt, um nichts weiter als 100 Gramm Salami und eine Kiste Mineralwasser zu kaufen. Gleich nach dem Eingang drosselt die Gemüseabteilung auf der rechten Seite mein Tempo. Die Strategie dahinter: Hier, so wissen die Marktmanager, entscheidet der Kunde, was er demnächst als Mahlzeit auf dem Tisch haben will. Lichtspots verleihen den Früchten den Anschein besonderer Frische. Theken- und Wandspiegel suggerieren reichhaltige Fülle. Denn je voller ein Regal wirkt, desto größer ist die unbewußte Lust zuzugreifen.

„Die liebsten Kunden", sagte mir ein Marktchef, „sind uns jene, die ohne Einkaufszettel, doch mit knurrendem Magen am Feierabend einkaufen." Und wer von denen mag, zum Beispiel, die attraktiv gewachsensten Äpfel liegenlassen?

Mit einem Bund Lauch im Korb und dem Gedanken an ein Steak im Kopf, das ich mir am Fleischtresen besorgen werde, rolle ich auf dem Hauptgang weiter. Eine Palette Omo an der Stirnseite des Waschmittelregals zieht meine Aufmerksamkeit auf sich. Ein Sonderangebot: 11,99 Mark für die Zwei-Kilo-Packung. Schon habe ich den Plastikhenkel in der Hand, weil man Waschmittel immer gebrauchen kann – da fällt der Blick auf ein entferntes Plakat überm Regal: „Vollwaschmittel, 2 Kilo 6,99 Mark". Neugierig geworden lenke ich meinen Wagen in die Gasse und stehe vor Kartons, die keinen Herstellernamen tragen, sondern nur den Aufdruck „Vollwaschmittel".

Der Hintergrund: „No name"-Produkte, zum Beispiel Alufolie, Glühbirnen, Kaffee, Kondensmilch, Bier und Papiertaschentücher, werden zu Niedrigpreisen in Supermarktregalen angeboten. „Aldinativen" nennt man in der Branche diese Waren im Nulldesign und deutet damit an, wem die Handelskonzerne Konkurrenz machen wollen.

Wer glaubt, daß es sich bei der „weißen Ware" um Artikel geringer Qualität handelt, kann sich täuschen. Um in Zeiten der Absatzflaute die eigenen Produktionsanlagen auszulasten, sind Markenartikler mitunter gezwungen, Aufträge für die Namenlosen anzunehmen. So sind sie zweimal im Regal vertreten: in der aufwendigen Verpackung als teures Renommee-Produkt und als Billigware. Beim Kunden wiederum, der nach den Namenlosen greift, wird Kauflust stimuliert. Denn was er beim Waschmittel gespart hat, kann er in etwas anderes investieren.

Mit einem Bund Lauch und einem Zwei-Kilo-Paket Vollwaschmittel nehme ich die Fahrt wieder auf. Vorbei geht es am Milchregal, das rechts an der Wand steht. Natürlich rechts, denn weil ich mich als Opfer meines unbewußten Dralls der rechten Seite zuerst zuwende, werden hier auch die leicht verderblichen Molkereiprodukte plaziert, weil sie schnell abgesetzt werden sollen.

Ganz hinten aus dem Regal greife ich mir zwei Tüten Milch. Denn daß die frische Ware hinten steht, weiß ja längst jeder erfahrene Kunde. Allerdings wissen das auch die Marktleiter und tricksen mich mitunter aus, indem sie eben gerade die vom Verfallsdatum bedrohte Milch ganz hinten im Regal plazieren, während vorn die frische steht.

Mit einem Bund Lauch, einem Zwei-Kilo-Paket Vollwaschmittel und zwei Litern Milch im Korb erreiche ich eine sogenannte Zweitplazierung: Maiskeimöl für 3,99 Mark. Ich halte das für billig, was es in Wahrheit aber gar nicht ist.

Der Hintergrund: In den Zweitplazierungen an den Stirnseiten der Regale machen sich oft Artikel wichtig, die es woanders im Regal zum selben Preis gibt. Ich aber denke wegen der prominenten Plazierung an ein Schnäppchen und greife zu.

Gerade beim Umsatz mit Lebensmitteln ist der Ertrag für die Supermärkte gering, ein bis zwei Prozent. Darum wird eine raffinierte Preispolitik betrieben. 20 bis 30 Artikel des täglichen Bedarfs, so kalkulieren die Marktmanager, hat ein Kunde samt Preis im Kopf. Wenn ein solcher „Blickpunktartikel", zum Beispiel Coca-Cola, im Sonderangebot offeriert wird, stehen mehrere taktische Überlegungen dahinter. Zunächst einmal kann es sich kein Laden leisten, in seinem Angebot auf Coca-Cola zu verzichten, wenn er nicht als armselig sortiert dastehen will. Zum anderen wissen die meisten Kunden, daß eine Dose Coca-Cola etwa 60 Pfennig kostet. Die Brause billig anzubieten bedeutet für den Markt den Verzicht auf Gewinn. Dafür wird Coca-Cola „preisimagebildend" eingesetzt: Der Kunde freut sich, daß er sparen kann, und der Laden steigt in der Wertschätzung.

Andersherum wird folgendermaßen verfahren: Das Geld wird mit den Produkten verdient, deren Waren-Wert der Kunde nicht im Kopf hat. Solche Produkte werden nicht nur angeboten, sondern eben selber produziert. Massa hat diese Möglichkeit längst für sich entdeckt und führt als Subunternehmen neben anderen eine Getränke GmbH, eine Kaffeerösterei und einen Gartenbaubetrieb.

Kasse läßt sich aber auch machen, wenn ein Konzern Generalimporteur für ein Produkt ist, einen italienischen Landwein zum Beispiel. Wieviel der im Regal kosten soll, bestimmt der Importeur, ohne Konkurrenz fürchten zu müssen. Auch dafür hat der Handel ein treffendes Fachwort geprägt: „Nichtvergleichende Artikel" sind jene, die den meisten Gewinn abwerfen.

Eine andere Methode, den Absatz zu steuern, funktioniert so: Die Preise für Konkurrenzartikel mit geringer Gewinnspanne, beispielsweise Kaffee, werden erhöht, so daß ein bestimmter Kaffee, der in der Qualität gleich und normal kalkuliert ist, plötzlich besonders billig wirkt. Sein Absatz floriert, das Produkt gewinnt Freunde, die ihm auch dann noch die Treue halten werden, wenn die Erhöhung zurückgenommen und das alte Gefälle im Kaffeepreis wiederhergestellt ist.

Mit einem Bund Lauch, einem Zwei-Kilo-Paket Vollwaschmittel, zwei Litern Milch und einer Flasche Maiskeimöl lenke ich den Wagen in Richtung Nudeln, die meine Mahlzeit zusätzlich bereichern sollen. „Hochzeit-Nudeln" für 1,99 Mark greife ich mir rechts aus dem Regal – und bin wieder ein Opfer des Rechtsdralls geworden.

Der Hintergrund: So wie man sich rechtsherum durch den Laden bewegt, mustert man auch die Regale zunächst rechts, und zwar in der sogenannten Griffzone, auf halber Höhe. Dort stehen deshalb die teureren Produktvarianten. Denn hätte ich nicht voreilig zugegriffen, sondern meinen Blick nach unten oder oben schweifen lassen, hätte ich „Schwäbische Landnudle" entdeckt, die vermutlich um keinen Deut schlechter, aber 20 Pfennig billiger sind – und die Packung enthält sogar die doppelte Menge.

Auch Sonderangebote werden gern in den „Reck-" und „Bückzonen" plaziert, also ganz oben oder unten im Regal. Weil der Händler sowieso nichts daran verdient, ist ihm auch der Umsatz damit egal. Doch solche „Lockvogel-Angebote", wie Insider sie nennen, bringen den Laden „zum Brummen": Sie sollen den Kunden vom rechten Weg, dem Hauptgang, in die Regalgasse ziehen. Während er dort das angepriesene Produkt sucht, passiert er das Regal, die „Kontaktstrecke". Und während der Kunde womöglich das Sonderangebot nicht findet, entscheidet er sich statt dessen für eine teurere Alternative oder packt gar außer den Nudeln noch Fertigsuppen ein, die zufällig danebenstehen.

Der Platz im Regal entscheidet zumeist über Triumph oder Niederlage eines Produktes, und die Marktmanager sind es, die die Stellplätze verteilen. Um sich Gewißheit darüber zu verschaffen, was wohin gehört, werden regelrechte Studien am lebenden Konsumentenobjekt betrieben. „Einmal", erzählt Wolfgang Kamolz, „haben wir Schüler verschiedener Altersstufen in die Süßwarenabteilung geschickt und ihnen gesagt: Kauft, was ihr wollt." Hernach wurde die Beute analysiert und festgestellt, welche Schleckereien welchem Alter besonders mundeten – und dann entschieden, wo diese Hits im Regal anzusiedeln sind, damit sie von ihrer Klientel auch optimal erreicht werden können.

An der Fleischtheke kaufe ich Steak und Salami, verfrachte in der Getränkeabteilung meine Mineralwasserkiste auf die Wagenunterablage und kurve in Richtung Kasse. Hier setzt der Kaufmann zur letzten Attacke auf mein Portemonnaie an. Mit Produkten, die, so hat ein Experte errechnet, 19mal soviel Gewinn und 14mal soviel Umsatz in der Kassenzone erzielen, als wenn sie anderswo im Laden präsentiert wären: Schnökereien, Socken, Videokassetten und vieles andere mehr.

WIR HABEN DEN RUNDGANG beendet, sitzen zwischen Pappkartons und Dekorationsteilen in einem Hinterzimmer des Kaiserslauterner Marktes, und ich möchte von Wolfgang Kamolz wissen, wie es um die Nachfragemacht von Einzelhandelskonzernen wie Massa bestellt ist. Denn die Schlange der Hersteller ist lang, die im Sortiment der Filialisten „gelistet" werden möchten. Das verspricht hohen Umsatz und großen Absatz durch schnellen Umschlag in vielen Filialen. Liefermengen und Konditionen legen Vertriebsexperten und Zentraleinkäufer der Konzerne fest.

Doch wieder gibt Kamolz sich unwissend. Haben die Handelsketten beim Preispoker mit ihren Lieferanten etwas zu verbergen? Es muß wohl so sein. Von „freier Marktwirtschaft" kann im Lebensmittelhandel jedenfalls keine Rede sein. Schätzungsweise 250 Milliarden Mark Umsatz wurden 1990 in diesem Branchenzweig erwirtschaftet. Fast 60 Prozent davon teilten die großen Filialisten unter sich auf: zum Beispiel Aldi, Co op, Tengelmann, Spar und Rewe-Leibbrand. Und die Großen sind es, die den Herstellern und Lieferanten die Marktkonditionen diktieren.

Gezockt wird anläßlich der „Jahresgespräche" zwischen Zentraleinkäufer und Anbieter. Wurde ein Produkt häufiger abgesetzt als zuvor, verlangen manche Handelsketten von den Herstellern einen „Jahresbonus". Dabei geht es um Millionen – die eventuell auch im voraus zu entrichten sind. Gelegentlich wird den Herstellern nahegelegt, sich für das Inkasso ihrer Rechnungen einer Tochtergesellschaft des Filialisten zu bedienen. Und sogar das – ziemlich geringe – Risiko eines Ausfalls ihrer Forderungen müssen sie bei diesen Inkasso-Firmen abdecken und dafür erhebliche Delkredere-Provisionen zahlen.

Weiterhin mag der Zentraleinkäufer „Naturalrabatte" fordern, weil er ein bestimmtes Produkt an prominenter Stelle in allen Filialen anbieten will. „Geben Sie uns eine Palette umsonst", befiehlt er dann. Darüber hinaus kennen Anbieter die Forderung nach Werbungskostenzuschüssen. Neben Stellplatzgebühren, Regalmieten, Listungsgebühren, Deckungsbeiträgen für Umsatzausfälle, Buß- und Strafgeldern, Sonderleistungen bei Neueröffnungen, Inventurhilfen, Investitionszuschüssen und und und... Wer diesen Wünschen nicht entspricht, droht „liquidiert", aus dem Sortiment gestrichen oder gar nicht erst aufgenommen zu werden.

Natürlich wird keine Handelskette sich so rüder Umgangsformen selbst bezichtigen. Und auch kaum ein Lieferant macht den Mund auf: Er würde unter Umständen seine Existenz ruinieren. Ein wenig Licht in die Praxis konnte 1983 das Bundeskartellamt bringen. Dort war der Grossist Metro aufgefallen, weil der von 900 Lieferanten je 500 Mark für einen Stellplatz im Regal kassierte. Das summierte sich rasch auf 31 000 Mark pro Produkt, weil das „Eintrittsgeld" für jeden der 62 Märkte zu entrichten war, die zur Metro gehörten. Immer noch ein Taschengeld, gemessen an den 100 000 Mark, die ein anderes Unternehmen verlangt hatte, bevor man überhaupt bereit war, über die Listung eines neuen Produktes zu verhandeln.

Beim Schachern um Regalplazierungen hat nicht nur die Zentrale, sondern auch der Marktleiter vor Ort – in der Rüsselsheimer Massa-Filiale ist es Rolf Dresen – ein paar Trümpfe in der Hand: „Wenn unsere Zentrale in Alzey beschließt, den Umsatz mit einem bestimmten Produkt zu erhöhen, muß ich das Regal neu sortieren." Dann legt Rolf Dresen fest, wie viele Zentimeter mehr die gesponserten Konserven im Regal, wie viele die Dosen der Konkurrenz weniger bekommen, und die Zentrale entscheidet, welcher „stille Artikel", welcher Ladenhüter, aus dem Sortiment gestrichen wird. Die „Renner- und Pennerlisten", wie sie in der Branche heißen, werden immer auf dem laufenden gehalten. Denn 20 Prozent des Sortiments, so sagt eine Handelsregel, machen 80 Prozent des Umsatzes aus.

Welches Produkt der Bann trifft, das kann auch von den Vertretern abhängen. „Servicebereitschaft" nennt Dresen die Elle, an der er Firmenrepräsentanten mißt: Ob sie 14täglich bei ihm hereinschauen oder nur einmal im Monat, ob der Nachschub pünktlich rollt, vollzählig und unbeschädigt. Ob sie „ihre" Ware selber auspacken, „ihren" Regalabschnitt picobello halten und sich für „ihr" Produkt werbliche „Sondermaßnahmen" einfallen lassen.

Überdies: Kleine Geschenke erhalten die Freundschaft. Auch wenn es nur die neuen Pralinen mit Aprikosenlikör und Mandelsplit sind, die der Vertreter einer Schokoladenfabrik der Vorzimmerdame eines anderen Marktleiters hinterläßt – „mit freundlicher Empfehlung".

DOCH WELCHE NEUE PRALINE an die Regalfront gelangt, welches Pulver demnächst in Deutschlands Waschmaschinen schäumt und welche Mahlzeit von erfolgreichen Hundezüchtern im Werbefernsehen angepriesen wird, darüber befinden die Produktmanager nicht allein. Da haben die Kunden ein Mitbestimmungsrecht.

Haßloch heißt düster der Ort im Pfälzischen, wo an Supermarktkassen Entscheidungen von nationaler Bedeutung fallen. Im größten Dorf von Rheinland-Pfalz setzen 19 000 Menschen die Trends in den deutschen Supermarktregalen. Nichts Außergewöhnliches privilegiert sie für ihre Tätigkeit als Vorkoster der Nation. Im Gegenteil: Hier, rund um den gepflasterten Rathausmarkt, in 200 Jahre alten Fachwerkhäusern und ordentlich ausgerichteten Eigenheimvierteln lebt Mittelmäßigkeit so verdichtet wie nirgendwo sonst im Land. Statistisch gesehen.

Denn was die Haßlocher verdienen und was sie ausgeben, entspricht dem Bundesdurchschnitt. Der Norm entspricht das Alter der Hausfrauen sowie die Größe der Haushalte, die es zu versorgen gilt: 2,7 Personen. Und daß die Haßlocher 95 Prozent ihres täglichen Bedarfs in den Supermärkten am Ort decken, macht die Gemeinde zum idealen Studienfeld für Marktforscher.

Seit 1986 probt die GfK-Testmarktforschung am Beispiel Haßloch den Ernstfall für Auftraggeber aus der Industrie: Ob ein neues Produkt Chancen hat, sich hierzulande durchzusetzen, und welche Werbung dabei flankierende Hilfe leisten kann.

Das technische Raffinement, das die GfK bei ihrer Datensammlung einsetzt, ist einmalig in Europa. Die wichtigste Voraussetzung dafür schuf die Deutsche Bundespost: Fast alle Haushalte in Haßloch haben Kabelanschlüsse. Und über diesen heißen Draht schicken die Forscher ihre Botschaften in die Fernseher der Testfamilien.

Chef-Funkerin in der winzigen Sendezentrale ist Silvia Williams. Jeden Abend führt sie die Testgucker in Versuchung. Dabei erscheint sie jedoch nicht selber auf der Mattscheibe. Das Programm wird auf Videokassetten angeliefert: Testspots für Produkte, die es nur in Haßloch zu kaufen gibt. Mit denen geht Silvia Williams auf Sendung.

Kooperationsabkommen mit ARD, ZDF, RTLplus und Sat 1 machen es möglich. Regelmäßig wird die GfK von dort mit den Sendeplänen beschickt, denen Silvia Williams entnimmt, welche Reklame an welchem Tag zu welcher Zeit ausgestrahlt werden soll. Daran orientiert sich Deutschlands kleinster privater TV-Sender mit seinem eigenen Programm.

Mittwochabend. Silvia Williams sitzt einsam im Studio am Regiepult. Auf der Monitorwand flimmert das aktuelle Programm der großen Kanäle. Die Zeit: 18.11 Uhr.

Der Auftritt der Mainzelmännchen eröffnet den Werbeblock. Die Propaganda für La Bamba, Lila Pause und Toyota läßt Frau Williams gleichgültig. Dann aber konzentriert sich ihr Blick auf den Sekundenzeiger der großen Wanduhr. Um 18.16 Uhr und 45 Sekunden drückt sie den Startknopf am Pult: Wofür der anschließende ZDF-Spot wirbt, bleibt den Haßlocher Testfamilien verborgen. Sie empfangen den GfK-Dummy. Nach 20 Sekunden ist alles vorüber. Frau Williams gibt den Kanal wieder frei. Das reguläre Programm läuft weiter.

„Targetable TV", zielbares Fernsehen, nennt die GfK ihr Instrument und „BehaviorScan" ihre Untersuchungsmethode. Was die mit Verhaltensforschung zu tun hat, offenbart sich in den Tagen nach der Testsendung in den Supermärkten am Ort. Jeder Versuchshaushalt wurde mit einer maschinenlesbaren Kennkarte ausgestattet. Die wird nach dem Einkauf an der Kasse vorgelegt, per Scanner eingelesen, und danach wird jeder Artikel beim Kassieren erfaßt. Auf diese Weise kontrolliert die GfK nicht nur, ob das Neuprodukt Abnehmer findet, der Spot zum Kauf animieren konnte – der Einkauf läßt sich auch jedem Testhaushalt individuell zuordnen.

Um den Haßlochern die lückenlose Offenbarung ihrer Kühlschränke und Speisekammern schmackhaft zu machen, bietet die GfK Testwilligen nur bescheidene Prämien – „um keinen Einfluß auf die Kaufkraft zu nehmen": die Erstattung der monatlichen Kabelgebühren und die vierteljährliche Verlosung von Einkaufsgutscheinen im Wert von 25 bis 300 Mark. Außerdem wird eine Fernsehzeitung frei Haus geliefert – von Fall zu Fall ebenfalls mit Dummy-Anzeigen präpariert – sowie einmal im Jahr eine Reise verlost: zum Beispiel zur GfK-Zentrale nach Nürnberg.

Dort freut sich Heinrich Litzenroth, der GfK-Geschäftsführer, über die Vorzüge der Technik, die in Haßloch angewendet wird: „Sonst ist es üblich, daß Testfamilien haarklein Buch über ihre Einkäufe führen müssen: welche Artikel zu welchem Preis sie wann und wo gekauft haben. Die Kladden haben wir dann ausgewertet, konnten aber nie sicher sein, ob die Testkäufer nichts vergessen hatten. Durch die BehaviorScan-Methode entfällt diese Belastung für die Testpersonen – und wir bekommen mit den Bonrollen der Supermarktkassen absolut vollständige Daten ins Haus geliefert."

Bei der Werbung geht es um viel Geld. Schätzungsweise 18 Milliarden Mark wurden 1990 dafür ausgegeben. Und weshalb sich die Industrie die Marktforschung zusätzlich weit über eine Milliarde Mark kosten läßt, weiß Heinrich Litzenroth auch: "Unsere Erfahrungen haben bestätigt, daß jede zweite Mark, die für Werbung ausgegeben wird, rausgeschmissenes Geld ist. Deshalb prüfen wir die Chancen neuer Produkte im Mikrotestmarkt, damit Unternehmen nicht für einen Flop zig Millionen in den Sand setzen."

Nach Schätzung von Experten werden von 1970 bis zur Jahrtausendwende rund zehn Millionen neue, vor allem aber abgewandelte Produkte, "Varietäten", ins Rennen um die Gunst der deutschen Käufer geschickt worden sein. Doch die meisten verschwinden schon nach kurzer Zeit wieder aus den Regalen: "gut 80 Prozent", sagt Litzenroth. "Gerade im Lebensmittelbereich steht hinter jedem ‚lebenden‘ ein ‚toter‘ Artikel. Denn die Qualität ist im Grunde immer gleich. Daß sich eine neue Produktpersönlichkeit auf einem bereits gesättigten Markt trotzdem differenzieren kann, ist nur mit einem ausgeklügelten Einsatz von Werbung zu schaffen. Wenn der Kunde beim Gedanken an eine bestimmte Ware, zum Beispiel Schokolade, ein inneres Bild vor Augen hat, zum Beispiel eine lila Kuh, dann assoziiert er unwillkürlich auch einen Markennamen, zum Beispiel Milka – und dann ist der Zweck der Werbung optimal erfüllt: den Kunden zum Kaufen zu animieren."

Sind Supermarkt-Shopper also wirklich nichts mehr als Marionetten, denen Marktstrategen vorschreiben, was sie auf ihrem Regalparcours dem Einkaufswagen anvertrauen?

Heinrich Litzenroth beschwichtigt: "Natürlich versuchen die Konzerne, ihre Produkte so oft wie möglich an den Mann oder die Frau zu bringen. Geschicktes Marketing ist aber keine Manipulation. Betrachten Sie es als eine Art Entscheidungshilfe, damit der Kunde die richtige Ware auswählt. Im Sinne des Anbieters, versteht sich."

Dann lächelt er: "Denn eines ist eben unmöglich: Zwingen können wir den Konsumenten nicht. Was er einkauft, muß er mit sich selbst abmachen."   (1991)

HANNE TÜGEL

In Hülle und Fülle

*Wir schätzen sie, die appetitlich präsentierten
Marmeladen im Glas, die luftdicht verschweißten Baguettes in der
Folie, die stoßsicher gelagerten Bohnen in der Konservendose.
Wir verbrauchen sie – und werfen ihre Verpackung auf den Müll. Auf
eine Abfallhalde, die immer weiter anwächst. Allein unsere Super-
markt-Tüten summieren sich jährlich auf 64 000 Tonnen Plastikmüll.
Und mit den 4,5 Milliarden Quadratmeter Alufolie, die per
annum in Deutschland entstehen, könnten wir das gesamte Saarland
einpacken. Wohin führt der Verpackungswahn?*

Vorsicht! Sprechen Sie mich besser nicht an, wenn Sie mich im
Kaufhaus treffen. Ich weiß wohl, wie befreiend ein kleiner
Seufzer über den „elenden Verpackungswust" sein kann,
während sich der Einkaufswagen mit Plast und Plunder füllt, wo doch
nur Brot und Käse auf dem Zettel stehen. Ich bin sicher, auch Ihnen
verschafft es Erleichterung, in der Warteschlange böse Blicke auf jene Sünder zu werfen, die alle Tage wieder um neue Plastiktüten betteln, um jene bunten Hüllen, die unsere Nachfahren in 300 Jahren
noch gebrauchsfähig aus der Müllkippe werden buddeln können.

Aber die Warnung gilt – ich bin die Falsche für solche Gespräche.
Meine Abneigung gegenüber Tüten würde ich mit dem Detail
schmücken, daß die paar Gramm Plastik je Tragetasche sich im Jahr
zu fast 64 000 Tonnen summieren, wobei rote aus Schwermetallgrün-
den für die Nachkommen bedrohlicher sind als grüne und Gelb teuf-
lischer ist als Weiß.

Solches Fachwissen mag Ihnen ja noch imponieren. Aber die meisten beunruhigt dann die Art, mit der ich der Mitkundschaft Erkenntnisse über Packtechno-, -psycho- und -ökologie aufzudrängen suche.
Ich möchte allen, die sich mir unbedacht nähern, mit dem Einkaufswagen den Weg versperren. Dozieren, weshalb das endgültige Urteil
des Umwelt-Engels in der Sache Pfandflasche gegen Milchkarton
noch nicht gesprochen ist. Aufklären über Vor- und Nachteile von
Combitherm®-Folien aus coextrudiertem monoaxial gerecktem Po-
lyamid mit eingebetteter Gassperrschicht . . .

Sie wollen überhaupt nicht wissen, daß „coextrudieren" nur der komplizierte Begriff für die gängige Methode ist, mehrere Folien zu einer einzigen zu vereinen? Das würde mich nicht bremsen. Für mich ist es extrem wichtig, darüber zu reden. Bis nach Ladenschluß. Oder bis mich Wesen im weißen Kittel zur Tür geleiten. Ich weiß inzwischen mehr über Verpackungen, als mir guttut.

Verweilen wir an der Brottheke zu einer kleinen Meditation über „Harry's Baguette". Zwei weichliche bleiche Laibe, 350 Gramm, 2,29 Mark. Es ist kein Zufall, daß diese vorgebackenen Stücke, die von ihrem zukünftigen Besitzer in fünf Minuten weggeputzt werden, etwa so perfekt umhüllt sind wie Reinhold Messner bei einer Antarktis-Tour: die Weißbrötchen in Combitherm®, er in 2-Lagen-Gore-Tex®. Die Vorgaben sind ähnlich – Feuchtigkeit, Kälte und UV-Strahlen im Übermaß sollen draußen bleiben, Mensch und Baguette nicht vorzeitig zugrunde gehen. Für das Survival der halbgaren Stangenbrote ist die obengenannte coextrudierte monoaxial gereckte Erfindung revolutionär: Vier Schichten Plastik mit allen erdenklichen feinen Eigenschaften sind verschmolzen zu einem einzigen dünnen Film, in dem die schrumpeligen Dinger backofenfertig warten.

Spott beiseite – unbefangen betrachtet ist dieser Folienverbund, der dünner ist als ein Haar, dabei die zähe Geschmeidigkeit von Gummi besitzt, dessen Transparenz trotzdem Einblick ins Innere erlaubt, der sich bedrucken läßt und obendrein glänzt, ein Meisterwerk. Ganz besonders, wenn er nicht aufgeplustert begaste, sondern im Vakuum verpackte Güter umhüllt: Mit welcher Perfektion schmiegt sich das Material um die Leberwurst oder an die Erdnüsse – welch optimaler Muldenschrumpf!

Es gab jahrtausendelang Kulturen, die Brot, Erdnüsse und sogar Wurst konsumiert haben, ohne hochdichtes Combitherm® zu vermissen. Es gab auch Antarktis-Expeditionen und Harzwochenenden ohne Gore-Tex®-Anoraks. Aber heute lauert beim Einkaufsbummel zwischen Souterrain (Lebensmittel) und 2. Stock (Sportkleidung) eine der tückischsten Fragen, die unsere Gesellschaft zu bieten hat: Sollen wir produzieren, was wir können oder was wir brauchen – oder was sonst?

„Die Frage nach der Möglichkeit der Moralität politischen Handelns" – ein Thema für ein philosophisches Seminar, weniger fürs Kaufhaus-Gewühl. Als Extrakt für das Handeln vor Ort kann vorläufig gelten: Verpackung brauchen wir auf jeden Fall; die Experten sind sich nur noch nicht einig, ob es wirklich die gesamten 5 Millionen Tonnen Papier und Pappe, 3,5 Millionen Tonnen Glas, 1,7 Millionen

Tonnen Kunststoff, 1,4 Millionen Tonnen Metall sein müssen, die allein 1989 in der Bundesrepublik produziert wurden.

ZAHLEN. DATEN. HIGHLIGHTS: 47 Milliarden Verschlüsse wurden bereits 1984 registriert und 55 Millionen neue Kisten und Schachteln am Tag. Gegenwärtig gleiten 500 000 Quadratmeter Aluminiumfolie pro Stunde aus den Maschinen. Der „Fachverband Aluminiumfolien und dünne Bänder" würdigt die dabei im Jahr 1989 entstandenen 4,5 Milliarden Quadratmeter so: „Dies entspricht etwa zweimal der Fläche des Saarlandes!" Eine seltsame Vorstellung: oben Folie, unten Folie, in der Mitte das Saarland, als Sandwich umwickelt. Wahrscheinlich kommt Rheinland-Pfalz bald dazu. Wo soll das enden?

Doch zurück zum Wesentlichen: Daß eine Ware nackt ihren Weg durch die Welt antritt, ist unzumutbar. Schon bei Marmelade, Camembert und Christbaumkugeln wird das augenfällig. Und es gibt unsäglich viele exzentrischere Güter, die über Kontinente hinweg, durch rauhe See und auf holprigen Landstraßen ihrem Ziel entgegenschaukeln. Man muß gar nicht an Van-Gogh-Gemälde und Terracotta-Figuren denken, die von einem Museum zum anderen reisen. Oder an so unsympathische Artikel wie Uranhexafluorid (radioaktiv/ätzend) oder Nitrobenzol (giftig), die in doppelwandigen Fässern aus Stahlblech bei weitem sicherer aufgehoben sind als lose – und im Fall des Unfalles immer noch nicht sicher genug. Ungepolstert hätten schon Fernseher, Computer, Kameras bei der alltäglichen Weltwirtschafts-Rallye keine Chance.

Bei der Verpackungsmesse „Interpack" fand ich es noch übertrieben, wie der Referent sich über die „Dämonisierung der Verpackungsbranche" erregte und für den Fall von Einschränkungen einen „revolutionären Kollaps" heraufbeschwor.

Inzwischen weiß ich: Der Mann am Pult hatte recht mit seinem Wortschwall vom „komplexen vernetzten System von Abhängigkeiten". Das Verpackungswesen ist unentwirrbar in die Gesamtgesellschaft verstrickt; wer das labile Gleichgewicht stören will, muß an Rohölpreise, Containermaße, Hygieneanforderungen, Robotergenerationen und die Käuferpsyche denken. Kein Wunder, daß niemand weiß, wo man anfangen könnte aufzuhören.

VERLASSEN WIR für kurze Zeit die klimatisierte Kaufhalle mit der unaufdringlichen leisen Musik. Die Einkaufskarre kann stehenbleiben. Jetzt ein Ausflug in die Industriegebiete. Zu den Speditionen. In Hafenbetriebe. Dort, wo zwischen Tausenden von mehrstöckig aufgetürmten Containern die Gabelstapler um die Ecken sausen, bin ich kleinlaut geworden.

Ein Walzwerk für China, ein Kernkraftwerk für Brasilien? Kein Problem: heute bestellt, übermorgen geliefert. Spezialfirmen haben Erfahrung darin, mit den Hunderttausenden von Einzelteilen zu hantieren, alle Schräubchen, Schaltschränke und Turbinen als transportgerechte Portionen zu verstauen, sie einzuschäumen, in riesige Silberfolien-Pakete einzuschweißen und dann in maßgefertigte Kisten und Verschläge zu verladen, die irgendwer irgendwann in Tianjin oder Rio in der richtigen Reihenfolge wieder auspacken wird.

Betroffene kennen die Tragödien des Verpackungsalltags, die Diskrepanzen zwischen Lieferschein und Augenschein. Die Versender haben Bananen, Tomaten, Krimsekt, Eisenstangen auf den Weg gebracht; die Empfänger finden Matsch, Schimmel, Scherben, Rost. Um Enttäuschungen in Grenzen zu halten, organisieren Forschungsinstitute Härtetests. Konservendosen erleben in Klimakammern abwechselnd Sauna und Sibirien. Hier ein Salzsprühraum, in dem Kaffeesäcke ein Vorgefühl von Brandung bekommen, da eine Sonnenbank, wo sie unter UV-Strahlen rösten. Ingenieure lassen Fässer mutwillig aus großer Höhe fallen, quetschen Pappkartons zusammen und ziehen Folien auseinander, um zu sehen, was die aushalten. Schaumpolster müssen auf Rütteltischen beweisen, daß Ecken und Kanten sie nicht zur Unzeit durchbohren werden.

Angewandte Wissenschaft tobt sich mit griechischen Buchstaben und Quadratwurzeln aus, wenn beispielsweise die Deutsche Industrienorm DIN 55468 Prüfungen und Güteklassen für grob-, fein-, mittel- und feinstgewellte Wellpappe regelt. Oder wenn DIN 2045 detaillierte Anforderungen an „Dosen für Sauerkraut und Brühbohnen, nicht sterilisierbar" stellt. Insgesamt tyrannisieren rund 500 Normen den Verpackungsbereich.

Dennoch: Trotz deutscher Vorsicht müssen deutsche Versicherer zur Regulierung von Transportschäden 1,5 Milliarden Mark im Jahr ausgeben, ein Betrag, der fast dem Bruttoinlandsprodukt von Togo gleichkommt. Nicht auszudenken, wieviel mehr zu Bruch ginge, wenn die deutsche Wirtschaft nicht 71 Milliarden in Packtechnologie investieren würde – was dem Wert aller Waren und Dienstleistungen eines Jahres in Griechenland entspricht.

Verpacken an sich kann also nicht Sünde sein. Aber: Ich habe mir angewöhnt, nach Inspektionstouren durch Kaufhäuser und Containerterminals einen Zwischenstopp in unserem Müllkeller einzulegen. Schon der flüchtige Blick unter einen der Deckel offenbart, daß die raffinierten Mehr-Schichten-Folien, die Dosen, denen weder Sauna noch Sibirien etwas anhaben können, und die auf den Rütteltischen erprobten Polster ziemlich oft und ziemlich schnell am falschen Platz landen. Was acht Parteien im Haus individuell zusammengestellt haben, starrt mich da an: Waschmittelkanister, Chipsbeutel, Zigarettenschachteln, gebrauchte Joghurtbecher, schimmelige Margarinedeckel, sperrige Styroporteile, zerknülltes Schokoladenpapier, saubergeleckte Katzenfutterschälchen, verdreckte Haushaltsfolie, ausgediente Konservendosen, ausgetrunkene Leichtflaschen, leere Shampootuben, halbleere Tablettenröhrchen.

Verendetes Verpackungsmaterial stellt hierzulande beim Hausmüll ein Drittel des Gewichts und die Hälfte seines Volumens: zehn Millionen Tonnen Jahr für Jahr. Es auf den 332 Deponien und in den 47 Verbrennungsanlagen erd- oder feuerzubestatten ist teuer. Und, wie sich herumgesprochen hat, nie ohne Nebenwirkungen: Schwermetalle im Grundwasser. Krebsgifte in der Luft. Treibhauseffekt.

IRGEND ETWAS MUSS aus dem Ruder gelaufen sein bei dem Bemühen, Brötchen mit Hochsicherheitsplastik zu umgeben, Saarland-große Flächen in Alufolie zu packen, Brause in Blech zu dosieren und die überflüssig gewordenen Hüllen dann ihrem Schicksal zu überlassen.

Alles begann einst mit naturnahen Mehrwegbehältern, die über jede Kritik erhaben sind – Tiermägen, Fellsäcke, Kürbisschalen, Ton-Amphoren, geflochtene Körbe. Aus hygienischen Gründen spielen sie heute keine wesentliche Rolle mehr. Andere Materialien aus früheren Epochen blieben allerdings beliebt: das Holzfaß, in dem Wein sich wie vor 2000 Jahren wohl fühlt; Glasfläschchen für wohlriechende Öle und Wässerchen, wie man sie schon aus altägyptischen Gräbern geborgen hat.

Bei Augsburg fand sich eine metallische Verpackung, die Kenner auf das Jahr 1000 vor Christus datieren: ein Bronzeeimer. 1814 probierten englische Marinesoldaten in Westindien erstmals Nahrung aus Weißblech-Konservendosen – es gab Gemüsesuppe. Papier war anfangs zu kostbar für Verpackungszwecke, erst im 16. Jahrhundert kamen Pappschachteln auf. Aus Holz, Glas, Metall und Papier bestehen noch heute 70 Prozent der Verpackungen. Aber wenn die Archäologen im Jahr 2500 nach unseren Resten graben, werden sie besonders häufig auf das Packmaterial mit der kürzesten Geschichte stoßen: auf Kunststoff.

Das totale Plastikzeitalter begann erst in den fünfziger Jahren dieses Jahrhunderts. Damals gelang es, im Großmaßstab billig gewonnene Moleküle – vor allem aus der Erdölchemie – mit Weichmachern, Stabilisatoren und Farbe zu Granulat zu verklumpen. Die Materialien aus diesen Bröseln erwiesen sich als die Erfüllung von Technikerträumen, in denen Begriffe wie „biegesteif", „weichelastisch", „kerbschlagzäh", „galvanisierbar" oder „temperaturwechselbeständig" herumgeisterten.

Allerdings: Einmal in die Welt gebracht, sind Elastomere, Thermo- und Duroplaste von einer Unverwüstlichkeit, die für Gartenstühle zwar ideal, für Schlagsahnebecher aber ärgerlich ist. Außerdem ist es billiger, die Brösel in immer neue Becher, Beutel, Eimer, Folien, Flaschen zu verwandeln, als gebrauchte Becher, Beutel, Eimer, Folien, Flaschen einzusammeln, auszuwaschen und neu zu füllen.

In Phasen der Euphorie ist Kritteln unerwünscht. Der Gedanke, daß es irgendwann Platzprobleme geben werde und sich unangenehm giftige Bestandteile unserer schmucken Hüllen wie Cadmium, Blei und Chlor selbständig machen könnten, blieb lange ungedacht. Diskussionen kamen erst auf, als es zu spät war, noch einmal bei Null anzufangen. 1987 präsentierte der „Verband der Kunststofferzeugenden Industrie" seine Studie „Verpacken ohne Kunststoff" mit dem Ergebnis: Würde man Plastik, wo überhaupt möglich, durch anderes Material ersetzen, würden sich Kosten, Energieverbrauch und das Müllvolumen verdoppeln. Die Ausweichstoffe hätten das vierfache Gewicht. Die Auftraggeber folgerten zufrieden: „. . . alle langjährigen kostenintensiven Bemühungen, den Materialeinsatz durch günstigere Verpackungen und Abmagerung der einzelnen Packmittel zu reduzieren, wären auf einen Schlag in ihr Gegenteil verkehrt".

Also kein Weg zurück aus dem „komplexen vernetzten System von Abhängigkeiten"? Selbst wenn „Harry's Baguette" in Wellpappe oder Dosen Platz fände, blieben noch Kunststoffe übrig als Lacke, Kleber, Dichtmittel, Siegelschichten. Wie es sich für ein richtiges Dilemma gehört, hat sich ergeben, daß auch die traditionellen Packstoffe keine Generalamnestie verdienen: Holz wird in Fungiziden ertränkt, Papierherstellung kann gruselige Abwässer verursachen, Metallhütten verpesten die Luft. Glas ist schwer und braucht deshalb besonders viel Energie beim Transport.

„ÖKO-BILANZ" HEISST das neue Zauberwort, der Versuch, herauszufinden, welche Umweltstörungen am wenigsten stören. Konkret: Was ist besser – Milch-Pfandflasche oder Verbundkarton?

Karton, meint der „Fachverband Kartonverpackungen für flüssige Nahrungsmittel" und beruft sich auf eine Vergleichsuntersuchung.

Falsch, erwidern Umweltverbände und belegen, daß die Studie von zweifelhaften Annahmen ausgeht.

Schwieriges Thema, sagt das Umweltbundesamt. Der Fachmann dort, der sich bei der Arbeit unter ein Poster mit einer zerbeulten Co-

la-Dose duckt, erwartet die erste umfassende Studie zu „Öko-Bilan-
zen von Packstoffen" erst in ein paar Jahren.

Von solchen Detailproblemen unbehelligt, stieg die verpackungs-
relevante Verbrauchskurve für Holz und Glas in den letzten Jahrzehnten bedächtig, die für Metall und Papier steil, die für Kunststoffe noch
steiler an.

Die verpackte Gesellschaft ist alltägliche Einkaufserfahrung –
Schicht folgt auf Schicht, ein Ende ist nicht absehbar. Einzelstücke
finden im Sixpack Halt, Sixpacks im Karton, Kartons lagenweise auf
Paletten, das Gesamtkunstwerk ist in Schrumpffolie eingeschweißt.

Die großen Enthüllungen finden im Kaufhaus hinter den Kulissen
statt. Folgen Sie mir ins Lager, bevor wir die Einkaufswagen weiter-
schieben. Machen wir es uns ein paar Minuten im Halbdunkel bequem. Die Berge aus zerrissenen Pappen und zerknüllten Folien sind
keine schlechte Umgebung für Erinnerungen an die Epoche der
Langsamkeit. 1953, das erste Jahr der Nachkriegs-Verpackungs-Sta-
tistik, war mein Geburtsjahr. Das hieß Kindheit im Milchkannen-
Zeitalter, aber ich mochte keine Milch. Erst recht keine Dickmilch,
die meine Eltern statt aus Polystyrolbechern aus tiefen Tellern löffel-
ten, in denen Milchreste seit gestern darauf gewartet hatten, eine un-
appetitlich gelbe Haut zu bekommen. Ich mochte Limo, die das Auto
von „Quellen-Lehnig" kastenweise ins Haus brachte.

Ein Bäckerjunge legte jeden Morgen die Brötchen in den Leinen-
beutel vor der Tür. Auf Marmeladengläser gab es beim Kaufmann
Pfand zurück, aber gekaufte Marmelade war die Ausnahme, selbstge-
machte die Regel. Mütter hatten mysteriöserweise genug Zeit, Johan-
nisbeeren in Gelee zu verwandeln. Und Kuchen zu backen, statt ein-
geschweißte Biskuitböden mit Dosenfrüchten zu belegen oder tiefge-
kühlten Supermarkt-Apfelkuchen „Alt-Böhmisch" in den Backofen
zu schieben. Kuchen nach eigenen Rezepten schmeckten besser –
dafür waren „Lila Pause"-Riegel und „Bifis" unbekannt. Die folgten
im Strudel der sechziger, siebziger und achtziger Jahre samt Wunder-
wirtschaft, Automation, Rationalisierung, Plastikkultur. Die Kosten
für den Verpackungsaufwand kletterten von 4 Milliarden auf die
schon erwähnten 71 Milliarden Mark.

Manchmal wünsche ich mich zurück ins kleine System mit den
überschaubaren Abhängigkeiten meiner Kindheit. Oder nach Großklein in der Steiermark: 2300 Einwohner, zwei Wirtshäuser, eine
Konditorei, sieben Kaufläden – und eine Sensation.

Großklein boykottiert Getränkedosen und Einweg-Plastikflaschen.
Ein parteiübergreifendes Komplott aus drei Lehrern und einem Ar-

chitekten hat 1982 alle zehn Händler des Ortes überrumpelt und zu einer entsprechenden Vereinbarung überredet. Der Kaufmann mit dem größten Laden schleppt mit seinen Kollegen rund 10 000 Kästen Leergut im Jahr, „aber alle sind stolz, muß ich ehrlich sagen". Für die Besitzerin des Kiosks an der Schule ist es „geschäftlich schon ein Nachteil, weil die Kinder aus den Dosen halt gern trinken", aber sie nimmt ihn seit acht Jahren in Kauf. Die Lieferanten haben den Starrsinn akzeptiert. Die Inhaberin von A & O: „Am Anfang mußten wir einiges retour schicken, dann hat es sich eingespielt."

So einfach ist ein Anfang und so schwierig. Nachfolgeprojekte in anderen Gemeinden scheiterten, weil nie alle Händler zu begeistern waren. Großklein ist weit. Mein Kaufhaus führt 22 Sorten Getränkedosen. Ich meide die betreffenden Gänge.

Wenn es mir zuviel wird, gehe ich in die Obst- und Gemüseabteilung. Besser: Es zieht mich zu Bananen, Orangen, Gurken, Paprikaschoten, Nüssen. Ich schließe die Augen und streiche über glatte, rauhe und pelzige Oberflächen: das Polster einer Apfelsinenschale, die Härchen von Kiwis und Stachelbeeren, die ledrige Haut einer Avocado, die holzige Schale der Kokosnuß. Kokosnüsse sind die Krönung – Kenner würden sie als stoßgesicherte Exportpackungen bezeichnen. In Flüssen oder im Meer von der Strömung getrieben, können sie Tausende von Kilometern lebend überwinden, genährt von fettem, eiweißreichem Fruchtfleisch und dem „Süßwasservorrat", der Kokosmilch.

DIE NATUR KENNT TECHNIKEN, lichtdicht und wasserdampfdicht zu verpacken. Sie bietet thermischen Schutz und Polster; Wachsschichten verhindern Aromaverlust. Und all ihre Materialien erfüllen eine Bedingung, die menschengemachte vermissen lassen: Es gibt keinen Müll – die verrottenden Teile gehören zum natürlichen Kreislauf. Verpackungsprofis erkennen die „Natur als Meister und Lehrmeister" an und rühmen platzsparende Anordnung in der Bohnenschote oder „optimale Aufreißverfahren" bei der Banane. Doch sie üben auch Kritik. Der Abschreckungsmechanismus einer Kastanie scheint übertrieben zu sein; das Verpackungsgewicht in anderen Fällen zu hoch: 24 Prozent Tara für die Orange, 31 Prozent bei der Banane, die überdies die Ansprüche an Stoßfestigkeit keineswegs erfüllt. Bei Kunststoffen genügen zwei bis drei Gewichtsprozent des Inhalts.

Trotzdem mehren sich die Versuche, das Vorbild der Natur in Sachen Müll zu imitieren. Die Firma Wissoll lockt mit Konfekt, dessen Innenverpackung aus Waffelteig wir gleich mitessen sollen. Sandoz führt Ampullenbehälter aus Stärke in die Krankenhäuser ein („100

Prozent abbaubar, aber noch 100mal so teuer wie PVC") , mit denen die Ärzte notfalls ihre Dackel füttern können. Sony füllt Strohpolster statt Styropor in Pakete. Wella verkauft uns Shampooflaschen, die sich wundersam selbst auflösen sollen, wenn sie ausgedient haben – aber nicht eher. Was ist von solchen Neuerungen zu halten? Schickt der Mensch sich an, Verantwortung für die Materialien zu übernehmen, die er in die Welt setzt – oder sind dies bloße Werbegags mit Alibifunktion?

ICH GESTEHE: Verpackung ist für mich nicht nur ein berufliches, sondern auch ein privates Trauma. Ich komme aus einer Familie, die nichts wegwerfen kann; wir sind leidenschaftliche Sammler. Mein Vater hatte ein Lager von gebrauchtem Paketband, um das ihn gutsortierte Geschenkeläden beneidet hätten. Die Margarinebecherkollektion meiner Mutter ist berüchtigt, und ihre jährliche Marmeladenproduktion hängt weniger mit dem Obstangebot als mit der Zahl der übers Jahr gesammelten Mayonnaisegläser zusammen. Mir selbst fallen mitunter beim Abendbrot Eierkartons auf den Kopf, weil deren Anzahl inzwischen die Kapazität meiner Küche übersteigt und selbst der Bioladen keine mehr haben will.

Verbraucher, die horten und aufbewahren, statt zu verbrauchen, Händler, die auf Umsatz verzichten – sie passen schlecht ins System ständig steigender Produktivität, in das die Verpackungsbranche der Bundesrepublik eingebunden ist.

Fabrikszenerie: Rhythmisches Gestampf erfüllt die Hallen, dumpfes Dröhnen, nervöses Klacken. Maschinen sind unermüdlich dabei, zu formen, zu falten, zu füllen. Sie stanzen, schneiden, schrumpfen, stretchen, siegeln. Roboter mit Namen wie „Romeo" stapeln ohne menschliche Hilfe Paletten: zwei Kisten Zwieback, drei Packungen Seife, vier Kartons Sekt. „Wraparound-Maschinen" fahren wie ein Karussell um die fertige Palette herum, um sie in Folie einzuwickeln.

Die Studie „Verpackung 2000" der Universität Dortmund verrät den Trend: „Ausgestattet mit einer prozeßverfolgten Grundintelligenz werden flexible Verpackungsautomaten als Mehrfunktionsträger eine Vielzahl kombinierte Verpackungsfunktionen ausführen."

Ich muß gestehen, daß ich nicht weiß, was unter „prozeßverfolgter Grundintelligenz" zu verstehen ist. Ich weiß nur, daß ich dem Vertrauen in Automaten mißtraue. Es ist zu erwarten, daß der ganze prozeßverfolgte Fortschritt nur einem einzigen Ziel dient: noch mehr Ware noch schneller zu verpacken, damit keine Zeit für die grundsätzliche Frage bleibt, wie wir aus dem Wegwerfzeitalter in eine würdigere Welt entkommen können.

VERLASSEN SIE DAS KAUFHAUS jetzt besser. Sie würden vergebens auf meine Patentlösung warten. Kurz vor Feierabend verärgere ich meine Zufallsbekanntschaften oft, weil ich über die eigene Rolle im Verpackungsdrama moralisiere. Gehen Sie also, und nehmen Sie noch ein paar Dinge zu Studienzwecken mit: den Badeschaum, das Einmal-Kännchen für Kaffeesahne, die Blumendüngerschachtel dort hinten und die „Joghurtmehrstückpackung Fruchtkörble".

Jedes dieser Produkte hat einen Preis bei einer Veranstaltung gewonnen, die sich „Deutscher Verpackungswettbewerb" nennt.

Sie bleiben und fragen, warum „12 neutrale Fachleute", darunter Professoren, Doktores, Manager, Designer, die häßliche Plastikkanne für Kondensmilch prämiert haben, die sie nie und nimmer auf ihrem eigenen Frühstückstisch dulden würden? Sie kommt „dem Convenience-Denken des Verbrauchers entgegen", heißt es im Urteil der Männerjury. Convenience sagt die Branche, wenn sie Faulheit meint. Aber sollen es Ehefrauen nicht satt haben dürfen, klebrige eingedickte Milchreste vom Porzellan zu schrubben?

Da gibt's die „Badeschaumflasche mit integriertem Einhandverschluß". Ideal für Unpraktische und Ausländer ohne Sprachkenntnisse: „Die Funktion des Verschlusses ist so einfach, daß sich eine Beschreibung oder Gebrauchsanleitung erübrigt."

Warum aber die Prämierung des Joghurtbechers im Achter-Pack? Hier lobt Jury die „leichte Regalpflege im Handel", den „Schutz der einzelnen Becher gegen Diebstahl" und die „einfache Mitnahme einer großen Zahl von Produkteinheiten mit einem Kaufvorgang".

Ich spare die Ehrung des Tintenturm-Thekendisplays für Füllerpatronen-Packungen aus (für Neugierige der Hinweis: „Durch die Ablösung der ursprünglich flachliegenden Ausführung des Displays durch eine fast senkrecht stehende Konstruktion wurde ein wesentlich höherer Aufmerksamkeitswert in bezug auf die Kundenansprache erreicht.") Die Botschaft des Wettbewerbes ist klar: Irgend etwas Positives läßt sich finden, zumindest bei den 16 Prozent der eingereichten Packungen, die Preise bekommen haben.

Amateure, von denen Kritik zu erwarten wäre, sitzen nicht in der Jury. Kein Umweltminister, keine Hausfrau, kein Robin Wood. Die vorauseilende Antwort auf Einwände aus solchen Kreisen stammt vom Geschäftsführer der „Rationalisierungs-Gemeinschaft Verpackung im Rationalisierungs-Kuratorium der Deutschen Wirtschaft". Dr. Wolfgang Möhrlin gibt höflich-offensiv zu bedenken, daß Produktion und Handel immer das liefern, was der Verbraucher will. Also werde auch bei auf den ersten Blick fragwürdigen Verpackungen „eine Wirkung erzielt, die der Käufer offensichtlich wünscht und deren zusätzlichen Aufwand in diesem kleinen Spiel der Täuschung er bezahlt". Übersetzt heißt das: Wenn ihr so blöd seid, Müll und Krebs und Treibhauseffekt zu kaufen, bitte sehr!

ES IST MENSCHLICH, Vorwürfe zu ignorieren, besonders die mit einem wahren Kern. Wir schimpfen über Verpackungsorgien – und kaufen im „Convenience"-Rausch. Seit wir 92 Prozent aller Lebensmittel per Selbstbedienung erwerben, wollen unsere Hände die Packung betasten dürfen, ohne den Inhalt zu berühren. Unser Geist freut sich über die „Wertanmutung", vorgegaukelt von Farbe, Form und Glitzer. Unsere Sinne genießen beim Blick unter die Klarsichthülle ihr „Produktvorerlebnis".

Die Marktforscher wissen, wie schön wir trotz aller ökologischen Bedenken das Auspacken finden. Auspacken ist Vorfreude. Wie Weihnachten. Süße Minuten voller Ungeduld und Vorahnung, in denen man an der Schnur zerrt, an Klebestreifen reißt und Schicht um Schicht enthüllt. Der Abenteurer in uns allen liebt Originalverschlüsse, die den Erstzugriff garantieren. Wir lieben das Deflorieren einer Senftube, das Ächzen eines Lift-off-Deckels nach der entschlossenen Achteldrehung, das Zischen aus der Dose, das Aufreißen einer Folie.

Heerscharen von Psychologen und Designern suchen unsere Konsumwünsche und Bedürfnisse zu ergründen. Etwa mit dem Tachistoskop – ein Dia blitzt auf, für Sekundenbruchteile. Erkennen wir das Logo? Schon nach einer Hundertstelsekunde? Oder erst beim fünftenmal? Assoziieren wir die richtige Marke?

Und was geht im Gehirn vor „bei Entscheidungsprozessen vor dem Ladenregal"? Eine Spezialbrille mit drei eingebauten Videokameras zeichnet unbestechlich auf, wohin der Blick zuerst wandert, wenn wir zur Konserve greifen – zu dem Bild mit erntefrischen Tomaten oder zu den Angaben mit den Inhaltsstoffen.

VERPACKUNG IM TECHNIKTEST, im Psychotest. Und im Kindertest, wegen der reichlich 30 000 Kinderunfälle im Jahr durch Haushalts-Chemikalien und Medikamente, Dunkelziffer nicht eingerechnet. Die Entgiftungsabteilungen der Krankenhäuser kennen das Problem – ein cleveres Kleinkind hat experimentiert, und dann hilft nur noch Blaulicht und Magenauspumpen. Wie ist sicherzustellen, daß Erwachsene den WC-Reiniger problemlos öffnen können, ohne daß die nächste Kundengeneration versehentlich dahingerafft wird? Mit der Norm DIN 55559: „kindergesicherte Packungen".

Die Tester gehen in den Kindergarten. Sie müssen Drei- und Vierjährigen (42 bis 51 Monate) vorführen, wie man die (leere) Testpackung öffnen kann, und sie fünf Minuten damit spielen lassen. Kinder, die den Verschluß nicht knacken, werden ermuntert, in den nächsten fünf Minuten die Zähne zu Hilfe zu nehmen. Wenn zum Schluß mehr als 15 Prozent Erfolg hatten, ist die Verpackung durchgefallen.

Warum das hohe Restrisiko von 15 potentiellen Opfern unter 100 Kandidatenkindern? Allzu kindersichere Verschlüsse überfordern zu viele Erwachsene. Und deren Erfolgsquote muß laut Norm bei 90 Prozent liegen. „Was haben Sie getan, wenn Sie einen Verschluß nicht öffnen konnten?" wollten Marktforscher wissen. Die Befragten hatten zur Rohrzange, zum Messer oder zum Schraubenzieher gegriffen, einer hatte die Packung weggeworfen, andere hatten bei versierteren Mitmenschen Hilfe gesucht.

Fragen Sie mich. Ich kann Poplock-, Snap-Cap- und Clinch-Verschlüsse unterscheiden. Ich bin jederzeit ansprechbar; ich kaufe kaum noch, wandere nur in den Gängen umher. Wenn es mir gutgeht, schmuggele ich Objekte, die auf meiner privaten Hitliste stehen, Kaufhausbesuchern in den Korb – die letzten Schraubenzieher, Taschenlampen und Batterien, die noch nicht in Plastik verschwunden sind. Zucker in schmucklosen Papiertüten. Aber es gibt auch die schwarzen Tage, an denen es vorkommt, daß ich aus fremden Einkaufswagen Waren zurück ins Regal räume, weil ich weiß, daß deren Käufer die raffinierten Hüllen nicht würdigen, sondern wegwerfen werden.

Ich plane ein Happening, um die Verpackungskünstler ins rechte Licht zu rücken. Leider kann es dabei Pfützen geben, weil dazu „Bricks" durchgerissen und entfaltet werden müssen, diese quaderförmigen Blockpakete für Flüssigkeiten. Aber auf den Inhalt kommt es nicht an. Es geht darum, das Innere nach außen zu krempeln und vorsichtig die drei Schichten zu trennen, die man vereint hat, um Wasser + Apfelsaft + Zucker + Säuerungsmittel + Zitronensäure + Aroma als „Apfel-Fruchtsaftgetränk" in viereckige Form zu bringen.

Ein internationales Ambiente: Bauxit, der Grundstoff für die Aluminiumschicht, kommt hauptsächlich aus Jamaika, Brasilien und Ghana. Der Nahe Osten liefert Erdöl für die Plastikkomponente, und Skandinavien steuert die Papierschicht bei. Alles samt Inhalt für 69 Pfennig! Doppelbahnig aseptisch abgefüllt in combibloc-Füllmaschinen mit Kopfstegnaht-Siegelung durch Ultraschall und Entschäumer mit Schaumrückführung, die sich nicht nur für „Low-acid-Produkte" eignen, sondern auch für „Babyfood" und ...

Sie wollen jetzt zur Kasse? Schade. Ich weiß, es verwirrt, zu viel über Verpackung zu erfahren. Aber ich bin morgen wieder da. Sie finden mich am Obststand. Bei den Kokosnüssen.   (1991)

GERRIT KOMRIJ

Neun Monate Winter, drei Monate Hölle

Es gibt Wochen in den Bergdörfern von Trás-os-Montes,
hoch in Portugals Norden, da hört der Regen nicht auf, da zieht
die Kälte in die groben Granitquader der Bauten, und
Nebelschwaden verschlucken die Konturen der Landschaft. In den
Häusern hocken die Menschen in schweren, pelzgefütterten
Mänteln zusammen, und unter den Eßtischen stehen Kupferbecken,
in denen glühende Asche die Füße der Speisenden wärmt.
Vor vielen Jahren ist der holländische Schriftsteller Gerrit Komrij
nach Trás-os-Montes gezogen. Seitdem teilen die 40 Bewohner
seines Dorfes die Zeit ein in »vor oder nach dem Ausländer«.

Florbela ist die Älteste in meinem Dorf. Über 90 muß sie sein. Ihre zahnlose Mundhöhle umdrängen dunkle Runzeln, die Jahresringe eines mühseligen Lebens. Jeder behandelt sie mit Respekt, man verhält den Schritt und verneigt sich, wenn sie auftaucht.

Als Hebamme hat sie die gesamte Dorfbevölkerung zur Welt gebracht. Sie kennt jeden Mann in seiner Nacktheit, erinnert sich der Unschuld jeder Mutter. Jetzt backt sie nur noch Brote und schleppt im Winter Reisigbündel. Sogar die Söhne des Großgrundbesitzers bringen ihren Jeep mit einer großen Staubwolke zum Stehen, wenn sie die schwarze, tief gebeugte Gestalt erblicken, und legen die Arme um sie. „Halte sie in Ehren", sagte mir einer, „sie hat den bösen Blick."

Mein Dorf liegt in Trás-os-Montes, „jenseits der Berge". Hier ist alles wuchtiger, archaischer als im übrigen Portugal. An drei Seiten von Gebirgsketten eingeschlossen und an der vierten mit dem Rücken zum Erzfeind Spanien, ist diese nordöstliche Provinz seit Jahrhunderten vergessen worden. Hier gab es nichts zu holen, also ließ man sie in Frieden. Eine lebensfeindliche Welt, in der die Auswanderungsquote immer doppelt so hoch war wie im Landesdurchschnitt. Einige Schnellstraßen sind gebaut, ein paar Industrien angelegt worden, doch in Dörfern wie meinem hat der Traktor den Ochsenkarren, die Elektrizität das Holzfeuer noch längst nicht verdrängt. Wenn ich sage, Florbela habe die ganze Bevölkerung meines Dorfes zur Welt gebracht, so spreche ich von 40 Einwohnern.

Die Portugiesen in den Städten haben nur eine verschwommene, mythische Vorstellung von dieser Provinz „hoch in den Wolken". Scheu und Angst mischen sich mit Unwissen und Arroganz. Dort laufen die Leute, tuscheln sie, noch in Tierfellen herum – was nicht stimmt. Im Winter kommen die Wölfe in die Dörfer herab – was sehr wohl stimmt. Dort ist es rauh und unwirtlich – was nur teilweise stimmt, denn außer kargen Landstrichen aus Granit besitzt Trás-os-Montes ebenso viele pastorale Fluren; Weiten, die an die Toskana erinnern. Trás-os-Montes, flüstern sie schließlich ohne den Wunsch, jemals dorthin zu reisen, sei das „wahre Portugal". Dort habe sich das Wesen der ursprünglichen Gesellschaft am reinsten erhalten. Das wiederum stimmt.

Es ist ein Wesen der Extreme. Die Armut ist hier mittelalterlicher. Die Nächte haben mehr Sterne als anderswo. Der Glaube ist freudiger. Das Pittoreske grausamer. Seit fünf Jahren wohne ich nun in dem Dorf. Wie Jahreszeiten und Heiligenfeste bin ich zu einem Fixpunkt der Zeitrechnung geworden: „Vor oder nach dem Ausländer?" fragen sie hier, wenn jemand Vergangenes datieren will. In diesem erstarrten Zentrum eines unruhigen, wuselnden Europa habe ich schauen gelernt, regungslos und tagelang.

Extreme Kälte und extreme Hitze. „Neun Monate Winter (*inverno*) und drei Monate Hölle (*inferno*)", sagt eine Wetterregel, die jeder Transmontaner kennt. Vor allem im Winter stehe ich stundenlang – wie viele Stunden, weiß ich nicht – vor dem Fenster. Ich kann bis zur Tränke sehen, bis zu dem Baum, der dort zur Höllenzeit den waschenden Frauen Schatten und Kühle spendet. Jetzt zeichnen sich seine kahlen Äste wie Spinnweben ab vor einer Fläche aus Dunst und Nebelschwaden. Manchmal, wenn der Nebel alles verschluckt, starre ich ins Leere. Doch irgendwann erbleicht das Weiß, schälen sich allmählich, wie beim Entwickeln eines Fotos, die Silhouetten der trinkenden Ochsen und Kühe heraus, das Gestänge eines hölzernen Karrens. Es ist die Stunde der Scherenschnitte; jede Farbe erlischt, wenn das Licht mit dem Nebel schwanger geht. Ich liebe diese kalten Stunden, nichts daran ist trübsinnig oder bedrückend.

Der Winter ist die Jahreszeit der Unbequemlichkeiten. Nicht nur in den Gaststätten, auch im Familienkreis hocken die Leute in schweren, mit Pelz gefütterten Mänteln zusammen. Unter vielen Eßtischen steht ein Kupferbecken, in dem glühende Asche die Füße der Speisenden wärmt. In der Küche, unter dem Rauchfang, züngelt ein Feuer. Ansonsten ist es überall kalt – in den Korridoren, den öffentlichen Gebäuden, den Zügen, den Cafés. Regelmäßig fällt der Strom aus. Das Regenwasser stürzt in Bächen die steilen Dorfstraßen hinab. Viele Wege werden unbegehbar. Die Kinder bleiben zu Hause, denn das Dach der Schule ist leck, und die Karte von Portugal wirft Falten an der verschimmelten Wand.

Die Leute schützen den Oberkörper vor Kälte und Regen durch Capes aus rauher Wolle oder durch einen Umhang aus mehreren Lagen Schilf, die Körper und Gesicht eng umschließen und über dem Kopf kunstvoll zusammengebunden werden. So, wie wandelnde Strohgarben, gehen die Kinder der Ärmsten zur Schule; wenn die Gestalten im Nebel miteinander schwatzen, sieht es aus, als hingen sie wie Rohrkolben in den Vasen ihres Schuhwerks.

Nebelschwaden, die vorbeijagen und die Aussicht bald verhängen, bald wieder für kurze Zeit sonnig erscheinen lassen, Wolkenfelder, die tagelang in den Tälern hängenbleiben, Rauchfahnen über den Schornsteinen und Rauch im Hause, damit die Wärme nicht entweicht – das ist das Weichbild des Winters. Zur Zeit des Schlachtens brennen die Feuer auf den Straßen, während der Olivenernte brennen die Feuer in den Hainen, und niemand weiß, wo der Nebel endet und der Rauch beginnt.

Es sind Monate, in denen alles nur kurz auftaucht und ebenso rasch wieder verschwindet. Die Granitmauern der Häuser; die Gänse, die das Wasser trinken, das in Rinnsalen auf den unbefestigten Wegen hinunterläuft; die Schafherden, die in der Abenddämmerung wogend wie ein Kornfeld ins Dorf zurückkehren; das Glitzern der feuchten Steine auf der einzig gepflasterten Straße, der zum Friedhof; die mit Stroh ausgelegten Innenhöfe und die Veranden, auf denen Reisig geschichtet liegt – sie alle sind da und gleich wieder weg. Und vor allem gibt es, sobald es regnet oder zu regnen droht, die endlose Prozession schwarzer Regenschirme, die am Auge vorbeizieht, lauter einförmige schwarze Flecken im hellen, von Sonnenstrahlen durchsiebten Nebel.

Der Winter ist die Zeit der Olivenernte. Die Männer schlagen sie mit langen Stöcken von den Bäumen, und die Frauen und Kinder sammeln sie in Säcke. Abends steht die ganze Familie dicht beisammen, müde Gestalten im Nebel. Wenn man nahe an ihnen vorbeigeht, sieht man sie Branntwein trinken, und aus der Hand essen sie Stücke von rohem Schinken und *chouriços*, Räucherwurst, und *alheiras*, mit Brot, Blut, Fleisch und Knoblauch gefüllte Därme.

Der Winter ist die Zeit der ewigen Wandlung der Dinge. Die Zeit der Bewegungen, die im Laufe des Tages immer träger werden. Die Zeit, in der man sich verzweifelt fragt, ob noch jemals etwas im Herzen auftauchen wird – und sei es nur der Schatten einer Fledermaus im weißen, endlosen Meer feuchter Kälte.

Ich sehe den Dorftrottel auftauchen. Was ist ein Dorf ohne Dorftrottel? Also haben wir auch einen. Niemand hier stößt darüber einen romantischen Ruf des Entzückens aus. Er ist einfach eine Plage. Seit dem Augenblick, in dem sein Körper den Geist einzuholen begann, hat er Mädchen und junge Frauen belästigt. Daraufhin hat ihn der Abdecker der Gemeinde kastriert, zu jedermanns Zufriedenheit außer der seinen. So einfach ist das.

Ein wenig sieht er aus wie ein vergreister Knabe. Er trägt einen glänzenden Filzhut. Ständig stößt er Schreie aus, und sein viel zu weites Jackett schlottert ihm um den Leib. Er liebt es, kleine Kinder auf den Arm zu nehmen. Stundenlang steht er da und wiegt sie unter einem Baum. Er lungert auch gern im Café herum und kneift mit schallendem Gelächter den Männern des Dorfes in den Hintern. Bei Anbruch der Dämmerung kommt seine Mutter ihn holen und jagt ihn nach Hause. Sie hält einen Olivenzweig in der Hand und schlägt damit ihrem närrischen Sohn auf den Rücken. Immer wenn er ein paar Meter vorgerannt ist, bleibt er wie ein störrischer Esel stehen und schaut sich um. Die Mutter stürzt ihm nach und verpaßt ihm ein paar weitere Hiebe. Stockend und stoßend erreichen sie so ihr Haus.

Neun Monate Winter, diese Wetterregel scheint etwas übertrieben, wenn man Uhr und Kalender hin und wieder ernst nimmt. Doch der Sommer als dreimonatige Hölle, dieses Bild dürfte stimmen.

Während der Hitzeperioden geht niemand ohne Grund ins Freie. Draußen ist ein Backofen. Drinnen halten die Mauern aus Felssteinen die Kühle. Ich verträume meine Mittagsstunden unter einem Ventilator, in einer Hand ein Glas kaltes Wasser, in der anderen ein dünnes Buch, in dem ich stündlich einen Absatz lese. Sämtliche Luken sind geschlossen, alles ist dunkel und zähflüssig. Mitunter hebt eine der Katzen lustlos das linke Augenlid, um es sofort wieder gleichgültig zu schließen. Dann, es ist endlich acht Uhr abends, die Sonne geht unter, draußen beginnen sich Stimmen zu erheben, man wagt sich vorsichtig hinaus, die gequälte Erde glüht etwas milder, die geschälten Korkeichen sind tiefrot – dann findet die Hölle ihren Ausgleich.

Im August wird immer irgendwo gefeiert. Die Feste kommen in der ersten Kühle vor Mitternacht in Gang und dauern bis zum Morgengrauen. Ich war auf so einem Fest in dem Dorf, wo ich in einem

Geschäft meine Einkäufe besorge. Aus allen umliegenden Dörfern waren sie gekommen, mehrere tausend Menschen mit ihren Babys, Eseln und Essenskörben. Das Dorf liegt an einem Fluß, über den zwei Brücken führen. Sie waren voll von Leuten, die nach Mitternacht das Feuerwerk am Himmel bestaunten und die funkenspeienden Drachen und zischenden Seejungfrauen, die auf dem Wasser trieben. Dazu heulten die Sirenen von Feuerwehren, unterwegs zum anderen Flußufer, das durch Funken in Brand geraten war. Unbekümmert wurde weitergetanzt, gelacht und gewartet auf den Morgen, an dem sich alle wieder zusammenfanden zur Heimfahrt in ihre Nachbardörfer. Sommernächte, zwischen Himmel und Hölle.

Das Leben trägt seine Vernichtung in sich, so einfach ist das. Ein paar Nächte später kam in der Nähe meines Dorfes ein Traktor vom Weg ab und stürzte Dutzende Meter in die Tiefe. Zwei betrunkene Männer hatten darauf gesessen, die von einem anderen Fest heimkehrten. Der Fahrer wurde mit gebrochener Hüfte und halbzerfressenem Gesicht – die Batteriesäure war darübergelaufen – aus dem Tal geholt. Sein Begleiter starb. Es war sein Cousin gewesen, der in Frankreich arbeitete und seinen Urlaub bei der Familie verbracht hatte.

Tags darauf war die Beerdigung. Gegen fünf Uhr nachmittags, zur heißesten Zeit, versammelten sich alle am Eingang des Dorfes und warteten auf den Wagen, der den Leichnam aus dem 15 Kilometer entfernten Krankenhaus bringen sollte. Es herrschte gelassene Ruhe. Niemand war übermäßig traurig. Der Tote hatte ja schon seit einem Menschenalter im Ausland gewohnt. Seine Frau war in der Unglücksnacht zwar schreiend durch die Straßen gelaufen, aber das Dorf bestand nur aus seinen Vettern und Cousinen ersten und zweiten Grades, angeheirateten Tanten und Patenonkeln, allesamt Familie und doch nicht Familie. Die Leute hockten in Gruppen beisammen, einige mitten auf dem Weg, andere im Feld, Männer und Frauen wie immer getrennt. Im Dorf hatte Florbela gelben Besenginster an alle Haustüren gehängt, um dem Teufel den Zugang zu verwehren.

Es wurde sechs Uhr, und noch immer war der Leichenwagen nicht eingetroffen. Auf einer Haustreppe saß ein blonder Junge von etwa fünf Jahren in einer kurzen Hose. Man hatte dem Jungen zwar erzählt, was dem Vater zugestoßen war, doch er saß da und spielte vergnügt mit einer Katze. Noch war der Tod für ihn nur ein Wort.

Sieben Uhr, und noch immer kein Auto am Ende der Straße. Es entstand leichte Unruhe. Nicht, daß sich jemand erhob, dazu war es zu drückend, nur die Gespräche wurden lauter. Halb acht. Kein Toter. Die Sonne verschwand hinter den Bergen. Ein kräftiger Wind kam auf. Plötzlich übertönte das Rauschen der Kastanienbäume und das Klappern eines Wellblechdaches das Gemurmel der Herumsitzenden.

Die Beerdigung wurde abgesagt. Wie man mir am nächsten Tag erzählte, war die Leiche eine Stunde später doch noch im Dorf eingetroffen. Während der Nacht hatte man sie im Hause der Familie aufgebahrt. Ich dachte an den blonden Jungen, für den der Tod nun doch mehr als nur ein Wort geworden war. Am nächsten Mittag fand endlich die Beisetzung statt. Es war windstill. Nach der Beerdigung fehlte der Junge. Stundenlang wurde nach ihm gesucht. Später hörte ich, daß man ihn auf dem Friedhof gefunden hatte. Er war nach Hause gerannt, um eine Kerze anzuzünden und seine Hand so lange darüber zu halten, bis die Haut Blasen schlug. Danach hatte er sich ans Grab gesetzt. Mit gespreizten Fingern hielt der Junge den verletzten Handteller über die Erdschollen, unter denen sein Vater ruhte.

Als wäre nichts geschehen, so werden hier Tod und Leben hingenommen; die Extreme sind die Ereignisse des Tages. Tod und Leben stehen nebeneinander. Kein Wunder, daß Allerheiligen, das Gedenken an die Verstorbenen, der wichtigste Tag im Zyklus der Rituale ist. An Allerheiligen ist es in Trás-os-Montes üblich, den ersten Wein des Jahres zu trinken. Dazu werden geröstete Kastanien gereicht. Man ißt sie glühend heiß. Danach wieder ein Wein, erst vor sechs Wochen ins Faß abgefüllt, der Stolz des Familienoberhauptes.

Überall strömen die Menschen zum Friedhof. Viele Familien verbringen dort den ganzen Nachmittag, sie sitzen herum, schwatzen, essen. An Allerheiligen werden alle ummauerten Friedhöfe zu Wohnzimmern. Gegen sechs Uhr geht die Sonne unter. Die rote Glut der Landschaft verschwindet und macht einer ganz anderen Glut Platz – dem Licht Hunderter von Kerzen, die auf die Gräber gestellt werden. Je dunkler es wird, desto heller leuchten die Friedhöfe.

Bald, wenn jedermann zu Bett gegangen ist und die Menschenerde tot und ausgestorben erscheint, werden nur noch die Friedhöfe nachglühen, als hätten die Toten für diese Nacht das Land in Besitz genommen und grüßten nun einander mit mildem Schein.

Wieder ein Wintermorgen mit Schnee und Nebelschwaden. Beim Blick aus dem Fenster sehe ich einige Tagelöhner um ein Feuer hocken und sich die Hände wärmen. Abends kommt der Arzt zu Besuch und erzählt, daß Florbela, die alte Hebamme, heute morgen mit verbrannten Ohren zu ihm in die Praxis gebracht worden sei. Sie litt seit Jahren an so bohrendem Schmerz in ihrem rechten Schenkel, daß sie sich die Ohren mit einem Feuerhaken versengt hat, um dort einen stärkeren und verständlicheren Schmerz zu spüren.   (1989)

ERWIN KOCH

Ratzlaff

*Ost-Berlin, in den ersten Monaten nach dem
Fall der Mauer. Ein Staat ist implodiert, eine Gesellschafts-
ordnung zusammengebrochen. Alles ist jetzt anders.
Auch in der Schönhauser Allee, wo das Herz des grauen, nicht für
Paraden hergerichteten Berlin schlägt. Und wo Menschen
leben wie der alte Haumeister Ratzlaff, der die Miete einst mit dem
Revolver kassierte und der nun an den Ratten
merkt, wieviel sich seit jenem denkwürdigen Abend im
November geändert hat.*

Ratzlaff sitzt am Tisch in der Küche und friert und drückt die Patronen in den russischen Revolver, es ist sechs Uhr am Morgen, er dreht die Trommel, dann kippt er sie ins Schloß. „Behalten Sie die Knarre", erinnert sich Ratzlaff an die Worte des Herrn von der KWV, „das Ding erleichtert Ihnen vieles."

KWV heißt Kommunale Wohnungsverwaltung.

Und so hatte sich Ratzlaff, der Klumpfüßige, vor 34 Jahren anstellen lassen, im hohen und langen Mietshaus an der Schönhauser Allee, in dem er seit seiner Geburt wohnt, jeden Monat, treppauf, treppab mit der Waffe in der Hose die Mieten einzuholen. Ratzlaff zieht die maßgeschusterten Schnürschuhe an und den blauen Filzmantel, steckt eine Taschenlampe und den Revolver vorsichtig ein. Dann löscht er das Licht und tritt in den Flur. Es riecht nach Schwefel.

„Dummköppe", sagt Ratzlaff, der 75jährige, der bis zu seiner Pensionierung beliebter Heizer im Kabelwerk Oberspree war. Im Auto fuhren sie ihn nach Hause, damals, am 30. April 1980, seinem letzten Arbeitstag, mit der silbernen Ehrennadel der Nationalen Front am Kragen. Im Hof blühten Tulpen, und Frau Sembke aus dem Hinterhaus hatte ihm ein Glückwunschkärtchen zwischen Tür und Rahmen gesteckt. Er dreht den Schlüssel zweimal.

„Dummköppe", denkt er jedesmal, wenn er seine Wohnung verläßt und den Schwefel riecht. So hatte er vor Wochen den Ärger nicht länger ertragen, sich hingesetzt und festgehalten: „Wenn man den Heizkessel mit Kohle füllt, muß man von oben ein Feuer anfachen. Der Effekt ist, alle aus der frischen Kohle sich entwickelnden Gase müssen durch die über ihr liegende Glut und werden von dieser vollständig vergast, können also keinen Rauch bilden. Das Ergebnis ist verblüffend, und unser Staat würde weniger stinken. Heinz Ratzlaff, Berlin.‟

Dann hatte er das Papier ans „Neue Deutschland‟ geschickt, das Ratzlaffs Wahrheit ungekürzt verbreitete. Das war Anfang Januar, und Ratzlaff, stolzer Leserbriefschreiber, fuhr noch am gleichen Tag an den Franz-Mehring-Platz und erklärte einem Redaktionsfräulein: „Gestatten, ich bin der Ratzlaff aus der Schönhauser, der heute unter dem Titel ‚Hier ist guter Rat billig‘ abgedruckt ist‟, und man möge ihm, damit er sein Wissen unter die Nachbarn bringe, 30 Exemplare schenken. So hatte er am Abend das „Neue Deutschland‟ in die Briefkästen gesteckt. Seine Mahnung auf Seite 16 war mit einem roten Stift umrandet, doch nur Frau Sembke gratulierte ihm zwei Tage später.

Er hält sich mit der linken Hand an der Lehne, steigt langsam, beide Füße auf jede Stufe setzend, das Treppenhaus hinab. Dicke, grüne Farbe splittert von der Wand, der Stuckkranz um die Glühbirne ist auf wenige Blätter zusammengebröselt. Seit dem schnellen Sterben von Frau Baumgärtel aus dem dritten Stock, Herzversagen, wischt niemand mehr die Treppen; immer dicker und dunkler wird der Staub, und Ratzlaff, um den beigen Teppich in seinem Wohnzimmer nicht zu beschmutzen, hat sich seither angewöhnt, beim allabendlichen Fernsehen die Füße unter den Teppichrand zu stellen.

Er tritt auf die Straße. Nebel und Gestank füllen die Schönhauser Allee. Auf sechs Spuren holpern Autos über Kopfsteine. Männer in dunklen Kleidern eilen stumm zur Arbeit. Die Untergrundbahn, die an der Ecke Oderberger Straße zwischen den Fahrstreifen aus der Erde steigt und langsam zur Hochbahn wird, dröhnt und leuchtet auf stählernen Stelzen durch die Farblosigkeit. Auf dem Gehsteig streiten graue Tauben um eine Krume.

„Wo ist denn heute deine Schiffermütze, Opa Ratz?‟ fragt eine junge Frau den Alten. Die Frau trägt ein schlafendes Kind im Arm, erwartet keine Antwort, sagt nur: „Muß zur Krippe.‟

„Heute brauch’ ich keine Mütze‟, murmelt Ratzlaff und dreht sich zum Haus um.

WIE SO VIELE HÄUSER im Berliner Norden und Osten entstand auch dieses im letzten Jahrhundert, zu einer Zeit, als sich, zwischen 1850 und 1890, die Einwohnerzahl der Stadt fast vervierfachte. Es kam die

Gründerzeit, zahllose Fabriken wurden gebaut und Mietshäuser für die Arbeiter. Im Auftrag des Berliner Polizeipräsidiums erdachte der Bauassessor James Hobrecht für den Norden der Stadt einen Bebauungsplan. Zu diesem Zweck sah er sich in London um, wo Arbeitende und Besitzende in verschiedenen Stadtteilen getrennt voneinander lebten. Dies gefiel dem Mann so wenig, daß er auf die Idee einer gesellschaftlichen Durchmischung kam.

Ein damaliges Berliner Mietshaus teilt sich in ein fünfstöckiges Vorderhaus, in dem, der Straße und dem Licht zugewandt, große und vornehme Wohnungen für wohlhabende Leute sind, und in ein oder mehrere Hinterhäuser um einen Innenhof, mit kleinen, dunklen Wohnungen für die Arbeiterschaft.

Was schließlich aber in Berlin wuchs, waren trostlose Mietskasernen. In einem Haus drängten sich manchmal 300 Menschen. Wer die Möglichkeit dazu hatte, zog in den Süden oder Westen der Stadt, in Viertel, die besser lagen, weil der Wind aus der Norddeutschen Tiefebene sie vom Rauch der Fabriken freihielt. So dauerte es kaum 20 Jahre, und die großen Wohnungen im Vorderhaus wurden in kleinere unterteilt und ebenfalls an Arbeiter und ihre Familien vermietet.

Ratzlaff blickt die Fassade hoch. „Irgendwann", sagt er, „wird der Balkon im vierten auf den dritten fallen." Er humpelt weiter, das geht ihn alles nichts an, vor sechs Jahren schon war er auf der KWV, hat die gepuderten Herren gewarnt, war auch bei der HGL und beim WBA. Nichts geschah.

HGL heißt Hausgemeinschaftsleitung, und WBA heißt Wohnbezirksausschuß.

Nun ist Frau Karlowski, als im ersten Stock eine Wohnung frei wurde, aus ihrer Dachwohnung drei Treppen tiefer gezogen, weil Regenwasser in ihr Zimmer tropfte. Alle unter dem Dach ziehen irgendwann nach unten, ziehen der Unbewohnbarkeit eine Etage voraus.

Der alte Mann wackelt in den Hof. Ein Kastanienbaum steht in einer Ecke, dunkelgraue Wände wachsen in einen hellgrauen Himmel. Ein Langhaariger tritt aus einer Tür, Ratzlaff kennt ihn nicht, zündet seine Taschenlampe an, blendet ihm ins Gesicht, Ratzlaff weiß nicht, ob der Mensch hier wohnt, möchte es wissen. Er faßt Mut: „Hallo, Sie..."

„Verpiß dich, Alter" zischt der Junge und geht in weiten Schritten über den Hof. Ratzlaff dreht sich um. Der Langhaarige verschwindet in der Schönhauser Allee.

Ratzlaff ist zornig. Jahrelang war er nach dem Krieg an Sommerabenden in die Trümmer gefahren und hatte Steine geputzt, so viel Steine, denkt er manchmal, daß man damit dieses Haus hätte bauen können. Jahrelang hat er beim NAW mitgemacht, sich aufgeopfert, während andere zum Rummelsburger See rausfuhren und Würmer ins Wasser hielten. Er schreit: „Verdammtes asoziales Element, du."

NAW heißt Nationales Aufbauwerk.

Ratzlaff stößt Dampf aus dem Mund. Er hört den Hall seiner Worte im leeren Hof. Er wartet, er fühlt den Revolver. „Du Rattenschwanz", sagt er leise. Ratzlaff geht durch die Tür, aus der der Langhaarige trat, drückt den Lichtknopf, steigt eine Treppe hoch, drückt den Lichtknopf, noch eine Treppe. „Gertrud Sembke" steht auf einem glänzenden Messingschild in schnörkeliger Schrift.

„Sie sind zu ängstlich", hatte er zu Frau Sembke gesagt, als diese ihn vor drei Jahren bat, ihre Wohnungstür mit einem zusätzlichen Schloß zu sichern, weil sie am Vorabend, als die Nacht in den Hof fiel, fremde Geräusche wahrgenommen hatte und sich deshalb in der Küche hinter den Vorhang stellte und plötzlich sah, wie unbekannte junge Männer und Frauen Matratzen in den dritten Stock hinauftrugen, in zwei Wohnungen, die seit Monaten leerstanden. „Nun sind Sie übergeschnappt", hatte Ratzlaff hinzugemurrt, als Frau Sembke ihn gleichzeitig anging, den metallenen Schuhrost vor ihrer Wohnungstür mit Kette und Schloß an die Schwelle zu fesseln.

Ratzlaff klopft viermal an die Tür, zweimal mit einem kurzen, zweimal mit einem längeren Abstand, wie verabredet. Ein Hund gerät in blaffende Erregung, das Bellen wird immer lauter. Gertrud Sembke dreht an ihren Schlössern und fragt: „Sind Sie's?"

Ratzlaff antwortet: „Wer denn sonst?"

Frau Sembke öffnet und kichert: „Kaffee ist fertig."

Die zwei setzen sich an den Tisch in der Küche. Ratzlaff legt den Revolver aufs geblümte Wachstuch. Der Hund gähnt neben dem Ofen und beobachtet beide. „Sind Sie sicher", fragt die Frau, „daß dem Sabinchen nichts passiert?"

„Was soll denn passieren?"

„Daß es Gift erwischt."

„Was eine Ratte nicht umbringt, bringt auch einen Hund nicht um", antwortet Ratzlaff, „und außerdem ist es mehr als ein Jahr her, daß die Staatswirtschaft im Keller war. Von Gift ist da nichts mehr."

Gertrud Sembke schenkt Kaffee in blau getupfte Tassen. Um die Tülle des Kruges hat sie ein Kunststoffschwämmchen gebunden, damit kein frecher Tropfen aufs Tischtuch fällt. „Ich sag's ja nur", fährt sie fort, „weil Sabinchen eigentlich nicht mir gehört."

Es hatte geregnet, und es war Sonnabend, als Gertrud Sembke Ende Juni 1957 an die Schönhauser Allee zog, ihre Habe mit dem Handwagen in sieben Fuhren den Gehsteig hinabkarrte. Werner, ihr Sohn, war damals zwölf Jahre alt und trug, so gut er konnte, die Dinge zwei Treppen hoch in die Einzimmerwohnung. Im Hof spritzte ein hinkender Mann den Dreck der Woche auf die Straße hinaus. Das war Ratzlaff. Er fragte: „Sind Sie die Neue, für 32 Mark 15?"

So hatte die Kellnerin Sembke den Heizer Ratzlaff kennengelernt, der fortan jeden Monat in ihre Küche trat, 32 Mark und 15 Pfennig verlangte und seine Unterschrift sauber ins Quittungsbuch eintrug. So sehr hatte sie sich an ihn gewöhnt, daß es ihr leid tat, als die KWV im Sommer 1978 mitteilte, die Miete sei fortan zu überweisen.

Ratzlaff aber durfte den russischen Revolver behalten. Frau Sembkes Sohn war längst groß und Facharbeiter beim Telefonbau geworden, als man in seinem Kopf einen Tumor entdeckte und ihn deshalb invalidisierte. Er durfte die DDR verlassen, reiste nach Venedig und starb zwei Monate später in einer Pension jenseits der Berliner Mauer. Gertrud Sembke hat ihn nicht mehr gesehen.

DDR heißt Deutsche Demokratische Republik, und „invalidisiert" bedeutet: arbeitsunfähig.

„Sie haben doch eine Schreibmaschine?" fragt Frau Sembke den alten Mann. Ratzlaff antwortet: „Drüben mit dem Begrüßungsgeld gekauft."

„Dann könnten Sie was abtippen für mich. Neulich hat der Dietmar angerufen, mein Neffe, der seinen Hund hierließ, als er im September in den Westen ging. Er hat mir etwas diktiert, und das soll nun in der Hundezeitung erscheinen."

Gertrud Sembke schiebt einen Zettel über den Tisch. Ratzlaff liest: „Man möchte meinen, die Revolution in der DDR geht an den Hundefreunden vorbei. Die von der Leitung der SDG im VKSK beschrittene Linie, weg von der SZG, hin zu Befehlsstrukturen über BZK und KZK, hat sich schon jetzt überlebt. Der DDR und der SDG den Rücken kehren war der einzige Ausweg für mich. Ich stelle hiermit den Antrag, daß sofort der Antrag auf eine Mitgliedschaft in der FCI gestellt wird."

„Mach' ich", sagt Ratzlaff, faltet das Papier und legt es neben den Revolver, „wenn ich fertig bin im Keller. Kennen Sie den langhaarigen Affen, vier Treppen hoch?"

„Langhaarige, Normalhaarige, Ratzekahle. Alles da", antwortet Frau Sembke. „Kennen tue ich keinen von denen, nur hören kann ich sie, die halbe Nacht lang. Allerlei Geräusche."

„Und Miete bezahlen die auch keine, weil niemand kontrolliert", knurrt er.

DIE SCHÖNHAUSER ALLEE durchschneidet den Berliner Stadtbezirk Prenzlauer Berg, ein lebhaftes, verkommenes Viertel. Fast 100 000 Wohnungen gibt es im Bezirk, nur ein Zehntel davon wurde nach dem Zweiten Weltkrieg gebaut, ein weiteres Zehntel steht leer. Nur in Marzahn, einer Wohnkastensiedlung am Stadtrand, leben die Berliner ebenso eng wie an der Schönhauser Allee.

„Neulich haben die da oben splitternackt getanzt, Männlein und Weiblein", sagt Gertrud Sembke und gickelt. Wenn sie lacht, schiebt ihr die Warze auf der Nase die dicke Brille stirnwärts. Ratzlaff schweigt. Als er gestern am Senefelder Platz aus der U-Bahn stieg, bat ihn ein Mädchen mit kurzen, grünen Haaren um eine Unterschrift. Sie hätten die Schönhauser Nr. 20 besetzt, um das Gebäude vor dem Abriß zu bewahren. Von Selbstverwaltung sprach es, von Westspekulanten und schweinischem Kapital. Und ein großer Mann in schwarzem Leder war hinzugekommen, das Mädchen nannte ihn Tarzan, und Tarzan hatte so böse Augen gemacht, daß sich die buschigen Brauen zu einem drohenden Balken vereinten, bis Ratzlaff, ohne ein Wort zu sagen, unterschrieb.

Als er, dennoch neugierig geworden, vor das besetzte Haus trat, sah er die Fahnen der DDR unter den Fenstern hängen, Plakate und Zettel klebten an Mauern. „Die Schönhauser Allee wird nie zur Schönhuber Allee", hatte jemand geschrieben. Und plötzlich kam ihm in den Sinn, daß hier einst jenes Blumengeschäft gestanden hatte, in dem er am 12. Februar 1935, drei Tage nach seinem zwanzigsten Geburtstag, einen Strauß roter Nelken gekauft und sich damit dem Trauerzug angeschlossen hatte, der die Leiche von Max Liebermann, dem berühmten Berliner Maler, auf den jüdischen Friedhof an der Schönhauser brachte. Martha Liebermann, die Witwe, hatte weißes Haar, wie der Schnee, der gefallen war. Allein schritt sie an der Spitze des Umzugs die Straße hinauf. Eigentlich hatte Ratzlaff Kunstmaler werden wollen.

„Haben Sie Watte da?" fragt Ratzlaff. Frau Sembke steht auf und öffnet das Kästchen über dem Kühlschrank.

„Wieviel?"

„Für die Ohren."

Frau Sembke legt einen Bausch auf den Tisch. Ratzlaff schiebt ihn neben den Revolver. Fünf gelbe Rosen aus brüchigem Plastik stehen in einer Vase neben dem Spültrog. Richtige Pflanzen gedeihen in ihrer dunklen Wohnung nicht.

Ratzlaff sagt: „Nun muß ich wohl. Ab acht Uhr fährt die U-Bahn nur noch sechzehnmal." Er nimmt seine Waffe, öffnet noch einmal die Trommel und zählt die Patronen. Dann steckt er den Revolver, die Watte und den Leserbrief, den er auf seiner neuen Maschine schreiben soll, in die Manteltaschen und steht auf. Frau Sembke legt dem Hund ihres republikflüchtigen Neffen eine Leine ans Halsband und sagt: „Waidmannsheil, Opa Ratz." Der Hund winselt nervös. Opa Ratz ergreift die Leine und stolpert wortlos aus der Wohnung und die Treppen hinab.

Ein Lastwagen steht im Hof. Langsam hebt sich seine Brücke, und dann donnert eine Tonne Briketts auf den Beton, schwarzer Staub wirbelt auf. Ratzlaff erschrickt und schließt die Augen, setzt sich dann auf die hölzerne Bank neben dem Eingang. Das Geräusch von fallenden Steinen macht ihm angst.

Hier saß er oft im Sommer vor 60 und 70 Jahren, der Vater, der aus Pommern kam, spielte Bandoneon, und die Schwester, das blonde Lieschen, tanzte dazu. Der Vater arbeitete bei AEG und war früh verbraucht.

Der Himmel ist beige geworden. Ratzlaff hat sich vom Schrecken erholt, steht auf, befiehlt dem Hund: „Komm" und geht über den Hof zur Kellertür. Am Holz klebt ein kleiner, rot bedruckter Zettel: „21. Oktober 1988. WARNUNG. Auf diesem Grundstück ist Rattengift ausgelegt worden. Kindern ist der Zutritt nicht gestattet. Haustiere sind festzuhalten. VEB Kombinat Staatswirtschaft. Abteilung Ernährungsschutz und Schädlingsbekämpfung."

VEB heißt Volkseigener Betrieb.

Ratzlaff stößt die Tür auf, leuchtet mit der Taschenlampe die steile Treppe hinab. Warme, süßliche Luft steigt aus dem Loch. „Zwölf Stufen", erinnert er laut.

„Denkt an die zwölf Apostel", hatte er im Februar 1945 den Frauen und Kindern gesagt, als die Flugzeuge der Alliierten Tag und Nacht ihre Bomben abwarfen und jeder Keller in Berlin ein Luftschutzkeller war. Ratzlaff, kein Soldat, war der einzige Mann im Haus und Luftschutzwart. „Genau zwölf Stufen", hatte er immer wiederholt. „Damit mir nachts keiner die Treppe runterstürzt."

Ratzlaff hält sich mit dem rechten Arm an der Mauer, schiebt mit dem Fuß Sand und Dreck von der obersten auf die zweitoberste Stufe, zieht das andere Bein nach, zwölfmal. Mörtel bröselt. Zehn Prozent der Berlinerinnen und Berliner lebten vor 120 Jahren in Kellern.

Ratzlaff steht im Dunkeln, wartet und horcht. Der runde Schein der Taschenlampe tastet an den Wänden entlang, ein alter Motorroller steht in der Ecke, vom Dreck halb zugeschüttet, ein Waschbottich, ein Kinderwagen ohne Räder. Ratzlaff setzt sich auf eine Truhe. Es ist ruhig, er hört nichts außer dem ständigen Rieseln von feuchtem Sand.

Beinahe als Liebkosung empfand er die Worte, als Frau Götsch aus dem Vorderhaus, drei Treppen rechts, ihn vor über zehn Jahren zum erstenmal Opa Ratz nannte. Keiner an der Schönhauser, behauptete die hübsche Götsch, verstehe die Jagd auf Ratten so gut wie Opa Ratz. Oft läuteten die Menschen aus dem Haus an seiner Tür, berichteten von seltsamen Geräuschen in der Nacht. Dann lud Ratzlaff jeweils seinen russischen Revolver und stieg zwischen sechs und acht Uhr am Morgen in den Keller hinab.

Ratzlaff haßt alle Ratten. Mutter und Schwester waren in Pankow unterwegs, als am 1. März 1945 Fliegeralarm gegeben wurde. Sie kamen nicht zurück, blieben begraben unter Bergen von Steinen.

Ratzlaff läßt den Hund von der Leine. Das Tier senkt die Nase in den Dreck, schnüffelt, bleibt stehen, geht weiter und schnaubt, wühlt dann unter einem Mauerloch im Schmutz. „Brav", sagt Ratzlaff und bindet das Tier an ein Gestell, auf dem früher die Gläser mit Eingewecktem standen, schiebt die Truhe zum Loch und legt links und rechts je ein hohes Brett zwischen Kasten und Kellerwand, damit es für die Ratten, wenn sie kommen, kein schnelles Entrinnen gibt. Dann setzt er sich auf die Kiste und zieht Revolver und Watte aus dem Mantel. Die Taschenlampe legt er so, daß ihr Schein, ohne in die Ritze zu strahlen den Sand davor hell beleuchtet. Er teilt die Watte in zwei Bäusche, dreht sie zu Pfropfen und drückt sie sich in die Ohren. Den Revolver hält er in der rechten Hand, richtet die Waffe in den Staub. Ratzlaff hat große, ruhige Hände.

ALS 19JÄHRIGER ist er in der Lychener Straße mal im „Hackepeter" eingekehrt. Nationalsozialisten sangen Lieder, und einer sagte so laut, daß alle es hörten: „Leute mit Pferdefüßen gehören kastriert." Ratzlaff antwortete: „Dann fangt bei Goebbels an." An jenem Abend vor 56 Jahren beschloß Ratzlaff, der Klumpfüßige, seine Welt mit Händen und Fingern zu erobern. Er dachte ans Malen und an den berühmten Liebermann. Aber er ist dann doch Heizer geworden.

Ratzlaff spürt, wie ihm der feine Mörtel auf Hand und Nacken regnet. Er wartet auf die Ratten. Er wartet, bis die U-Bahn-Züge, der eine vom Alexanderplatz kommend, der andere von Pankow, sich vor dem Haus begegnen und den Boden, über den sie donnern, derart erschüttern, daß es die Ratten aus den Löchern treibt. Ratzlaffs Geheimnis ist seine einsame Methode der Geduld. Nur mit Gertrud Sembke hat er darüber geredet, damit sie ihm, zur Verfeinerung des Verfahrens, den Hund ihres Neffen mitgibt.

Fünfzigmal rast die U-Bahn zwischen sechs und acht Uhr nach Pankow und fünfzigmal zurück. Ratzlaff hat beobachtet, daß sich die Züge in diesen Stunden drei- bis viermal exakt vor seiner Wohnung kreuzen. Dann setzt er jeweils die tödlichen Schüsse. Ratzlaff führt Buch. 1191 Ratten hat er blutig zu Tode gebracht, seit die Kommunale Wohnungsverwaltung ihn vor 34 Jahren mit dem Revolver ausstattete, um die Mieten einzutreiben. Und nicht einmal Frau Sembke weiß, woher er die Munition für sein Schlachtfest bezieht.

Ratzlaff hat gelesen, daß die Ratten aus der Wüste Koman stammen und sich nach einem Erdbeben aufmachten, den Westen zu erobern. Um 1760 trafen die unersättlichen Tiere in Berlin ein und fraßen die heimischen Hausratten auf. Ratzlaff wartet auf das Erdbeben.

„Uns wird es bald ergehen wie einst den Hausratten, nur daß die gefräßigen Wanderratten diesmal aus dem Westen kommen", hatte Ratzlaff geflüstert, als er vorgestern mit Frau Sembke im „Casino" der Volkssolidarität auf das Mittagessen wartete. Ratzlaff war unruhig, weil ein junger Mann in bunten, teuren Kleidern an seinem liebsten Tisch saß; aber den Mut, den Westler wegzuweisen, weil er, Ratzlaff, an diesem Tisch seit zehn Jahren täglich für 30 Pfennig sein Mittagessen ißt, den fand er nicht.

So hatte er sich mit Gertrud Sembke an einen anderen Tisch gesetzt. „Aber was denn! Jetzt wird doch alles besser", widersprach die Frau und erzählte von ihrem Neffen Dietmar, der nun bei Mercedes in Stuttgart Lastwagen fahre und ihr neulich zwei Gläser mit Nescafé und echtem Bienenhonig geschickt habe. „Wohl dem", ergänzte sie, „der drüben Verwandte hat."

Dann aßen sie aus weißen Kunststoffnäpfen einen Bohneneintopf und Kirschen im eigenen Saft. Später zündete sich Frau Sembke eine filterlose Karo an. Das Rauchen im „Casino" ist ab 13 Uhr erlaubt. Ratzlaff schwieg und dachte ans Fernsehprogramm.

Frierend sitzt der alte Mann auf der Truhe, der Hund knurrt. Ratzlaff legt den Revolver neben sich aufs Holz, ergreift die Taschenlampe und richtet das Licht auf seine Uhr. Es ist halb acht. Er weiß: Bald fährt die U-Bahn nur noch sechzehnmal in der Stunde. „Kann nicht sein", sagt er, „daß sich die Züge heute überall begegnen, nur hier nicht." Er zupft die Watte aus den Ohren, wischt mit der Hand den Brösel aus dem Haar, beleuchtet das Loch in der Wand. Der Finger ruht am Abzug.

Irgendwo verhallen Schritte, irgendwann hustet ein Kind. Sommers hatte das blonde Lieschen keine Schuhe, weil das Geld gerade reichte, um für den Klumpfuß einen teuren Stiefel zu kaufen. Hätte Lieschen nicht die Brotkarte auf sich getragen, man hätte sie nicht mehr erkannt, so zerfressen war sie von den Ratten. Ratzlaff kann warten.

„Herr Ratzlaff", ruft Gertrud Sembke durch die Kellertür. „Es ist halb neun Uhr. Leben Sie noch?"

Ratzlaff erschrickt. „Was denn sonst?" ruft er.

Seit Monaten verlassen Hunderttausende von Menschen die Deutsche Demokratische Republik und ihre Arbeitsplätze. Seit Monaten fehlen Männer, die die Züge der Berliner U-Bahn fahrplanmäßig durch die Schönhauser Allee fahren. Seit Monaten wird die Wahrscheinlichkeit geringer, daß sich zwei Züge vor dem Haus begegnen, in dem Ratzlaff wohnt. Seit Wochen liegt die Zahl der Ratten, die unter Heinz Ratzlaffs russischem Revolver sterben, nachweisbar unter dem langjährigen Durchschnitt.

So hat jede Wirkung eine Ursache. (1990)

JOHANNA ROMBERG

Karlagin – bitte 4x klingeln

Früher galten sie als der Ort, an dem der
Sozialismus am schnellsten und vollkommensten in die Praxis
umgesetzt werden würde. Heute mögen nur noch wenige
Russen in »Kommunalkas« leben – in Gemeinschaftswohnungen,
in denen sich oft zwölf Menschen vier Zimmer teilen, wo
die Kühlschränke vor den Mitbewohnern mit Eisenketten geschützt
werden und jeder sein Toilettenpapier eifersüchtig
bewacht. Szenen aus einer Moskauer Gemeinschaftswohnung,
kurz nach dem Ende der Sowjetunion.

Zucker! Es gibt Zucker! Den ersten Zucker seit vier Monaten! Tom hat es als erster erfahren. Tom, der breitschultrige Barrikadenkämpfer und Mitstürzer des Dserschinski-Denkmals, der eigentlich Nikolai heißt, im Hauptberuf Straßenkehrer ist und das kleinste von fünf Zimmern in der Wohnung Nr. 6 in der Rostowskaja Nabereschnaja Nr. 20 bewohnt.

Heute morgen um acht hat er sich, wie gewöhnlich, auf den Flugblätterstapel gehockt, der seit den letzten Präsidentschaftswahlen als Telefonsessel dient, und den Rundruf durch die Geschäfte gemacht, deren Nummern mit Bleistift auf einen Zettel an der Wand gekritzelt sind: Brotladen, Milchladen, Gemüseladen, „Gastronom". Hat die übliche Frage gebellt, nach deren Beantwortung er gewöhnlich den Hörer mit einem Fluch – „Hol's der Teufel, fick deine Mutter!" – auf die Gabel knallt.

Heute aber hat er nichts gesagt, hat sich bloß vor Erstaunen die Pranke in den Nacken gehauen und dann quer über den Flur geschrien: „Arbusow! Arbusow, deine Zuckermarken!"

Wladimir Konstantinowitsch Arbusow, dienstältester Mieter der Wohnung Nr. 6, lebt in den beiden großen und hellen Zimmern mit Blick auf die Moskwa. Arbusow, so viel weiß Tom, war mal ein hohes Tier, leitender Ingenieur im Ministerium für medizinische Industrie. Doch seit einigen Jahren ist er stocktaub und fast völlig erblindet. Seine ehemaligen Kollegen würden sicher erschrecken, wenn sie ihn

sähen, mit seinem verkniffenen, blicklosen Gesicht, seinem schlurfenden Gang und seiner ausgebeulten Trainingshose, aber für die
Mieter der Wohnung Nr. 6 ist er ein Nachbar wie jeder andere auch.
Daß er, wenn er überhaupt den Mund aufmacht, nur Unverständliches
lallt, stört niemanden in einer Wohngemeinschaft, in der ohnehin nur
das Nötigste geredet wird.

Und seinen Weg in die Küche findet Arbusow immer noch allein:
Morgens, mittags und abends kann man ihm begegnen, wie er mit
schlurfenden, aber zielstrebigen Schritten zum Herd geht, ein paar
Kartoffeln oder eine Tüte Makkaroni in der Hand, und so dicht vor
seinen Augen ein Streichholz entzündet, daß es ihm fast die Wimpern
versengt. Die Kakerlaken, die von der Wärme angeregt um die Herdplatten herumturnen, bemerkt er nicht. „Arbusow ist der ideale Kom-
munalka-Mieter", sagt Tom grinsend, „er sieht nix, hört nix, also
braucht er sich auch über nix zu ärgern."

Schwierig wird es nur, wenn man ihm etwas mitteilen will. „Arbusow!" brüllt Tom dem angestrengt blinzelnden Greis ins Gesicht,
„Arbusow, deine Zuckermarken!"

*

Zucker gibt es frühestens um drei. Antonina Korenjugina hat es in
der Schlange erfahren, in die sie sich vorsorglich schon um sieben
Uhr morgens, eine Stunde vor Öffnung der Geschäfte, eingereiht hat.
Nachdem ihr ein Verkäufer die Nummer 300 mit Tinte auf die Handfläche gemalt hat, ist sie erst mal zurück in die Nowokonjuschenni-
gasse gegangen, zwei Blocks von Toms Haus entfernt, in die Wohnung mit dem düsteren Flur, in das Zimmer mit den vollgepackten
Schränken, den Einmachgläsern unterm Bett und dem Kindertisch-
chen in der Mitte.

Ein bißchen komisch sieht es immer aus, wenn Witali, Antoninas
kräftiger Mann, auf einem der buntbemalten Stühlchen hockt. Sie haben die Mini-Möbel damals gekauft, als sie das zweite Zimmer noch
nicht hatten, als sie noch mit der vierköpfigen Familie auf 16 Quadratmetern hausten. So sparten sie Platz. Man muß immer versuchen,
so ordentlich und normal zu leben wie möglich, das ist Antoninas
Devise.

Aus der Küche tönt das Rauschen von Wasser, das Klappern von
Geschirr. Antonina horcht auf. Vera ist dort zugange, ihre Nachbarin,
die mit Mann und Kind die beiden Zimmer auf der anderen Seite
des Flurs bewohnt. Antonina könnte jetzt in die Küche gehen und
Vera sagen, daß es Zucker gibt. Aber das wird sie nicht tun, genausowenig, wie sie ein Loch in die Zimmerwand brechen würde.

Zwischen Vera und Antonina herrscht unerklärte, unerschütterliche Feindschaft. Seit neun Jahren haben sie kein Wort miteinander gewechselt.

*

Die Wohnblocks, in denen Antonina, Tom und Arbusow wohnen, sind einst für Angestellte des sowjetischen Ministerrats gebaut worden und noch immer eine gute Adresse. Von außen sieht man das kaum. Die eintönigen, ehemals gelben Fassaden sind längst so grau und bröckelig geworden wie das ganze Viertel, und auf den Straßen bilden sich bei Regen die gleichen knöcheltiefen Pfützen wie überall in Moskau. Aber wenn Tom morgens den Kehricht in die Müllcontainer kippt, entdeckt er oft Reste von Lebensmitteln, die es in normalen Geschäften schon lange nicht mehr gibt: Wurst, Fleisch, sogar nachlässig geleerte Kaviardosen.

Ungewöhnlich auch, daß der Lift nur selten nach Urin stinkt. Manchmal begegnet man gutgekleideten und wichtig dreinblickenden Leuten, Apparatschiks oder auch Prominenten, wie jenem Fernsehsprecher, der die Nachrichtensendung „Westi" moderiert.

Der hat natürlich seine eigene Wohnung. Nur Leute wie Tom und Antonina hausen in Kommunalkas, Gemeinschaftswohnungen, in denen jedes Zimmer an eine andere Partei vermietet ist. Tom, Antonina und ihr Mann Witali sind *limitschiki*, Zuzügler aus der Provinz, die nur deshalb ein – zeitlich begrenztes – Wohnrecht in Moskau besitzen, weil sie eine unbeliebte, schlecht bezahlte Arbeit angenommen haben. Sie kehren die umliegenden Straßen und Höfe, für 160 Rubel im Monat. Wer sich bei der Hausleitung, der *direkzija*, unbeliebt macht oder seine Arbeit aufgibt, verliert nicht nur seine Bleibe, sondern muß auch Moskau verlassen. Erst wenn einer zehn Jahre ohne Beanstandungen geschuftet hat, erteilt ihm die Direkzija lebenslanges Wohnrecht.

Lebenslanges Wohnrecht für ein Acht-Quadratmeter-Zimmer in einer Fünf-Zimmer-Gemeinschaftswohnung mit neun Mitbewohnern.

*

Manchmal, wenn alles verquer läuft, wenn die Läden nach dem siebten Rundruf immer bloß *njet* sagen, wenn Arbusow auch nach minutenlangem Anbrüllen nicht begreift, daß von Zucker die Rede ist – dann erinnert sich Tom an das Versprechen von Silajew. Iwan Silajew, damals Ministerpräsident von Rußland, hat Tom Amelin, Straßenkehrer, höchstpersönlich eine eigene Wohnung versprochen. Am 22. August 1991, vor dem Weißen Haus.

Während des Putsches ist Tom so etwas wie eine internationale Berühmtheit geworden. Kaum ein Fernsehzuschauer, der ihn nicht gesehen hätte, wie er neben Jelzin stand, die russische Fahne schwenkte, immer gut erkennbar durch die schwarze Panzermütze und die tarnfarbene Weste, die seinen gewaltigen Bizeps gut zur Geltung brachte.

„Der erste Soldat, der zu Jelzin überlief" – so tauften ihn die Journalisten, und so ganz falsch war das nicht: Zwar vernahm Tom die Nachricht vom Putsch nicht in der Kaserne, sondern aus dem Radioapparat in der Küche der Wohnung Nr. 6, aber er zögerte keinen Moment. Er telefonierte die Jungs aus dem Fitneßstudio zusammen, wo er fünfmal die Woche trainiert, warf sich in die Panzerfahrer-Uniform, die er seit seiner Militärzeit im Kleiderschrank aufbewahrt, und zog los in den Kampf gegen die Kommunisten, für Jelzin und die Demokratie.

Der Putsch hat nicht nur die Welt erschüttert, er hat auch die Verhältnisse in der Wohnung Nr. 6 dauerhaft durcheinandergewirbelt. Vor dem 19. August gab es eine feste Hausordnung, die bestimmte, welcher Bewohner wann Küche und Bad zu putzen hatte und die Wäscheleine über dem Herd benutzen durfte. Doch seit jenen drei Tagen und Nächten, als die Wohnung zum Hauptquartier für Dutzende von Barrikadenkämpfern wurde, als in der Küche ohne Unterbrechung Transparente gemalt, Fahnen genäht, Nachrichten ausgetauscht und Hektoliter Tee gekocht wurden – seitdem ist die alte Ordnung unwiederbringlich dahin. Schon deshalb, weil niemand wußte, wer nach dem Putsch als erster mit Putzen dran war.

Langsam legte sich ein feiner Schmutzfilm auf Herd, Spüle und Küchenfußboden; die Kakerlaken, durch eine Desinfektionsaktion vor dem Putsch noch kräftig dezimiert, eroberten ihre alten Trampelpfade zurück, das Teegeschirr, das vorher strikt nach Besitzern getrennt war, wurde allmählich zum Gemeingut.

Vergessen sind die regelmäßigen Vollversammlungen um den Küchentisch, wo man über die maximale Verweildauer im Bad debattierte und Resolutionen gegen Arbusows unmäßige Kartoffelschalen-Produktion verabschiedete. Statt dessen tagt jetzt fast allabendlich in der Küche der „Wohltätigkeitsfonds Smolensker Platz", der sich für die Aufstellung eines Denkmals zu Ehren der Toten vom 21. August einsetzt.

Anfangs hat die Frau von Arbusows Zimmernachbar Lopuchin noch gelegentlich gegen das Chaos angeputzt und geschimpft, worauf Tom ihr in aller Ruhe empfohlen hat, doch lieber aus dem Fenster zu springen. Das hat sie nicht getan, aber irgendwann ist sie zu ihren Eltern gezogen, und kurz darauf haben auch Frau und Kinder von Toms Zimmernachbarn Karlagin das Weite gesucht. Seitdem leben die vier Restmieter in friedlicher Anarchie nebeneinanderher. Lopuchin hat eine neue Geliebte, aber die läßt sich selten in der Küche blicken.

Einmal ist Tom ins Ministerium gegangen, um Silajew an sein Versprechen zu erinnern. Man sagte ihm, der Ministerpräsident sei gerade zu beschäftigt, er möge ein andermal ... Da hat er gesagt, fickt eure Mutter, und ist gegangen.

*

Die Sitzungen des Wohltätigkeitsfonds Smolensker Platz beginnen selten vor neun Uhr abends. Manchmal beginnen sie gar nicht. Manchmal sitzen die Mitglieder des Fonds einfach so zusammen – oder stehen, denn in der Küche der Wohnung Nr. 6 gibt es gerade drei Hocker und einen vom Küchendunst ergrauten Sessel – und trinken Tee. Manchmal trinken sie auch Wodka, aber nur tropfenweise, denn es braucht einiges an Glück, Stehvermögen und einen Haufen Bezugsscheine, um wenigstens eine Halbliterflasche Wodka aufzutreiben.

Es fällt schwer, in diesen Tagen nicht übers Essen zu reden. Die Fondsmitglieder haben eine Art schweigende Übereinkunft getroffen, dieses Thema nicht ernsthaft zu erörtern, sondern nur in Verbindung mit einer Portion schwarzen Humors. Oft spielen sie das Rechenspiel: Wieviel West-Zigaretten ist Andrejs Monatslohn gerade wert? Wieviel Gramm Käse wird sich Tatjana in einem halben Jahr für ihr Gehalt als Lehrerin auf dem Kolchosmarkt kaufen können? Wenn Igor den Kühlschrank kaputtmacht – wieviel Jahrzehnte wird er für einen neuen arbeiten müssen?

Manchmal erzählen sie nur Geschichten, von der Familie, von Freunden. Was man so hört.

„Gestern hat sich meine Nachbarin bei mir ausgeheult. Seit über einem Jahr ist sie geschieden, aber man gibt ihr keine neue Wohnung, und so lebt sie weiter mit ihrem Mann und ihren Schwiegereltern in zwei Zimmern. Seit einiger Zeit leben sie zu fünft, weil ihr Mann eine neue Geliebte hat, und jetzt hat sie erfahren daß sie bald zu sechst sein werden, weil die Geliebte ein Kind erwartet ..."

„Na hör mal, das ist doch noch fast normal. Ich kenn' da einen, Sergej heißt er, der lebt seit über 20 Jahren in derselben Wohnung mit einem Menschen, der versucht hat, ihn als Kind im Spülstein zu ertränken. Weil seine Mutter ihn im Streit ‚du Saujude' geschimpft hatte. Dieser

Sergej ist heute ein schwerer Alkoholiker, wen wundert's, und er kriegt immer wieder schreckliche Wutanfälle. Die läßt er dann an seiner Mutter aus, der Ärmsten, prügelt sie, jagt sie in die Rumpelkammer. Möchte nicht wissen, wie viele Nächte die Alte zwischen Kakerlaken und leeren Wodkaflaschen verbracht hat..."

„Soll sie doch von Glück sagen, daß sie noch lebt! Hier im Haus hat kürzlich ein Sohn seinen Vater im Suff aus dem Fenster gestürzt..."

„Meinen Freund hat es auch fast erwischt. Ausgerechnet am Jahrestag der Oktoberrevolution geht ein Nachbar auf dem Korridor besoffen mit einem Messer auf ihn los. Und wißt ihr, was die anderen Nachbarn tun? Stehen seelenruhig in der Tür und schauen zu, was passiert, nach der Devise: Wenn einer von beiden dran glauben muß, wird endlich wieder ein Zimmer frei..."

Eigentlich müßten sie über wichtigere Dinge reden. Über die Flugblätter und Spendenaufrufe, die sie verfassen wollen, über die geplante Ausstellung mit Fotos und Dokumenten zu den dramatischen Tagen im August. Seltsam nur, wie blaß und entfernt diese Ereignisse manchmal schon wirken. Als hätten sie auf einem anderen Planeten stattgefunden, weit weg vom Moskauer Alltag.

*

Auf dem Gasherd in der Küche steht ein Eimer voll Wäsche. Seit Stunden köchelt er auf kleiner Flamme vor sich hin. „Das ist wieder so eins ihrer Stückchen", sagt Antonina, und sie verfällt in Flüsterton, obwohl Vera gar nicht in der Wohnung ist, „den hat sie bloß dahin gestellt, um mich zu ärgern."

Natürlich kann es sein, daß Vera einfach nur waschen wollte. Aber soviel Arglosigkeit traut Antonina ihrer Nachbarin einfach nicht zu. Wenn man so viele Jahre schweigend nebeneinanderher lebt, immer nur rätseln kann, was die andere, die zweieinhalb Meter weiter Kartoffeln schält oder Teller spült, gerade im Schilde führt, dann beginnt man sich Legenden zurechtzuspinnen, die um so phantastischer werden, je länger das Schweigen anhält.

Was eigentlich der Anlaß des Streits war, damals vor neun Jahren, daran kann sich Antonina nur dunkel entsinnen. Vielleicht war Vera böse, daß Antonina sich mit der Nachbarin, die früher im Nebenzimmer wohnte, so gut verstand. Vielleicht hat sie einmal das Licht im Flur zu lange brennen lassen. Vielleicht waren die Kinder irgendwann zu übermütig – obwohl das schwer vorstellbar ist, denn Schenja und Lena, neun und sechs Jahre alt, sind echte Kommunalka-Kinder, von klein auf an ein Leben in Zimmerlautstärke gewöhnt. Stundenlang können sie dasitzen und still vor sich hin zeichnen und basteln, kleine Phantasie-Dollarnoten zum Beispiel, mit denen sie sich im Geist die tollsten Sachen kaufen – Walkmen, Videorecorder, Autos.

Nein, die Kinder können nicht schuld sein an dem Streit zwischen Antonina und Vera. Vielleicht waren es doch die paar Tropfen Moosbeersaft, die Antonina einmal beim Einmachen versehentlich auf Veras Küchentisch hat fallen lassen.

Früher, als in jedem der vier kleinen Zimmer eine komplette Familie lebte, da zerrte der tägliche Kampf um Herdplatten, Wäscheleine und Quadratzentimeter Küchentisch so sehr an den Nerven der Bewohner, daß schon Kleinigkeiten Wutausbrüche auslösen konnten. Damals holte Antonina ihren Kühlschrank ins Zimmer und erklärte den Flur für die Kinder kurzerhand zum verbotenen Terrain. Und gelegentlich konnte man Schenja und Lena, aber auch Witali frühmorgens hinter einem Busch in den umliegenden Vorgärten hocken sehen, weil der Nachbar vom Zimmer gegenüber die Angewohnheit hatte, bis zu 20 Minuten das Klo zu blockieren. Die anderen Mitbewohner schimpften und schlugen an die Tür, aber Antonina schwieg lieber und schickte ihre Familie vors Haus.

Manchmal trifft Antonina morgens Tom, der im selben Hof kehrt wie sie. Dann stellt sie den Besen ab und klagt ein bißchen, wie schrecklich das ist mit Vera, bis Tom ungeduldig wird und sagt, verdammt, nun rede doch endlich mal mit ihr, das ist doch nicht auszuhalten! Aber Antonina schüttelt den Kopf. Am Ende gäbe es einen offenen Streit, und das wäre schrecklich. Dann schon lieber die stille, geregelte Feindschaft. Das zermürbt, das deprimiert, aber man kann damit leben, wie mit zu kleinen Möbeln, Schlangestehen und Tee ohne Zucker.

*

Irgendwann am späteren Abend kommt Arbusow in die Küche geschlurft, seinen Kochtopf und einen Beutel Makkaroni in der Hand. Egal, ob die Küche leer ist oder gerade der Wohltätigkeitsfonds Smolensker Platz tagt, er steuert unbeirrt auf den Herd zu, entzündet mit zusammengekniffenen Augen das Feuer und läßt dann sorgsam, ungeachtet der mitleidigen oder amüsierten Blicke, Nudel um Nudel in den Topf gleiten.

Wenn Arbusow, alter „Prawda"-Abonnent und Sohn eines renommierten Architekten, reden könnte – er könnte Dinge erzählen, die die Versammlungen um den Küchentisch sicher in Erstaunen versetzen würden. Von jener Zeit, als die Menschen noch stolz darauf waren, in

Kommunalkas zu leben – weil Gemeinschaftswohnungen als der Ort galten, an dem der Sozialismus am schnellsten und vollkommensten in praktische Lebenswirklichkeit umgesetzt werden würde.

Es waren die Jahre nach dem endgültigen Sieg der Oktoberrevolution, als die Menschen zu Zehntausenden in die Städte strömten – auf der Flucht vor den erbärmlichen Lebensbedingungen auf dem Land, aber auch, um voller Begeisterung und Tatendrang beim Aufbau der Industriemacht Sowjetunion mitzuwirken.

Um die Massen von Zuzüglern unterzubringen, mußten die Alteingesessenen notgedrungen zusammenrücken: Wo früher eine Familie wohnte, da wurden jetzt drei, fünf oder zehn einquartiert, und wo der Raum immer noch nicht reichte, da wurden die Zimmer eben halbiert.

Uplotnenije, Verdichtung, hieß diese Strategie im Bürokratenjargon. Was eine Notlösung war, wurde zur wahren fortschrittlichen Lebensform erhoben: Je mehr Menschen hinter einer Wohnungstür zusammenlebten, sich Küche, Teekessel, manchmal sogar die Zahnbürste teilten, desto gründlicher mußten sich ihre Lebensgewohnheiten angleichen, mußten individuelle Bedürfnisse und Relikte bürgerlichen Eigensinns verschwinden, und am Ende würde der neue, der sozialistische Mensch entstehen.

Vielleicht war diese Idee schon in jenem Moment verraten, als die ersten Kühlschränke in den Kommunalkas auftauchten, gesichert mit Kettenschlössern gegen hungrige Nachbarn; als immer mehr Kommunalka-Bewohner Geschmack daran fanden, eigene Teekessel, Töpfe, Kinderbetten zu besitzen, wenn möglich schönere als die ihrer Mitbewohner.

Spätestens jedoch, als die ersten Zehntausende im Gulag verschwanden, denunziert von Wohnungsnachbarn, die verdächtige Bücher erspäht, unbedachte Bemerkungen in der Küche aufgeschnappt oder einfach nur etwas zurechtfabuliert hatten, um ein lange begehrtes zweites Zimmer in Besitz nehmen zu können – spätestens dann war klar, daß enge Wohnverhältnisse auf die Dauer nicht unbedingt bessere Menschen hervorbringen.

In den fünfziger Jahren, unter Chruschtschow, rückte dann auch die offizielle Politik vom Ideal der Kommunalka als fortschrittlichster Lebensform ab. Es wurden so revolutionäre Grundsätze formuliert wie der Anspruch jedes Menschen auf einen Mindestwohnraum von drei Quadratmetern, und es wurde mit dem Bau von Wohnblocks begonnen, den sogenannten *chruschtschoby*, die heute als Inbegriff von Häßlichkeit, Enge und Baufälligkeit gelten. Freilich waren sie nicht für die Ewigkeit errichtet, sondern nur als Provisorium für die nächsten 25 Jahre. Denn spätestens dann, das wußte man zu Chruschtschows Zeit genau, würde der Kommunismus verwirklicht und damit das Wohnproblem für alle Zeiten gelöst sein.

Heute, wo die Hälfte aller Stadtbewohner mit neun oder weniger Quadratmeter Wohnraum auskommen muß, wo nur Veteranen, Tbc-Kranke, Afghanistankämpfer und Familien, die pro Mitglied weniger als fünf Quadratmeter zur Verfügung haben, damit rechnen können, in wenigstens zwei, drei Jahren eine Bleibe zugewiesen zu bekommen – heute gibt es wieder Stadtplaner, die an eine Renaissance der Kommunalka glauben. Sie berufen sich dabei auf Umfragen unter Bewohnern der Moskauer Satellitenstädte, die zunehmend über Vereinsamung klagen und ganz offen der heimeligen Enge ihrer alten Gemeinschaftswohnungen nachtrauern.

*

Einige Tage nach dem Tag, an dem es Zucker gab, treffen sich Tom und Antonina auf dem Hof bei den Mülltonnen. Es ist naßkalt und trübe, der Regen hat das letzte Herbstlaub mit dem Matsch auf den Wegen zu einem glitschigen Teppich zusammengeklebt. Die Reisigbesen nützen da nichts, man muß das Zeug Schaufel für Schaufel in die Tonnen wuchten. Das geht in den Rücken, nach spätestens zwei Stunden ist man hundemüde.

Antonina weint. Aber nicht nur vor Müdigkeit. Gestern ist sie bei der Wohnungsverwaltung gewesen, bei der Direkzija. Sie hat gefragt, ob sie nicht ihre beiden Zimmer tauschen kann, gegen zwei Zimmer in einer anderen Kommunalka, irgendwo anders in Moskau. Nur weg von Vera. Aber die Direkzija hat *njet* gesagt.

„Ich weiß nicht, was ich tun soll", sagt Antonina. „Gestern hat sie wieder irgendwem am Telefon gesagt, er wäre falsch verbunden, hier gäb's keine Korenjugins. Ich hab's genau gehört. Sie ist so schrecklich, ich halte das bald nicht mehr aus!"

„Am besten, du springst aus dem Fenster", sagt Tom finster. Er blickt an der weinenden Antonina vorbei an die Hauswand neben den Mülltonnen. Irgend jemand hat mit blauer Kreide „Es lebe das Staatskomitee für den Ausnahmezustand!" in eine Wandnische gekritzelt. Tom starrt auf die Schrift, und plötzlich reißt er sich mit einem wütenden Ruck seinen Stiefel vom Fuß, spuckt auf die Sohle und beginnt, heftig die Wand zu scheuern. Die blaue Kreide wird blasser, aber sie läßt sich nicht ganz abreiben.

An diesem Tag packt Tom die Lust zur Veränderung. Seit Wochen schon hängt ein Zettel am Schwarzen Brett der Wohnung Nr. 6 mit dem Aufruf: „Arbusow! Du bist der einzige in dieser Wohnung, der immer noch die Prawda liest! Arbusow! Wir fordern Dich auf, den veränderten Zeiten Rechnung zu tragen und Dein Abonnement endlich zu kündigen!"

Arbusow hat auf diesen Aufruf nie reagiert. Trotzdem bekommt er seit dem ersten Januar 1992 die „Iswestija" ins Haus. Bisher hat er sich nicht beklagt. Im Gegenteil. Kürzlich hat ihm die Direkzija angeboten, im selben Haus eine eigene, abgeschlossene Wohnung zu beziehen. Aber Arbusow hat nicht gewollt. Wer sollte ihm dann wohl Bescheid sagen, wenn es Zucker gibt? (1992)

PETER SARTORIUS

Endspiel

Sie nennen sich »Cowboys« und kommen aus Texas –
aber sie sind Gladiatoren. Von brillanten Strategen gelenkt,
ziehen sie in eine Schlacht, die den Namen »Football«
trägt. Amerikas beliebtester Sport ist kein Spiel, sondern ein
Krieg mit anderen, keineswegs friedlichen Mitteln.

Es ist mein letzter Tag mit den Cowboys. Aus einer Art Proszeniumsloge sehe ich sie tief unter mir in die Schlacht ziehen. Von hier oben sehen sie irgendwie erhaben aus.

In den Wochen zuvor hatte ich meistens unten dicht an der Front gestanden und in ihre glühenden Gesichter geblickt. Ich hatte ihr dumpfes, gequältes Keuchen vernommen, das tief aus ihren Körpern kam, wenn sie als menschliche Rammböcke menschliche Festungsmauern einzureißen versuchten. Rogers Signal zum Angriff hatte mich jedesmal erschreckt, ein heiseres „hut, hut, hut", das auf beklemmende Weise so klingt, als ob Bluthunde auf ihre Opfer gehetzt würden. Ich hatte beinahe physisch mit Tony gelitten, wenn er, von Eisenschädeln in den Bauch getroffen, in bizarren Verrenkungen mit schlenkernden Gliedern wie eine hilflose Puppe durch die Luft wirbelte, wenn sie ihn im vollen Lauf packten und ihm die Beine unterm Körper wegrissen und sich von allen Seiten, zu viert, manchmal zu fünft, auf ihn warfen: ein Rudel Schakale, das sich gierig über die waidwunde Gazelle hermacht. Ich habe Toms ausdrucksloses, wie aus Stein gemeißeltes Gesicht vor Augen, das sich im Stadium der Erregung mit blaßroten Flecken überzieht. Ich sehe Dave vor mir, den Schwerstarbeiter in vorderster Front, wie ihm als Tränen der Tortur der Schweiß in dünnen Rinnsalen über die Augen in die Mundwinkel läuft. Ich hatte sie trunken vor Freude vom Feld kommen sehen.

Und wenn die Cowboys verloren hatten, wenn sie, sich gegenseitig stützend, aus der Schlacht humpelten, manche mit Bündeln von Binden über malträtierten Gelenken, was immer so aussah, als ob damit Eiterbeulen verdeckt würden, dann kam mir das Bild von einem Elendszug in den Sinn: Napoleons geschlagene Armee beim Rückzug über die Beresina. Von hier oben aber sehen sie irgendwie erhaben aus.

Tex sitzt neben mir, der Boss der Cowboys, und versucht, sein Fieber hinter einem starren, abwesenden Lächeln zu verbergen. Aus einer Nachbarloge sieht Clint Murchison Jr. hinunter aufs Feld. Unten, am Rand des Turnierplatzes, erkenne ich Gil. Er schreitet unruhig die Front ab. Die knapp 45 Männer vor ihm tragen runde, in der kalten Sonne gleißende graue Helme mit Gittergestängen, die dem Visier einer Ritterrüstung ähneln. Zum Schutz gegen den eisigen Wind haben sie sich in weite Umhänge gehüllt, ärmellos und wallend wie die Roben von König Artus und dessen edler Tafelrunde. Auf ihren Oberkörpern stecken Brustpanzer aus Plastik und Leder und machen ihre Schultern noch breiter und ihre Taillen unnatürlich schmal. Sie haben sich unter ihr enges Beinkleid dicke Schaumstoffpolster geschoben, die wie zusätzliche Muskelwülste aussehen. Man hat ihnen, wie bei teuren Rennpferden, stramm und sorgfältig die Gelenke an den Beinen und den Armen mit Klebeband verpflastert und mit blendendweißen Binden umwickelt, was ihnen zusammen mit der Rüstung einen steifen, stolzen Gang verleiht. Auf Brust und Rücken prangen klotzig geschnittene Nummern, die Wappenzeichen gleichen.

Von hier oben bieten sich die Cowboys dar als eine neue Rasse, als eine Zucht, in der sich Sage und Science-fiction mischen, als eine groteske Kreuzung zwischen Prinz Eisenherz und Superman.

SIE HABEN MICH UMGEDREHT. Ich hatte mich, weiß Gott, nicht nach Amerika aufgemacht und den Cowboys angeschlossen, um Prinz Eisenherz zu finden. Ich wollte Monster sehen und einen degenerierten Sport beschreiben, von dem ich sicher war, daß er in Amerika nur deshalb so populär ist, weil er die perverse Lust an der Gewalt befriedigt. Irgendwann einmal habe ich ein Zitat gelesen. Es besagt, kurz und bös, daß Football der größte Wahn der westlichen Welt sei, und zwar seit in Rom menschliche Wesen gegen Löwen kämpften. Ich glaube, daß das Zitat aus der „New York Times" stammt, obwohl, andererseits, gerade die „New York Times" über Football in einer Breite und mit einer Begeisterung berichtet wie über kaum ein anderes Thema.

Vielleicht ist es einfach so, daß sie auch die „New York Times" umgedreht haben, so wie die Cowboys aus Dallas und die Rammböcke aus Los Angeles und die Stahlkocher aus Pittsburgh und die Rothäute aus Washington und die Giganten aus New York und die Heiligen aus New Orleans und all die anderen glorifizierten Gladiatoren ganz Amerika ihrer Gehirnwäsche unterzogen haben. American Football, das mit Fußball den Namen und sonst nichts gemein hat, bringt das

Blut der Amerikaner in Wallung, sobald in der Hitze des Hochsommers die Söldner aus insgesamt 27 Städten zu ihrem Feldzug rüsten, um die Super Bowl zu erobern und den Lohn der Leiden zu kassieren. Nein, nicht nur die 32 000 Dollar, die sie dann zusätzlich zu ihrem Sold als Prämie einstreichen. Mehr noch die Ehre.

Mehr als hundert Millionen Amerikaner fiebern jedes Jahr footballverrückt vor dem Fernsehapparat, wenn im Januar diese letzte, entscheidende Schlacht geschlagen wird, und nicht viel weniger sind es in den Monaten zuvor, wenn jeweils von Samstagmittag bis Montagabend geschlagene fünfzehn Stunden lang der Kriegslärm aus dem Kasten dröhnt; wenn – zu den allerbesten Sendezeiten und jeder Kampf kommentiert von mehreren Kriegsberichterstattern und beobachtet von einem Dutzend Kameras – in einer totalen Identifikation von Sport und Show, überdröhnt von der Marschmusik von Militärkapellen und begleitet vom ekstatischen Kriegstanz ganzer Kompanien leicht bekleideter Gardemädchen, die Giganten über die Heiligen herfallen oder die Rothäute über die Cowboys.

Sie haben mich umgedreht. Sie haben mich überzeugt, daß Football viel mehr ist als in Regeln gefaßte Roheit. Sie haben mir ihre Droge verabreicht und mich dazu gebracht, an der Kunst, einen Krieg zu führen, Gefallen zu finden. Sie haben mich gelehrt, in Football ein subtiles strategisches Spiel zu sehen. Wenn es stimmt, daß Kampfsport immer auch Kriegsspiel ist, dann ist Football das Endspiel – die größtmögliche Annäherung des Spiels an den Krieg, ein Spiel, das statt eines Trainers einen Feldherrn und dazu einen ganzen Generalstab braucht und statt Spielern Soldaten. Schach mit lebenden Figuren, die schlagen und geschlagen werden. Eine perfekt simulierte Eroberungsschlacht.

Und sie haben mich gelehrt, daß hinter American Football eine Philosophie steht, daß, zum Beispiel, Football in Amerika nach dem Zweiten Weltkrieg auch deshalb so aufblühte, weil das Volk auf Helden auf einem Schlachtfeld nicht verzichten wollte, und daß Football heute, Jahrzehnte später, Ausdruck einer großen, verzehrenden Sehnsucht eines von inneren Krisen gequälten, zumindest irritierten Volkes nach den gradlinigen Prinzipien seiner Vorväter geworden ist.

Es ist die Philosophie, daß Glück und Erfolg miteinander identisch sind und daß es des Schweißes und des Blutes wert ist, danach zu streben: Kämpfe um den Erfolg, denn Gott hat nur wenige auserwählt, und ob du darunter bist, wirst du erst wissen, wenn du um dein Glück gerungen hast. Es ist die Philosophie des Reformators Calvin, und es ist, auch, die Philosophie von der bedingungslosen Leistungsgesellschaft – eine Philosophie, welche die Menschen in *winners* und *losers* unterteilt.

Tom sagt: „Wenn du den Willen zum Sieg aufgibst, dann gibst du alles auf, was Amerika stark gemacht hat. Dann glaubst du auch nicht an unsere Gesellschaftsordnung, unseren *way of life*. Dieses Land ist ähnlich aufgebaut wie ein Footballteam. Es basiert auf Disziplin, Wettbewerb und Erfolg. Nimm diese Dinge weg, und du hast Chaos, Schwäche, Moralverfall – all das, was in Amerika um sich greift."

Starke Worte, umweht vom Geist John Waynes. Und der Mann, von dem sie stammen, ist kaum minder legendär. Ein Feldherr, ein Heros Amerikas, der, wenn er nicht über Strategien nachsinnt, in der Kirche auf die Kanzel steigt und seine Landsleute zur Festigkeit im Glauben an Gott den Allmächtigen aufruft. Drei Universitäten haben ihn für das, was er für die Nation geleistet hat, mit der Ehrendoktorwürde ausgezeichnet. Tom ist der *coach* der Cowboys.

Ich bin Tom Landry zum ersten Male im Manövergelände von Thousand Oaks begegnet, das sie wie „thousand aches" aussprechen, tausend Schmerzen. Thousand Oaks liegt ein paar Meilen außerhalb des Smogschleiers von Los Angeles: ein verschlafener kleiner Villenort mit einem unbedeutenden College, dessen Campus von den Cowboys vor Beginn der Saison anderthalb Monate lang als Aufmarschfeld und Exerzierplatz benutzt wird, weil hier im sanften Klima Kaliforniens die Kraft für den Kampf wachsen kann.

Hier also mustert Tom Landry seine Söldner an und siebt, schonungslos, die Schwachen aus. Hierher verfrachten die Cowboys auch ihre Kraftmaschinen und bauen sie in einem Käfig aus Maschendraht zu einer perfiden Folterkammer zusammen.

Ich habe sie hier an Schlaufen hängen gesehen, mit dem Kopf nach unten, sanft pendelnd wie abgestochenes Vieh im Schlachthaus. Ich habe sie, die Gesichter deformiert und eingequetscht zwischen Eisen und schweißnassem Leder, in Gestellen kauern gesehen, die Garotten ähneln und in denen man sich mittels Hebel das Genick ausrenken kann. Ich habe sie auf Streckbänken liegen gesehen, schwer atmend unter zentnerschweren Gewichten an Armen und Beinen – der Last der Hoffnungen, die sie sich machen und die auf ihnen ruhen.

Als ich Tom zum ersten Male sah, kommandierte er hinterm College mit Trillerpfeife und Megaphon seine Truppen. Knapp hundert Mann. Die Veteranen in weißen Hosen, die Rekruten in blauen. Tom stand da mit steinernem Gesicht.

Einer aus der Truppe kam keuchend vom Trainingsplatz und sagte: „Weiß der Himmel, wen er diesmal schlachten wird. Vor zwei Wochen waren wir noch 130, in zwei Wochen werden wir noch 60 sein, und am Schluß werden 45 überlebt haben. Die *cuts*. Verstehen Sie?"

Ich verstand nicht viel.

Ich stand am Spielfeldrand und saugte das Bild in mich auf. Die Schwadron schwärmte aus. Ein paar Spieler sprangen im Zickzack über die Wiese wie Soldaten, die im offenen Gelände unter Feuer genommen werden. In der Mitte des Platzes verkrallte sich ein Dutzend Köpfe, Leiber, Arme, Beine ineinander. Aus dem Knäuel flog der Ball und schraubte sich wie ein Geschoß in den Himmel.

Einer sagte: „Brillanter Schuß. Gun fire. Third down. Verstehen Sie?"

Ich verstand nicht viel.

Ich kletterte auf ein drei Stockwerke hohes Gittergerüst am Kopfende des Platzes, auf dem ein Mann jede Bewegung mit zwei Kameras filmte. Der Mann blickte hinunter, wo sich wieder die Leiber ballten. Er sagte: „Fire power 28. Beautiful. Verstehen Sie?"

Ich verstand so wenig wie der Schachlaie von der Sizilianischen Verteidigung.

Ich kletterte hinunter und stellte mich neben einen jungen Mann mit einem Gipsbein. Er sagte, ihm sei ein schwerer Spiegel auf den Fuß gefallen. Der junge Mann war von vergleichsweise kleiner Statur und hatte ein sanftes Kindergesicht mit dem rötlichbraunen Schimmer von poliertem Mahagoni. Ein Footballspieler konnte er nicht sein. Er sagte: „Hey, ich bin Tony."

Ich sagte: „Nett, Sie kennenzulernen." Dann fragte ich einen anderen, wer Tony sei. Der andere sagte: „Mann, machen Sie Witze?"

Anstatt weitere Fragen zu stellen, las ich in der Geschichte des Footballsports. Dessen Geburtsstunde schlug 1823, als in der englischen Stadt Rugby dem Schüler William Webb Ellis während eines Fußballspiels – das damals noch nach sonderbaren Regeln, aber immerhin mit dem Fuß gespielt wurde – das Gekicke zu dumm wurde und er sich den Ball unter den Arm klemmte und in die gegnerische Hälfte rannte. Daraus entwickelte sich ein neuer Sport, den man nach seinem Herkunftsort nannte: Rugby. Daß dann in Amerika Ende vergangenen Jahrhunderts aus Rugby wiederum ein neues Spiel entstand, ist vor allem auf einen sportbesessenen Mann von der Yale University zurückzuführen, der vermutlich als erster ein Kriegsbild vor Augen hatte und die Abläufe einer Schlacht aufs Spielfeld übertrug. Sein Name war Walter Camp, und später sollten sie über ihn voller Pathos schreiben: „Was Washington für sein Land war, das war Camp für den Football – sein Freund, sein Vater, sein Vorkämpfer."

Auf Walter Camp sind die Grundregeln zurückzuführen, die damals dem Spiel System gaben, vor allem die, daß der angreifenden Mannschaft drei Versuche, sogenannte *downs*, eingeräumt wurden, um gegen die Verteidigungsfront des Feindes mindestens fünf Yards Boden zu gewinnen. Das hieß: Die angreifende Partei stürzte sich auf die verteidigende und versuchte, durch brutale Blockierung, zähe Zermürbung und trickreiche Täuschung ihrem Mann eine Gasse zu öffnen, so daß er, den Ball an den Leib gepreßt, die Front durchbrechen konnte. Sobald er niedergerissen wurde, wurde das Spiel gestoppt und nachgemessen, wieviel Yards er geschafft hatte.

Im zweiten und dritten Down hatten dann die Angreifer weitere Chancen, die noch fehlenden Yards zu schaffen. Wenn sie fünf Yards oder mehr in ihren drei Versuchen erkämpft hatten, bekamen sie drei neue Versuche für mindestens fünf weitere Yards zugesprochen – und das so lange, bis sie entweder die *end zone* des Feindes erreicht und damit Punkte erzielt oder einmal in ihren drei Versuchen die fünf Yards Boden nicht gewonnen hatten. In diesem Fall wechselte der Ball – ebenso wie bei seinem Verlust im Handgemenge – von der angreifenden Partei zur verteidigenden.

Bei dem Grundprinzip der Geländeeroberung ist es bis heute geblieben, wenn auch aus drei Downs in der Zwischenzeit vier geworden sind und aus fünf Yards mittlerweile zehn. Und längst wird der Ball, ein ovales, eierhandgranatenförmiges Ledergebilde, nicht mehr nur unter dem Arm über die Frontlinie getragen. Vieles hat sich geändert. Auch, vor allem, der Krieg, das Vorbild des Spiels.

Football in der Anfangszeit – das war Geländekrieg, Schützengrabenkrieg. Der Krieg heute – das ist, ganz wesentlich, Luftkrieg, Bombenkrieg. In bestürzender Konsequenz hat sich Football darauf eingestellt und Würfe über die Frontlinie legalisiert. Vielleicht ist es nur ein Zufall, aber jedenfalls ist es einer voller Symbolik. Als nach dem Zweiten Weltkrieg, in der Zeit des Kalten Krieges, die Atomraketen mit ihrer globalen Reichweite zur Superwaffe wurden, begannen plötzlich lange und hohe, über die Hälfte des Spielfelds segelnde Würfe die Strategien der Coaches zu bestimmen. Drei Worte wurden zur Doktrin: „Throw the bomb!"

Der Vernichtungsschlag, spielerisch ausgeführt, ein Augenzwinkern mit der Apokalypse.

Zweieinhalb Stunden tobt die Schlacht. Sie ist zerstückelt in kurze, meist nur Sekunden dauernde Gefechte. Der Ball ist insgesamt kaum länger als acht Minuten in Bewegung. Der größte Teil der Zeit dient den Coaches dazu, frische Kräfte an die Front zu werfen und Verletzte abzutransportieren, Befehle von der Seitenlinie an den Kompaniechef auf dem Feld und von dort an die Truppe zu geben.

Der Kompaniechef der Angreifer trägt den Titel *quarterback*. Auf dem Schlachtfeld ist er von seinen *linemen* abgeschirmt, einem Wall aus Leibern. Der Quarterback ist der Mann, der den Angriff führt, der je nach Lage den Panzervorstoß oder den Luftschlag einleitet oder selber einen Überraschungscoup landet. Oben, irgendwo unterm Stadiondach, hat die Luftaufklärung Stellung bezogen – zwei Hilfstrainer, die über Telefon alle ungewöhnlichen Truppenbewegungen im Lager des Feindes an die Kommandozentrale, den Chief Coach an der Seitenlinie, melden. Links oder rechts vom Quarterback oder auf beiden Seiten gehen, die Positionen zur Täuschung des Gegners ständig wechselnd, die *wide receivers* in Stellung, startfertig für den Luftangriff. Hinter dem Quarterback kauern die *running backs*, die schnellen Panzerspitzen, bereit, mit Unterstützung der Linemen eine Bresche in die Front zu schlagen. Aber hinter der Front stehen, gestaffelt in taktischen Aufmarschzonen, die Spezialeinheiten des Gegners, die *safeties* und die *linebackers*, um den durchgebrochenen Feind zu stoppen. Und gelegentlich versucht die gesamte Abwehr in einem abrupten Ausfall den Ring um den Quarterback zu sprengen und die Befehlszentrale des Gegners zu stürmen. Sie nennen das *the blitz*. Das Wort haben sie vom deutschen Blitzkrieg.

Irgendwann habe ich begonnen, dieses Spiel zu lieben und die Kunst zu bewundern, ein Gefecht durch die Überlegenheit der Taktik zu gewinnen. Und als ich mir dessen bewußt wurde, traf es mich wie ein Schock.

Kann Gewalt schön sein? Ist dieses verrückte Fieber, das ich in mir hochsteigen fühle, wenn die Truppenformationen aufmarschieren, nicht Ausdruck eben jener perversen Lust, von der ich sicher war, daß ich ihr nicht verfallen würde?

ABER VIELLEICHT VERHÄLT SICH alles ganz anders. Vielleicht fasziniert mich an Football vor allem das, was auch die Schönheit von Schach ausmacht: die kühle Logik eines abstrakten Gedankenganges, offenbart in einem konkreten Spielzug. Was sind die Quarterbacks und die Running Backs und die Wide Receiver mit ihren streng definierten Funktionen denn anderes als die Damen, Läufer und Springer auf dem Schachbrett? Was sind die Linemen anderes als eine Bauernreihe, und was sind die Coaches und ihre Hilfscoaches anderes als Schachspieler und deren Sekundanten?

Nein, Football ist nicht das Spiel der Spieler, Football ist das Spiel des Trainers, und Tom ist so etwas wie ein Bobby Fisher. Von Tom heißt es, daß seine Strategien und Taktiken, niedergelegt in *playbooks* und der Mannschaft eingepaukt in endlosen *meetings*, so kompliziert, so schwer durchschaubar seien, daß manche von Toms Soldaten ihr Leben lang nicht begreifen, warum sie sich auf dem Feld so zu bewegen haben, wie ihr Kommandeur es befiehlt.

Was sie wissen müssen, ist im Grunde nur, daß sie sich auf ein bestimmtes Kommando hin in einer bestimmten Weise in einer bestimmten Richtung zu bewegen haben. Marionetten, die an einer unsichtbaren Schnur von ihrem Meister gezogen werden. Figuren, die vom Schachspieler geschoben werden. Soldaten, die von ihrem General ins Feuer geschickt werden.

In Thousand Oaks steckten sie mich in eine ihrer Uniformen, und Dave zog mit mir ins Manöver. Dave Stalls ist einer der Linemen, beinahe zweieinhalb Zentner schwer und über 1,90 Meter groß. Ich wollte, ein bißchen, das Salz des Schweißes und des Schmerzes schmecken. Dave stellte sich ein paar Meter von mir entfernt auf und sagte: „Renn mich um. Ramm mir deinen Helm in den Leib oder unters Kinn. Come on, boy. Hit me." Ich rannte in einen Block aus Basalt.

Dave lachte und sagte: „Okay, also umgekehrt. Versuch, mich zu stoppen. Mit allem, was du hast. Good luck."

Ich wurde überrollt von einer Dampfwalze. Nein, Dave ging nicht grob mit mir um, eher mit der Sanftmut eines satten Grizzlybären. Ich hatte nach der Lektion ein paar Stunden Kopfweh, ein paar Tage ein steifes Genick und ein paar Wochen geprellte Rippen. Thousand Oaks. Thousand aches.

Also doch Monster? Über Dave lese ich in einem Lebenslauf, daß er außerhalb der Saison in einem Unterwasserlaboratorium in San Diego an einem wissenschaftlichen Programm zur Erforschung der Verhaltensweisen von Haien arbeitet. Er hat ein Diplom in Zoologie erworben, und später, wenn er auf dem Footballfeld nicht mehr Kopf und Körper hinhalten muß, will er ganz in die Wissenschaft gehen.

Alle waren sie auf einem College oder einer Universität oder wie Roger auf einer Militärakademie. Roger war ein vorzüglicher Kadett in Annapolis und später Marineleutnant im Vietnamkrieg, bevor er in die Footballschlacht zog. Manche haben auch nur Football gebüffelt, die Lehre vom Rennen und Fangen und Hauen und Stechen. Tony, der junge Mann mit dem Gipsbein und dem mahagonifarbenen Kindergesicht, hat als so ziemlich einzige schulische Auszeichnung die Heisman Memorial Trophy gewonnen, eine monströse Plastik. Aber die ist in Amerika mehr wert als ein Dutzend Doktorhüte. Sie war das Kapital, das Tony im Alter von 26 Jahren zum Millionär gemacht hat.

Die Heisman Memorial Trophy wird alljährlich an den besten Footballamateur des Landes vergeben. Auch Roger hat sie bekommen. Und natürlich hat sie auch ihn zum Millionär gemacht. Tony und Roger sind die beiden Superstars der Cowboys.

Dave wird es nie so weit bringen wie sie, weil er nicht den goldenen Arm von Roger hat und nicht die flinken Beine von Tony. Er wird immer der brave, anonyme Frontsoldat bleiben. Der Bauer auf dem Schachbrett. Kanonenfutter an der Front.

Vor drei Jahren hatte sich Dave den Cowboys angeschlossen. Falsch. Keiner schließt sich aus freien Stücken den Cowboys an oder irgendeinem anderen Profiteam. Um es korrekt in der militärischen Terminologie des Football auszudrücken: Man wird eingezogen als *rookie*, als Rekrut. Weniger korrekt, aber richtiger gesagt: Man wird bei einer Auktion ersteigert und erbarmungslos degradiert von der Person zur Sache. Man wird getauscht und verkauft als Ware erster, zweiter, dritter Handelsklasse. Es gibt Verträge, aber sie sind nicht viel mehr als ein Stück Papier, nach dessen Unterzeichnung sich der Spieler bedingungslos seinem Besitzer ausgeliefert hat, der ihn nach Belieben feuern oder als Tauschobjekt weiterreichen kann.

Man holt die Spieler vom College, nicht indem man um sie wirbt, sondern indem man sie sich nach penibler Prüfung ihrer Muskeln und Reflexe in einem sonderbaren Zugriffsverfahren einfach nimmt. Geht es auf den Zuchtbullenauktionen in Texas so viel anders zu als an jenem einen Tag im Ballsaal eines New Yorker Prunkhotels, wenn dort die *college draft*, das befremdliche Zeremoniell der Spielerrekrutierung abrollt, das Feilschen um die Körper künftiger Gladiatoren?

Dave sagt: „Wenn du Pech hast, kannst du in der Kälte von Buffalo zittern oder im Schlamm von Green Bay kriechen."

Und in dem schwarzen Hochhausblock am North Central Expressway in Dallas, wo die Cowboys ihr *front office* unterhalten, sagt mir Tex: „Richtig, so ist es, und so wird es bleiben, und so muß es sein."

Und warum, Tex?

Tex sagt: „Wer würde sonst in der Kälte von Buffalo zittern oder im Schlamm von Green Bay kriechen wollen?"

Einverstanden, Tex, aber warum muß überhaupt jemand in der Kälte von Buffalo zittern oder im Schlamm von Green Bay kriechen?

Tex sagt: „Competition. Überall, wo die National Football League eine Truppe hat, muß die Garantie dafür gegeben sein, daß dieses Team so stark sein kann wie jedes andere. Glauben Sie, daß jemals ein Team in Green Bay oder Buffalo so stark sein könnte wie eins in

New York oder San Francisco, wenn wir den Spielern auch nur die geringste Chance gäben, sich selber zu entscheiden?"

Zugegeben, Tex, das Argument der Waffengleichheit leuchtet ein. Auch Schachspieler kämpfen mit den gleichen Waffen. Aber Spieler sind doch keine Holzfiguren, sondern Menschen. Warum lassen sie das alles mit sich machen?

Tex sagt: „Wieviel verdienen Sie im Monat?"

Ich druckse herum.

Tex sagt: „Egal, ich will's nicht wissen. Unsere Spieler machen vielleicht fünfmal soviel wie Sie." Dann sticht mir Tex mit seinem Finger auf die Brust und sagt: „Darum lassen sie das mit sich machen."

Tex heißt mit vollem Namen Texas S. Schramm. Und genauso wie das für die National Football League stehende Kürzel NFL oder deren schillerndster Markenartikel, die Dallas Cowboys, ist sein Name zu einem Synonym für jenen hart erkämpften und kompromißlos angestrebten Erfolg geworden, den die Amerikaner mehr als andere bewundern.

Tex Schramm: einst Sportreporter, später Manager der Rammböcke in Los Angeles, schließlich Sportdirektor der mächtigen Fernsehgesellschaft CBS – eine Traumkarriere, aber nicht genug für Tex Schramm. Als ihn der scheue, zierliche Clint Murchison Jr. aus Dallas bat, in seine Dienste zu treten, räumte er seinen Chefsessel, um ein Himmelfahrtskommando zu übernehmen. Er machte sich daran, den Kampf mit der allgewaltigen National Football League aufzunehmen – allein und mit nichts als seinem Verstand und, natürlich, einer Menge Geld.

DIE NATIONAL FOOTBALL LEAGUE: ein perfekt funktionierendes Syndikat, das sich vor 60 Jahren in allerbester amerikanischer Tradition in einer Garage gebildet hatte. Damals trafen sich in Hay's Hupmobile Agency in Canton, Ohio, die Sponsoren von sieben halbprofessionellen Footballteams, um endlich Ordnung in ein Geschäft zu bringen, das bis dahin in einem ähnlich zweifelhaften Milieu angesiedelt war wie etwa das Preisboxen. Gewiß, es gab die Collegemannschaften, die zum Ruhme ihrer Schulen in die Schlacht zogen, aber daneben gab es in verschiedenen Städten, vor allem in Ohio, zusammengewürfelte Söldnertrupps. Ralph Hay war der Besitzer der Canton Bulldogs, und er und die andern hatten die Idee, eine Liga zu gründen. Für hundert Dollar, so beschlossen die Sponsoren in Hay's Hupmobile Agency, sollten Lizenzen vergeben werden an Bewerber, die am Football mitverdienen wollten.

Heute residiert die National Football League an New Yorks Park Avenue, wo sonst, und gehört zu den 600 umsatzstärksten Konzernen der USA. Allein für die Vergabe von Fernsehübertragungsrechten kassiert die NFL innerhalb von fünf Jahren 600 Millionen Dollar. Die Hundert-Dollar-Lizenzen sind längst Vergangenheit. Als Clint Murchison Jr. mit Tex Schramms Hilfe vor 20 Jahren eine erwarb, mußte er bereits 50 000 Dollar bezahlen. Seine ersten Spieler kosteten ihn damals 550 000 Dollar. Wenn er heute seine Cowboys verkaufen wollte, würde er vermutlich 18 bis 20 Millionen für sie erlösen.

Die Dallas Cowboys und ihr Besitzer: Clint Murchison Jr. ist einer von angeblich mehr als 12 000 Millionären in Dallas, und ein anderer dieser Reichen ist Lamar Hunt. Beide teilen eine unstillbare Leidenschaft für Football und einen nicht minder großen Hang, ihr Geld gewinnbringend anzulegen – nach einer griffigen Gebrauchsanweisung, welche einst der alte Murchison seinem Sohne Clint Jr. auf den Lebensweg gegeben hatte. „Geld", hatte der alte Murchison gesagt, „Geld ist wie Mist. Alles auf einem Haufen, fängt es bald an zu stinken, aber schön verteilt, tut es jede Menge Gutes."

Clint Murchison Jr. und Lamar Hunt beschlossen, auf ihre Weise ihr Geld Gutes tun zu lassen. Sie wollten die Glücksdroge Profi-Football nach Dallas bringen. Beide wollten die Lizenz – zu jedem Preis und mit allen Mitteln.

Was folgte, war eine turbulente Zeit. Gründerjahre. Die Geschichte des amerikanischen Unternehmertums, projiziert auf Dallas, Texas. Es war die Zeit, in der Tex Schramm ins Spiel kam und diplomatisch, energiegeladen die Fäden so geschickt zu spinnen begann, daß Lamar Hunt seine Felle davonschwimmen sah und voller Trotz und Ingrimm seine eigene Liga gründete, die American Football League, um das Monopol der National Football League zu brechen. Es war die Zeit, in der sich die NFL, erschrocken über die ihr unerwartet erwachsene Konkurrenz, plötzlich beeilte, Clint Murchison die Lizenz zu geben, nicht zuletzt, um Lamar Hunts AFL dort zu schlagen, wo sie am demütigendsten zu treffen war: in Dallas, der Hochburg Hunts. Es war die Zeit, in der in Dallas zwei professionelle Teams sich mit allen Tricks aus dem Stadion zu drängen suchten und in den Gerichtssälen aufeinander einschlugen. Es war die Zeit, in der Clint Murchison Jr. und Lamar Hunt jährlich knapp eine Million Dollar in ihre Teams pumpen mußten und nach Clints Daddy auch Lamar Hunts alter Herr einen unsterblichen Satz sprach.

„Mein Junge", sagte der alte Hunt mit der Milde des Alters und der Maßlosigkeit des Milliardärs, „mein Junge kann das noch 123 Jahre lang so machen." Aber Lamar Hunt wollte nicht 123 Jahre warten, bis sein Team Geld abwerfen würde. Er zog mit seinen Texans verbittert aus der Stadt und warf sie viel weiter im Norden des Landes unter dem neuen Namen Kansas City Chiefs in die Schlacht.

Was dann begann, war die Zeit, in der Tex Schramm und Tom Landry sich behutsam daran machen konnten, aus einem *losing team*, einem notorischen Verlierer, ein *winning team* und schließlich ein Superteam, America's Team, zu zimmern. Es war der Beginn einer Ära, in der sich die Cowboys, angebetet von ganz Dallas, halb Texas und einem guten Teil der USA, fünfmal zur Super Bowl durchschlugen, sie zweimal gewannen und World Champions wurden. Und seit dieser Zeit wäre es pure Blasphemie, wollte man den stolzen Satz anzweifeln, der auf den T-Shirts der Cowboy-Fans zu lesen ist. Dort steht schwarz auf weiß und in gotischen Lettern: „And on the eighth day God created the Dallas Cowboys".

Tex sagt: „An was denken die Menschen in Amerika, wenn sie von Dallas hören?" Ich weiß, es ist eine Fangfrage. Aber ich sage trotzdem: „An John F. Kennedy, natürlich."

Tex sagt: „Falsch, ganz falsch. Sie denken an die Dallas Cowboys." Ich glaube, Tex hat recht.

Sie haben sie alle umgedreht. Und als sie ihnen ihre Glücksdroge eingeimpft und sie alle süchtig genug gemacht hatten, bauten sie sich einen Palast und ließen ihn sich bezahlen von ihren Untertanen, die ihnen zu Füßen lagen, danach lechzend, in ihre Gesichter zu blicken und zu ihnen aufsehen und sie mit frenetischem Jubel durch ihre Schlachten begleiten zu dürfen.

War es da nicht nur natürlich, daß die Cowboys einen Großteil der Tickets nur dann noch abzugeben bereit waren, wenn gleich für die ganze Saison bezahlt und obendrein je nach Sitzplatzqualität noch eine Art Aktie zum Kaufpreis von 300 bis 1200 Dollar abgenommen wurde? 30 Millionen Dollar wollten sie zusammenkriegen, um ihren Palast auf dem festen Boden der Faszination des Football zu finanzieren. Und sie kriegten, natürlich, das Geld zusammen.

Sie ließen in die Ränge ihres Riesenstadions einen doppelten Ring von Suiten ziehen, insgesamt 178 Logen, wie in einem Staatstheater, und verpachteten sie für 60 000 Dollar das Stück auf 40 Jahre. Da sitzen sie nun, die anderen, größeren und kleineren Murchisons und Hunts mit ihren Familien, mit filzigen Stetsons auf den Köpfen und hochhackigen, goldverzierten Cowboystiefeln an den Füßen. Sie sitzen in weichen ledernen Sesseln, bedient von schwarzen Boys in weißen Kellnerjacken, hinter spiegelndem Glas in Boudoirs, von denen einige mit Plüsch und Gold und Kristall so vollgestopft sind wie ein feudales fernöstliches Freudenhaus, und genießen von dort den exklusiven Blick hinunter in eine in kaltem Blau schimmernde, von Hunderten von Scheinwerfern in überhelles Licht getauchte Arena für 65 000 Zuschauer, immer ausverkauft, ausschließlich gebaut für Football, überdacht bis auf einen kleinen Ausschnitt freien Himmels über dem Kampfplatz: ein monumentales Kolosseum moderner Gladiatoren, ein Tempel der Götter der Gewalt, Supermans Wohnung, Prinz Eisenherz' Burg.

Nein, wer in diesem Palast sitzt, mitten im Gekreisch der Massen, im brausenden Schlachtenlärm, im Geschmetter der Musik, elektrisiert vom Aufeinanderprall von Männerleibern, entzückt von den wirbelnden Beinen der Cowgirls, der *cheerleaders*, diesem zu der gewalttätigen Auseinandersetzung auf dem Kunstrasen seltsam kontrastierenden Mädchenballett, das die Seitenlinie auf und ab hüpft – nein, wer in diesem pompösen Palast sitzt, denkt nicht an jenes heruntergekommene Fabrikgebäude ein paar Meilen weiter Richtung Innenstadt, vor dem John F. Kennedy ermordet wurde.

Sie haben das Kainszeichen des Präsidentenmords von Dallas genommen. Und sie haben es mit Hilfe des Elektronenrechners geschafft. Man nennt die Dallas Cowboys auch Computer-Cowboys.

WAS GIL ÜBER DAS REKRUTIERUNGSSYSTEM der Cowboys sagt, klingt phantastisch und verrückt und ist ein bißchen auch gespenstisch. Gil Brandt ist der Personalchef der Cowboys, der Chief Scout. Als er vor 20 Jahren zu den Cowboys stieß, war er Babyfotograf in Milwaukee und nebenher so etwas wie ein Buchmacher. Um zu verstehen, auf welche Art von Wetten Gil sich spezialisiert hatte, muß man wissen, wie die College Draft, das System der Spieler-Auktion, funktioniert.

An allen Colleges und Universitäten haben die Profisclubs ihre Mittelsmänner, und zusätzlich haben sie das ganze Land mit einem Netz von Spähern, von Scouts, überzogen, damit ihnen kein Talent entgeht. Und jedes Jahr im Frühsommer geht dann dasselbe Ritual vonstatten. Der Club, der in der vorangegangenen Saison am schlechtesten abgeschnitten hat, darf sich als erster aus dem Riesenreservoir der Collegespieler einen jungen Mann als Leibeigenen nehmen. Dann ist der Zweitschlechteste an der Reihe, und erst ganz zum Schluß kommt der Beste, der Sieger aus der Schlacht um die Super Bowl. Und wenn die erste Runde durch ist, geht es nach dem gleichen Schema in die Runde zwei, dann in die Runden drei und vier und fünf und sechs, bis der Markt erschöpft ist.

Gil Brandt nahm Wetten an, welches Team welchen Spieler in welcher Runde ersteigern würde. In seinem Kopf speicherten sich Hunderte und Aberhunderte von Namen. Er führte Listen, die zu dicken Büchern wurden. Man nannte ihn einen lebenden Computer.

Und genau ein solcher Mann war es, den Tex Schramm suchte, um die Cowboys zur Supermacht zu machen. Aber selbst Gils analytischer Verstand und sein phänomenales Gedächtnis erschienen nicht als ausreichend. Man brauchte den wirklichen Computer: die Autorität des Instinktes, ersetzt durch die Unbestechlichkeit elektronischer Schaltkreise.

Gil ließ seine Späher Kraft und Schnelligkeit und Reaktionsvermögen und Größe und Gewicht und geistige Beweglichkeit und Intelligenz und Charakterfestigkeit der Collegespieler in Computerbögen eintragen. Er kaufte sich einen Fachmann von IBM, der ihm ein Computerprogramm ausarbeitete, in dem nach einem streng geheimen Schlüssel die ermittelten Daten von Tausenden von Kandidaten gewichtet und verarbeitet wurden. Gils Leute beschränkten sich nicht darauf, an den Colleges Schenkel zu vermessen und Schulnoten zu studieren. Sie ließen auch Radarkanonen auffahren, um exakt die Geschwindigkeit von Bällen bei Würfen bestimmen zu können.

Das alles wandert seit Jahren in den Rechner. Und dann ein Knopfdruck, ein Schnarren, und die Maschine hat aufgelistet, welche Collegeboys in welcher Position am besten in den Dress der Cowboys passen. O Amerika, du Land der unbegrenzten Möglichkeiten.

An Gils Büro schließt sich ein langgestreckter Raum an, so still wie der Lesesaal einer Bibliothek, gefüllt mit einer Unzahl von Wälzern voller Formblätter: Katalogen der verlorenen Hoffnung von Tausenden junger Menschen. Ein bißchen gespenstisch? Es kommt noch ein bißchen gespenstischer.

Gil sagt: „Wissen Sie, was wir jetzt machen? Wir versuchen, die Entwicklungsdaten von Football-Stars früherer Tage den Daten unserer College-Kandidaten als Raster zu unterlegen. Wir versprechen uns davon gute Resultate."

Der Mensch im Suchraster einer seelenlosen Maschine. Ein faszinierender, beängstigender Blick in ein vollständig programmiertes Zeitalter. Schon einmal habe ich in Texas dieses Gefühl gleichzeitiger Bewunderung und Bedrückung gehabt: vor einem Jahrzehnt, als in Houston die Computer den Menschen zum Mond dirigierten.

Dallas, Texas, Mission Control. Tom, der ein wenig an den Astronauten John Glenn erinnert, sitzt im Nervenzentrum der Operation Super Bowl. Zu Tex, dem Präsidenten, kann man ungehindert vordringen, aber bei Tom, dem Coach, muß man geräuschlos schließende Türen passieren und in gedämpftem, feierlichem Ton bei Vorzimmerdamen um eine kurze Audienz nachsuchen. Und nur wer Glück hat, wird auch eine kriegen, vielleicht in einer Woche. Der Denker darf nicht gestört werden. Zuviel hängt von seinen Strategien ab. Das Gelingen des ganzen Feldzugs. Das Glück von Dallas.

Aber endlich sitze ich Tom Landry gegenüber. Er zeigt, wie immer, ein steinernes Gesicht. Im Krieg flog Tom als Bomberpilot über Hamburg und Berlin Einsätze in Fliegenden Festungen. Er bewundert deutsche Wehrmachtsgeneräle. Wenn er Zeit hat, studiert er Strategien aus dem Zweiten Weltkrieg. Aber Tom hat nicht viel Zeit. 15 Stunden am Tag, von der Morgenandacht bis zum Abendgebet, denkt er nur an Football und an Taktiken. Coach sein heißt nicht so sehr: im Training Spieler über eine Wiese hetzen. Coach sein heißt: Fragen in den Computer eingeben, Erkenntnisse aus dem Computer ziehen und Filme prüfen, stundenlang, tagelang, wochenlang.

Nach einer Art Haager Landkriegsordnung erhalten die Coaches der National Football League von jedem Gegner detaillierte Filmberichte über deren letzte Schlachten.

Ich habe Tom Landrys Stab, den Coach für die Verteidigung und den für den Angriff und den für die *special teams*, in ihren abgedunkelten Räumen hocken sehen, neben den Filmprojektoren, durch Knopfdruck jede Bewegung zerhackend in Standaufnahmen, jeden Zug des Gegners analysierend, jeden Schlag, jeden Schritt, jeden Stoß notierend. Ich habe sie auf den Film starren sehen, stundenlang, wie Buchhalter des Krieges. Und vor ihnen tanzten Prinz Eisenherz und Superman ihr bizarres Ballett über die Leinwand.

Jede Bewegung wird von Toms Stab in Symbolen, Ziffern, Zahlen festgehalten. Auf Computerbögen. Wo denn sonst?

Ein Knopfdruck, und die Maschine spuckt aus, mit welcher Wahrscheinlichkeit sich welcher Mannschaftsteil des Gegners in welcher Situation verhält und wo die schwachen Stellen im Mannschaftsgefüge und in der Strategie des Feindes zu suchen sind. Und darauf wird aufgebaut, ein Gebäude eigener Taktiken errichtet, eingebettet in eine große Strategie. Football. Endspiel. Computerspiel. Schach mit lebenden Figuren, die schlagen und geschlagen werden.

Wie wird Tom mit seinen schärfsten Waffen umgehen? Wann und wie oft und in welcher Weise wird er Tony durch die Front brechen lassen? Wann läßt er Roger die Bombe werfen? Und wohin?

Roger Staubach ist der Quarterback der Cowboys, der Kompaniechef auf dem Schlachtfeld, der Mann mit dem goldenen Arm, ein

Spieler, der viel mehr mit seinem Verstand als mit seinen Muskeln die Schlacht bestehen muß. Roger ist bereits 38 Jahre alt. Seine Geschichte ist eine Geschichte von Stolz und Ehre. Prinz Eisenherz, der edle Ritter.

Roger also war Kadett in Annapolis, und wer dort Kadett ist, geht eine Verpflichtung zu vier Jahren Wehrdienst ein. Natürlich kann man sich herausmogeln, indem man sich von der Akademie feuern läßt. Und muß eine solche Versuchung nicht übermächtig werden, wenn man so gut Football spielt wie Roger? Wenn man die Heisman Memorial Trophy gewinnt? Wenn man, Sekundenbruchteile bevor man von einer Welle von Menschenleibern fortgerissen wird, über 30, 40, 50 Yards unter stärkstem physischen und psychischen Druck den Ball mit der Präzision ferngesteuerter Raketen in den Arm eines zickzack laufenden Wide Receivers zirkeln kann? Wenn man selbst mit der Geschmeidigkeit einer Katze durch das Netz der Abwehr schlüpfen kann? Wenn man durch eine solche Begabung Millionen Menschen vom Stuhl reißen und Millionen Dollar auf die Bank legen kann?

Roger ging statt dessen als Lieutenant nach Vietnam. Er sagt: „Ich hätte sonst vor mir selbst meine Glaubwürdigkeit verloren."

Und Gil und Tom und Tex wurden für verrückt erklärt, daß sie bei der College Draft trotzdem auf die Karte Staubach setzten, wissend, daß ihr Mann vier Jahre lang statt des Helms der Cowboys die Mütze der Marine tragen werde. Als Roger endlich nach Dallas kam, war er in einem Alter, in dem andere schon ausgemustert werden.

Ausgemustert. Richtig. Was hatten sie mir in Thousand Oaks gesagt, als ich unwissend, verwirrt am Spielfeldrand stand und die Schwadron ausschwärmte?

„Weiß der Himmel, wen Tom diesmal schlachten wird. Die Cuts. Verstehen Sie?"

Ich hatte bald verstanden.

Das Trainingslager ist nicht nur Trainingslager, nicht nur Sammelstelle für die Schlacht. Das Trainingslager ist eine Schlacht für sich. Ich begriff die gnadenlose Erfolgsphilosophie der Footballbranche. Die Cuts, verstehen Sie? 130 Spieler kommandieren die Cowboys in ihr Lager ab, und dann lassen sie sie kämpfen, jeder gegen jeden, die Veteranen in den weißen Hosen und die Rekruten in den blauen. Für zwei von drei ist kein Platz im Team. Schinde dich und kämpfe, damit du der dritte bist. Es ist ein erbarmungsloses Spiel ums Überleben. Von 130 Spielern bleiben 45 übrig.

Die Cuts, das sind die Entlassungen. Die Cuts sind eine Folter, ein Katz-und-Maus-Spiel mit dem Ego. Die Cuts, das bedeutet endlose, quälende Nächte, in denen du wach liegst und in denen in deinem Kopf die Angst wuchert, daß sie dich am Morgen zu Tom rufen und dich bitten, dein Playbook mitzunehmen. Wenn du dein Playbook, das Buch mit Toms gesammelten Strategien, zum Coach tragen mußt, weißt du, daß du, zumindest bei den Cowboys, gescheitert bist.

Jetzt sitze ich oben neben Tex in meiner Proszeniumsloge und sehe die Überlebenden in die Schlacht ziehen. Irgendwie sehen sie erhaben aus. Tief unter mir glänzt giftiggrün der *gridiron*. Der Bratrost. Sie nennen das Spielfeld nicht nur deshalb so, weil Fünf-Yard-Linien den Platz im Gittermuster zerschneiden. Die Cowboys werden auf dem Rost gegrillt werden. Ihre Gesichter werden sich röten und ihre Körper dampfen.

Ich muß daran denken, was mir einer von den Cowboys gesagt hat. Ich glaube, es war Tony. Er sagte: „Wenn du auf dem Gridiron stehst und weißt, daß du durch die Menschenmauer vor dir hindurch mußt, wenn du diese Kolosse vor dir siehst und weißt, daß sie nur diesen einzigen Gedanken im Kopf haben, dich kaputtzumachen, Mann, ich kann dir sagen, dann kriecht dir die Angst in beide Knie – und ich sag dir was, Mann, genau das wollen sie."

Tony Dorsett ist ein Running Back, Panzerspitze, 90 Kilo schwer, ein Leichtgewicht im Vergleich mit den Zweieinhalb-Zentner-Riesen, die sich auf ihn stürzen werden, in Rudeln zu viert oder zu fünft. Er kommt aus Aliquippa, einem Ort in der verräucherten Gegend um Pittsburgh, und wahrscheinlich wäre er wie alle Männer in seiner Verwandtschaft Arbeiter in einer Stahlhütte geworden, wenn ihm nicht die Natur besondere Gaben mitgegeben hätte. Tony hat die Kraft eines Kampfstiers, die schnellen Beine eines Rennpferds und die Wendigkeit eines Hasen. Und er hat gelernt, die Angst zu ignorieren. Superman darf sich Furcht nicht leisten.

Wie hatten sie mir die Spieler-Auktion erklärt? Nur die schwachen Teams bekommen die starken Spieler zugestanden? Wie kam da Superman zum Superteam?

Tony sagt: „Well, sie haben mich gekauft." Sie haben bei der College Draft den Seefalken von Seattle, damals das schwächste Team der NFL, ihre eigene erste Wahl und drei Jahre lang auch ihre zweite abgetreten und ihnen aus dem Team noch ein paar Profis draufgegeben.

Muskeln als harte Währung. Menschenhandel als ein riskantes Börsengeschäft. Denn drei Jahre Verzicht auf einen guten Collegespieler kann gefährlich werden. Der Verschleiß ist groß. Mit einer angeknacksten Psyche, mit zerschundenen Körpern, gebrochenen

Knochen und gerissenen Sehnen werden viele Footballspieler schon nach vier, fünf Jahren zu Invaliden. Eine ständige Blutzufuhr für das Team ist deshalb wichtig, überlebenswichtig.

Drunten auf dem Grillrost steht die Mannschaft bereit. Tony macht sich fertig für den Auftritt. Roger wird ihm den Ball in den Arm drücken, Roger, der Mann mit dem Heiligenschein überm Helm, der Mann, dem sein Gewissen diktierte, eine grandiose Karriere zu gefährden und in Vietnam eine patriotische Pflicht zu erfüllen. Es ist mein letzter Tag mit den Cowboys. Sie werden die Schlacht gewinnen, aber ihren Feldzug verlieren. Roger wird an diesem Tag die Bombe werfen, weit und präzis und vernichtend. Aber zwei Wochen darauf werden die Cowboys von den Los Angeles Rams auf dem Weg zur Super Bowl gestoppt, im eigenen Tempel gedemütigt werden. Und Roger wird seinen Abschied einreichen. Ganz Dallas und halb Texas und ein großer Teil Amerikas wird mit den Cowboys leiden.

Und ich werde mitleiden. Sie haben mich umgedreht. Ich blicke fasziniert hinunter in die brodelnde Arena. Roger schart seine Truppe um sich. Sein Gesicht leuchtet weiß inmitten vieler schwarzer. Kaum ein Quarterback hat eine dunkle Hautfarbe, und bei den Coaches ist es nicht anders. Die Schwarzen haben ihren Kopf hinzuhalten, die Kommandos geben die Weißen: Football, Spiegelbild der amerikanischen Gesellschaft.

Tom steht am Spielfeldrand, wie immer mit unbewegtem Gesicht. Er hat sich Kopfhörer über seinen fast kahlen Schädel gestülpt und ist in Sprechfunk-Kontakt mit seinen Adjutanten. Tony kauert hinter Roger. Das heisere „hut, hut, hut". Dann schlitzt Tony wie ein Messer die Abwehrmauer auf. Durch die Massen geht ein Aufschrei. Tony rennt und rennt. Und dann stürzen sie sich auf ihn. Die Menschenwelle bricht über ihm zusammen. Ein Eisenschädel schmettert gegen seine Achsel und reißt ihm den Arm aus dem Gelenk. Der Ball taumelt aus Tonys kraftloser Hand. Die Cowboyfans schlagen die Hände vor dem Gesicht zusammen. Die Anhänger des gegnerischen Lagers kreischen vor Begeisterung. Tom blickt aufs Feld, wie immer mit unbewegtem Gesicht. Auf seinen Backen bilden sich die blassen roten Flecken. Roger steht da wie eine stolze Statue. Während Tony mit zerschmetterter Schulter auf dem Schlachtfeld liegt, wirbeln die Tanzmädchen, aufgeputzt wie Zirkusponys, die Seitenlinie entlang, und die Steinwälle des Stadions werfen Marschmusik aus den Lautsprechern dröhnend zurück.

An meinem letzten Tag mit den Dallas Cowboys sehe ich, wie sie Tony Dorsett als Gefallenen vom Schlachtfeld tragen. (1980)

WIBKE BRUHNS

The Wall

Das »Vietnam Veterans Memorial« in Washington, D.C.,
ist Amerikas Klagemauer. Die schwarzglänzende Granitfläche
mit den Namen der Gefallenen und Vermißten ist ein Ort,
wo die Lebenden mit den Toten reden. Wo jener gedacht wird, die
ihr Leben gegeben haben in einem Krieg, den kaum einer
von ihnen so recht verstand.

Ein rausgerissenes Kalenderblatt, ungelenke Druckbuchstaben: „Verdammt, es tut immer noch weh". Kein Punkt, keine Unterschrift. Ein Hochzeitsfoto, auf der Rückseite die Sätze: „Sir, wenn Sie mich auch nicht kennen, ich kenne Sie. Ich liebe Ihre Tochter und werde alles tun, sie zu beschützen." Sheri, 23 Jahre alt, schreibt an ihren Vater Michael: „Ich wußte, daß Du der Weihnachtsmann warst. Aber ich wollte Dir den Spaß nicht verderben."

Das ist Post für Amerikas Gefallene des Vietnam-Krieges. In der Regel wird sie einfach abgelegt, doch manchmal bringt sie der Briefträger – wie im vergangenen Jahr die Geburtstagskarte für den 1967 gefallenen Marine-Offizier – c/o Vietnam Veterans Memorial, Constitution Gardens, Washington, D.C.: „Mike, heute bist Du 40. Was für ein Leben!"

Das Mahnmal, 1982 auf der „Mall" errichtet, Washingtons Bürgerwiese zwischen Capitol und Lincoln-Tempel, war vom ersten Tag an Kultstätte und Opferplatz. Es soll die 8,7 Millionen Soldaten, Männer und Frauen, ehren, die auf den Schlachtfeldern Vietnams gekämpft haben. Es ist der Ort, wo die Lebenden mit den Toten reden.

Sie verschmelzen miteinander in schwarzblankem Granit, der den Himmel spiegelt, das Grün des Rasens und die Pilger: Trauernde und Touristen, Liebende und Verlorene. Der Strom reißt nicht ab, seit sechs Jahren nicht.

Sie sind tagsüber da und nachts. Sie kommen trotz bleischwerer Sommerschwüle. Sie stehen frierend im Schneegestöber. Sie bringen Fahnen mit und Trompeten. Und sie sitzen stumm und allein im Gras.

Das Mahnmal ist heute der am meisten besuchte Platz in Washington. Mehr als 24 Millionen Menschen, schätzt die Nationalpark-Verwaltung, statistisch also jeder zehnte Amerikaner, haben die Wallfahrt bisher gemacht.

Viele reisen immer wieder an, Mütter, Söhne, die Davongekommenen, deren zerquälte Erinnerung sich in zurückgelassenen Notizen findet: „Am 26. Juni 1967 auf einem kleinen Hügel in der Nähe von Camp Evans, an der Landstraße Nr. 1, nördlich von Hue, hat Jim Blakeley die Mine nicht gesehen, auf die er an diesem Morgen trat. Er lebte auch nicht lang genug, um die Wunden zu spüren, an denen er so schnell sterben sollte. In der Erschütterung durch die explodierende Mine detonierten die 60-mm-Granaten, die Angel Correa auf dem Rücken trug. Angel hat es nicht mehr gehört. Ein Splitter erwischte Teddy (Doc) Hart in der Brust. Doc war hinüber, bevor seine Knie einknickten. Für einige war das nur ein Augenblick, eine Ewigkeit für andere."

Um die Gedenkstätte ist gestritten worden, als gelte es, alle kaum vernarbten Wunden wieder aufzureißen, die Amerikas längster und einzig verlorener Krieg in Amerikas Seele hinterlassen hat. Nicht die Regierung, nicht das amerikanische Volk haben den Toten und den Überlebenden von Vietnam ein Denkmal gesetzt. Lediglich den knappen Hektar Land auf der Mall stellte der Congress zur Verfügung – und auch das erst, nachdem eine Gruppe ehemaliger Soldaten das Projekt schon weit vorangetrieben hatte.

Das waren die Jungs um Jan Scruggs, einem früheren Obergefreiten, bei Da Nang verwundet, der wie so viele Heimkehrer Mühe hatte, zu Hause wieder Anschluß zu finden. Monatelang war er mit einem Kumpel aus Vietnam durchs Land getrudelt, hatte sich hinter Drogen verkrochen vor einer Umwelt, die ihre Verbitterung über Vietnam an den Veteranen ausließ.

Veteranen? Sie waren die jüngsten Männer, die jemals für Amerika in den Krieg gezogen waren, 19 Jahre alt im Schnitt, und zu Hause waren sie geschmäht worden von ihresgleichen, die sich vor der Einberufung in die Colleges und nach Kanada geflüchtet hatten.

Die Blumenkinder der sechziger Jahre und das intellektuelle Establishment hatten „die Schande der Feiglinge in die Schuld der Tapferen" verwandelt, wie der Schriftsteller Tom Wolfe sich 1982 empörte, und Männer wie Jan Scruggs wären daran beinahe zerbrochen.

Der Vietnam-Film „The Deer Hunter" („Die durch die Hölle gehen") hatte ihn 1979 auf die Idee mit dem Denkmal gebracht – ein

Platz für die Verratenen auf der Mall, zwischen den weiß-leuchtenden Marmor-Monumenten für Amerikas Giganten George Washington, Thomas Jefferson, Abraham Lincoln. Der Gedanke war so vermessen, wie die Kränkung der Vietnam-Kämpfer tief und bitter war.

Die Bürgerwiese war Schauplatz für riesige Anti-Kriegs-Demonstrationen gewesen. Hier hatte die Heimat Front gemacht nicht nur gegen die Politik. Hier war auch das Urteil gesprochen worden über die Kinder-Soldaten, denen unterdessen im Dschungel Vietnams Treu und Glauben abhanden kamen.

„Jetzt sind *wir* dran auf der Mall", schworen sich die paar Männer, die das aberwitzige Unterfangen genau zehn Jahre nach jenem 28. Mai 1969 beschlossen, an dem der schwerverletzte Jan Scruggs im Dschungel von Vietnam sein, wie er glaubte, letztes Vaterunser gebetet hatte.

Es sollte ein Denkmal entstehen ohne, in Wahrheit: gegen die Regierung. Es sollten die Überlebenden den Platz für die Toten herrichten, den die Nation ihnen so lange verweigert hatte. Fünf Jahre später, als an der „Wand" – „the Wall", wie das Mahnmal heute überall heißt – der Prozeß des Heilens und der Versöhnung längst begonnen hatte, schenkten die Vietnam-Veteranen ihr Denkmal dem Präsidenten der USA.

Absurd sei das schon, gab Jan Scruggs zu, dessen „Vietnam Veterans Memorial Fund" die knapp zehn Millionen Dollar Spendengelder für den Bau gesammelt hatte. „Andersrum", nicht wahr, wäre es „eher recht gewesen". Aber vielleicht „war Vietnam eben diese Art von Krieg".

„DIESER ART VON KRIEG" war nicht beizukommen mit einem Kriegerdenkmal, das die Helden preist und das Elend verleugnet. Jan Scruggs wollte alle dort eingemeißelt sehen für die Ewigkeit: Jeder Tote, jeder Vermißte, bis heute 58 156 Menschen, sollte jeder für sich vor einer Namenlosigkeit bewahrt werden, die Angst und Würde des einzelnen begraben hätte unter der Anonymität des kollektiven Respekts. Die Ausschreibung für den Wettbewerb stellte eine weitere Bedingung: Das Mahnmal hatte politisch neutral zu sein. Jede Stellungnahme für oder gegen den Krieg war untersagt.

Das war zuviel. Die illustre Jury – Landschaftsarchitekten, Architekten, Bildhauer und der Chefredakteur einer Architekturzeitschrift – wählte aus 1421 Einsendungen, mehr als je zuvor für einen Architektur-Wettbewerb, einstimmig einen Entwurf aus, dessen politische Abstinenz viele Leute auf die Barrikaden trieb. Daß die Preisträgerin

Maya Ying Lin, 21jährige Architektur-Studentin in Yale, obendrein eine Frau, fast noch ein Kind war – „Was weiß die denn schon!" – und außerdem die Tochter chinesischer Eltern, spülte eine Menge Schmutz in die zuweilen hysterische Auseinandersetzung.

Maya Lin teilte mit zwei 74 Meter langen, keilförmigen Stützmauern aus schwarzem Granit die Erde in Oben und Unten, schuf eine eigene Ebene für die Toten. In drei Meter Tiefe treffen sich die Mauern in stumpfem Winkel. Eingraviert in die spiegelnde Schwärze sind die Namen der Menschen, „in der Reihenfolge", so sagt es die Inschrift, „in der sie uns genommen wurden".

Der Krieg als eine endlose Reihe persönlicher Opfer: jeder Name ein Mensch mit seinem eigenen Leben. Der erste in der Reihe ist der 37jährige Major Dale Buis, ein US-Berater, den am 8. Juli 1959 eine Bombe zerriß – in einem Kino in der Nähe von Saigon. Der letzte ist Leutnant Richard VandeGeer. Er starb, 27 Jahre alt, am 15. Mai 1975 bei den Rettungsarbeiten auf dem brennenden Frachter „Mayaguez".

Die Wände des weit geöffneten V richtete Maya Lin links auf den Lincoln-Tempel, rechts auf George Washingtons Obelisken aus und band damit den bittersten Krieg Amerikas in die Geschichte Amerikas ein. Aber das ist auch alles. Kein Sinnspruch, kein Heldenlied. In Maya Lins Entwurf gab es noch nicht einmal eine Fahne.

Für die Konservativen, nach Ronald Reagans Wahlsieg im November 1980 mit allem Elan der Restauration angetreten, das Land auf den rechten Weg zurückzuführen, bedeutete diese zwingende Schlichtheit, vor allem aber der Verzicht auf jede politische Stellungnahme, eine politische Provokation. „Massengrab" war noch eine der sanfteren Bezeichnungen. „Eine Klagemauer für künftige Wehrdienstverweigerer und Anti-Atom-Demonstranten" sei dieses „offene Pissoir", die V-Form, Symbol der Friedensbewegung, eine „Huldigung an Jane Fonda", die in den sechziger Jahren ihren Protest gegen den Krieg bis zu einem Solidaritäts-Besuch in Hanoi getrieben hatte.

Während Jan Scruggs und mit ihm die großen Veteranen-Verbände Maya Lins Entwurf uneingeschränkt akzeptierten, während sich die Fachkritik einig war in ihrem Lob, feuerte in Washington die ultrarechte Opposition aus allen Rohren. Ihre Forderung war eindeutig: Das Mahnmal gehöre nicht unter die Erde, sondern nach oben. Eine Fahne müsse her und eine anständige Inschrift, und das Material habe Washingtons weißer Marmor zu sein. Dem General George Price, einem der am höchsten dekorierten Schwarzen in der U.S. Army, wurde das irgendwann zu dumm. Er habe es satt, ließ er die Kontrahenten wissen, immer wieder zu hören, daß Schwarz die „Farbe der Schande" sei.

Ronald Reagans erster Innenminister, James Watt, Hausherr auf der Mall und den rechten Hilfstruppen des Präsidenten verpflichtet, machte die Baugenehmigung auf Washingtons Staatswiese abhängig von einem Kompromiß. Der wurde schließlich gefunden in Gestalt einer Bronzegruppe des Bildhauers Frederick Hart. Neben einer Fahne am 20 Meter hohen Mast halten drei Soldaten im Kampfanzug Wache, ein Weißer, ein Schwarzer, der dritte hispanisch – weit genug entfernt von der schwarzen Spiegelung, die das Leben um die Granitwand einbindet, die Menschen, die Gesichter, die Bewegung und das Licht.

Nachts, im schwachen Widerschein der Bodenlampen, sind die Hände zu sehen: die vielen Abdrücke in Brusthöhe, wo sich einer angelehnt, sich dagegen gestemmt hat, zu fassen suchte, was unerreichbar ist. Mütter, Freunde streicheln die Mauer, finden unter den vielen Namen nicht nur den einen, der ihnen genommen wurde, sondern auch die anderen, um die andere trauern wie sie selber. Die meisten haben ihre Toten auf den heimatlichen Friedhöfen begraben können, aber hier und nur hier ist der Platz, wo Überlebende und Hinterbliebene nicht allein sind mit ihrem Verlust, von dem zu reden lange Zeit als Belästigung der Umwelt galt. Hier ist es in Ordnung, wenn einer weint.

„Ich habe nie geweint", sagt der Brief an „Smitty". „Meine Brust schmerzt unerträglich, und meine Kehle schnürt sich zu, so daß ich noch nicht mal krächzen kann. Aber ich habe noch nicht geweint. Ich wollte immer, ich konnte bloß nicht. Ich glaube, heute kann ich. Verdammt, jetzt weine ich. Bye, Smitty. Ruh dich aus."

Oder Peter Stoker für Kenneth Grant Stoker und Ronald Edward Stoker, die seine Brüder sein mögen:

In einem Land, das Ihr nicht kanntet,
mit einer Sprache, die Ihr nicht spracht,
für eine Sache, die Ihr nicht verstandet,
von der Hand eines Feindes, den Ihr oft nicht saht,
seid Ihr für uns gestorben.

Angefangen hat der Dialog zwischen Lebenden und Toten mit einem „Purple Heart", dem Verwundeten-und-Gefallenen-Abzeichen der US-Streitkräfte. Während die Beton-Fundamente für die „Wand" gegossen wurden, kam ein Mann vorbei und warf das Purple Heart seines toten Bruders in den nassen Zement. Er salutierte, bis der Orden versunken war. In den sechs Jahren seither sind rund 8000 Gegenstände an der Mauer abgelegt worden, Fotos, Fahnen, Feuerzeuge, Patronenhülsen, Entlassungspapiere, Schulzeugnisse und Geburtsanzeigen, auch ein ganzer Schrank voller Stiefel.

Der steht in einem Lagerraum der Nationalpark-Verwaltung in Lanham, Maryland, vor den Toren Washingtons. Eine riesige Halle, maschinell gekühlt auf konstante 19 Grad, an den Türen Insektenfallen. Die wenigen Männer hier tragen Kittel und weiße Baumwollhandschuhe und archivieren, was da wöchentlich, manchmal täglich eintrifft wie altägyptische Kostbarkeiten. In luftdichten Metallschubladen liegen auf Schaumstoff Autoschlüssel, Sardinenbüchsen, ein Fetzen von einem blutigen Verband. Es gibt Teddybären und Weihnachtsmänner, eine Schachtel „Lucky Strike" und einen Champagnerkorken.

Männer haben ihre Saufschulden bezahlt – „Für das versprochene Bier. Behalt das Wechselgeld" –, haben Schulterstücke und Kampfspangen abgelegt, manche davon stammen noch aus dem Korea-Krieg. Es gibt Bibeln und Gesangbücher und ein jüdisches Gebetbuch für die Toten. Jemand hat eine Platte von Wes Montgomery gebracht, jemand anders einen schwarzseidenen Damenslip.

Die Kühle im Raum kriecht in die Knochen. Die gedämpften Schritte der Archivare, die leisen Stimmen, die Routine des Sortierens, wenn einer dem anderen in den Block diktiert: „Fahne, 23 cm hoch, Schaft Holz, Material vermutlich Baumwolle. An den weißen Streifen das Vaterunser, Kugelschreiber. Herkunft Omaha, Nebraska." Jemand hat dieses Vaterunser aufgeschrieben in Omaha, Nebraska, hat es den weiten Weg hierher gebracht und nach zehn oder zwanzig Jahren in der „Wand" die Adresse gefunden, wo seine Botschaft ankommt.

„Ich habe Euch so lange gesucht", schreibt „Singer" an seine Freunde. „Erst jetzt, bei meinem zweiten Besuch am Denkmal, kann ich zugeben, daß Ihr, meine Freunde, für immer davongegangen seid. Erst jetzt kann ich Eure Namen sagen, Euch meine Freunde nennen und über Euren Tod sprechen. Ich kann aufhören, nach Euch zu suchen. Ich denke, ich kann anfangen zu leben."

Feldwebel Cass meldet: „Ich habe Ihren Geist am Leben gehalten, bis Amerika aufgewacht ist, Sir. Das ist erledigt, ich bin fertig damit. Ruhen Sie sich aus, mein Freund, mein Leutnant."

Ein Leutnant hält seine Jungs auf dem laufenden: „Die Welt hat sich verändert. Keine Wehrpflicht. Die Musik ist anders. Keine

Rassenunruhen. Die Schulen sind integriert. Die Städte brennen nicht. Die Wirtschaft geht immer mehr zum Teufel – es ist manchmal schwierig, Jobs zu finden. Benzin kostet mehr als einen Dollar die Gallone. Die USA sind immer noch der beste Platz zum Leben."

Ohne Kommentar ein Kalenderblatt aus dem Jahr 1966, die Tage durchgekreuzt vom 17. März bis zum 27. September: „Kathi + Bobby" steht in junger Schrift am Rand und der Bibelspruch: „Ein tugendsam Weib ist eine Krone ihres Mannes".

Dann ein goldener Ring, dazu die Notiz des Feldwebels Frederick Garten: „Dieser Ehering gehörte einem Vietkong-Soldaten. Er wurde von einer Einheit der Marines in der Provinz Phu Loc in Südvietnam im Mai 1968 getötet. Ich habe den Ring 18 Jahre lang mit mir herumgetragen, und ich glaube, es ist Zeit, daß ich ihn abgebe. Dieser Junge ist nicht mehr mein Feind."

Sie versöhnen sich. In vielen Briefen ist vom „Frieden" die Rede, von „Erlösung", von „einem neuen Blick in eine neue Zukunft, seit wir wissen, wo du bist". Die Granitmauer vermittelt Gemeinschaft. Es ist warm und freundlich hier, die spiegelnde Schwärze schafft die Intimität einer Höhle. Wer an der „Wand" den anderen sucht, findet immer auch sich selbst. Dies ist der Platz, wo einer des anderen Hand nehmen kann, wo endlich das Gespräch entsteht zwischen „uns und ihnen", denen, die dabei waren, und den anderen.

Vor allem nachts, wenn die Touristen weg sind, sieht man sie stehen in kleinen Gruppen: Veteranen in Kampfjacken, die ein paar Nachtschwärmern den Freund auf Paneel 18 vorstellen und dessen Tod. Es reden miteinander der ehemalige Soldat aus Vietnam und der Mann im dunklen Anzug, 1968 Student in Berkeley, der hierher gekommen ist, um sich für seinen „Hochmut damals" zu entschuldigen, als eine ganze Campus-Generation den Krieg mit den Kriegern verwechselte.

Und da ist das Pärchen im Gras, das immer wieder mal herkommt, weil „die Männer so jung waren wie wir".

Kinder suchen ihre Wurzeln:

Jetzt bin ich erwachsen,
und ich sehe Dir sehr ähnlich.
Wer hätte gedacht,
daß ich aufwachsen würde,
um auszusehen
wie einer, den ich nie gekannt habe.

Mütter tragen ihre Zärtlichkeit hierhier: „Ich bringe Dir ‚Teddybär‘ mit und ein Bild Deines geliebten Sportwagens. Ich weiß, daß sie nicht lange hier bleiben können, aber sie gehören Dir, und ich möchte, daß Du sie hast."

Maya Lin hat mit ihrer „Wand" die Menschen auf eine Wanderung geschickt: Sie müssen hinabsteigen, um sich in der Tiefe dem Trauma zu stellen, das der Vietnam-Krieg allen Amerikanern bedeutet. Nie zuvor waren die USA im Krieg besiegt worden. Amerikanische Soldaten waren immer Helden, die für eine gute Sache starben. Diesmal starben sie, und kaum einer verstand, wofür.

Sie haben verloren. Ihr Opfer war vergeblich.

Das erzählt die „Wand". Sie ist sanft und unerbittlich. Sie löst die Tränen. Sie bringt die Stummen zum Reden. Sie führt sie in eine Katharsis, an deren Ende der Weg sie zurückbringt ins Licht, auf die Wiese, zu den Drachen im Wind.   (1988)

JÜRGEN NEFFE

Der Fluch der guten Tat

Dies ist die Geschichte eines Dilemmas, eines
Dilemmas der modernen Medizin. Sie handelt von Verletzungen,
die zu den schlimmsten zählen, die ein Mensch erleiden kann:
von Brandwunden und deren entsetzlichen Folgen. Sie berichtet von
Ärzten, die sich für den Kampf um ein Leben entscheiden –
und dann an ihrem Entschluß verzweifeln.

Pittsburgh im US-Bundesstaat Pennsylvania, ein Sommermontagmorgen. In der „Burn Unit" des West Penn Hospital herrscht das, was man dort Ruhe nennt. Harvey Slater, einer der zwei leitenden Ärzte, sitzt mit einem Teil seiner Belegschaft im Besprechungszimmer der Abteilung. Hinter ihm hängt ein Blatt Papier an der Wand, darauf in Kinderschrift: „Ich danke Euch, daß Ihr für mich gesorgt habt." Vom Flur, aus den Patientenräumen, sind nur Geräusche von Fernsehgeräten und Gemurmel zu hören. Die Überwachungsmaschinen spielen ihre gleichförmige Signaltonmusik. Im Zimmer mit der Nummer 6227 starrt stumm ein Menschlein an die Decke.

Es liegt da gewickelt in Weiß, von den Fußspitzen bis unters Kinn. Neben sich – wie zwei schlafende Gefährten im gleichen Gewand – die Arme. Der Schädel: eine einzige Blöße im frischen Leinen, rasiert bis aufs Nackte. Bedeckt von durchtränktem Mull, was geblieben ist vom Kindergesicht. Zwei Schläuche darin: ein feiner in einer Öffnung, wo vorher die Nase war. Und zwischen den Zähnen, rosig umsäumt von den Lippen, ein fingerdicker, der manchmal zu tanzen scheint: wenn im Mund die Zunge vergebens nach Worten gräbt. Dann geht ein Zittern durch die entzündeten Lider um die weit geöffneten Augen.

„Das Leben eines Brandopfers", lautet eine von Slaters Botschaften an sein Team, „wird nie mehr das sein, was es vor der Verletzung war." In der Manier eines Vaters, der seine Kinder auf die Widrigkeiten des Lebens vorbereitet, schwört er Schwestern, Pfleger und Ärzte auf das Außergewöhnliche der Arbeit ein: „Wir haben nicht einmal die Oberfläche dessen angekratzt, was es heißt, verbrannt zu sein."

Nie sollen seine Leute vergessen, daß die Narben von Brandopfern oft nicht als verheilte Wunden gelten, sondern als Entstellungen. Daß Ärzte und Pfleger von den seelischen Verletzungen nur wenig mitbekommen, weil die Unanschaubaren hier ja noch unter ihresgleichen und ihre Wunden Gegenstand intensiver Pflege sind. Daß ein zweiter Leidensweg draußen beginnt, wo die Menschen gaffen und sich von ihnen abwenden werden.

An der Wand hinter dem Bett des verbrannten Kindes hängt ein Madonna-mit-Jesus-Bild. Gleich darüber hat seine Mutter mit Klebestreifen ein Foto befestigt: In die Kamera blickt mit großen, blaubraunen Augen ein dunkelblondes, etwas dickliches Mädchen in rotem Kleid mit weißem Kragen. Das schüchterne Lächeln gibt ungewöhnlich große Schneidezähne frei. Sie sind das einzige, worin sich der Körper im Bett und das Mädchen auf dem Foto noch ähneln.

Harvey Slater wird nicht müde, auch die sozialen Hintergründe seiner Patienten auszuleuchten. „Was denkt ihr" – er wendet sich kurz jedem seiner etwa 15 Zuhörer zu –, „wenn ihr Mr. Fox seht?" Timothy Fox, ein 28jähriger Zweieinhalbzentnermann, ist vor drei Tagen eingeliefert worden. Eine zierliche Assistenzärztin meldet sich artig zu Wort: „Einfache Verhältnisse?"

„Genau", ruft der bärtige Professor in die Runde. „Merkt euch: Brandopfer kommen unverhältnismäßig oft aus den unteren Klassen. Die Verbrennung ist meist nur ein weiteres Desaster in ihrem Leben." Timothy Fox hat sich auf einem Golfplatz um die Wagen gekümmert, mit denen die Sportler von Loch zu Loch fahren. Bei dem Versuch, einen der Karren wieder flottzukriegen, ist Benzin ausgelaufen. Da tat er „das Dümmste, was er tun konnte in diesem Augenblick, vielleicht in seinem Leben": Er drückte den Startknopf. Der Zündfunke ließ das Benzin-Luft-Gemisch explodieren. Fast die gesamte Vorderseite des Arbeiters verging.

Explosionen, Verpuffungen, Haus- und Autobrände. Kochendes Wasser oder elektrischer Strom. Der eingeschlafene Fahrer eines Tanklastzuges oder das böse Ende vom Kinderspiel mit dem Feuer – alte, immer wieder neue Geschichten. „Sobald du aber glaubst, das Furchtbarste schon gesehen zu haben", sagt die 24jährige Sozialarbeiterin Elisabeth Bloskis, „geht die Tür auf, und noch Furchtbareres kommt herein."

Schlimme Schicksale – für Harvey Slater, 51, und dessen sieben Jahre jüngeren Partner William Goldfarb sind sie alltäglich. Mit der

Routine eines Reparaturbetriebs haben die „Burn Care Associates"
schon grausam verschmorte Körper wieder zusammengeflickt. Doch
das Los des Mädchens in Zimmer 6227 bereitet den beiden mehr
Kopfzerbrechen als das früherer Patienten. „Wir sprechen", sagt
Slater und lächelt bitter, „natürlich nur von denen, die überlebt
haben."

Wenn dieser riesenhafte Chirurg, der in fast 20 Jahren an die 4000
Schwerstverbrannte behandelt hat und wie kaum ein zweiter unter
der Berufskrankheit Zynismus leidet, von „meinem schlimmsten
Fall" spricht, dann meint er nicht unbedingt seinen hoffnungslose-
sten. Dafür sind ihm einfach schon zu viele Patienten „weggestor-
ben". Kein Fall aber hat ihn wohl ethisch so sehr in die Enge getrieben wie der des Mädchens mit den großen Schneidezähnen.

Dessen Schicksal ist nicht wegen des Unfallherganges außer-
gewöhnlich: Am 16. Mai 1991, morgens um vier, wird die alleinerzie-
hende Mutter von ihrem Sohn geweckt, der laut schreiend die Treppe
herunterstürzt. Es brennt.

Die Flammen versperren den Weg zum Schlafzimmer der Tochter.
Die Mutter rennt in den Garten und schreit. Doch ihre flehenden Rufe, das Kind solle aus dem Fenster springen, bleiben ungehört. Der
Körper, den ein Feuerwehrmann nach wenigen Minuten aus dem
Zimmer holt, ist nicht verbrannt durch Flammen, sondern versengt
durch die Hitze. Ein Rettungshubschrauber fliegt das bewußtlose Opfer ins etwa 90 Kilometer entfernte Pittsburgh. Nach einem Monat,
genau an dem Tag, als man Tim Fox in den Raum nebenan schiebt,
bringen die Ärzte es wieder zu Bewußtsein.

In den drei Tagen, seit das Mädchen Blicke erwidern, zuhören und
mit Nicken oder Kopfschütteln antworten kann, hat sich ein Bann
über alle Besucher gelegt: kein falsches Wort, keine Tränen und, vor
allem, kein Spiegel. Der Lebenswille der Verbrannten könnte leiden,
würde sie ihr Antlitz sehen. Alle, die Schwestern und Ärzte, die Mutter und selbst der Klinikpfarrer verfallen an ihrem Bett in diese merk-
würdige Haltung zwischen Hilflosigkeit und Heuchelei – als stünde
„Du sollst nicht töten" an der Wand geschrieben.

Was aber, wenn die Entscheidung für das Leben ein ebenso großes
Tabu bricht wie die für den Tod? Wenn „leben dürfen" vom „leben
müssen" überschattet wird? Wenn wir in unserer gesunden Haut
schon ahnen, daß wir den Anblick des Überlebenden selbst nach dessen Genesung nicht ertragen werden?

Es mag nicht zuletzt der Name des Kindes sein, der Ängste und
Hoffnungen in der Brandklinik so sonderbar schürt. Sein Vater, Gary

Fields, hat das Wort irgendwann beim Bier in einer Kneipe aufgeschnappt: „Mystic". Als seine Frau Pam ein Mädchen zur Welt brachte, nannte er es Mystic Eve Fields. Wenn aber die Krankenschwestern in der Verbrennungsstation des West Penn Hospital von der einzigen Chance, einem *miracle*, für die Patientin in Zimmer 6227 reden, dann klingt es wie eine Beschwörungsformel, wenn sie „Mystic Fields" sagen – „mystische Felder".

Zur Lebensrettung der meisten Brandopfer bedarf es keiner Wundertaten. Meist genügen mittelmäßiges medizinisches Geschick und sehr gute Intensivpflege. Denn Haut ist das, was manche Ärzte ein „dankbares Gewebe" nennen: Kleinere Wunden wachsen von allein wieder zu. Haut eignet sich auch gut für Transplantationen von einem Körperteil auf einen anderen.

Eigenhautverpflanzungen sind Routinetechnik bei den meisten Verbrennungen zweiten und allen dritten Grades – wenn also außer der oberen Hautschicht, der Epidermis, auch die darunterliegenden Schichten teilweise oder ganz zerstört sind. Erste-Grad-Brandverletzungen, bei denen nur die Epidermis betroffen ist, lassen Ärzte ohne Eingriffe ausheilen. Verpflanzte Eigenhaut wächst in aller Regel gut an, ihre Zellen vermehren sich problemlos. Etwa neun von zehn Patienten verlassen die Pittsburgher Burn Unit lebend – als Geheilte mit mehr oder weniger großen „Autotransplantaten".

Geheilte Haut ist jedoch etwas anderes als heile Haut: Transplantate überdecken zwar rasch die Wunden, ebenso wie nachwachsende Haut die „Erntestellen", aber dies geschieht nicht ebenmäßig. Bestimmte Zellen des Bindegewebes, die Fibroblasten, produzieren Kollagen – einen Eiweißstoff – im Überfluß. Diese Stützsubstanz der alten wie der neuen Hülle überwuchert wild das Fleisch und zieht sich zusammen. Die Folge sind fürchterliche Narben. Sind diese großflächig, wie nach Unfällen mit Feuer, Elektrizität oder Chemikalien, kann sich die Haut so sehr spannen, daß die Gelenke wie gefesselt sind. Jeder Griff, jeder Schritt wird zur Qual.

Schlimmer aber sind die Folgen für das Bild, das Brandopfer der Welt präsentieren. War das Gesicht verbrannt, dann kann das feine Spiel der Mimik – für das menschliche Miteinander fast so wichtig wie das gesprochene Wort – in einer Narbenlandschaft eingefroren sein.

Die Wahrscheinlichkeit, daß ein Neuzugang an seinen Verbrennungen stirbt, berechnen die Ärzte grob nach einer Formel: Addiere zum Prozentsatz der verbrannten Körperoberfläche das Alter des Opfers. Bei Erwachsenen wird die Fläche nach der „Neunerregel" geschätzt:

jeweils neun Prozent für Kopf sowie für die Arme, jeweils 18 für die Beine sowie für vorderen Rumpf und Rücken. Das letzte Prozent steht für den Anal-Genital-Bereich. Entscheidend ist aber auch, wie tief die Haut verbrannt ist. Die Überlebensarithmetik hat einen banalen Hintergrund: Je älter ein Intensiv-Patient ist, desto schlechter sind grundsätzlich seine Chancen. Und je geringer das Verhältnis der gesund gebliebenen Erntefläche zu den abzudeckenden Wunden ist, desto heikler wird die Behandlung.

Mystic Fields trug 91 Prozent Verbrennungen dritten Grades davon. Über neun Zehntel ihrer Haut einschließlich des gesamten darunterliegenden Gewebes sind zerstört. Nur die Kopfhaut unter den Haaren ist halbwegs unverletzt geblieben, auf der linken Seite ein Stück Schulter zum Rücken hin und der Ellenbogen – offenbar Körperpartien, auf denen sie in der Flammennacht gelegen hat. Am Tag der Einlieferung war sie neun Jahre alt. Nach der ärztlichen Faustregel wäre die Prognose, daß sie ihren Verletzungen erliegen würde, genau 100 Prozent.

Dennoch geriet das Kind in die Routinemühle der Brandwunden-Spezialisten. Das hat mit technischem Fortschritt ebenso zu tun wie mit der stressbedingten Realitätsverleugnung ihrer Mutter und den Allmachtsphantasien von Ärzten. Mystic ist, auch wenn es sich niemand so recht eingestehen möchte, längst vom Opfer zum Objekt geworden. Ihr Körper, nicht viel mehr als eine riesige offene Wunde, ist verpackt wie eine Mumie – konserviert eines Experimentes wegen, das ihm das Leben retten kann. Das Leben. Mehr nicht.

Seit kurzem gibt es eine Technik, längst noch nicht ausgereift, aber schon erfolgreich eingesetzt, mit deren Hilfe auch „hoffnungslose" Fälle eine „Chance" erhalten: das Gewinnen, Vermehren und Rückverpflanzen von Zellen aus der Haut des Patienten. Die Firma „Bio-Surface Technology" in Cambridge bei Boston bietet die „kultivierten epidermalen" Zell-Lagen auch für Fälle an, in denen die verbliebene Haut des Opfers für die lebensrettende Routinetechnik nicht ausreicht.

Slater und Goldfarb haben bereits einige Erfahrungen mit der neuen Methode gemacht, deren Erfolgsquote die Firma mit 65 Prozent angibt. Anfang November 1988 verpflanzten sie in zwei Fällen Kulturzellen auf Brandwunden: Ein Junge mit 70 Prozent, ein Mädchen mit 92 Prozent drittgradig zerstörter Haut lagen auf der Station, beide 15 Monate alt – er mit heißem Wasser verbrüht, sie in einen Hausbrand geraten –, aber längst nicht so tief verbrannt wie Mystic Fields. Die Babys kamen tatsächlich durch: ein glänzender

Erfolg für die Partner in Pittsburgh und für die Company in Cambridge – ganz gleich, was aus den Geretteten geworden ist und noch wird.

Dieser „Erfolg" aber, den die Medizingeschichte als Fortschritt im Kampf ums Überleben feiern wird, hat eine Grenze weiterverschoben: Die Frage, wie weit Ärzte gehen dürfen, hängt immer auch damit zusammen, wie weit sie gehen können. Die neue Technik erweitert, wie es so schön heißt, den „ärztlichen Handlungsspielraum". In Extremfällen allerdings schränkt der Fortschritt den Entscheidungsspielraum weiter ein: Nun dürfen Ärzte ein Leben, das sie vor kurzem noch als unrettbar aufgegeben hätten, nicht ausklingen lassen. Sie müssen einen Menschen weiterbehandeln – oder glauben zumindest, daß sie es müssen –, als sei Weiterleben an sich der höchste Wert des Daseins.

„So werden wir zu Robotern der Medizin", sagt auch Slater. „Die Technik zwingt uns weiterzumachen, wo wir vielleicht lieber aufhören würden." Die Gefahr sei, daß die Menschen im Arzt nicht mehr den weisen Mann sehen, der verantwortlich handelt, sondern einen Techniker, der die Maschinerie zu bedienen hat. Einst zog allein die Natur die Grenzen, heute tut es zunehmend die technische Machbarkeit.

Als Pam Fields die Option „Zellkultur" vorgeschlagen wurde, war kaum damit zu rechnen, daß sie ihrer Tochter die kleine Chance auf Leben verweigern würde. Was die Ärzte bewogen hat, der Mutter von der neuartigen Möglichkeit zu berichten, wissen sie selber nicht genau. Vielleicht mochten sie ihr einfach nicht die Wahrheit sagen. Jetzt allerdings wäre das noch schwerer, denn sie müßten ihr die Hoffnung wieder nehmen, die sie ihr selber einmal gemacht haben.

Die völlig übernächtigte junge Frau lebt seit der Einlieferung ihrer Tochter im Wartezimmer der Station. Sie schläft wenig, ißt wenig, raucht viel. Sie kann kaum noch richtig zuhören. Sie will, sagt Harvey Slater, die Tatsache nicht wahrhaben, die er in den letzten Tagen immer häufiger ausspricht: „Wir produzieren hier ein Monster. Und wir können nichts mehr dagegen machen – außer hoffen, daß die Kleine sich aufgibt und stirbt."

Möglicherweise wollten sich die Ärzte nicht eine „Niederlage" eingestehen, ohne wenigstens „gekämpft" zu haben. Wie vor vier Jahren, als ein zwölfjähriger Junge, zu 85 Prozent verbrannt, eingeliefert wurde. Den hatten die Chirurgen auch durch die „Hölle", so Goldfarb, von sechs mehrstündigen Operationen geschickt und sein Leben gerettet.

Die Gratulationen der Kollegen für das „vollbrachte Wunder", das Gefühl, „dieses Kind lebt wegen dem, was wir mit unseren Händen vollbracht haben", all das förderte die Hochgefühle der Macher – Glücksmomente, die sich offenbar tiefer in die Erinnerung graben als später aufkeimende Zweifel. Etwa ein Jahr nach seiner Entlassung kam der Junge zur Nachuntersuchung. Er war so verunstaltet, daß der Stolz der Ärzte über ihre lebensrettenden Fähigkeiten dem Entsetzen über das Resultat wich und eine böse Ahnung aufkeimte: Irgendwann wird er uns vielleicht hassen.

Trotz solcher Erfahrungen haben Slater und Goldfarb Mystics Mutter nicht überzeugen können, „die Lichter auszuschalten". Sie haben mit der Routinebehandlung begonnen, obwohl sie wußten, daß sich das Kind, falls es durchkommt, nur als Krüppel und „kosmetisches Desaster" in Heimen würde verstecken können. Nun sitzen die beiden in der Falle des Fortschritts, den sie selber mit hervorgebracht haben. Es überrascht nicht, daß Ärzte, die sich wider besseres Wissen derartig in die Klemme gebracht haben, so oft das Wort „Dilemma" im Munde führen. Und noch ein Wort dominiert das Gespräch auf dem Flur: „grotesk". Es trifft wahrscheinlich am besten die Situation in Zimmer 6227.

Ein Argument führen beide Chirurgen ins Feld, das ihre Entscheidung aus historischer Sicht verständlicher macht: Das „Experiment" mit Mystic, sagt Goldfarb, sei als „vorderste Front der Forschung" zu verstehen. Selbst wenn das Kind sterben müsse, würden – wie so oft in der Geschichte der Medizin – wichtige Erfahrungen gesammelt, die späteren Patienten zugute kämen. Wer wisse denn, ob nicht in 20 Jahren sowohl Zellkulturtechnik als auch kosmetische Chirurgie so weit seien, daß einem Opfer wie Mystic ein auch nach unseren Maßstäben menschenwürdiges Leben geschenkt werden könnte? Auch deshalb haben sie alle Register der Intensivtherapie gezogen, Infektionen, Blutverluste und sogar einen Herzstillstand überwunden.

Vor einer Woche haben Slater und Goldfarb Mystics Wunden erstmals mit Kulturzell-Lagen belegt. Vor drei Tagen haben sie das künstliche Koma beendet und damit eine völlig neue Situation geschaffen: Allein die Vorstellung, daß Mystic weiß, was mit ihr passiert, macht, so Slater, „den Horror noch schlimmer". Zum Beispiel, wenn ihr Bruder Jesse an ihrem Bett steht. Er ist nur 15 Monate älter und fühlt sich am Schicksal der Schwester schuldig, weil er selber mit heiler Haut davongekommen ist. Oft redet er mit ihr.

„Würdest du gern Krankenschwester werden?" Heftiges Kopfschütteln.

„Und Juristin?" Nicken.

„Bist du froh, wach zu sein?" Pause, dann zögerliches Nicken.

„Möchtest du nach Hause?" Heftiges Nicken.

Durchschnittlich liegen die Brandopfer 24 Tage auf der Station – betreut von zwei leitenden Ärzten, zwei bis fünf Assistenzärzten, einer Sozialarbeiterin, einer Psychologin und etwa 30 Pflegern und Schwestern. Tagessatz: rund 1000 Dollar. Verbrennungen, sagt Goldfarb, der stillere, aber vielleicht auch ehrgeizigere der beiden Chirurgen, werde es immer geben. Nicht zuletzt, weil sich Leichtsinn und Dummheit nicht ausrotten ließen.

Timothy Fox, der 28jährige Golfplatzarbeiter, wird an diesem Morgen in den Operationssaal geschoben. Seine Haut ist zu etwa 60 Prozent verbrannt. Nach der Faustregel der Experten hätte er eine Überlebenschance von zwölf Prozent. Doch Fettleibige lassen sich ungleich schwerer durchbringen als Normalgewichtige.

Menschen mit zerstörter Haut werden auf dramatische Weise schutzlos. Ihre Barriere gegen Krankheitserreger fällt; Infektionen durch Bakterien und Pilze werden zur lebensbedrohenden Normalität. Mit der Haut büßen sie auch ein entscheidendes Organ für die Regulierung der Körpertemperatur ein und die Schutzhülle gegen das Austrocknen. Bis zum Zweiten Weltkrieg hatten Schwerverbrannte in der Regel keine Überlebenschance. Erst nach 1940 stellte sich allmählich heraus, daß sich allein durch Ersatz verlorengegangenen Körperwassers durch Elektrolytlösung die Heilungschancen erheblich steigern lassen: In einen Körper wie den von Mystic Fields müssen während der ersten 24 Stunden nach Einlieferung etwa 15, in den von Tim Fox fast 30 Liter „Ringer-Lösung" gepumpt werden.

Als Harvey Slater 1973 seine Karriere als Verbrennungsspezialist begann, ließen die Ärzte den Patienten in der Regel die verbrannte Haut so lange wie möglich. Mit den Jahren stellte sich jedoch heraus, daß sich die Sterberate noch einmal deutlich senken ließ, wenn alles tote Gewebe möglichst rasch entfernt wird. Unterstützt durch Antibiotika, neue Materialien und kompromißlose Apparateanwendung läßt sich heute im Grunde jedes noch so furchtbar zugerichtete Brandopfer zumindest für eine gewisse Zeit am Leben erhalten.

„Früher", sagt Slater, „starben die Todgeweihten nach drei Tagen, heute erst nach über drei Wochen." Auf diesem „Fortschritt" bei der Lebensverlängerung baut die neue Zellkulturtechnik auf: Nur weil Patienten nach Ernten der Zellen die drei Wochen überstehen, die es braucht, die Zellen zu kultivieren, hat die Technik eine Chance.

„Aggressiv" nennen die Ärzte ihre heutige Routinebehandlung. Und was sie in fast drei Stunden im Operationssaal mit Tim Fox anstellen, gehört zum Aggressivsten und Blutigsten, das die Medizin zu bieten hat. Der Patient wird dort, wo er schwer verbrannt ist, regelrecht gehäutet. Mit einer Art übergroßem Kartoffelschälmesser tragen die Operateure Schicht um Schicht ab, bis sie auf lebendes Gewebe stoßen – erkennbar daran, daß es rot aus Hunderten von Kapillaren sickert. Anderthalb Liter Blut fließen aus Konserven durch den Körper des dicken Mannes in Verbände, Operationsdecken und Eimer.

Mit einer Hand stemmt die zarte Assistentin den schweren Arm des Regungslosen hoch und schält mit der anderen das tote Gewebe ab. Die Haut ist bis tief ins Fettgewebe verbrannt, Schweißdrüsen und Haarfollikel sind zerstört. Selbst wenn diese Wunden ausheilen, sind Haarwuchs und Transpiration unwiederbringlich zerstört. Die gesamte Bauchhaut inklusive einiger Zentimeter Fettgewebe tragen die Chirurgen ab.

Sobald alles Tote vom Lebendigen getrennt ist, verschweißen sie die Blutgefäße mit Hilfe eines Elektroskalpells. Es stinkt nach verbranntem Eiweiß. Die Wunden zurren sie in einen straffen Verband – um die Blutungen zu stoppen. Im Falle von Tim Fox entscheiden sie sich gegen die sofortige Eigenhautverpflanzung. Da sie nicht sicher sind, ob sie bis in lebendes Gewebe vorgedrungen sind, wollen sie keine Haut „verschwenden".

Am nächsten Tag führt William Goldfarb ein Gespräch mit der völlig verwirrten Mrs. Fox.

„Wird mein Mann seinen Bauchnabel behalten?" fragt sie.

„Nein."

„Wird er denn noch Haare auf der Brust haben?"

„Nein."

„Aber ohne Bauchnabel und Brusthaare mag ich ihn nicht."

„Ist das alles, was Sie zu fragen haben?"

„Ja."

„Darf ich Ihnen eine Frage stellen?"

„O.k."

„Warum stellen Sie mir keine wichtige Frage?"

„Zum Beispiel?"

„Warum fragen Sie nicht, ob Ihr Mann überleben wird?"

„Daran habe ich nie gedacht."

Auch Pam Fields machte sich anfangs Sorgen darüber, daß ihr Kind eine Narbe am Hals zurückbehalten würde, wo der Beatmungsschlauch sitzt. Mittlerweile ist sie realistischer: „Ich weiß, daß Kinder mit solchen Verletzungen normalerweise sterben." Die ganze Wahrheit, wie es um Mystic steht, will sie allerdings nicht wahrhaben.

Denn „noch habe ich sie". Gefragt, wie sie denn reagieren würde, sollte die Tochter ihr später Vorwürfe machen, bricht sie in Tränen aus und jammert: „Das ist doch ihr Körper, ihr Leben!" Aber sie hat ja die Verbundene auch nur in reinem Weiß, nie das gehäutete Etwas unter den Verbänden gesehen.

Am Mittwoch, dem 19. Juni, besichtigt William Goldfarb seine Patientin. Wie jeden Tag haben die Schwestern den Leib aus den Leinen geschält. „Entsetzlich", stößt ein angehender Arzt hervor, „ist ja alles weg bis runter auf die Muskeln." Das am ganzen Körper zitternde Wesen ist an einigen Stellen bedeckt mit Netztransplantaten, an anderen liegen die Läppchen mit den kultivierten Zellen auf den bloßen Muskeln.

„So soll es sein", erklärt Goldfarb seinen Studenten, „rosa-grau", und fügt hinzu: „Das sieht vielversprechend aus." Nur Hände und Füße haben ihre ursprüngliche Form behalten, hängen aber wie Fremdkörper graublau am rohen Fleisch.

„Die wird sie verlieren", sagt er sachlich und senkt den Kopf.

Einen Hauch von Hoffnung verbreitet der Besuch eines 21jährigen, der an diesem Tag zur Nachuntersuchung in die Klinik kommt. Er gilt vielen hier als „wandelndes Wunder". Seine Mutter erzählt stolz, wie sie vor vier Jahren dem damals zu 78 Prozent drittgradig Verbrannten Tag und Nacht zur Seite gestanden hat. „Mein Sohn ist wie ich, er hat einen starken Willen." Zweieinhalb Jahre lang mußte der Junge 23 Stunden am Tag eine Gesichtsmaske tragen, die Leute starrten ihn an wie einen Außerirdischen. Heute hat er zu leben gelernt mit den Narben, mit den verkrüppelten Füßen und Händen. Aber am Ende des Besuches sagt der Collegestudent: „Wenn ich noch einmal so verbrannt sein sollte, laßt mich bitte sterben."

Am nächsten Tag hat sich Mystics Zustand dramatisch verschlechtert. „Fruchtgummi", entfährt es Goldfarb bei der Visite: Der süßliche Geruch sagt ihm, daß neben vielen anderen nun auch Pseudomonas-Bakterien den schutzlosen Körper befallen haben. „Ich weiß nicht weiter", gesteht er seinen Studenten. „Das einzige, was ich sicher weiß: Die Bakterien töten die Kulturzellen."

Am Freitag, als Slater das über und über infizierte, unter Morphium dahindämmernde Kind ausgewickelt sieht, packt ihn der Zorn: „Wir verschwenden doch unsere Zeit." Die Produkte der Firma in Cambridge reichten für solche Fälle nicht hin. Dennoch beschließt er, es damit noch einmal zu versuchen: Die nächste Charge Zellen wächst ja bereits in den Brutschränken von BioSurface. Die Regieanweisung an die Pflegerinnen – „reinigen" – bedeutet: Sie werden Mystic mit einer scharfen Chlorlösung abreiben und wieder einwickeln. Slater: „Verzweifelte Situationen verlangen verzweifelte Maßnahmen."

Bis zum Mittwoch, dem 26. Juni, bleibt Mystics Zustand „stabil". Niemand sagt ihr, daß dieser Tag ihr Geburtstag ist. Sie könnte sich, so die abergläubische Mutter, ausrechnen, wie lange sie schon hier liegt – und an Kraft verlieren. Zehn Jahre alt ist sie geworden, nach der Faustformel zu 101 Prozent dem Tod geweiht.

Dennoch wird am nächsten Tag ein weiterer Versuch unternommen, ihr Leben zu retten – beziehungsweise das Experiment mit der neuen Technik fortzusetzen. Slater und Goldfarb wollen die Mutter noch fragen, ob sie die Hände amputieren dürfen, bringen es dann aber nicht übers Herz. „Wir müssen den Wald sehen", sagt Harvey Slater, „und uns nicht durch einzelne Bäume ablenken lassen." Die Hände würden ohnehin bald abfallen, und für eine „Autoamputation" brauche niemand eine Genehmigung.

Vor der Operation versuchen Pam Fields und ihr geschiedener Mann dem Kind Mut zuzusprechen. Sie werde ja nur zum Fotografieren gefahren, erfindet die Mutter. Sie brauche keine Angst zu haben. Es werde alles gut. „We love you, Mystic." Die Kleine nickt nur matt, Tränen sickern aus den aufgerissenen Augen.

Als sie in den Operationsraum gefahren wird, fragt die Schwester: „Bist du o.k.?" Kopfschütteln.

„Hast du Angst?" Schüchternes Nicken.

Als er sein „Werk" da liegen sieht, sagt William Goldfarb: „Gott hat eine seltsame Art von Humor." Dann macht er sich an die Arbeit: „Letzter Versuch mit den Epithelzellen."

Eine Verkaufsmanagerin von BioSurface ist mit 101 Petrischalen in Kühlboxen aus Boston eingeflogen. In jeder Schale liegt ein quadratisches Tüchlein mit Mystics Zellen aus der Kultur.

Als die körperweite Wunde ordentlich gesäubert ist, beginnt die Prozedur: Lage für Lage übertragen die Chirurgen die kultivierten Epithelzellen auf die Blößen. Die Technikerin aus Cambridge läuft herum und gibt Anweisungen. Sie bringt die neue Methode, sie bringt das Know-how – und degradiert den Arzt zum Ausführenden.

Goldfarb arbeitet wie ein Versessener. Einmal murmelt er: „Was mache ich hier nur?" Ein andermal flüchtet er sich in Philosophisches: „Es gibt immer mehr Fragen als Antworten." Später erklärt er seinen Studenten: „Wenn diese Zellen wachsen, wird sie leben."

Ob er an seine kleine Tochter denken kann, als er den rasierten Kopf Mystics fest in der Hand hält, um mit dem Elektrohobel Hautstücke zu gewinnen? „Sie behandeln sich doch selber", hat ihm vor kurzem ein angehender Arzt vor den Kopf gesagt. Und er hat nicht widersprochen.

Mystics Kopf blutet heftig. Insgesamt verliert sie wieder fast einen Liter Blut. Der letzte Rest heiler Haut an ihrem Körper ist einem Versuch zum Opfer gefallen – dem Versuch, die Überlebenschance durch zusätzliche Eigenhauttransplantationen zu erhöhen. Die Firmenvertreterin hat ihre Kamera ausgepackt. Für das Mädchen auf dem Tisch interessiert sie sich nicht, sondern für „Resultate". Sie läuft um das Kind herum und lichtet es von allen Seiten ab. Wenn die Kleine überlebt, kommen die Bilder in den neuen Prospekt.

Dreieinhalb Stunden liegt Mystic Fields unter Narkose. 1000 Quadratzentimeter Eigenhauttransplantate und 2500 Quadratzentimeter Zellkulturen heftet ihr Goldfarb mit einem Klammergerät auf ihr Fleisch. Das „Material" von BioSurface allein für diese Operation kostet 35 000 Dollar. Die Gesamtkosten für Mystics Behandlung, schätzt Harvey Slater, könnten am Ende leicht eine Million Dollar erreichen.

Als das Mädchen wieder in Zimmer 6227 geschoben wird, ist es hellwach. „Morgen", sagt die Mutter, „bringe ich dir ein Foto von einem Pferd. Bist du traurig?" Nicken.

„Das ist ganz o.k., traurig zu sein. Jeder darf das. Möchtest du schlafen?" Nicken.

„Dann geben wir dir Morphium." Kopfschütteln.

Stolz schauen die Eltern einander an. Der Vater will ihren Kopf streicheln. Doch der ist eingewickelt in Weiß. Als der Mann die linke Hand Mystics ergreift, um sie in seine große Rechte zu legen, kräuseln sich die rosigen Lippen im durchtränkten Mull – fast sieht es so aus, als lächelte das Kind.

*

Mystic Eve Fields ist am 1. Juli 1991 gestorben. Die Hautverpflanzungen waren im großen und ganzen sauber. Sie starb an Herzversagen und überwältigender Sepsis. In der gleichen Woche erlag auch Timothy Fox seinen Verletzungen. (1991)

KLAUS IMBECK

Das versiebte Leben

Das Diamantenfieber lockt seit Jahrzehnten
Abenteurer in den Regenwald Guyanas – auf die Suche nach
dem schnellen Glück. Am Mazaruni-Fluß schürfen sie
nach winzigen Steinen, die viel Geld bringen sollen. Doch reich
werden Männer wie Charles, Leslie oder White Man Clyde
nur in ihren Whiskyträumen.

Den ganzen gottverdammten, verfluchten Fluß...", sagte White Man Clyde. Charles Marx hörte gar nicht zu. Er suchte seine Brille und sang dabei laut und falsch „Baby love me one more time".

„...den ganzen gottverdammten, verfluchten Fluß", wiederholte White Man Clyde. „Ich kenne den ganzen gottverdammten, verfluchten Fluß."

Charles Marx hatte seine Brille gefunden. Leslie schob das dritte Stück Fisch auf seinen Teller. Leslie war 30, halb so alt wie Charles Marx und zehn Jahre jünger als White Man Clyde.

Es war immer noch so heiß. Leslie trug nur eine kurze weiße Hose, und wenn er kaute, sah man, daß ihm fast alle Schneidezähne fehlten. Es wurde schnell dunkel. Leslie und Charles Marx verschwammen mit der Plane, die als Schutz gegen den Regen über das Camp am Mazaruni gespannt war, und mit dem Dickicht, das vier Schritte hinter dem Camp begann. Nur der hellhäutige White Man Clyde, den sie manchmal auch den Portugiesen nannten, und Leslies weiße Shorts waren noch zu sehen, und der hellblaue Emailteller, über den die Gabel kratzte.

„Ich kenne den ganzen gottverdammten, verfluchten Fluß", fing White Man Clyde wieder an, „und den gottverdammtesten Fraß an diesem gottverdammten Fluß hast du auf den Tisch gestellt. Die reine Scheiße."

Er meinte Charles Marx. Charles Marx hatte gekocht, weil George, der Koch, vor drei Tagen besoffen von der Brücke gefallen war. George blutete aus Ohren und Nase, und sie hatten ihn mit dem Boot nach Kurupung geschickt. Dort gab es kein Krankenhaus und keinen Arzt, aber möglicherweise Kopfschmerztabletten. Sicher war das nicht. Es gab im ganzen Land so gut wie keine Medikamente mehr.

Charles Marx sah nicht einmal auf. Er hatte die Petroleumlampe angezündet und blätterte in Killmasters Abenteuern. Die spanische Gräfin stöhnte, nur mit Seidenstrümpfen bekleidet, im LSD-Rausch auf der Couch des Pornofilmproduzenten, und Killmaster prügelte sich durch drei Neger mit zugefeilten Zähnen auf die Couch zu, um die spanische Gräfin zu retten. Charles Marx leckte sich die Lippen.

So schlecht war das Essen nicht. Kassave schmeckt immer wie eine Mischung aus Zuckerrüben und erfrorenen Kartoffeln, und wer mag schon Fischfilet. Ich meine: wochenlang.

Charles Marx klappte das Buch zu. Die spanische Gräfin lag gerettet in Killmasters Apartment. Sie hatte jetzt keine Strümpfe mehr an.

White Man Clyde verteilte den restlichen Whisky auf giftgrüne Plastikbecher.

Das Zeug war lauwarm und brannte auf der Zunge.

Auf dem Etikett stand „Diamond Club Whisky", und darunter war ein hühnereigroßer Diamant abgebildet. Für ihn hätten wir allen Whisky dieser Welt kaufen können.

„Vier Karat", sagte Leslie, „vier Karat nur, und ich bin weg."

Vier Karat sind 0,8 Gramm.

Vier Karat können 160 00 Dollar sein.

Oder 80 000.

Es war immer noch so heiß.

„Dieser gottverdammte Fluß", sagte White Man Clyde.

Endlich kam der Regen. Die schweren Tropfen prasselten durch die Bäume. White Man Clyde hatte seinen Kopf auf die Tischplatte gelegt und schlief. Leslie lag in einem der mit Sackleinwand bespannten Holzrahmen, die als Bett dienten, rauchte eine Zigarette und starrte an das Zeltdach. Charles Marx drehte die leere Whiskyflasche langsam zwischen seinen schweren Händen und erzählte von der Arbeit und der Armut auf den Zuckerrohrplantagen an der Küste. Es war die Geschichte seiner Jugend. „Wochenlang kein Geld. Nichts. Nicht eine einzige kleine Münze", sagte Charles Marx.

Der Regen prasselte auf das Zeltdach. Charles Marx erzählte: Schiefe Bretterhütten an der staubigen Straße von Georgetown nach New Amsterdam. Die Zuckerrohrfelder. Die Sirs und Masters in Khaki-Kniehosen mit Wollstrümpfen. Der alte Eisentopf mit ein paar Kassaveknollen. Und keinen Cent. Nicht eine einzige kleine Münze. Bitte, Sir, Arbeit. Die Kinder haben Hunger.

Charles Marx war mit 31 Jahren zu den Diamantensuchern in den Urwald gegangen. Das war 1947. Das alte Guyana war das „Land der Wasser" für die Amerindians in diesem Teil Südamerikas. Ein Teil davon hieß „British Guiana" und war Kolonie. Nach seiner Unabhängigkeit 1966 war Guyana unter einer sozialistischen Regierung immer ärmer geworden. Und Charles Marx war zweiundsechzig Jahre alt. Den Diamanten, der ihn zum reichen Mann gemacht hätte, hatte er noch nicht gefunden.

White Man Clyde erzählte nie etwas von sich. Nur einmal, als Charles Marx „Wanted Man in California" pfiff, horchte er auf und sagte: „Das war unser Lied im Gefängnis." Leslie schlief.

Der Regen hörte auf. Die Moskitos kamen wieder. Es war unglaublich still. Nicht einmal der Fluß rauschte.

Der verdammte Fluß war 420 Kilometer lang, zog sich quer durch das Diamantengebiet im Nordwesten Guyanas und mündete bei Bartica, kurz vor der Küste, in den Essequibo. Da ein Sumpfgebiet diese Mündung blockierte, war der Mazaruni nicht schiffbar, obwohl er hier bei Enachu fast 200 Meter breit war und im Morgenlicht graublau und träge den blaßgrünen Wald und die aufziehenden Regenwolken reflektierte. Auf der Karte war bei Enachu der Umriß eines Flugzeuges eingedruckt. Das bedeutete, es wäre möglich, hier mit Wasserflugzeugen zu landen. Aber es gab schon lange kein einziges Wasserflugzeug mehr im ganzen Land.

Enachu lag, vom Camp aus gesehen, einen Kilometer flußabwärts und bestand aus einer Polizeistation, ein paar Polizisten ohne Uniform, die sich durch ihre langweilige Dienstzeit quälten, einem leerstehenden Gästehaus der Regierung und vier Läden. Aber es gab praktisch nichts zu kaufen, außer kurzen Bristol-Filter-Zigaretten in Zehn-Stück-Packungen, Diamond Club Whisky, gezuckerter Kondensmilch und drei lustigen dicken Zehn-Dollar-Nutten aus Bartica, die sich Patricia, Loreen und Yvonne nannten und seit drei Jahren davon träumten, Enachu so schnell wie möglich zu verlassen.

Leslie machte Tee. Es war kein richtiger Tee, sondern ein schwach gelbes Gebräu aus irgendwelchen Blättern, Wasser und gezuckerter Kondensmilch, das sie als Busch-Tee verfluchten, und es schmeckte süß klebrig, ein wenig nach Harn-Blasen-Nieren-Tee, war aber angenehm heiß. Charles Marx knetete Brotteig und hörte White Man Clyde zu, der abwechselnd auf den Busch-Tee schimpfte, von Yvonne schwärmte und schwor, daß an dieser verdammten Stelle des verdammten Mazaruni kein einziger verdammter Diamant zu finden sei.

Der Morgen war kühl.

Charles Marx hatte seinen Brotteig fertig, und White Man Clyde packte ihn in einen Plastikeimer. Leslie begann, Killmasters Abenteuer zu lesen. Die Sonne brach durch die Wolken, aber bald würde es regnen.

Da kam das Boot. Im Bug saß George, der Koch, klopfte sich mit der Hand an den Kopf und hob den Daumen, was heißen sollte, daß er wieder okay sei. Hinter ihm lagen zwei verschnürte Pappkartons. Auf einem stand „Lionel R. Ferguson, Kurupung C.".

„Fressen", sagte White Man Clyde andächtig, „sie haben Fressen mitgebracht." Hinter den Pappkartons lag ein Faß Dieselöl, und an der Pinne hockte Gordon, seine Afrofrisur wieder in eine gestrickte Pudelmütze eingezwängt. Gordon war noch ein Jahr jünger als Leslie. Er befürchtete, daß seine Haare in der Sonne rot würden. George sagte: „Fergu läßt grüßen", und stellte die beiden Pappkartons auf das Brett zu den Töpfen. White Man Clyde wedelte die Wespen beiseite und fing sofort an, die Kartons zu plündern. Leslie klappte Killmasters Abenteuer zu. Die spanische Gräfin war spurlos aus Killmasters Apartment verschwunden, und der Pornoproduzent erpreßte gleichzeitig die spanische Regierung, eine afrikanische Guerillagruppe, den KGB und die Rotchinesen. White Man Clyde und Charles Marx schrien: „Es gibt Kuchen", aber weil sie schon kauten, waren sie kaum zu verstehen. Das Faß mit dem Dieselöl lag immer noch im Boot. „Fergu" Ferguson war nicht gekommen. Ferguson war der Boss.

Der Diesel war für die verdammte Pumpe. Denn du brauchst eine Pumpe, um Diamanten zu finden, und weil du eine Pumpe brauchst, brauchst du einen Boss. Der Boss stellt die Pumpe, den Treibstoff für die Pumpe und das Essen für die Männer, und der Boss bekommt 60 Prozent. Die Männer kriegen je zehn. Der Koch fünf.

Natürlich kannst du auf Boss und Pumpe pfeifen. Du besorgst dir zwei Eimer, eine Schaufel und ein Sieb, zimmerst eine längliche Holzkiste ohne Deckel und kaufst dir eine Machete. Am Mazaruni sagen sie Diamantensucher-Messer.

In eine der Schmalseiten der Kiste bohrst du ein paar hühnereigroße Löcher. Jetzt hast du ein Toom. Dann beschaffst du dir noch eine Prospecting Licence bei der Mines Division des Ministeriums für Energie und Bodenschätze in Georgetown. Die Licence kostet zwei Mark fünfzig.

Du legst dein Werkzeug in das Toom, und das Toom nimmst du auf den Kopf und schleppst es in den Wald. Dort schlägst du dir irgendwo mit der Machete ein Plätzchen frei und gräbst ein Loch. Wenn das Loch etwa einen halben Meter tief ist, füllt es sich mit Grundwasser, und du kannst anfangen.

Dein Toom stellst du so an den Rand des Loches, daß es eine Rutsche bildet. Der erste Eimer kommt unter die Seite mit den hühnereigroßen Löchern. Jetzt nimmst du die Schaufel und füllst das Toom zu einem Drittel mit Sand aus dem Loch. Dann kippst du mit dem zweiten Eimer so lange Wasser darüber, bis du alles, was kleiner als ein Hühnerei ist, durch die Löcher in den ersten Eimer gespült hast.

Die im Toom übriggebliebenen Steine kannst du unbesehen wegwerfen. Nur ein einziger Diamant, der 1905 in Südafrika gefundene und später Cullinan genannte Stein, war etwas größer als ein Hühnerei der Handelsklasse A.

Es kommt jetzt nur noch auf den ersten Eimer an. Das Sand-Kies-Gemisch aus diesem Eimer schüttest du vorsichtig in das Sieb. Und dann tauchst du das Sieb so lange ins Wasser, bis der ganze Sand aus dem Sieb herausgespült ist.

Dann zündest du dir eine Zigarette an und starrst in das Sieb.

Liegen winzige schwarze Bröckchen zwischen dem Kies?

Okay. Das ist Carbonado.

Und wo Carbonado ist, sind Diamanten.

Ein Rohdiamant sieht aus wie ein fettiger Glasklumpen. Und wenn er so groß ist wie eine Walnuß, hast du ausgesorgt. Das wären, grob über den Daumen, 300 Karat oder 20 Millionen Mark. Minus Diamantensteuer. Die beträgt in Guyana fünfzig Pfennig per Karat, also 20 Millionen minus 150 Mark.

Natürlich gab es jede Menge Männer, die, ihr Toom auf dem Kopf, in den Regenwald zogen. Und es gab jede Menge Geschichten darüber, wie sie reich zurückkehrten.

„Mann, nach zwei Tagen."

„Nach drei Tagen. Und sein Loch war keine halbe Stunde von hier."

„Alles in allem haben sie elf Millionen Dollar aus dem Loch herausgeholt."

„Und als er ankam, hatte er gerade noch so viel Geld, um sich eine Dose Milch zu kaufen."

Zwischen den Geschichten nahmst du einen Schluck aus dem giftgrünen Whiskybecher, im Hintergrund dröhnte „She was only fifteen, too young to love", irgendwer bestellte noch mehr Whisky, die roten und blauen Lampen an der Decke begannen sich zu drehen, und es gab mehr Geschichten über Männer, die steinreich aus dem Urwald wiederkamen, als jemals Männer in den Urwald am Mazaruni gezogen waren.

Die Geschichten wurden in Kurupung erzählt. Kurupung war eine Dreißig-Bretterbuden-Siedlung eineinhalb Bootsstunden flußaufwärts. In Kurupung war die Landepiste für die Twin-Otter der Air Guyana, die Dienstag und Freitag, wenn das Wetter gut war, neue Männer brachte. Und neuen Whisky. Und in Kurupung saßen die Bosse. Wie Ferguson.

„Fergu" Ferguson hatte selber als Porkknocker angefangen. Aber auch er wußte nicht, woher das Slangwort für die Diamantensucher kam oder was es bedeutete. Es war so alt wie die Suche nach den Diamanten am Mazaruni. „Fergu" Ferguson war noch wie die ersten Porkknocker den Fluß heraufgekommen, in einem schmalen Rindenkanu, den Sack mit Reis und Kassave und das Sieb vor den Knien und daneben die Machete und eine rostige Schrotflinte. Die Schrotflinte war gegen die Tiger. Natürlich gibt es keine Tiger in Guyana.

Aus irgendeinem Grund nannten die Porkknocker die Jaguare Tiger, und fast alle schworen, daß die Tiger niemals Menschen angriffen. Aber fast jeder kannte eine Geschichte, wie ein Tiger einen Hund im Camp oder sogar Rinder in Kurupung gerissen hatte.

Unter den alten Männern wurde erzählt, daß ein gewisser van der Heyden und ein Schwarzer namens Scamburg in den zwanziger Jahren als erste nach Kurupung gekommen seien. Aber ob sie reich geworden waren, wußte niemand sicher zu sagen.

Ferguson war in den dreißiger Jahren nach Kurupung gekommen. Er sagte, daß er nie einen großen Stein gefunden habe, aber er hatte es mit den Jahren zum Boss gebracht. Er besaß mehrere Pumpen, mit denen Männer für ihn schürften, und lebte, wie alle Bosse, in einem kleinen Laden. An der Tür stand:

„Lionel R. Ferguson
Berechtigt zum Handel mit wertvollen Steinen".

Und:

„Lionel R. Ferguson
Berechtigt zum Whiskyausschank".

Zu dem Laden, in dem es auch Nähnadeln und Seife, Rasierklingen und Reis und manchmal sogar Fleisch und Käse zu kaufen gab, gehörte ein kleiner Garten, in dem Dieselölfässer, eine Papayastaude und zwei alte Getriebeschäfte für Außenborder verrotteten und ein Generator, der abends den Strom für ein paar Glühbirnen und für den

Plattenspieler lieferte. Meistens aber klemmte der Tonarm, und die Männer spielten Domino oder zupften auf abgewetzten, geflickten Gitarren „White Cliffs of Dover" oder „It was down in Ol' Joe's Barroom".

Ferguson war fünfundsiebzig Jahre alt, ein weißhaariger, ruhiger, angesehener Mann, der auf der Ladentheke sorgsam eine Schinkenrolle in Stücke schnitt und Knoblauchzehen abzählte oder in seinem winzigen, mit Papieren übersäten Büro eine vernickelte Waage aus seiner Aktentasche packte und Diamanten sortierte.

Die Steine waren unglaublich klein, fast immer weniger als ein halbes Karat, das sind nicht einmal 0,1 Gramm, das ist etwa ein Stecknadelkopf, aber das sind auch 250 Mark, und 250 Mark sind am Mazaruni schon fast ein Vermögen.

Selbst die winzigsten Splitter, kaum mit einer Pinzette zu fassen, bringen noch 15 Mark per Karat. Diamanten mit Verfärbungen oder Einschlüssen werden mit 50 Mark per Karat bezahlt, und bei den besseren Steinen gibt es lange Debatten zwischen den Männern, ob das stecknadelkopfgroße Bröckchen grünlich oder bläulichweiß sei. Im Diamantenhandel zählen die vier Cs: Colour (Farbe), Clarity (Reinheit), Carat (Gewicht) und später der Cut (Schliff).

Doch nur die wenigsten Diamanten strahlen jemals, mit 58 Facetten geschliffen, als Brillant in einem Ring mit jenem berühmten Feuer, das entsteht, weil der reine Kohlenstoff des kubischen Kristallsystems – Härte 10 – einfallende Lichtstrahlen nicht wie andere mineralische Kristalle in zwei Strahlen bricht, sondern ungeteilt durchläßt. Diamanten, der Name leitet sich vom griechischen „adamas" (unbezwingbar) ab, dienen als Bohrkrone beim Zahnarzt wie beim Ölsuchen, als Drehwerkzeug, als Skalpellspitze oder als Schleifpulver, werden als Dioden in der Mikroradiotechnik gebraucht oder als Fenster für Infrarotmeßgeräte in Raumsonden Richtung Venus geschossen.

Auch von den größeren Schmucksteinen verschwinden die meisten als Anlageobjekt mit Zertifikat in einem Safe, nur wenige Diamanten machen als spektakulärer oder legendärer Schmuck Geschichten oder Geschichte: wie Richard Burtons Vier-Millionen-Dollar-Präsent an Elizabeth Taylor, wie der unschätzbare Koh-i-noor im Tower Museum in London, um den sich Indien und Pakistan streiten, wie der Hope-Diamant, der in seiner wechselvollen Geschichte zwanzig Besitzern Unglück gebracht haben soll.

Über den größten je am Mazaruni gefundenen Diamanten werden verschiedene Geschichten erzählt. Die verläßlichste ist, daß drei

Männer zwischen 1949 und 1950 einen 48,8 Karat schweren Stein für 76 000 Dollar an einen Amerikaner verkauft haben sollen, der ihn für 100 000 Dollar weiterverkauft habe.

Doch die größeren Steine wurden natürlich fast immer geschmuggelt. Devisen waren knapp und begehrt, auf dem schwarzen Markt in Georgetown wurde der Dollar zum vierfachen Bankpreis gehandelt, und so dürfte zu der letzten verfügbaren Zahl eine kräftige Dunkelziffer kommen: Offiziell wurden im Juli 1978 genau 7281 Diamanten im Gesamtwert von 50 000 Mark am Mazaruni gefunden.

Aber reich sind die Männer vom Mazaruni nur in ihren Whiskyträumen. Wer in zwei Wochen 500 Mark aus dem Boden kratzt, fliegt glücklich betrunken nach Georgetown, um dort weiterzutrinken. Und in Kurupung erzählen die Männer davon.

Der Regen trommelte auf die Wellblechdächer und grub tiefe Rinnen in den Sand, und du gingst mit den Männern zum Laden, um eine Viertelflasche Whisky zu trinken. Auf dem Etikett strahlte der verdammte Riesendiamant. Einer fragte, ob du ihm eine Rasierklinge schenken könntest, und die anderen klapperten mit den Dominosteinen und erzählten eine neue Geschichte: Mann, der hatte an einem Tag für 3000 Mark Diamanten aus seinem Loch geholt, ohne Pumpe, und jetzt war er nach Georgetown geflogen, um sich eine Pumpe zu kaufen, eine eigene Pumpe.

Ferguson lachte. Eine gute Pumpe kostete 10 000 Mark.

White Man Clyde kippte Öl in die Pumpe. Die Pumpe, Fergusons Pumpe, ein gelber 70 HP Ford Diesel mit einer angeflanschten 6/4-Kreiselpumpe, war auf einem vier mal sieben Meter großen Floß im Mazaruni montiert.

Charles Marx und Gordon – ohne Wollmütze, weil es bald regnen würde – zerrten an den Ankertauen. White Man Clyde wollte das Floß stromaufwärts versetzen. Aber die Anker faßten nicht richtig. Die Leinen waren zu kurz, und es war auch kein richtiger Anker, sondern es hingen das Gehäuse eines alten Diesels und ein undefinierbares Metallstück daran.

„Sieh dir bloß diese Scheiße an", fluchte White Man Clyde, „und damit mußt du arbeiten." Schließlich hielt das Floß. Auf der anderen Seite des Flusses, jetzt fast auf gleicher Höhe, lag noch ein Floß. Die Männer dort arbeiteten schon seit Wochen. Auch für Ferguson. Denn dies war sein Claim.

Sie mußten gut finden, denn sie hatten ihren Platz seit Wochen nicht mehr gewechselt. Wieviel sie fanden, sagten sie nicht. Niemand sagt, wieviel er findet.

Gordon warf die Pumpe an. Der Diesel spuckte graublauen Rauch, und das Floß begann leicht zu vibrieren. White Man Clyde rieb sich mit Seife ein und zog den Tauchanzug über.

Das Rohr ging von der Pumpe auf den Grund des Mazaruni. Mit dem Rohr wurde die Kiesschicht auf das Floß hochgesaugt. Der Fluß war nur etwas über zwei Meter tief, aber das Rohr mußte von Hand über den Grund geführt werden.

White Man Clyde band sich den Bleigurt um und spuckte in die Maske. Charles Marx reichte ihm die Lampe. White Man Clyde schob sich das Mundstück des Luftschlauches zwischen die Zähne und hangelte sich am Rohr nach unten. Viel würde er trotz der Lampe nicht sehen. Der Mazaruni war trüb. Aber wenn Charles Marx mehrmals kurz an der Lampenschnur riß, wußte White Man Clyde, daß genug Kies auf das Floß kam.

White Man Clyde kannte den Fluß. Aber er haßte ihn, und er glaubte wie viele, daß die Diamanten im Urwald besser seien. Das ist natürlich Unsinn. Ein Diamant ist ein Diamant, egal, ob er im Urwald oder Fluß, in Guyana oder Südafrika gefunden wird. Nur der Ursprung der Diamanten in Guyana war lange ungeklärt – weder hier noch im benachbarten Venezuela finden sich Kimberlitschlote, das Muttergestein. Und erst Kimberlitschlote ermöglichen den modernen Diamantenbergbau, wie in den südafrikanischen De-Beers-Minen, wo das zermahlene Gestein durch Röntgenkammern läuft und die Diamanten mit einem von Fotosensoren gesteuerten Luftgebläse losgelöst werden. Erst 1974 wies der amerikanische Geologe Alan Reid nach, daß die guyanesischen Diamanten aus dem Eruptivgestein der afrikanischen Westküste stammen und noch vor der Trennung der Kontinente von Flüssen auf das Gebiet des heutigen Guyana gespült worden waren.

Charles Marx riß am Lampenkabel. Sand, Kies und Wasser schossen aus dem Rohr über die breite Rutsche auf dem Ponton. Die größeren Steine rollten über die dort eingesetzten Gitter und fielen hinter dem Floß wieder in den Fluß, und langsam füllten sich die Zwischenräume des Gitters mit Sand und Kies. „Und mit Diamanten", sagte Charles Marx und bot Zigaretten an. Es hatte wieder zu regnen angefangen, und dicke Tropfen klatschten auf die blaue Plastikplane, die über das Floß gespannt war. White Man Clyde merkte nichts davon. Als er 20 Minuten später wieder nach oben kam, hatte der Regen aufgehört. Die Rutsche war voll.

Gordon nahm die Gitter heraus. White Man Clyde schnorrte eine Zigarette. Charles Marx schaufelte Sand und Kies zusammen, und

White Man Clyde begann das Ganze in dem Holzkasten auf der rechten Seite des Floßes zu sieben.

Er machte das mit drei Sieben, grob, mittel und fein, die er übereinanderhielt, und als er auf die feine Kiesschicht im dritten Sieb starrte, war seine Zigarette ausgegangen. Nach der sechsten Schaufel warf White Man Clyde die Siebe beiseite. Charles Marx sagte kein Wort. Gordon ließ die Pumpe wieder laufen, und dann spülten sie den Kies von der Rutsche in den Fluß zurück.

Als nächster tauchte Gordon. Sie siebten auch die zweite Rutsche nur zur Hälfte, aber beim Sieben der dritten Rutsche fanden sie den ersten Diamanten. Gordon griff ihn mit zwei Fingern aus dem Sieb und legte den Stein auf seine Handfläche. Zwischen den Wassertropfen auf seiner Haut war der Diamant kaum zu erkennen – ein winziges Oktaeder, fein weiß, 0,088 Karat oder 0,018 Gramm oder 12,40 Mark.

60 Prozent davon würden an Ferguson gehen, blieben 4,96 Mark.

Aber bis es dunkel wurde und George mit dem Boot kam, um sie zum Camp zurückzufahren, lagen noch zwei kleine Steine in dem alten Marmeladenglas, das an einem Nagel an der Waschkiste hing. White Man Clyde schüttete sie vorsichtig in ein Tablettenröhrchen. Und morgen würden sie weitersuchen.

Im Camp brannte die Petroleumlampe. Charles Marx las Killmasters Abenteuer. Die Rotchinesen hatten die spanische Gräfin entführt, aber die afrikanische Guerillagruppe hatte den Pornofilm vernichtet und suchte gemeinsam mit Killmaster in Macao nach der Gräfin.

White Man Clyde hatte kein Wort über das Fischfilet gesagt. Leslie kaute immer noch. Gordon lag rauchend auf seinem Holzgestell. Es begann wieder zu regnen. George rührte gezuckerte Kondensmilch in den Busch-Tee.

Morgen würden sie neue Diamanten finden. Und Killmaster würde die spanische Gräfin retten.   (1979)

BARTHOLOMÄUS GRILL

Reise durch das Herz des Schwarzen Kontinents

Ein Erdteil sinkt zurück ins Geheimnisvolle. Wie
noch im vergangenen Jahrhundert gibt es wieder weiße Flecken
in Afrika – Gegenden, die von der Außenwelt kaum zu
erreichen sind. Es gibt Länder, deren Straßennetz zerfällt. Städte,
in die sich nur selten Fremde wagen. Völker, deren Haß
so unbegreiflich ist wie ihre Kraft zur Versöhnung. Und es gibt
Menschen, die mit all dem zurechtkommen – auf Wegen,
die Europa ein Rätsel sind. Bartholomäus Grill ist quer durch
das Innere des Kontinents gefahren, von Tansania am
Indischen Ozean bis nach Kamerun am Atlantik. Er suchte eine
Antwort auf die Frage: Was ist die Seele Afrikas?

In Bagamoyo leben die toten Seelen. In der Gluthitze des Mittags, wenn das Sirren der Zikaden verstummt, hört man sie aus den Kronen der Galgenbäume raunen. Es ist die Stunde, in der die Makrelenköpfe zu stinken beginnen und die schillernden Echsen auf den heißen Felsen versteinern. In der die Menschen sich im Schatten verkriechen, um zwischen Traum und Tag dahinzudämmern. Dann erstarrt das Leben. Und die unendliche Gleichgültigkeit der Tropen legt sich betäubend auf die Dinge.

21 Grabsteine, alabasterweiß und schattenlos, der deutsche Friedhof von Bagamoyo. Im Osten der Indische Ozean, im Westen der Riesenleib Afrikas, dazwischen die toten Deutschen. Da liegen sie in der Erde Tansanias, gestorben für Kaiser und Reich: Franz Groucza, der Oberlazarettgehilfe; die emsige Antonie Bäumler vom Deutschen Frauenverein; der Kurfürstl. Württembergische Bauinspektor Emil Hochstetter. Ziegen grasen neben dem Gottesacker. Über eines der Gräber huscht ein Skorpion. Am Palmenstrand, gleich unterhalb der Gräber, schlägt ein Verrückter Purzelbäume.

Der Schwarze Kontinent hat die Weißen verschlungen. Die Baumwollpflanzer und Geometer, die Missionare, Löwenjäger und Botaniker. Und die Soldaten der deutschen Schutztruppe. Sie alle waren ausgezogen, Ostafrika zu unterwerfen. Sie kamen mit Peitschen und Psalmen und Porzellanhündchen. Sie brachten ihre Kultur, zogen auf Reißbrettern Grenzen, knüpften rebellische Eingeborene im Namen Kaiser Wilhelms auf – und zerfielen auf dem Friedhof von Bagamoyo zu Staub.

Araber, Portugiesen, Deutsche, Briten. Händler aus Indien. Sultane aus Sansibar. Reichskommissare aus Berlin. Was schert's Mtumwa Nyanza, wer kam und ging, wer wann regierte? Wer den Lehmweg umbenannte, an dem seine Bruchbude steht? Der Vatersvater war Blechschmied an der Kaiserstraße. Der Vater war Blechschmied an der Kingsroad. Der Sohn ist Blechschmied an der India Street. Die Triumphzüge der Geschichte sind an drei Generationen vorbeigeglitten, und als das Tschingderassabumm verstummte, hörte man im Hause Nyanza wieder die Hämmer singen.

So ist es bis zum heutigen Tage geblieben. Mtumwa hockt unter dem Vordach seiner Werkstatt und zaubert aus Cola-Dosen, Öl-kanistern und Nieten allerlei Gerät: Paraffinkocher, Leuchten, Spielsachen. Wir schweigen und blasen Rauchkringel in die Hitzeschwaden. Keine Regung, kein Laut auf der India Street. Nur das Scheppern des Bleches, hell und schrill wie beim Dengeln von Sensen.

„Viel verdiene ich nicht. Aber es reicht." Mtumwa schmiedet seine Sätze so sparsam wie seine Gerätschaften. „Vielleicht hatten meine Vorfahren mehr zu tun. Damals war noch was los." Damals, im 19. Jahrhundert. Von Bagamoyo starteten in jener Zeit die Expeditionen und Kreuzzüge ins Innere des Kontinents, hierher brachten die Menschenjäger und Elfenbeinhändler ihre Beute zurück. Dann, 1887, machten die Deutschen Bagamoyo zu ihrem Hauptort. Heute erzählen nur noch Ruinen von den Begierden der Fremden und von den Alpträumen der Afrikaner.

Bagamoyo war eine Todesschleuse. Bis um 1880 wurde sie jedes Jahr von mehreren tausend Sklaven passiert. Wer auf dem monatelangen Anmarsch nicht verreckt oder geflohen war, der wurde hinübergeschifft auf die Nelkeninsel Sansibar, in die Plantagen oder zum Weiterverkauf, unterjocht bis ans Ende seiner Tage. Die Verzweiflung hat der Stadt den Namen gegeben. Bagamoyo heißt: Wirf dein Herz weg.

Die Menschen haben die Bedeutung des Namens vergessen, und an die Stelle der Verzweiflung ist die Schwermut getreten. Irgendwann hat sie die Stadt und deren 21 000 Einwohner befallen. Wir schauen in freudlose Gesichter, gehen über schläfrige Märkte, sitzen an verlasse-

nen Stränden. Räudige Hunde knurren uns an. Reifen, angetrieben
von zaundürren Buben, rollen durch staubige Gassen. Die zerfallen-
den Häuser verbindet ein wirres Gespinst von Stromleitungen, das
eine kranke Spinne gewoben haben könnte.

Es gibt nur noch unscharfe Vergangenheit, arabische Ruinen,
preußische Gräber, verwitterte Kapellen und Moscheen, Lotusblüten,
die aus geschnitzten Holztüren blättern. Bagamoyo ist zu einem Lapi-
darium verstaubt, einem Ort, an dem der Zufall die Fragmente der
Geschichte zusammengewürfelt hat.

An der Küste gleiten die sandbraunen Segel der Dhaus vorbei.
Auslegerboote hüpfen wie Wasserläufer über die Wellen. Immerglei-
che Bilder, seit Jahrhunderten. Hammerhaie, Thunfische, Makrelen
liegen im Sand, und Koale, fette, rosarote Fische. Wir Weißen, reich
und rosa, wurden nach ihnen benannt: Koale. Die Fischer hadern mit
dem Meer. Schlechter Fang, wenig Schillinge, wenig Bier. Daß sie ihre Fischgründe mit Dynamit zerfetzen, gibt keiner zu.

Im Schatten eines Mangobaumes, hundert Schritte vom Ufer entfernt, lungern Halbstarke herum. Ein schlaksiger Kerl löst sich aus
der Truppe und hält uns ein Geldstück unter die Nase. „German
money, Mister, billig." Ein kaiserdeutscher Heller, Prägejahr 1904,
hinten die Krone, vorn die laubumkränzte Eins. Wir kaufen die Kup-
fermünze, um uns die Burschen vom Halse zu halten. Sie nehmen
nämlich gern Koale aus.

Sonst spielen sie Fußball mit Knäueln aus alten Stoffetzen. Oder
sie traktieren ihre Warane und Meerkatzen, die sie an Hanfschnüren
durch die Gegend schleifen. Was sollten sie auch tun? Kein Job, kein
Geld, kein Kino. Ein zerschlissenes Hemd am Leib, ein paar Quadratmeter nackten Boden zum Schlafen, ein immerzu knurrender Magen.
Ewig Langeweile, Staub und Hitze, Moskitos, Monotonie. Eine Jugend in Afrika.

*

Bagamoyo also, Ausgangspunkt der klassischen Route ins Innere
des Schwarzen Kontinents. Alle haben sie genommen, Leutnant
Cameron und der bösartige Henry Morton Stanley, Speke, der Entdecker der Nilquellen, Tippu Tip, der ruchlose Sklavenjäger, und die
Statthalter des Kaisers. So mancher Urwaldheld kehrte fieberkrank
oder tot zurück. Livingstone wurde in der Kapelle der Katholischen
Mission aufgebahrt, und die Einheimischen zogen ehrfürchtig am
fliegenübersäten Leichnam vorbei.

Die große Reise beginnt. Sie wird vom Indischen Ozean quer
durch Afrika führen und 54 Tage später in Limbe, einem Fischernest

am Atlantik, enden. Dazwischen liegen 7000 Kilometer: menschen-
leere Savannen, endloser Regenwald, Flüsse ohne Namen und spei-
ende Vulkane. Flüchtlingsheere und Waldvölker. Slumlöcher und
Königspaläste. Stätten des Grauens, Orte der Heiterkeit. Tausend
Dörfer, tausend Geschichten, tausend Begegnungen. Sie werden sich
zu einem Mosaik verdichten, in dem Vexierbilder aufscheinen: ein
Kontinent zwischen Vorzeit und Moderne, voller Düsternis und
Lebenslust, Elend und Schönheit, durchwest von zeitloser Gleich-
mütigkeit.

*

Das erste Hindernis ist flach und tückisch: eine 20 Kilometer breite
Sumpfpfanne. Über weite Strecken ist der Sumpf auf die Straße ge-
wandert, hat sie knietief mit Schlamm gefüllt. In unserem Auto herrschen die Temperaturen eines türkischen Dampfbads. Dreimal versinkt es im Morast, dreimal hilft uns ein Radfahrer heraus. Wir lernen
die erste Lektion: Afrika ist nicht für das Kraftfahrzeug geschaffen,
jedenfalls diese Etappe nicht. Und: Auf dem Zweirad oder Eselskarren kommt man schneller voran als mit dem Allrad. Nach dem dritten
Malheur verabschieden wir uns nicht mehr von dem Pannenhelfer,
und schon an der Fähre schauen wir wieder in sein Grinsen. Ihr
kommt nicht weit, Mzungus, Bleichgesichter!

Der Fluß Ruvu, 50 Meter breit, teewasserbraun, beliebt bei Kroko-
dilen. Ein Haus, drei Bäume, 20 Passagiere, ringsum Schilf. Wir warten, der Fährmann speist. Er formt Knödel aus Maisbrei, schiebt sie
sich bedächtig in den Mund. Küken tschilpen, Hühner gackern, zwei
Schulmädchen zerbeißen knirschend Zuckerrohrstangen. Dösen.
Schwitzen. Warten. Lesen.

Von Deutsch-Ostafrika nach Tansania. 1885: erster deutscher
Schutzbrief. 1891: deutsche Kolonie. 1920: britisches Mandatsge-
biet. 1961: Unabhängigkeit. 1967: die Erklärung von Arusha. Tansania steckt den Weg in den afrikanischen Sozialismus ab. Man will es
allein schaffen, durch eigene, harte Arbeit. Die Linke in aller Welt
horcht auf. Ein Fanal aus dem armen Süden.

Warten. Der Fährmann kaut. Sein Hund pinkelt ans Hauseck. Wir
scheinen schon ewig und drei Tage an diesem verdammten Fluß zu
sitzen. Endlich – das Zuckerrohr ist zerkaut, die Maisknödel werden
verdaut – setzen wir über den Ruvu. Noch 40 Kilometer bis zur Teer-
straße Richtung Kilimandscharo.

Eine verordnete Revolution also. Auf dem Rezeptblock stand Uja-
maa, „gemeinsam leben und arbeiten". Und die Radikalkur hieß: vorwärts in den modernen Sozialismus, zurück in die traditionelle Dorf-

gemeinschaft. Ein Vierteljahrhundert später betrachten wir die Errungenschaften der Revolution in Kwalukonge, einem Ujamaa-Dorf unweit von Moshi: Sisalfelder bis zum Horizont, dazwischen brachliegende Nutzflächen, einstürzende Scheuern, grasbewachsene Landmaschinen.

„Was suchen Sie hier?" Ein dicker, untersetzter Mann verstellt uns den Weg. Er trägt eine schwarze Hornbrille und eine graue Joppe, Modell „Kaunda", benannt nach dem Gründervater Sambias. Der Prototyp eines afrikanischen Funktionärs, der erste von einer halben Hundertschaft, die uns bis zum Atlantik das Leben schwermachen werden. Genehmigung vom Bezirk? Empfehlungsschreiben der Partei? Wir führen nichts dergleichen mit. „Dann müssen Sie das Gelände sofort verlassen."

Sein Adjutant, der Produktionsleiter, komplimentiert uns aus dem Dorf. Er bedauert den Rauswurf. „Bei uns gibt es keine Analphabeten mehr. Die medizinische Versorgung ist gut." Und wirtschaftlich? „Na ja, die üblichen Probleme." Soll heißen: schlechtes Management, chronischer Kapitalmangel, sinkende Produktivität, schwacher Absatz. Kräftig gewachsen sind im kleinen Kwalukonge und im großen Tansania nur zwei Branchen – die Bürokratie und die Korruption. Immerhin: Seit dem Ende der Kommandowirtschaft geht es ökonomisch langsam aufwärts.

*

Spätnachmittag. Das Licht des Südens macht trunken. Es verwandelt die Plantagen in Zaubergärten, legt Silberschein auf Palmblätter und Früchte. Die Flora leuchtet und oszilliert, als wollte sie den Tag speichern. Vor den Hügelketten in der Ferne hängen milchige Dunstschleier. Wundersame Tropenbilder, fast unwirklich.

Erst in den Usambara-Bergen, 100 Kilometer weiter, erlischt ihre Strahlkraft. Der Wald nimmt uns auf. Schemen von Eukalyptusbäumen, Pinien, Riesenfarnen. Steiler, steiniger Waldweg. Nach der Treibhaushitze an der Küste wirkt das Klima hier oben pricklig und kühl wie Champagner. Es dämmert. Im Zwielicht lauschige Gärten, Zwetschgen, rotbackige Weinäpfel, Astern in allen Herbstfarben. Mittendrin ein prächtiges Steinhaus.

Am Kamin sitzt der Soziologe David Scheinman aus Amerika. Er ist Entwicklungshelfer, hat schon allerhand Projekte durchgezogen und doziert gern. Am heutigen Abend zur Frage: Warum scheitert die Hilfe? Seine Antwort: Die Projekte seien zu groß, zu teuer, an den Menschen vorbeigeplant. „Wenn wir abziehen, brechen sie zusammen."

Im Prinzip hat Scheinman recht. Die Hilfe ist zum Business der Barmherzigkeit verkommen, von dem vor allem schwarze Eliten und weiße Experten profitieren. Sie schätzen die „weißen Elefanten": Stahlwalzwerke, Schnellstraßen, Staudämme. Im Schlagschatten dieser Monumente werden die vorbildlichen Projekte kleiner, unbürokratischer Organisationen leicht übersehen.

Der Soziologe arbeitet für die Multis der Branche, für USAid, Uno und EU. Deren Herzensanliegen: Der „Mittelabfluß" muß gewährleistet sein. In einem guten Jahr tragen ihm zwei, drei Aufträge bis zu 100 000 Dollar ein, sagt Scheinman. Er hat sich im Widerspruch eingelebt. Der schöne Gasthof, die Obstgärten und Waldweiden ringsum: alles sein.

*

200 Kilometer weiter westlich. Schwere, tintenblaue Wolkengebirge verhüllen den Kilimandscharo. Die Regenzeit hat uns eingeholt. Über Nacht sind Rinnsale zu reißenden Flüssen angeschwollen. Wir stehen vor einem lehmgelben Sturzbach, der auf 500 Metern den Weg versperrt. Ein Maasai mit Regenschirm und Transistorradio schaut uns beim Warten zu. In seinem Ohrläppchen steckt eine leere Filmdose.

Der Mann, er heißt Ngereza Sengeon Mollel, lädt uns ein in seine Boma. Zwei fensterlose Hütten, mit Kuhdung verputzt, die rechte teilt er mit der ersten, die linke mit der zweiten Frau. Dazu acht Kinder. Wir betreten die rechte Hütte. Stechender Geruch nach Ammoniak, Fett, Bockmist. Beißender Rauch. In der Mitte glimmt ein Feuer, im Eckpferch knabbern Zebukälber an Maiskolben. Eine Frau löst sich aus dem Halbdunkel. Sie trägt bunte Perlenstickbänder an Armen und Beinen; ihren Hals zieren Kupferringe. Tee wird serviert.

Fliegenschwärme umsurren die Kinder. Ngereza erzählt, während sein Jüngster mit einem Grashalm in unsere weißen Waden sticht. „Sie haben uns hier in Long jave angesiedelt. Das heißt ‚der Ort, wo es sehr kalt ist'. 1965 war das." Für viele Sippen endete die Zeit des Wanderns schon früher. Erst hatten die weißen Siedler Zäune durch die Steppe gezogen. Dann kam die Internationale der Tierfreunde, angeführt von einem deutschen Professor: Bernhard Grzimek. Das viele Vieh der Maasai bedrohe den Wildbestand, hieß es. Weil die Serengeti nicht sterben durfte, wurden Nationalparks aus der Savanne geschnitten. Schließlich kam der Staat mit flächenfressenden Agrarprojekten. Halbnomaden paßten nicht in die Planung, ihre Rinderherden verbrauchten zuviel Land. Folglich wurden zahlreiche Familien seßhaft gemacht. Ein Kulturschock für die Maasai, die den Bauernstand verachten.

30 Jahre später. Die Siedler von Long jave trinken weiterhin Rinderblut und beschneiden ihre Söhne und Töchter. Aber sie wandern nicht mehr. Und statt zu ihrem Gott Enkai beten sie nun zum Christengott. „Uns ist es egal, was Enkai sagt. Ich glaube, er ist tot." Ngereza und die Seinen sind zufrieden. Aber nicht glücklich. Sie leben in luftleerer Gegenwart, ihre Sitten und Bräuche sterben ab. Von der Kalebasse zum Plastikkanister, von der Palaverdemokratie zur Wahlurne, von der schützenden Gemeinschaft in die offene Gesellschaft – der Sprung in die Moderne ist zu weit. Was Europa erst nach vielen Generationen gelungen ist, wird Afrika in einem Menschenalter zugemutet.

Die Moran, die stolzen Krieger der Maasai, sind Erben unbewältigter Zukunft. Sie stehen verloren am Wegesrand der Zivilisation, herausgerissen aus dem Zeitmaß der Natur, mit Digitaluhren an ihren Armen. Sie irren ziellos umher. Beginnen zu saufen. Verwahrlosen. Geben sich auf.

Wir treten aus der Hütte. Glasklare Luft, es hat aufgehört zu regnen. Die Sonne leckt die Nässe aus der Erde. Zwischen weiten Maisäckern, die sich bis an den Fuß des Mount Meru dehnen, trotten Zeburinder und Ziegen den Berg herauf. Zimtbraune Staubwolken verschleiern Rinder und Hirten. Sie kehren zurück in heimatliche Fremde. Der reißende Bach ist unterdessen verflacht. Sprotzend pflügt der Geländewagen durch die braune Brühe, quält sich durch Sturzäcker und Schlammrillen. Dreckverschmiert, naß bis auf die Unterwäsche, erreichen wir die kenyanische Grenze.

*

Grenzstation Namanga. Unser Fahrer kehrt zurück nach Arusha, wir quetschen uns in ein Buschtaxi. Acht Passagiere im Peugeot 404, am Rückspiegel ein Lederball in Originalgröße, der das Blickfeld des Fahrers begrenzt, auf dem Dach Gepäckstücke, zur Höhe eines Heufuders aufgeschichtet. Das Fahrzeug: ein Schrotthaufen. Das Motorgeräusch: scheppernd, wie Schrauben in einer Waschtrommel. Der Asphalt: waschbrettförmig. Die Abbruchkanten des Teers erinnern an Teig, der übers Kuchenblech quillt. Myriaden von Achsenbrechern, Reifenkillern. Und Schlaglöcher, tief wie Bombentrichter.

Die Überholmanöver unseres neuen Piloten sind kriminell. In einer engen Kurve rasiert der Wagen beinahe eine Menschentraube vom Trittbrett des entgegenkommenden Sammeltaxis. Es war eines dieser Matatus, deren knallbunte Aufschriften – „Straßenkrieger", „Ewigkeit" und Ähnliches – anzeigen, daß es sich um rasende Särge handelt. Den Führerschein gibt's auf dem Schwarzmarkt. 1994 verbluteten 2400 Menschen auf Kenyas Rennstrecken. Das ist, gemessen an der Verkehrsdichte, die höchste Todesrate auf Afrikas Straßen. Dennoch erreichen wir unversehrt Nairobi.

Die erste Großstadt auf unserer Reise. Großstadt? Nairobi ist ein aufgeblähtes Dorf, das sich mit Wolkenkratzern, Bankpalästen und Feierabendstaus als City maskiert. Dazwischen sieht man Eselskarren und Bauersleute, Ziegen, die in Schaufenster glotzen, Maisäcker neben Parkanlagen, Viehmärkte hinter Kaufhäusern. Das Land ist in die Stadt gezogen, und am Wochenende flieht es wieder hinaus auf die Shambas, die Felder. Zurück bleiben die Geschäftsanzüge und Krawatten. Und die urbanen Alpträume der Slums.

„Man müßte alle Leute hochheben, eine Infrastruktur bauen, und sie dann wieder herunterlassen", meint James Mwangi. So aber muß sich sein Sanierungsteam Meter um Meter durchs Chaos winden. Das Chaos heißt Mathare, 80 000 Bewohner, ein Moloch ohne Straßen und Strom, mit einer Latrine für je 250 Leute. Keine Verwaltung, keine Polizei, keine feste Arbeit. Der Gestank von Fäkalien und Fäulnis steigt zu uns auf einer Anhöhe herauf. Unten, zwischen Blechhütten und Holzverschlägen, verklumpt wie ein Mikrobenherd, laufen die Prozesse des Stoffwechsels pur ab: brüllend, dreckig, giftig.

Dort unten lebt Rose. Auch sie hat vom kleinen Glück geträumt. Wie Millionen Landflüchtiger, die ihre Suche nach besseren Leben in die Metropolen trieb. Sie zog aus der Hütte, die irgendwo in der Maasai-Steppe verrottet, in einen Bretterverschlag. Vom Kuhmist in die Kloake, von der Not ins Elend. Rose verkauft Trinkwasser in Kanistern. „Irgendwann komme ich hier raus." Sie träumt noch immer.

„Mister! Mister!" Scharfe, schneidende Rufe. Sie fahren aus dunklen Hütten und hungrigen Kindermündern, schwingen durch die Gassen, steigen über die Blechdächer. „Mister! Mister!" Bettelnde Buben verfolgen uns. Sie stoßen die Zischlaute heraus wie Sprechautomaten. „Mister! Mister!" Das Zischen der Armut. Es wird unsere Reise mit hundertfachem Echo begleiten.

Mama Elizabeth verkauft Rührbesen und Zigaretten, stückweise. Der kleine Burudi bringt Heiligenbildchen unter die Leute. Jeder versucht, aus irgend etwas ein paar Schillinge zu machen. Wer ein Schweißgerät erstehen konnte, repariert Auspuffrohre. Wer ein Tapeziermesser und Leim besitzt, flickt Schuhe. Wer jung und schön ist, verkauft seinen Körper. Das ist der informelle Sektor, die Strategie puren Überlebens, phantasiereich und schonungslos. Er ernährt 60 Prozent der Arbeitskräfte in Afrikas Städten. Ein brodelnder Wirtschaftsdschungel, der nach den Urgesetzen des Marktes funktioniert und den es offiziell gar nicht gibt. Die einzige Hoffnung von Millionen Menschen, die, glaubt man den Zahlen der Regierungen, eigentlich längst verhungert sein müßten.

Das Kanu-Gebäude? Der Taxifahrer zuckt mit den Achseln. Die Partei, verstehen Sie. „Aaaaaah!" Sie residiert im markantesten Gebäude von Nairobi: ein Turm, 27 Stockwerke hoch und kreisrund. Rund wie die Hütten und Kraals und Trommeln. Wahrhaftiger hätte sich die Machtstellung der Kanu nicht in Beton gießen lassen: Ich, die unfehlbare Partei, bin aus dem Volk gewachsen. Oder knapper: Kanu = Kenya. Gemäß dieser Kurzformel ist jede Opposition staatsfeindlich. Im übrigen gilt der Lehrsatz eines burundischen Politikers: „Der Mensch braucht drei Mahlzeiten am Tag, aber wozu braucht er drei Parteien?" So bleibt es das Vorrecht einer Partei, das Land herunterzuschlampen.

Im Jahre 1966 schrieb Ngugi wa Thiong'o, Kenyas berühmtester Literat: „Heute erlangen wir Uhuru (Freiheit). Doch morgen werden wir fragen: Wo ist das Land? Wo ist das Essen? Wo sind die Schulen?" Über diese Fragen wollten wir uns eigentlich mit Kanu-Generalsekretär Kamotho unterhalten, dem Bauchredner des Präsidenten Moi. Leider sind unsere heftigen Versuche in irgendeinem Vorzimmer auf irgendeiner Etage im Kanu-Koloß verpufft.

Wäre uns der Artikel von John Githongo vorher unter die Augen gekommen, wir hätten uns die Mühe erspart. Der kenyanische Kollege rechnete nämlich die landesüblichen Wartezeiten vor. Untersekretär: 30 Minuten; Bürochef: drei Stunden; Ministerialer: ein Tag plus; Minister: mehrere Wochen. Die Lehrer warten auf ihre Gehälter, die Mechaniker auf Ersatzteile, die Menschen in den Straßen auf alles und jeden. Und mancher Kranke wartet sich im Hospital zu Tode. Warten ist ein Hauptingrediens des öffentlichen Lebens. Jemanden warten lassen heißt seine Macht demonstrieren.

Zeitungslektüre. Hexe bringt sieben ihrer Kinder um. Kannibale wirft abgeschnittenen Menschenkopf in Hochzeitsfeier. Richter spricht Regierungsmitglied von Korruptionsvorwürfen frei. Halbseidene Meldungen. Gerüchte, zu Nachrichten aufgeblasen. Seitenlange Berichte über die beste aller Parteien und das weiseste aller Staatsoberhäupter. Worte. Palaver. Dampfgeplauder.

Nächstes Ziel: Nakuru. Im Wagen gleiten wir durch die Garten-Eden-Landschaften des Rift Valley. Hügel im Veronesergrün, üppige Fluren, Seen in Puppenrosa, von unzähligen Flamingos gefärbt. Nashörner scheuern an Pinienstämmen. Pelikane schaufeln Fische aus dem Wasser. Zebras traben durchs Savannengras. Aus solchen Bil-

dern wird der Kitsch geboren: Jenseits von Afrika. Ein Erdteil, so unschuldig, so paradiesisch...

Selige Kolonialzeiten. Die Lokomotiven stampften durchs Tal, die
Baumwolle blühte, und die Welt war so hell, streng und klassenbe-
wußt wie im Bahnhof von Nakuru. Im gläsernen Mezzanin, der dünne Kaffee wird seit Victorias Zeiten im Silber Britanniens serviert, ist
das Warten eine Lust. Noch heute. Aber nun auch für schwarze Herr-
schaften, die sich von schwarzen Kellnern bedienen lassen.

Der Nachtzug Nairobi–Kisumu rumpelt pünktlich aus der Station.
Das Leinen im Schlafabteil ist blütenweiß, es gibt Handtuch, Kamil-
lenseife und Wasser. Der Ventilator kreiselt seit dem Fin de siècle. Im
Mondlicht gleiten Schirmakazien vorbei.

*

Schiffspassage über den Victoriasee? „No problem at all", hatte die
Dame am Hotelschalter in Nairobi versichert. Einfach hingehen,
Ticket lösen, den nächsten Dampfer besteigen. Auch am Samstag?
„Of course!" Sonnabend im Hafen von Kisumu. Der Wachmann
schaut uns entgeistert an. „Die Fähre? Nach Entebbe?" Er lacht hell-
auf. „Fährschiffe verkehren seit dem Ende der Ostafrikanischen Gemeinschaft nicht mehr." Das war im Jahre des Herrn 1977.

Wir nehmen den Landweg um den Victoriasee. Am Schlagbaum
von Busia zerren junge Männer an unserem Gepäck. Sie tragen him-
beerrosa Hemden mit schwarzen Nummern und schreien im Chor:
„Taxi! Taxi!" Aber wo sind die Fahrzeuge? Einer der Burschen
drischt auf den Sattel seines Fahrrads. „Hier, Mzungu." Die Drahtesel
pendeln im Niemandsland zwischen Kenya und Uganda. „Die trans-
portieren alles", sagt die Zöllnerin. „Schmuggelware, Reissäcke,
Schweine, einfach alles."

Wir schwingen uns auf die wackligen Gepäckträger. „Sollen wir
euch nach Kampala radeln?" Wie weit ist das noch? „140 Kilometer."
Jenseits der Zollschranke wählen wir den Bus.

Uganda, unser drittes Reiseland. Auf halber Strecke zur Hauptstadt
Kampala überqueren wir den jungen Nil. Auffällig gepflegte Gegend.
Aufrecht stehende Verkehrszeichen, die Zuckerrohrfelder zirkelge-
nau von Kassava-Streifen eingerahmt. Und in Kampala nagelneue
Flachbauten, Lagerhallen, sogar ein Messegelände. Überall in der
Stadt wird gebohrt, gehämmert und gesägt. Der Markt quirlt. Das
Warenangebot ist üppig. Gestern traf ein Kassenschlager ein: Matrat-
zen aus Fernost.

Hungerndes, mausarmes Afrika? In Uganda fegt ein frischer Wind
die Stereotypen weg. Die Archive der Welt führen es meist nach wie

vor in der Horrorabteilung: Ein Land, wo in den siebziger Jahren die Barbarei neu erfunden wurde, wo Idi Amin wütete, der „schwarze Hitler", und sein Nachfolger Obote, wo fleischgewordene Teufel Ohren abschnitten und Bäuche aufschlitzten. Als der Terror 1986 endete, versiegte der Nachrichtenstrom. In Afrika ein gutes Zeichen.

„Du kannst in der Nacht gefahrlos durch die Stadt spazieren." – „Man kann alles kaufen." – „Es gibt wieder Arbeit." – „Langsam geht's aufwärts." Geschäftsleute loben die Wirtschaftsreformen, Journalisten die Meinungsfreiheit, Diplomaten „the good leadership" des Präsidenten Museveni und die vorsichtigen Gehversuche in Richtung Demokratie. Uganda, auferstanden aus Ruinen, eine unerhörte Erfolgsgeschichte am Äquator.

Aber weshalb die Menschen sich nach all den Greueln so bald die Hände reichten, kann uns niemand erklären. Lag's an der Schonung der Mörder? An der Menschenrechtskommission, die keine Hexenjagd veranstaltete, sondern die Ursachen der Exzesse erforschte? Am Aufschwung, der wie im Nachkriegsdeutschland die Erinnerung der Älteren begrub? An der hohen Geburtenrate, den vielen Jungen, die die Vergangenheit nicht bekümmert? Oder einfach an jener unbändigen Kraft zur Versöhnung, die auch Nigeria nach dem Biafra-Krieg und Südafrika nach der Apartheid befriedet hat? Sicher ist: Nirgendwo werden Wunden so tief geschlagen wie in Afrika, nirgendwo verheilen sie so schnell.

„Willst du die kaufen?" Akim, der Eisenwarenhändler, will uns eine Schubkarre andrehen. „Kommt aus China. Billig." Hart ist die Konkurrenz geworden. Denn die Inder sind wieder da. Akim schaut zu ihren Dukas hinüber, zu den kleinen, prallgefüllten Geschäften. „Die wurden von Idi Amin rausgeschmissen. Wir haben ihre Läden übernommen. Jetzt kehren sie zurück und verdrängen uns. Ist ja auch ihr Eigentum."

Die Inder waren uns schon in Tansania und Kenya als umtriebige Kaufleute aufgefallen. Unvergeßlich das verschachtelte Geschäft in Arusha: Hotel, Restaurant, Autoverleih, Videoshop und Kaufhaus in einem. Die Regale füllten Parfüm-Flacons aus Paris, türkischer Honig, Kap-Wein, aufblasbare Delphine. Die Inder sind die Würze des Kontinents, sagen die einen. Die anderen reden von den „Juden Afrikas": wegen deren Geschäftstüchtigkeit – und weil Afrikaner, wenn Sündenböcke gesucht werden, gern auf die Inder zeigen. Läuft deren Rückkehr nach Uganda konfliktfrei ab? „Na ja, die Inder sind Rassisten und wir auch," meint Akim. „Aber was soll's. Wir wollen Frieden. Willst du die Schubkarre?"

Sonntag. Seit zwei Wochen auf Achse. Ausflug zum Victoriasee. Der Landstrich ist reich gesegnet: Papayas, Zuckerrohr, Kaffeestauden, Sorghum, Kochbananen. Die Gerüste, an denen Passionsfrüchte ranken, erinnern an die Hopfengärten der Holledau. In solchen Gegenden ahnt man, daß sich Afrika durchaus selber versorgen könnte. Doch Schlagzeilen aus den Krisenregionen, von der Natur benachteiligt oder durch Kriege geplagt, haben das unauslöschliche Bild vom „Hungerkontinent" geprägt. In Wirklichkeit könnten dessen Bauern genügend Feldfrüchte ernten, um sämtliche 550 Millionen Bewohner Schwarzafrikas zu ernähren. Der Mangel ist Menschenwerk: Auf den besten Böden wird meist für den Export ausgesät, zur Versorgung der inländischen Märkte fehlen Mittel und Wege – und viele Menschen sind schlicht zu arm, um sich genügend Lebensmittel kaufen zu können.

*

Golo ist heute morgen gestorben. Sie liegt in ihrem kleinen Krämerladen, umgeben von Waschpulvertüten, Zahnbürsten und allerlei Haushaltswaren. Am Kopfende der Matratze kniet der Vater, die Hände zum Gebet gefaltet, daneben kauern Mutter, Tanten, Kinder und Nachbarn. Der Körper der Toten ist spindeldürr, die Haut knittrig wie Pergament. Ihr Kinn wurde mit einer Mullbinde hochgebunden. Das Virus hat Golo geholt. Sie wurde 34 Jahre alt und hinterläßt vier Kinder. „Was soll ich nur tun?" klagt der Vater. „Ihr Mann ist tot und jetzt auch noch sie. Ich bin zu alt, um für die Kinder zu sorgen." Hinter dem Sarg liegen ein umgestürztes Fahrrad und ein Mann, der seinen Rausch ausschläft. Auf den Hütten brütet die Äquatorsonne. Die Zeit verdunstet im Hitzegeflimmer.

Aids in Afrika. Ein Stoff für Gruselgeschichten. „Es stimmt schon. In diesem Land ist fast jeder Bürger irgendwie betroffen. Allein in Kampala sind ein Drittel der Einwohner HIV-positiv", sagt Marble Magezi. Sie ist Sprecherin von Taso, der größten Aids-Hilfsorganisation in Uganda. „Unsere Aufgabe heißt Aufklärung, Aufklärung, Aufklärung. In Afrika beginnt der Sex mit zwölf Jahren."

*

Von Kampala nach Fort Portal. 150 Kilometer hinter der Hauptstadt endet die Schnellstraße ohne Vorwarnung, nein, sie bricht an einer scharfen Kante regelrecht ab. Als wäre die Teermaschine just an dieser Stelle im Boden versunken. Die Buschpiste hat uns wieder. Unser Fortkommen: 20 Kilometer in der Stunde.

Vor Kyanjojo marschiert ein Trupp grimmig dreinschauender Kerle am Wegesrand. Sie führen lange Stangen mit sich, ein zerbeultes

Stoppschild, zwei Kalaschnikows. Sem, unserer Fahrer, drückt aufs Gaspedal. „Eine Räuberbande", stammelt er. „Gleich sperren sie die Straße. Und plündern die Autos. Das geschieht auf dieser Strecke jeden Tag." Die Wegelagerer senden uns giftige Blicke nach. Ein halbe Stunde später – und wir wären vermutlich dran gewesen.

Am 18. Reisetag erreichen wir die Mondberge. Das Sagengebirge in der Mitte des schwarzen Erdteils, jahrhundertelang eine verwunschene, unüberwindliche Barriere. Jenseits der Gipfel lag ein Land des Wahnsinns und der Finsternis, diesseits das Imperium von Kitara. Geblieben ist nur Toro, ein kleines Königreich.

Auf einem Hügel in 2000 Meter Höhe steht eine schmucke Neureichenvilla: die Residenz Seiner Majestät Patrick David Matthew Olimi Kaboyo II. Den königlichen Schreibtisch ziert eine hölzerne Miniaturlafette, deren Geschützrohr, eine Schnapsampulle, auf unser Sofa zielt. „Noch Fragen?" knurrt der König. Wir wollen wissen, wie es ist, über ein Reich der Armut zu herrschen. „Big task", sagt er. Große Herausforderung. Die glasigen Augen Seiner Majestät flackern unruhig. Schluß jetzt, keine Fragen mehr. Der König pumpt sich aus dem Mahagonisessel. Eine Brandyfahne weht uns an. „Folgt mir hinaus." Prachtvoll ist der Blick über die Moränentäler. Der Monarch läßt sich schwankend auf einem Felsblock nieder, vor ihm fällt der Hofmarschall auf die Knie.

„Mein Volk, mein wunderbares Land." Des Königs Arm schlägt einen Halbkreis von den Teeplantagen am Horizont bis hinauf in die Schneekuppen der Mondberge. Laut Hofstatistik herrscht er über 746 800 Untertanen, 143 910 Rinder, 80 500 Ziegen, 46 330 Schafe und 13 490 Schweine.

„Leider sind wir arm, sehr arm." Schuld daran ist Milton Obote, der blutrünstige Diktator. Er stieß den jungen König 1967 vom Thron. Der kämpfte fortan auf den Cocktailpartys in London gegen das Regime. 1994 kehrte er zurück. Seither genießt er den gleichen Status wie Queen Elizabeth in England. Seinem Volk geht es weniger gut. Von 1000 Neugeborenen sterben 230. Nur jeder zweite Einwohner über zehn Jahre kann lesen und schreiben. Nur jeder 50. Bürger hat einen Wasserhahn. *Big task.*

Zuallererst, sagt der Hofmarschall, müßte der alte Palast renoviert werden. Wehklagend führt er uns durch die Karuzika, eine Betonruine im Stile des Kolosseums, geschändet von Obotes Schergen, überwuchert mit Grünzeug, zerzaust von Regen und Wind. Ob wir nicht einen Edelmann im fernen Europa kennen würden, der dem König von Toro mit Bauzuschüssen aushülfe?

Majestät wird die Mittel wohl aus den Untertanen herausquetschen. Deren Loyalität scheint noch größer zu sein als die Armut. Die Monarchie hat weiße Eroberer und schwarze Tyrannen überdauert, Kolonialgrenzen und Heuschreckenplagen. Ihre Traditionen binden stärker als Verfassungsparagraphen, Stimmzettel oder Präsidentenworte. Politische Macht haben die vier Königreiche in Uganda nicht. Aber sie können, weil sie im Mutterboden der Ethnien wurzeln, so mächtig ausschlagen, daß sie fragile Staatsgebilde sprengen.

Blauer Dunst verschleiert die Mondberge. Der Hoftrommler schlägt die fellbespannte Konga. Wir fahren den königlichen Hügel hinab und nehmen die Straße in den Süden, Richtung Rwanda.

Ins Herz der Finsternis.

*

Als sich der Schlagbaum von Kagitumba hebt, betreten wir ein traumschönes Land. Die Natur hat es so großzügig beschenkt wie kein anderes im Herzen Afrikas. „Land der tausend Hügel" wird es genannt, ein Botanischer Garten von den Ausmaßen Hessens.

Regenzeit. Kuppen, Senken, Ebenen leuchten maiengrün. Durch hüfthohes Büffelgras kämmen Windwellen. In sicherem Abstand äsen Impalas und Zebras, eine Giraffe zupft Triebe von einer Schirmakazie. Unversehrtes, stilles Afrika, jungfräulich wie auf den Bildchen, die in der Kolonialzeit den Senoussi-Zigaretten beilagen. Europa hatte dieses Land erobert, verlassen und dann vergessen. 1994 tauchte es dann auf so furchtbare Weise wieder auf, daß niemand es mehr erkannte. Das Land heißt Rwanda.

Im Tal mäandert der Kagera. Voriges Jahr trieben in seiner trägen Strömung Tausende von Leichen, Opfer eines Genozids. An manchen Tagen soll sich der Fluß blutrot verfärbt haben, erzählen die Anwohner – eine Schlagader aus dem Herzen der Finsternis. Jetzt ist der Fluß wieder lehmbraun wie ein Bergbach nach einem Unwetter.

Eine Straßensperre vor Gabiro, die dritte oder vierte seit der Grenze. Junge, gereizte Soldaten filzen unser Fahrzeug. Der Offizier deutet auf einen Jungen: „Nehmt ihn in eurem Auto mit!" Der Junge heißt Emmanuel Karemera, 17 Jahre alt. „Ich bin ein Tutsi", erzählt er. „Die Hutu haben alle umgebracht. Vater, Mutter, fünf Geschwister. Ich habe nur noch einen Bruder und einen Onkel."

Einen Bruder, einen Onkel. Ausgerottet alle anderen. Wir lesen noch einen Anhalter auf, einen griesgrämigen Mann. Hutu oder Tutsi? Emmanuel mustert ihn von der Seite. „Gut möglich, daß er ein Hutu ist." Woran erkennst du das? „Tutsi haben kleinere Nasen. Wir haben gelernt, daß ein Hutu drei Finger in ein Nasenloch stecken kann. Wer es nicht kann, ist Tutsi." Doch dann stellt sich heraus, daß der Nebenmann ebenfalls ein Tutsi ist. Auch er hat Angehörige verloren.

Jahrhundertelang herrschte in Rwanda eine Aristokratie von eingewanderten Tutsi. Im niederen Volk waren die beiden großen Ethnien – Hutu und Tutsi – allerdings vielfältig durchmischt. Bis die Kolonialherren kamen, erst die Deutschen, dann die Belgier. Sie schliffen den Unterschied ein: hier die hochwüchsige, blaublütige, nilotische Herrenrasse der Tutsi, dort die untersetzten, tumben, bäuerlichen Hutu aus der Bantufamilie. Aus Volksgruppen wurden biologisch sortierte Stämme. Die Rwander blieben zwar durchmischt, aber die Stereotypen schrieben sich in ihr Gedächtnis.

Nach dem Gewinn der Unabhängigkeit übernahm die Hutu-Mehrheit die Macht. Sie pervertierte die „imaginäre Ethnographie" der Kolonialherren zu einer schwarzen Apartheid. Der Konflikt um das knappe Ackerland verschärfte den Rassenwahn – bis das Regime der Hutu 1994 eine „Endlösung" versuchte: alle Tutsi vernichten und die oppositionellen Hutu gleich mit. Zwischen 500 000 und einer Million Menschen wurden umgebracht.

Nach Ntamara kamen die Mörder am 15. April 1994. Sie verrammelten die zwei Eingänge der Kirche, den Fluchtort der Dorfbewohner. Dann griffen sie zu den Macheten. „Sie haben vier Stunden gearbeitet. An diesem Tag starben mindestens 1000 Menschen", berichtet der Mesner. Im Kirchenschiff brütet bestialischer Gestank. Noch immer liegen zerstückelte Leichen zwischen den Stuhlreihen. Abgeschlagene Gliedmaßen, blutverklumpte Kleider, verdorrte Hautfetzen, Oberschenkel im letzten Stadium der Fäulnis, verstreute Wirbelknochen, Fingerglieder, Zähne. Auf dem Kirchhof ein Mahnmal: Dorfbewohner haben die zertrümmerten Schädel zu Pyramiden aufgeschichtet.

Wir passieren das verwaiste Nachbardorf. Türen stehen offen, Fensterscheiben sind zertrümmert, in den Vorgärten wuchert Unkraut. Toten-Stille. Wir erreichen Kigali, die Hauptstadt. Auch sie wirkt leer und ausgestorben, viel zu groß für das kleine Land und viel zu reglos für eine Metropole in Afrika.

Das Zentralgefängnis von Kigali ist eine Zwingburg der belgischen Kolonialisten, backsteinkalt, fensterlos, zinnenbewehrt. Ein schmächtiger Mann empfängt uns. „Gestatten, Frank", sagt er in feinstem Englisch. „Frank Kalyamiti, ich bin zuständig für die Verwaltung." Auf einer Schiefertafel steht die jüngste Statistik gekritzelt. Kapazität des Gefängnisses: 2000. Insassen: 7941. Der Kalfaktor öffnet das schwere Eisentor. Wir werden in eine düstere Schleuse geschoben, dann senkt sich hinter uns ein stählernes Gitter. Mehrere hundert Männer empfangen uns, zusammengepfercht auf einem Hof von der Größe eines Handballfelds. Dürre Gestalten, deren Gewänder in Lumpen herabhängen. Schweigend starren sie uns an. Wir sind allein mit fast 8000 Gefangenen.

Dicht an dicht stehen sie auf den Innenhöfen, unablässig der Gluthitze des Tages und den Tropengüssen der Nacht ausgesetzt. Zum Liegen ist kein Platz – außer für die Schwerkranken und Sterbenden, die zusammengebrochen sind. Glücklich, wer eine Matratze in den Baracken erkämpft hat. Er teilt sie mit Spinnen, Kakerlaken und Flöhen. Die Luft unter den heißen Blechdächern ist stickig und pestilent; es riecht nach Urin, Schweiß, Wundbrand. Die Räume sind erfüllt von einer gespenstischen Kakophonie aus Husten, Wimmern, Keuchen, Murmeln und Stöhnen.

„Sie haben Blut an den Händen", hat man uns im Justizministerium gesagt. Alle? „Ja, alle." Die kahlgeschorenen Frauen im Seitentrakt – lauter Mörderinnen? Die klagende Mutter, auf dem Schoß ein Kind und eine zerfledderte Bibel – ein Monster mit Machete?

„Sie schlagen uns mit Stahlruten und Knüppeln. Sie lassen uns verhungern." Emmanuel, 38, ist seit fünf Monaten hier. „Ich weiß nicht, warum. Ich bin unschuldig", beteuert er. Wie könne er, ein baptistischer Pastor, ein Mörder sein? John, 27, war Lehrer. „Sie haben gesagt, ich hätte in Kibuye getötet. Sie lügen. Wie kann ich denn in Kibuye töten, wenn ich hier in Kigali war?" Zwei Stimmen, die für Tausende sprechen. Niemand hier hat etwas mit dem Völkermord zu tun, alle sind Opfer der Siegerjustiz, wahllos eingekerkert. Die Hölle sind immer die anderen.

Man kann versuchen, die Katastrophe zu erklären: Überbevölkerung, ethnischer Haß, Massenarmut. Aber wie sie verstehen? Warum massakrierten Ärzte ihre Patienten, Pfarrer ihre Kirchgänger, Professoren ihre Studenten? Was hat die Maßlosigkeit dieser Barbarei ausgelöst? Fragen, auf die niemand eine Antwort weiß. Die Überlebenden reden von *maladie de tuer*. Von der Krankheit des Tötens.

*

Der Eintritt nach Zaïre kostet uns 120 Dollar, die Soldaten sind durstig. Das Zollamt, Hausnummer 1, liegt an der Avenue Président Mobutu. Sie führt in ein Ruinenensemble namens Goma. Bei dieser Stadt ist das größte Flüchtlingslager der Welt entstanden. Am 6. Juli 1994 waren in dem Zollamt genau 4881 Flüchtlinge aus Rwanda registriert. Dann kam die Flut. In nur zehn Tagen wucherte rund um Goma eine Siedlung von der Größe Münchens: 1,2 Millionen Bewohner. Es war vermutlich die schnellste Geburt einer „Metropole" seit Menschengedenken.

Die Cholera kam und ging, die Weltpresse fiel ein und zog wieder ab, die Nothelfer landeten – und blieben. In den riesigen Lagern, die aus dem Vulkanboden gestampft wurden, haben die Hilfsorganisationen ihre Fahnen wie Feldzeichen aufgepflanzt. Kurt Schöller, Entwicklungsexperte aus Österreich, schleust uns durch das Lager Mugunga. Hunger? „Die Flüchtlinge horten Lebensmittel und verkaufen den Überschuß auf dem Markt in Goma." Krankheit? „Die Ärztedichte ist höher als in Berlin, die Mortalität niedriger als sonstwo in Zaïre." Seuchen? „Das Wasser ist sauberer als daheim in Rwanda."

Sein Fazit: „Den Flüchtlingen geht es nicht schlecht."

Es gibt Feldküchen, Wasserspeicher, Latrinen, Hospitäler. Auch Friseursalons und Discos, den Nachtclub „Exotica", das Kino „Ambiance". Mitunter gibt es sogar prunkvolle Hochzeiten. Wie heute: Der Bräutigam trägt feinstes Kammgarn, die Braut ein silberverbrämtes Corsagen-Kleid, dazu einen Tüllschleier. In ihr Haar ist eine Perlengirlande geflochten. Zu ihrer Linken die Trauzeugin, von Hals bis Fuß in schweres Satin gehüllt. Das Trio schreitet über scharfkantiges Lavageröll, weicht öligen Pfützen aus. Ganz vorsichtig, damit die Galakleider und Stöckelschuhe keinen Schaden nehmen.

Die Gästeschar defiliert durch ein Meer von Blechhütten und Holzverschlägen. Armselige Gestalten säumen den Weg: Männer und Frauen, die nur noch Fetzen am Leib tragen. Barfüßige Kinder mit aufgedunsenen Bäuchen, verkrümmte Greise. Aus den Augen der Zuschauer sprechen Neid und Neugier. Die Volants rascheln. Parfümwolken schweben über der Braut. Das Paar tritt unter eine aufgespannte Plastikplane. Eine kurze Predigt, dann streifen sie sich die diamantbestückten Goldringe über. „Bis daß der Tod euch scheidet..."

Das kann rasch geschehen. Der Präsident von Zaïre hat angeordnet, daß alle Flüchtlinge nach Rwanda zurückkehren müssen. Dort wartet die neue Regierung auf Männer wie den Bräutigam: Er hat zur Machtelite der Hutu gehört, zu den Mordstiftern. Im Schutz des Flüchtlingsstroms ist er nach Zaïre gelangt. Noch kann er hier behütet überwintern. Für die Grundbedürfnisse sorgen die Vereinten Nationen, für den Luxus die Nummernkonten in der Schweiz.

Vielleicht werden die Frischvermählten in ein sicheres Drittland reisen. Doch die meisten Flüchtlinge werden irgendwann zurückkehren, die Bauern, die sich nach ihren Äckern sehnen, und die Mordbuben, die nach der alten Macht gieren. Am Rand des Lagers trainieren die Milizionäre schon für den Kampf. Sie tragen schwarze Springer-

stiefel – und manchen hängt noch das Pfeifchen um den Hals: Damit
wurde in Rwanda zum Massaker getrillert. „Wir füttern sie durch, damit sie wieder morden können", sagt resigniert ein UN-Funktionär.

Auf der Hauptstraße von Goma lungern die Geldwechsler herum.
Sie tauschen Dollar gegen Neue Zaïre, kiloweise. Die neuen Scheine,
am 15. Februar 1994 gedruckt, sind schon wieder Altpapier. Die jährliche Inflationsrate beträgt sagenhafte 8500 Prozent. Von den ver-
speckten Geldfetzen grinst millionenfach das Konterfei des reichsten
Mannes im Staate Zaïre: das des Präsidenten Mobutu Sese Seko. Das
nationale Wirtschaftsleben reduziert sich auf Handeln, Schmuggeln,
Schummeln, Stehlen. Die Ehrlichen sind die Hungrigen. Und die Satten führen sich auf wie kleine Mobutus. Sie haben die Raubnatur des
großen Diktators angenommen.

Seine Macht kommt aus den Gewehrläufen. Die Rambos sind
überall, auch in Goma. Man erkennt sie an den weißen Helmen und
an den Sonnenbrillen von Ray Ban. Man entkommt ihnen nicht. „Was
sucht ihr hier?" bellt ein Soldat hinter uns. Wir drehen uns um und
schauen in die Mündung einer MP. Was wir suchen, ist ihm egal. Er
will nur Dollars. Einen, noch einen, einen dritten drauf. Dann senkt
sich die Knarre. Wir kommen ins Gespräch. „Was soll ich machen?"
sagt er. „Ich habe seit acht Monaten keinen Sold erhalten."

Der afrikanische Soldat ist das gefährlichste Geschöpf des Kontinents. Stecke junge Männer in eine Uniform, drücke ihnen ein Ge-
wehr in die Hand, und lasse sie auf die Menschheit los. Wenn du ihnen keinen Sold zahlst, kannst du sicher sein, daß sie dem Volk jene
Angst einprügeln, die dich an der Macht hält. Tagsüber sind die Soldaten gemeine Diebe, die Läden plündern und Passanten ausnehmen.
Nachts verwandeln sie sich in Räuber, Mörder und Vergewaltiger.

Die Geschichtsbücher des nachkolonialen Schwarzafrika ver-
zeichnen nur vier zwischenstaatliche Feldzüge, der Rest waren offene oder schleichende Bürgerkriege. Marschall Mobutu und seine
Spießgesellen kämpfen seit Mitte der sechziger Jahre gegen Zaïre.
Die Kriegsziele: Erhaltung der staatlichen Macht, Mehrung des privaten Reichtums. Der Despot hat seinen 30jährigen Krieg gewonnen
und den Selbstbedienungsladen Zaïre so gründlich leergeräumt, daß
er heute zu den Reichsten der Erde zählt. Wirtschaft und Verwaltung
des Landes, Schulsystem, Gesundheitswesen und Verkehrswege aber
gehören zu den jämmerlichsten auf dem Planeten.

*

„Nach Kisangani wollt ihr?" Der Fuhrunternehmer in Goma lacht.
„Unmöglich. Vor Hombo ist eine Brücke eingestürzt. Die Neben-

strecke könnt ihr nach dem Regen vergessen." Was tun? „Abwarten. Vielleicht drei Tage, vielleicht drei Wochen." Oder drei Monate.

Hinter Goma beginnt das grüne Meer, endloser Regenwald. Fast vollständig überwuchert er das 3,5 Millionen Quadratkilometer große Kongobecken. Eine Grünanlage der Erde, in der Deutschland zehnmal Platz fände. 2000 Kilometer lang ist unsere Route durch das Waldmeer. Zuerst wollen wir nach Kisangani, einem alten Stützpunkt der Kolonialherren am Kongolauf, 500 Kilometer von Goma entfernt. Auf dem Landwege nun unerreichbar. Doch wir haben Glück: Zwei Tage später startet ein Flugzeug.

Der Flughafen von Kisangani scheint in einem anderen Land zu liegen: Wir werden behandelt wie Neueinreisende. Zoll, Durchsuchung, Impfzeugnis, Visum, Arbeitsbescheinigung, Fotoerlaubnis. Die Beamten sind penetrant und durstig, wie immer. Für den Preis von zehn Bier werden wir in die Stadt entlassen, zu Kambale Bahekwa, dem Chef d'Immigration.

Die Klimaanlage des Meldebüros rattert wie eine elektrische Heckenschere. Die Raumtemperatur ist auf Kühlschrankniveau abgesenkt, die Vorhänge sind zugezogen. Daß es eiskalt und dunkel sei, gehört zu den Prärogativen der Macht. Im Zwielicht leuchten das weiße Hemd, die Golduhr, die diamantenbesetzte Krawattennadel von Monsieur Bahekwa. In der Ecke ein Bildnis von Mobutu, aufhängebereit. Daneben eine Kalaschnikow, schußbereit. Der Aschenbecher trägt die Aufschrift „Strabag". Zum Andenken an die deutsche Baufirma, die eine Schnellstraße in den Urwald getrieben hat. Sie beginnt in Kisangani. Wo sie endet, haben die Leute vergessen.

Bahekwa seziert die Reisepapiere. „Sie sind hier auf einer Insel, meine Herren. Sie können nur wegfliegen oder wegschwimmen." Eine Stunde später liegt die Aufenthaltsgenehmigung auf dem Tisch. Wir sind der fünfte Besuch in diesem Jahr. Weshalb uns der Beamte wider Erwarten kein Geld abknöpft, sollen wir bald merken.

Es grenzt an ein Wunder, daß die Stadt Kisangani noch steht. Daß sie nicht vom Regenwald verschlungen worden ist. Daß sie der mächtige Kongo – 1971 auf Mobutus Geheiß umbenannt in Zaïre – nicht einfach weggespült hat. Häuser, Straßen, Amtsgebäude, Läden, Hotels, alles in fortgeschrittenem Verfall. Die Wanduhr an der Handwerkskammer, erbaut 1925, steht vermutlich schon seit dem Abzug der Belgier still.

Unten am Hafen suchen wir die versprochene Fähre zunächst vergebens. Zwischen einer Armada von Pirogen dümpeln verrottete Fischkutter, ein urzeitlicher Dampfer, ein havariertes Frachtschiff. Lauter Schiffsschrott. Doch dann entdecken wir die „Gbemani": ein Motorschiff mit Schubverband. „Nehmen Sie uns an Bord, Kapitän?" – „Oui, Messieurs, pas de problème." Wann legen wir ab? „Weiß nicht genau. In wenigen Tagen."

Gäste! Der Rezeptionist des Hotels Zongia & Frères empfängt uns hocherfreut. Wir sind die ersten Ausländer in diesem Jahr. „Sie kriegen schöne Zimmer. Das Wasser wird um acht abgedreht."

Die schwüle Nacht ist vorüber, der zweite Morgen graut. Nachfrage auf der Fähre. „Bald geht's los", sagt der Kapitän.

Abend. Wir sitzen mit Monsieur Bahekwa, Chef d'Immigration, vor dem Restaurant „Hawaii". Über den Dächern schwebt die Mondsichel. Wolken von Moskitos attackieren uns. Zur Rechten unseres Schutzpatrons hat der Ortschef des Geheimdienstes Platz genommen. Der Mann zur Linken stellt sich als Kommissar Gaspard vor. Wir beginnen zu ahnen, weshalb uns Monsieur Bahekwa kein Bakschisch abgeknöpft hat. Wir sollen seiner Erbauung dienen: Gesprächspartner aus Europa, die an langen, feuchtheißen Abenden das Bier und den Whisky und die Brathühner spendieren. Und es sollen noch einige Abende werden.

Politik in Zaïre? Eine schwierige Angelegenheit. „Eure Demokratie", erklärt der Kommissar, „ist hier nicht praktikabel." Wie zum Beispiel sollte man Wahlen in einem Land veranstalten, das weder ein funktionierendes Straßen- noch Telefonnetz hat? Das viermal so groß ist wie Frankreich? Dessen Bürger vermutlich zu 50 Prozent Analphabeten sind? „Außerdem kommt niemand gegen Mobutus Methoden an", fügt Bahekwa hinzu. Das Bier strömt, die Staatsbeamten lassen die Masken fallen. Sie plaudern über die Methoden des großen Bruders. Kinshasa, die Machtzentrale, ist weit weg.

Nachdem Mobutu 1990 die „schwarze Perestrojka" verkündet hatte, wucherten so viele Parteien, daß niemand sie mehr zählen konnte. Ein paar Dutzend erschuf der Meister selber. In andere Parteien schob er trojanische Pferde, aus denen seine Anhänger sprangen. Oder er kaufte die Opposition einfach auf. Die Widerspenstigen ließ er liquidieren. Politik mit Geld und Terror: Multimobutismus nennt man das, Mehrparteiensystem à la Zaïre.

Der dritte Tag. Der Kapitän ist betrunken. „Wir warten noch auf zwei Fuder Holz. Aber morgen nachmittag legen wir ab. Punkt vier." Wir besuchen Ali, einen Libanesen mit Lagerfeld-Zopf. In seinem Kontor schieben Männer gefüllte Papiercouverts über den Tisch: Diamanten aus dem Urwald. Ali schüttelt die Splitter durch Aluminiumsiebe und legt sie auf die Karatwaage. Zwei Amtspersonen verfolgen mit Argusaugen, daß alles mit rechten Dingen zugeht – also genug für Mobutu und sie selbst abfällt.

Alis Kontor liegt an der Avenue Général Mulamba, der Straße der Diamantenhändler. Die Umschlagplätze heißen „Hommes courageux", „Texas" oder „Captain Bob". Die meisten gehören Libanesen, verwegenen Zockern, die in Zaïre dem schnellen Glück nachjagen. Nachts schieben sie Videos ein und träumen von heißen Hasen, Ferraris und Miami Beach. Morgens erwachen sie in Kisangani, in einem Sumpf, in dem ihre Gier sie festhält.

Der vierte Tag. Der Espresso im „Hawaii". Das Palaver mit dem Kapitän. Die Zigarette bei „Ali & Alix". Tag für Tag dieselben Wege, dieselben Leute, die gleiche Kost: Fisch oder Huhn, Huhn oder Fisch. Am Eßtisch nimmt das Schweigen Platz. Kisangani ist gegen Zeitpläne resistent. Allmählich vergißt man das Datum, den Wochentag, sogar den Grund, weshalb man hier ist. Das Blut scheint langsamer durch die Adern zu pulsieren. Und das Leben wälzt sich so gleichförmig und so ziellos dahin wie der große Strom.

Wie soll man dieser Stadt entkommen? Die kleinen Wege verlieren sich irgendwo im Urwald oder kehren zurück zu ihrem Ausgangspunkt, dem Zaïre. Die drei größeren Wege, aus unerfindlichen Gründen „Straßen" genannt, sind während der Regenzeit nicht befahrbar. Regenzeit ist immer. Flugzeuge schlagen Luftbrücken nach Johannesburg, Goma und Kinshasa. Wer aber in der Wildnis fortkommen will, den trägt nur der Fluß voran.

Es regnet ununterbrochen. Fahlgraue Wolkengebirge drücken auf die Stadt. Die „Gbemani" fährt nicht. Im Empfangsraum des Hotels schweigen sich drei Männer an. Der Ventilator quirlt Saunaluft. Das Perpendikel der Wanduhr scheint immer langsamer zu schwingen. Die Uhr schlägt neunmal. Die Männer blicken auf das Zifferblatt. Neun Schläge, die sich anhören, als ob ein Hufschmied auf glühendes Eisen hämmerte. Dann wieder Stille, Warten.

Der sechste Tag, fünf Uhr morgens. Die Sonne klettert aus dem Urwald. Der Kapitän tritt auf das Achterdeck, er reckt und streckt sich, ein schwergewichtiger, bedächtiger Mann, der das Gemüt seines Schiffes angenommen hat. Die zwei 750-PS-Dieselmotoren werden angeworfen. Wir stehen auf der Brücke und betrachten, was in der Schute vor uns mitfahren wird: ein ganzes Dorf! Vierhundert Menschen und eine unbekannte Anzahl Tiere – Affen, Ziegen, Schafe, Ferkel, Echsen, Papageien.

Die Passagiere haben bunte Planen über den Staukammern aufgespannt. Den Gang dazwischen haben sie verstellt mit Verkaufsständen und Imbißbuden: ein schwimmender Markt, auf dem geräuchertes Affenfleisch und Kernseife zu kaufen sind, Palmwein und Schusternägel, Zahnbürsten aus China, Jagdpatronen aus Frankreich und Thunfisch aus Südafrika. „Gleich geht's los", verspricht der Kapitän.

Vier Stunden später legt die „Gbemani" ab. Das Schiffshorn tutet, langsam stampft der Schubverband auf den Zaïre hinaus. Die gleichgültige Wildnis nimmt uns auf: der träge, breite Fluß, 4374 Kilometer lang, an den Ufern grüne Mauern, undurchdringlich und undurchschaubar. Dahinter der endlose Urwald.

Niemand klagt über die Verzögerung. Was sind schon ein paar Stunden? In Lingala, der gebräuchlichen Sprache in Zaïre, bedeutet das Wort „gestern" zugleich „morgen". Aus dem Hier und Jetzt läuft der Strom der Zeit in beide Richtungen: so wie der große Fluß, dessen Ursprung und dessen Ende den Waldvölkern nicht bekannt sind.

„Wer diesen Fluß hinauffuhr, schien zurückzureisen zu den Anfängen der Welt – in jene Zeit, als die Vegetation der Erde in Aufruhr stand und die großen Bäume als Könige galten. Ein leerer Strom, eine betäubende Stille, ein undurchdringlicher Wald. Die Luft war dick, warm, schwer, träge", schrieb Joseph Conrad in seinem Roman „Das Herz der Finsternis", das er am Oberlauf des Kongo schlagen hörte.

Auf dem Achterdeck holt Monsieur Kwadeba eiskaltes Bier aus der Kühltruhe. Ihm gehört das Schiff, und daher ist er Bürgermeister, Polizeichef und oberster Richter des schwimmenden Dorfes. Der Fluß ist jetzt so breit wie ein See. Wir ziehen an Inseln aus blühenden Wasserhyazinthen vorbei. Die Maschinen stampfen.

Stille. Strom. Urwald. Der Fluß trägt uns von irgendwo nach nirgendwo. Wir schauen ins braune Wasser und auf die grünen Wände. Und nach der kurzen Tropendämmerung, wenn Wasser und Wände ineinanderfließen, schauen wir in die Sterne. Die Nacht verbringen wir in einer stickigen Kabine, nahe den hämmernden Motoren. In den Matratzen nistet allerlei Ungeziefer. Eines, zerquetscht, verspritzt einen ätzenden Saft.

Europäer packen Urängste, wenn sie an die Krankheiten in Afrika denken. An die Killerviren, die Innereien auffressen. An die bösartige Hirnmalaria. An Gelbfieber, Typhus, Bilharziose, Aids. An Seuchen wie Cholera und Pest, die nach Mittelalter stinken. An namenlose, tückische Erreger, die im Urwald die Jahrhunderte überdauern. Sie lauern auf Injektionsnadeln und Bananenblättern, in Fischköpfen, an den Händen der Eingeborenen. Sie fliegen mit den Moskitos oder gründeln in irgendwelchen Tümpeln. Sie sind überall, können jederzeit angreifen, sind oft tödlich – und weit und breit kein sauberes

Krankenhaus, kein kundiger Doktor, kein rettendes Serum. Traumatische Tropen.

Zaïre wurde im Frühjahr 1995 nach Ausbruch der hochgefährlichen Ebola-Seuche durchs Elektronenmikroskop betrachtet. Die Namen seiner Städte, in die Wörterbücher der Virologen eingezogen, gerieten zu Inkunabeln des Schreckens. Vermutlich hat seit der Katanga-Sezession in den sechziger Jahren kein Ereignis aus Zaïre solche Weltschlagzeilen gemacht.

Urangst und Sensationslust prägen Europas Wahrnehmung von Afrika. Was entsteht, ist ein Zerrbild. Es wird um so verschwommener, je mehr Regionen zurückfallen in die Unentdecktheit. Der französische Arzt und Essayist Jean-Christophe Rufin hat Afrika-Karten aus den dreißiger und achtziger Jahren dieses Jahrhunderts verglichen und festgestellt, daß sie nahezu kongruent sind. Man könne „die Rückkehr des Geheimnisvollen, des Unzugänglichen, des Ungebändigten beobachten: Die weißen Flecken tauchen wieder auf".

In einer Zeit, da Informations-Highways das globale Dorf vernetzen, wächst im Herzen Afrikas wieder die Terra incognita.

*

Die Händler kommen aus dem Nichts. Plötzlich stechen sie aus dem Uferdickicht heraus, paddeln mit Angriffsschlagzahl auf die „Gbemani" zu und versuchen anzudocken. Das Schiff ist der einzige Marktplatz im Urwald. Manchmal havarieren die Pirogen im Kielwasser, und der Fluß frißt all die Waren, die sie an Bord verkaufen wollten. Eine Woche haben sie gewartet, jetzt versinken die toten Schildkröten, Schuppentiere und Baumschlangen wie Steine, und die Früchte des Waldes treiben obenauf. Wer's geschafft hat, den freut das Pech der anderen.

Den Preis diktiert die Strömung. Je länger die Flußhändler feilschen, desto weiter und beschwerlicher wird der Weg stromaufwärts zurück zum Dorf. Die Käufer auf dem Schiff, die zugleich auch Verkäufer sind, nutzen das schamlos aus. Ihre Regenschirme, Kleider, Salzsäckchen werden mit jedem Kolbenstoß teurer.

Nach zwei Tagen verlassen wir das Schiff in Bumba. Der Ort liegt so gottverlassen am zweiten nördlichen Breitengrad, daß vor seinen Toren sogar der Zaïre einen Bogen schlägt, um wieder Richtung Äquator zu strömen. In der letzten Woche seien nur vier Autos durch Bumba gekommen, sagt ein Mann am Kai. Doch wir haben Glück: Ein Uno-Mitarbeiter, den wir auf der Fähre kennengelernt haben, ist bereit, uns in die Zentralafrikanische Republik mitzunehmen.

Kaum rollt sein Geländewagen über zwei Planken an Land, taucht schon der örtliche Meldechef auf. Er trägt einen schwarzen Hut zur schwarzen Honeckerbrille und knöpft uns 15 000 NZ ab, wohl eine Art Bodenhaftungsgebühr. Die Fahrt beginnt. 750 Kilometer durch den Urwald. Im Auto sitzt auch ein Marabut, ein heiliger Mann aus dem Tschad, der nur Arabisch spricht und immerzu sardonisch grinst. Die Fernstraße erweist sich als Staubpiste. Wir poltern durch abenteuerliche Schründe und Furchen. Umkurven Schlaglöcher, die an Fallgruben erinnern. Inspizieren sehr genau ein Dutzend morscher Brücken, ehe wir jeweils die Überfahrt wagen. Durchschnittstempo: 25 Kilometer pro Stunde.

Erschöpft und staubverklebt treffen wir drei Tage später in Mbari ein – und sitzen fest. Ein- und Ausfahrt des Dorfes sind verriegelt. Der Chef de barrière verlangt eine astronomische Summe. Solange es regnet, müßten wir bleiben, befiehlt er, zu unserem eigenen Schutz. Dafür ist natürlich eine Schutzgebühr fällig. Über den Wipfeln hängen schwere Wolken. Warten. Verhandeln.

Ein „Gadhafi" – so heißen in Zaïre die kleinen Treibstoffhändler – will eine Flasche Diesel. Kinder und Katzen streichen um uns herum. Wir halten uns an eine kürzlich gelernte Maxime: „Europäer haben Uhren, Afrikaner haben Zeit." Kommen wir heute nicht weiter, dann eben morgen.

Warten. Verhandeln. Schlummern. Teetrinken. Warten. Verhandeln. Fische wie wir gehen dem Dorf nicht jeden Tag ins Netz. Vom Staat hat die Gemeinde nichts zu erwarten – der hat vor Jahren aufgehört zu existieren. Kommunale Steuereinnahmen gibt es nicht. Also müssen die Reisenden zahlen. Wegzoll wie weiland beim Grafen.

Irgendwann endet das Mittelalter. Die Raubritter von Mbari lassen uns ziehen. Acht Stunden später treffen wir am Grenzort Zongo ein. „Ihr hättet diese Strecke gar nicht fahren dürfen", knurrt der Zöllner. „Sie führt durch ein Sperrgebiet." Sein Kollege vom Geheimdienst zieht uns daher die restlichen Neuen Zaïre aus der Tasche – und lädt uns mit dem geklauten Geld auf eine Cola ein.

Am 38. Reisetag steigen wir in eine Piroge, die uns über den Grenzfluß Ubangui in die Zentralafrikanische Republik trägt. Der Einbaum gleitet lautlos über den trägen lehmbraunen Strom. Wie auf dem Spiegel eines Sees schweben die Pirogen der Fischer, Händler und Schmuggler an uns vorüber. Am jenseitigen Ufer liegt ein verarmtes, vergessenes Land: die Zentralafrikanische Republik. Sie ist knapp doppelt so groß wie Deutschland, 35 Jahre alt und hat es seit der Unabhängigkeitsfeier auf 500 Kilometer Teerstraßen gebracht.

Die Hauptstadt Bangui, auf die der Fährmann zuhält, wirkt allerdings wie eine Exklave Europas. Hochhäuser, Villen, Lichtmasten, Alleen. Strenge, urbane Geometrie. Ein befremdlicher Anblick nach Zaïre, nach tausend Kilometer Wildnis, in der kein rechter Winkel, keine Gerade zu existieren schien.

Der erste Bürger, dessen Bekanntschaft wir machen, heißt Bokilissoua, Kommissar Bokilissoua. Behauptet er. Wir stehen gerade unter der Dusche, da klopft es an der Tür. Aufmachen, Fremdenpolizei! „Sie sind illegal eingereist, meine Herren." Wir fühlen uns unschuldig. Das Zollamt war, als unser Kanu anlegte, bereits geschlossen – offiziell zu früh. „Sie haben keinen Einreisestempel im Paß. Ich kann Sie einsperren." Bokilissoua deutet Handschellen an. „Es sei denn . . ." Es sei denn, wir zahlten Strafe, 100 Dollar pro Kopf. Wir zahlen.

Polizeiwache, zwei Stunden später. Wir beschreiben den Mann: schielt auf dem linken Auge, bulliger Leib, dünner Moustache. Das Bild paßt. „Sie sind einem bekannten Betrüger aufgesessen, Messieurs", sagt der Polizeichef. „Er arbeitet mit korrupten Zollbeamten zusammen." Ein abgekartetes Spiel, weitverbreitet in Afrika.

Im Taxi rattern wir über den Boulevard du Général de Gaulle. Das stolze Gebäude zur Rechten, Sitz der Regierung? „Nein", sagt der Chauffeur, „das heißt: eigentlich doch." Es handelt sich um die französische Botschaft, und die kontrolliert die Urwaldrepublik wie in alten Kolonialtagen: Währungspolitik, Import und Export, Militärwesen, alles ferngesteuert aus Paris. Hier darf sich die Grande Nation noch im Abglanz versunkener Glorie spiegeln.

*

Wald. Wald. Wald. 300, 400, 500 Kilometer. Dazwischen Siedlungen – Archipele im grünen Meer. Der Mann, zunächst halten wir ihn für einen Knaben, scheint aus dem Forêt de Ngoto zu wachsen. Er mustert uns argwöhnisch, rührt sich aber nicht, als wir bremsen. Plötzlich ist er von etwa 30 kleinen Menschen umringt, die ebenso unvermittelt aus dem Dickicht springen.

Sie schauen uns an. Wir schauen sie an. Wir sind bekleidet. Sie sind nackt.

Pygmäen. Von griechisch pygmaīos: „eine Faust groß". So steht es im Brockhaus. Sie selbst nennen sich in dieser Region BaAka. Zusammen mit den San und Khoikhoi – Buschmänner und Hottentoten in der Sprache weißer Rassenforscher – gehören sie zu den letzten Nachfahren der ältesten Völker Schwarzafrikas. Ungefähr 100 000 Pygmäen leben noch in den unwegsamen Regenwäldern am Äquator, abgedrängt von weißen Landräubern und negriden Völkern, verstreut auf neun Staaten, begafft als kleinwüchsige Wesen, welche die Steinzeit konservieren.

Ein Mann bedeutet uns, ihm zu folgen. Wir treten durch den grünen Waldvorhang auf eine Lichtung. Dort stehen ein Dutzend igluartige Kuppelhütten, geflochten aus Gras, Blättern und Zweigen. Ein Hündchen schnuppert an Maniokwurzeln, die über heißen Kohlen dünsten. Safrangelbe Falter flattern durch den Strahlenfächer einfallenden Sonnenlichtes.

Wie viele leben in eurer Sippe? „Wir leben im Wald."

Wo baut ihr Maniok an? „Die Wurzeln sind gut."

Unsere Fragen und ihre Antworten trennen stumme Welten. Nur einmal, wir reden über „rollende Elefanten", die das Holz abholen, begegnen sie sich. „Der Weg zum Rand des Waldes wird kürzer", sagt ein alter Mann. Die BaAka fühlen die Bedrohung, aber sie können sie nicht beim Namen nennen. Schwertransporter, Motorsäge, Pflug – es fehlen die Wörter. Wir kauen süße Maniokfasern. Beobachten, wie das Hündchen nach Schmetterlingen hascht. Lächeln. Rauchen. Malen Zeichen in die Luft. Andere Medien der Verständigung haben wir nicht.

In Afrika ist kein Platz mehr für Jäger und Sammler. Straßen stechen in die Wildnis, Geometer vermessen das Gelände, Satelliten sausen über den großen Wald. Was im Archaischen verharrt, wird in zwei Menschenaltern ausgelöscht sein. Gemeinschaften ohne soziale Hierarchie und trennende Zäune, ohne schulische Zucht, strafendes Recht und organisiertes Wehrwesen sind nicht mehr vorgesehen. Die BaAka haben keine politische Stimme, keine Rechte, keinen Schutz. Sie werden als primitive Wilde angesehen. Von Weißen. Und von Schwarzen.

*

Der Disput entzündet sich an der Sonnenbrille. Sie klemmt auf der Stirn eines jungen Pygmäen, der gedankenverloren am Wegesrand steht. „Wozu hat der eine Sonnenbrille?" fragt sich Léon, unser staatlicher Dolmetscher und Aufpasser.

„Das weiß er selber nicht. Pygmäen sind dumm", sagt Marie-Ann, eine Anhalterin, die in unseren Geländewagen gestiegen ist. Léon und Marie-Ann sind schwarze Zentralafrikaner.

Léon: „Nein. Ich glaube, die Pygmäen sind schlau."

Marie-Ann: „Quatsch. Die sind wie Tiere."

Wie Tiere?

„Mhmmm. Oder doch nicht", sagt Marie-Ann. „Jeder Hund knurrt, wenn man ihn bedroht, aber Pygmäen wehren sich nie."

Léon nimmt einen Schluck Palmwein aus dem Plastikkanister. „Vielleicht sind sie glücklich. Sie sind sich selbst genug."

„Non, non", ruft Marie-Ann, „sie wollen immer Geld – ohne zu arbeiten."

Münzen. Sonnenbrillen. Plärrende Radios. Betäubende Biere. All das lockt die kleinen Leute aus dem Wald. Fesselt sie an Orte wie Bayanga, wo ein Sägewerk steht. In den Hallen donnern tonnenschwere Stämme über Stahlschienen, drehen sich durch panzergroße Entrindungsaggregate, werden von Bandsägen zerteilt. Mittendrin entdecken wir die Pygmäen, reglos, auf Besen gestützt: Lohnsklaven, die an der Zerstörung ihres letzten Refugiums mitarbeiten.

Im Sägewerkskontor hängt die Lohnstaffel aus. Maschinisten und angelernte Kräfte verdienen bis zu 950 CFA-Francs pro Tag, etwa 2,70 Mark. Darunter folgen sechs Stufen für ungelernte Arbeiter. In der achten und letzten Lohngruppe zählt nicht mehr die Qualifikation, sondern die Rasse: Pygmäen, 400 CFA-Francs.

Das Werk gehört dem französischen Konsortium Sylvicole. Deren Präsident Gérard Ruchonnet eilt auf uns zu. Khakibraunes Outfit, Chronometer, Safari-Schuhwerk. „Ah, Reporter. Sind Sie gekommen, um die ewigen Klischees über böse Holzunternehmer aus Europa zu verbreiten?" Der Präsident ist ein forscher, tatendurstiger Mann. „Kommen Sie, wir haben nichts zu verbergen." Nach einer Stunde sind wir an der Front. Caterpillar pflügen durchs Dickicht. Kettensägen knattern. Ihre Schwerter, 120 Zentimeter lang, fahren durch Brettwurzeln. Sie hinterlassen zinnoberrote Schnittflächen und schwefelgelbes Sägemehl, das nach gärendem Most riecht. Schwerstarbeit. Die schweißtriefenden Holzhauer tragen Imkerschleier, um sich vor den Mückengeschwadern zu schützen.

Baumriesen wanken. Fallen. Reißen Lianen, Nachbaräste, Nester, Jungvögel mit. Zermalmen unterständige Bäume, Sträucher, Orchideen, Farne, Termitenhügel, Kleingetier. Krachen zu Boden. Es hört sich an, als brüllte der Urwald.

Sylvicol hat eine Konzession für 310 000 Hektar erworben. „Wir schlagen im Schnitt nur einen Baum pro Hektar, überwiegend Sipo und Sapelli." Könige des Urwalds also. Ruchonnet nennt das „zyklische Exploitation", das heißt: „Die Holzmenge, die wir einschlagen, wächst anderswo wieder nach." Fragt sich nur: bis wann? Vor uns wird ein Vierteljahrtausend vorbeigeschleppt, ein Stamm vom doppelten Umfang einer Litfaßsäule.

Solche Exemplare werden Ruchonnets Nachfahren erst im Jahre 2250 wieder ernten können.

Ein paar Tage später in einem anderen Land. Per Buschtaxi und Kleinbus haben wir Yaoundé erreicht, die Hauptstadt Kameruns. Woher? Wohin? Was treibt euch zu uns? In keiner Metropole wirkten die Menschen so neugierig und umtriebig wie in Yaoundé – und gleichzeitig so gelassen. Das Verkehrschaos, die Anarchie im Supermarkt, das Gedränge vor intakten Telefonen, all die Widrigkeiten des Alltags würden Europäer zum Wahnsinn treiben. Die Afrikaner nehmen sie mit Langmut und Heiterkeit.

Sie brauchen diese Eigenschaften, wenn sie eine Behörde betreten, etwa das Ministerium für Kommunikation. Eine Amtsstube mit sieben Schreibtischen, vier besetzt, drei unbesetzt, auf allen Pulten liegt: nichts. Keine Akte, kein Stempel, nicht einmal ein Bleistift. Die vier Beamten sind in die Lektüre der „Cameroon Tribune" vertieft, einer Postille, die sich auf ein Thema spezialisiert hat: auf die Weisheit des Einen und Einzigen – Paul Biya, Staatschef von Kamerun.

Am heutigen Tage ist Biya unterwegs im Volk, und das Fernsehgerät im Hotel ermöglicht uns, ihn zu begleiten. Der Präsident steigt aus der Limousine. Der Präsident steht neben einem Feuerlöscher. Der Präsident spricht mit einer rothaarigen Weißen im grünen Kleid. Der Präsident besichtigt einen Operationstisch. Der Präsident lauscht einer Militärkapelle. Der Präsident klettert in einen Hubschrauber. Der Präsident steigt aus dem Hubschrauber. Abspann. Sie sahen einen Report des staatlichen Fernsehens. Zwei Stunden und fünf Minuten, kein Wort zum Bild, kein Kommentar. Führerkult, ungeschnitten.

Gibt es Zensur? „Ja und nein", sagt ein junger Journalist und schaut sich vorsichtshalber im Biergarten um. „Ich kann einigermaßen frei arbeiten. Wer zu weit geht, kriegt Besuch. ,Du arbeitest zu viel, Junge', heißt es dann. Und man muß verdammt aufpassen."

Paul Biya und seine Truppe halten die auf den Reißbrettern der Kolonialherren entworfene Nation mit der Peitsche zusammen. Ein Teil frankophon, ein Teil anglophon, über 200 ethnische Gruppen und Sprachen: Kamerun verkörpert die Vielfalt Afrikas, die Stärke und zugleich Schwäche des Kontinents. Parteien sind in den Augen der Machthaber nur tribalistische Spaltpilze. Biya läßt verfolgen, verhaften, foltern. Seinen schärfsten Rivalen bei den Wahlen 1992, der sich selbst zum Sieger erklärt hatte, stellte er unter Hausarrest. So wurde aus dem alten Präsidenten auch der neue.

Aber ganz unten, in den Dörfern und Einöden, regieren die traditionellen Führer. Natürliche Autoritäten, die im Ansehen des Volkes über den gewählten stehen. Eine von ihnen ist Njitack Ngompé Pelé, Chef Supérieur von Bafoussam. Die Fahrt zu seinem Palast führt über tadellose Teerstraßen. In den Ortschaften gibt es genug Benzin und kaltes Bier, aus Imbißhütten dröhnt Afro-Pop.

Majestät sitzt auf einem Thron, weich gepolstert durch Leopardenfelle, eingerahmt von zwei mächtigen Elefantenzähnen. Des Erlauchten Arme zieren Elfenbeinringe, eine Kette aus Massivgold sowie eine Rolex. Schüsse krachen aus dem TV-Gerät, ein französischer Krimi. Der Chef will eigentlich keiner sein. „Mein Vater hat 160 Kinder gezeugt. Warum ist die Wahl ausgerechnet auf mich gefallen?" Pelé hat in Yaoundé und London gelebt, Physik studiert und ein unbeschwertes Leben geführt. Bis er 1988 erfuhr, daß sein verstorbener Vater ihn zum 97. Oberhaupt der Bafoussam-Dynastie bestimmt hatte. Den Ruf, das gebietet ein uralter Kodex, konnte der damals 23jährige nicht ablehnen.

Pelés Palast wird jeden Tag von Bittstellern umlagert. Er muß geschäftlichen Streit schlichten, Landfragen regeln, im Zweifelsfalle kulturelle Rituale auslegen. Er hat viel Macht. Zuviel, sagt er. Pelé wirkt amtsmüde, überfordert, dünnhäutig. „Aber ich darf nicht weggehen. Niemals." Draußen vor dem Löwentor weint ein alter Mann. Er will auf der Stelle vorgelassen werden. Der Brautpreis für seine Tochter sei beleidigend gering.

Anderntags beginnt in der Residenz von Chef Supérieur Fotso Kankeu Jacques, dem Herrscher über die benachbarte Bamougum-Dynastie, das Fest der Initiation. Wir sitzen zwischen ehrwürdigen Notabeln, lauschen einer Combo, die englische Volkslieder in phantasievollen Free Jazz verwandelt. Die Tafeln biegen sich, der Wein fließt. Man kann hören, wie die Gäste essen, kann sehen, wie sie reden. Ach, Europa, ein wahres Fest, dem alten Rom ebenbürtig. Nach dem Schmaus zieht die Gesellschaft auf den Hügel hinter dem Palast. Chef Jacques, schwer betrunken, übergibt sich noch rasch hinter einem Busch, dann beginnt der große Tanz.

Tausend aufgeregte Menschen haben einen Kreis geschlossen. In der Mitte steht ein steinalter Mann und reckt eine mit Gras umwickelte Astgabel zum Himmel: der Regenmacher. Für den heutigen Anlaß soll er ausnahmsweise die Wolkenbänke fernhalten. Ein Dutzend Männer, nur mit Lendentüchern bekleidet, treten aus dem Wald. Weiße und rote Farbstriche zieren ihre ölglänzenden Körper. Zwischen ihren Lippen klemmen Blätter – die Männer hüten das Geheimnis der Initiation. 20 in azurblaue Umhänge gehüllte Gestalten folgen ihnen. Sie schwingen Stäbe und zirkeln Figuren um einen Baum, rätselhaft wie der Tanz der Drohnen. „Die Götter der Natur müssen gnädig gestimmt werden", erklärt der Regenmacher.

Schließlich betritt Chef Jacques den Schauplatz, auf dem Kopf einen prächtigen blutroten Federschmuck vom Durchmesser eines Wagenrades. Die älteren Männer seines Gefolges, gehüllt in blaue Röcke, tragen Speere und das mächtige Gehörn eines Kudus. Sie schneiden starre Gesichter, stoßen kehlige Laute aus, versprühen Wein aus Kalebassen über die Lichtung – Beschwörungen des Jagdglücks, des Krieges und des Friedens.

Die Zuschauer weichen erschrocken zurück, wenn ihnen die entfesselten Männer zu nahe kommen. Ihre Stampftänze verschwimmen uns zu einem einzigen Rätsel, und je mehr wir fragen, desto ratloser werden wir. Schneckenhäuser klimpern, Hörner brummen, Schlangenhäute schneiden singend durch die Luft. Die Lichtung gleicht einem Bienenkorb. Bizarre Bilder, wirre Gedanken. Der Rausch. Die Magie. Das Geheimnis. Steigt uns der Palmwein zu Kopf?

Nach drei Stunden verschluckt der Wald die Tänzer. Auf der Lichtung wird es still und leer, als wäre alles nur ein Spuk gewesen. „Die bösen Geister sind ausgetrieben", sagt der Regenmacher. „Jetzt können unsere Jünglinge ungefährdet in die Manneswelt einziehen."

Die Manneswelt ist die Welt der Alten, die nun würdevoll den Berg hinabschreiten – die Welt geschäftstüchtiger Unternehmer. Sie besitzen Brauereien, Hotels und Seifenfabriken. Sie tragen feines Kammgarn oder perlweiße Gewänder, deren Seidenstickereien ihren Reichtum bezeugen. Irgendwann werden die Söhne das Imperium der Bamugoum übernehmen. „Wissen Sie, warum wir so erfolgreich sind?" fragt Michel Kengne, ein Brauchtumspfleger der Bamougum. „Weil wir das Alte bewahren – und es mit dem Neuen verbinden."

Die Initiation und der blaue Zweireiher, Regenmacher und Aufsichtsräte, Tradition und Moderne: die gelungene Synthese der Bamougum. Ein Modell für Afrika.

*

Ba Tadoh Fomantum führt ein Krankenheim in den Wäldern hinter Bamenda. Naturmediziner nennen ihn die einen, Wunderdoktor die anderen. Der Ruf seiner Heilkunst läßt Patienten Hunderte von Kilometern anreisen. „Bei dem Mann genesen Leute, die unsere Hospitalärzte schon aufgegeben haben", hat Divine Nchamukong gesagt, der Moderator von Radio Bamenda. Und uns einige Regeln für den Besuch bei Fomantum mitgegeben: Dem Meister nicht die Hand schütteln, nicht geradewegs in die Augen schauen, nicht beim Sitzen die Beine überkreuzen.

Unweit einer Holztafel, die eine Schlange mit Menschenhaupt zeigt, liegt das Waldhospital. Fomantum empfängt uns kühl. Zunächst, sagt er, müsse er prüfen, ob wir nicht böse Geister mit uns führten. „Wenn es so ist, dann werden euch Giftschlangen und Killerbienen verfolgen und töten. Und auf den Bildern" – er deutet auf die Kamera – „wird nur Blut zu sehen sein." Er wirft Erde, schaut ins Feuer, schwenkt Wasser. Wir bestehen die Prüfung.

Die Visite beginnt. 40 Menschen leben in den Ziegelhäusern des Hospitals. Auf dem Vorplatz sitzt eine zitternde Frau, gefesselt zwischen zwei Speeren, in einem Kreis von Holzscheiten. Die Diagnose des Medizinmannes: „Hexen und Zauberer haben sie irre gemacht." Aus einer Blechkanne gießt er Spiritus über die Scheite. Ein Flammenring lodert um die Frau. Gelähmt vor Angst starrt sie ins Feuer. Sie betet, schließt die Augen, als es nur noch züngelt.

Rechts hinter ihr, auf einer Erdveranda, hocken weitere fünf Frauen und warten. Helferinnen haben sie am ganzen Körper mit Lehm eingeschmiert. Fomantum beugt sich zu ihnen hinab, murmelt geheime Formeln und drückt Schilfblätter in ihre Hände. Zwei Stunden müssen sie in dieser Haltung verharren, wie jeden Tag, „bis die Besessenheit aus ihnen fährt".

Alles nur Mummenschanz? In Bamenda heißt es, auch Schulmediziner suchten den Rat des Heilers. Das Gerücht, er rette sogar Aids-Kranke, weist Fomantum allerdings von sich. „Dagegen hat niemand ein Rezept", sagt er sachlich. Liegen nicht Welten zwischen den studierten Weißkitteln und ihm? Er belächelt unsere Frage. „Wenn jemand mit Lungenentzündung kommt, verabreiche ich Antibiotika."

*

Ba Tadoh Fomantum hat uns an die Pforten einer magischen Welt geführt. An ein Reich, das von ätherischen Kräften, wunderlichen Substanzen und kryptischen Gesetzen durchwaltet wird. Es liegt jenseits der Wirklichkeit, die unsere abendländisch geformten Sinne zu erfassen vermögen. Als wir das Hospital im Busch verlassen, befällt uns ein merkwürdiges Gefühl. Es ist, als hätte uns die Seele Afrikas angehaucht.

Die Seele Afrikas? Gibt es überhaupt den Leib, in dem sie wohnt? Es existieren, soviel steht fest, 53 Länder auf diesem Erdteil, der Afrika heißt. Aber das erste Land auf unserer Reise, Tansania, weiß vom letzten, Kamerun, ungefähr so viel wie von der Nachtseite des Mondes. Überall haben wir Macheten, Coca-Cola und Plastikkanister gesehen, überall sind uns Fußbälle und Blechreifen entgegengerollt. Und die Bewohner aller Länder nennen sich Afrikaner. Doch zumindest auf den Dörfern endet ihr Erfahrungshorizont oft schon im Nachbarort.

Afrika als kontinentales Ganzes wird nur im Blick von außen geboren, im Blick durch ein umgekehrtes Fernglas, das das Objekt in die Ferne rückt und dessen Feinstrukturen unkenntlich macht. Der periodische Katastrophenjournalismus vervielfältigt diesen Grobblick: Afrika schreit. Afrika weint. Afrika brennt. Afrika stirbt. Die Elendsnachrichten schleifen jene Raster nach, die von Aristoteles bis zum Globalexperten Scholl-Latour in die Wahrnehmung des Abendlandes gestanzt wurden: Africa nigra, geschichtsloser, barbarischer Kontinent, durchwütet von den Mächten der Steinzeit.

Zuletzt, wie zum endgültigen Beweis, Rwanda. Der „schwarze Holocaust". Die Mörder mit Macheten. Das Wüten der Cholera. Ein Fernanalytiker schloß gleich vom Teil aufs Ganze und sprach von einer „Rwandisierung" Afrikas. Wer von Bosnien auf Europa schlösse, würde ausgelacht. Die Verdikte solcher Afrikakenner beweisen nur: Wir haben es mit einer „Rwandisierung" der Wahrnehmung zu tun.

Aber, wird man einwenden, die niederschmetternden Zahlen und Fakten können doch nicht allesamt Erfindungen übelmeinender Chronisten sein. Wir sehen die Kinder Afrikas auf unseren Bildschirmen verhungern. Hören von Flüchtlingsheeren, die von irgendwo nach nirgendwo irren. Lesen von grausamen Bürgerkriegen, von Massenarmut, Überbevölkerung, Umweltzerstörung und biblischen Plagen. Und lehrt nicht die kalte Statistik, daß Afrika von A wie Alphabetisierung bis Z wie Zahnarztdichte das Schlußlicht auf dem Globus ist?

Da läßt sich nichts schönfärben. Die Wirklichkeit hinter den Zahlen ist uns oft begegnet. Und dennoch haben sich die Reisebilder nicht zu jenem Gruselgemälde gefügt, das ein blutendes, eitriges Kontinentalgeschwür namens Afrika zeigt. Wir sind durch ein hoffnungsfrohes Tansania gefahren, dessen kurze Geschichte ungefähr so kriegerisch ist wie die Italiens. Wir haben ein hoffärtiges Kenya im Niedergang erlebt. Haben über die Kraft zu Versöhnung in Uganda gestaunt und in die Abgründe des Hasses in Rwanda geschaut. Haben das Kongobecken gequert, eine Region, die zu den fruchtbarsten unter der Sonne gehört. Sind durch die dahindämmernde Urwaldrepublik Zentralafrika gefahren. Und wir haben ein farbenprächtiges, pulsierendes Kamerun erreicht, das sich durchwurstelt wie, sagen wir, Polen. Sieben Länder, sieben Welten.

Anarchie, Rechtlosigkeit, Verrohung sind uns nur in den Metropolen begegnet, Rwanda ausgenommen, in moribunden Hauptstädten, wo die Regierungen so kriminell handeln wie Straßenräuber. Doch schon in den Slums zerfällt die Staatsgewalt. Dahinter, auf dem Land, beginnt die Heimat von Staatenlosen, in deren Alltag Normalität und Ausnahmezustand nicht zu trennen sind. Verschlafene, verarmte Weltprovinz, über der eine unendliche Stille liegt. Die Stille Afrikas.

Gemäß apokalyptischer Vorhersagen müßte die Hälfte der Afrikaner längst verhungert sein. Warum ist dem nicht so? Wie überleben sie in jener tödlichen Unwirtlichkeit, die Europas Archive beschreiben? Den Menschen, die wir getroffen haben, gelingt es, weil sie unfaßlich genügsam und geduldig sind. Weil ihre Lebenslust größer ist als ihre Armut. Weil ihre soziale Phantasie, ihr Gemeinsinn, ihre Improvisationskunst einzigartig sind. Weil sie unbändige Kräfte der Versöhnung entfalten.

Wir könnten von diesen Tugenden lernen – allein, im globalen Konkurrenzkampf sind sie nicht gefragt. Der Anteil Schwarzafrikas am Weltmarkt beträgt nicht einmal zwei Prozent – weniger als am Ende der Kolonialzeit. Afrika, die riesige, indolente Landmasse, hat alle wohlmeinenden und aufgezwungenen Versuche der Modernisierung abgestoßen wie lästige Bazillen. Négrisme, sagen die Fachleute, und meinen: Abkoppelung. Der Kontinent ist geopolitisch isoliert. Er verschwindet aus den Handelsbilanzen. Und auf seinen Atlanten wird mancherorts wieder vermerkt: *Hic sunt leones*. Hier wohnen Löwen.

Der Kameruner Schriftsteller Mongo Beti hat uns die Ursachen aufgezählt: Sklavenhandel. Kolonialterror. Ungerechte Weltwirtschaftsordnung. Schuldenfalle. Kurzum: ein Komplott der Weißen gegen die Schwarzen. So reden viele Intellektuelle in Afrika.

Nicht so die Essayistin Axelle Kabou, ebenfalls aus Kamerun. In einem Pamphlet, das in Afrika Empörung ausgelöst hat, verdammt sie die Schuld fremder Mächte als Irrglauben. Man dürfe, wenn es um Afrikas Malaise gehe, offenbar über alles reden, nur nicht über die Afrikaner selbst, schreibt Kabou. Nicht über deren Unfähigkeit, Mittelmäßigkeit – und schon gar nicht über deren Faulheit: Sie seien „die einzigen Menschen auf der Welt, die noch meinen, daß sich andere um ihre Entwicklung kümmern müssen". Kabou fordert einen radikalen Mentalitätswandel, um ihrem Kontinent aufzuhelfen. Denn: „Das Afrika des 21. Jahrhunderts wird rational sein – oder nicht sein."

Zwei Afrikaner, zwei Selbstbetrachtungen, beide nicht falsch. Wir neigten oft Kabou zu: allgegenwärtig das Staatsversagen, die Beutewirtschaft, die Sumpfblüten der Korruption, gering ausgeprägt die Arbeitsethik, das Vorsorgedenken. Legionen von Müßiggängern saufen sich zwischen Bagamoyo und Limbe um den Verstand. Die Jugend – 50 Prozent der afrikanischen Bevölkerung sind unter 15 Jahre alt – hängt in den Dörfern herum, untätig, zu Tode gelangweilt.

Und dennoch tut den Afrikanern unrecht, wer wie Kabou nicht mehr zwischen Mächtigen und Ohnmächtigen, Ausbeutern und Ausgebeuteten, Armen und Reichen unterscheidet. Wir haben hart arbeitende Menschen gesehen, Männer in Sisalfabriken, Frauen auf Maniok-Äckern, Kinder beim Wasserschleppen. Sie schuften jeden Tag. Und werden jeden Abend um die Früchte ihrer Arbeit betrogen.

Rückblenden, Gedanken, Ahnungen auf der letzten Etappe unserer langen Reise. Wir haben Minister und Medizinmänner getroffen, Könige und Bettler, Soldaten und Bauern. Wir sind Afrikanern nahegekommen. Ihre Welt aber bleibt uns fremd.

*

Bananenhaine, Kokoswälder, der Bergriese Mont Cameroun im blauen Dunst, Rinderherden im Abendlicht. Noch einmal die ganze Schönheit Afrikas. Wir gleiten vom Hochplateau hinunter in die Küstenebene, zu einem unbekannten Fischerstädtchen.

Am Ziel. Vor uns liegt Limbe, verkommen, von der Gleichgültigkeit der Tropen eingeschläfert – wie Bagamoyo, die Schwester am Indischen Ozean, wo vor 54 Tagen unsere Traverse begann. Jetzt stehen wir am Westufer des Kontinents und schauen schweigend auf die Felsen im Meer hinaus.

Ein junger Mann tritt zu uns. „I am Ewanda." Ewanda trägt einen verschwitzten Overall, eine rote Plastikrose am Kragen und ein breites Marihuana-Grinsen im Gesicht. Seine Schneidezähne sind mit Silberkappen verziert. „Ich bin Zahntechniker. Braucht ihr Kronen?"

Am letzten Morgen besuchen wir ihn. Auf der Außenwand seiner Praxis prangt die Aufschrift „Doctorate Inn. Lord Ewanda". Ein medizinisches Gasthaus also. Auf dem Tisch im „Sprechzimmer", bewacht von einem hellblauen Holzkrokodil, liegt die Ausrüstung des Lords: Nagelschere, Hämmerchen, Kombizange, Büchsenöffner, Eisenfeile, dazu eine Flasche Desinfiziens.

Ein Patient betritt das Kabinett. Ewanda nimmt die Eisenfeile und raspelt im Rhythmus ohrenbetäubender Rasta-Musik an dessen Schneidezähnen. Der Patient trommelt vor Schmerz mit den Füßen. Dann lächelt er erleichtert. Eine blutverschmierte Lücke klafft zwischen seinen Vorderzähnen. Genau ein Millimeter breit, so will es die Jugendkultur in Limbe. Ewanda hat soeben zwei kerngesunde Zähne geschädigt.

Unser letzter Eindruck von Afrika: Ein Erdteil, reich von der Natur beschenkt, der sich selbst maltraitiert – und dabei lächelt. Der Satz eines UN-Mitarbeiters aus Zaïre fällt mir ein: „Ach, wißt ihr, manchmal verstehe ich Afrika selber nicht."

(1995)

PETER SCHILLE

Das Reich von
Schweiß und Trauer

»No man's land« sagen die Bewohner der Küsten.
»The never never country« sagen die Schafzüchter, die Digger
und die Fallensteller. »Bloody big country« sagt Peter,
der Veterinär von Kununurra. Sie alle sprechen vom Outback, dem
wilden Westen Australiens. Wo Berge verrosten und Ebenen
verdursten. Wo es leerer, größer, einsamer, trostloser, armseliger
und reicher ist als in jedem anderen Teil des fünften Kontinents.
Und wo die Welt verflucht wird wie wohl nirgendwo sonst.

Im Zentrum von Australien kann sich die Landschaft zwischen
verkrusteten Salzseen und roter Wüste nicht entscheiden. Hier ist
der Mittelpunkt des Outback.

Outback – das ist Öde, Dürre, Staub und Sonne. Weit weg vom Leben. Sein steinernes Herz ist Ayers Rock, der gewaltigste Monolith
der Erde. Uluru heißt er im Gedächtnis der braunen und schwarzen
Menschen vom Clan der Uluritdja. Uluru: Schattenplatz. Ein heiliger
Ort. Die Ureinwohner haben ihn vor 80 Jahren den Weißen überlassen, die ihn vor 20 Jahren den Touristen überließen.

Der Fels der Felsen, 348 Meter hochragend, 230 Millionen Jahre
alt. Wir erreichen ihn, als die Sonne untergeht. Eine zögernde Sekunde steht Ayers Rock in Flammen, er lodert auf, droht zu verglühen, bis
er seine Farben verliert: das Feuerrot zuerst, dann Purpur und Rosa,
dann Ultramarin, die erdenen Töne, Braun und Beige und das asche-
ne Grau. Uluru wird alt und älter. Ayers Rock verlischt. Ein endloser
Untergangsaugenblick.

Dann holt die Wüste wieder Atem.

Kadakadeka und Imalung sind nicht gekommen. Die Uluritdja-
Leute von Alice Springs hatten prophezeit, die beiden alten Männer
hielten jeden Abend Zwiesprache mit Uluru. Die letzten Hüter seines
Zaubers bereiteten sich auf ihren Tod vor. Wir warten vergebens

und werfen unsere Schlafsäcke in eine Felsnische. Imalung und Kadakadeka werden uns nicht in das Geheimnis von Uluru einweihen.

Später beteuern ihre Stammesgenossen, Kadakadeka sei verschollen und Imalung tot. Er ist, sagen sie, als Big Foot Harry gestorben.

Seit wir durch das Outback ziehen, auf den Spuren von Abenteuern, Legenden und verwitterten Helden, verfolgen wir solche Gerüchte. Unsere Neugier erleidet absurde Niederlagen. Wir lauern Ereignissen auf, die sich längst ereignet haben, die sich nie mehr ereignen werden. Unser Hunger auf Zwischenfälle, auf Unvorhergesehenes ist unstillbar. Bald werden wir begreifen, daß das Ereignis das Outback selbst ist – Begegnungen mit dem Nichts.

Bevor wir losfuhren, hatte ich zwei Meter Bücher und anderthalb Kilo Zeitungsfaszikel studiert. Ich hatte die Landkarten in Zentimeter-Expeditionen durchquert. Buschnamen, Meekatharra etwa oder Moola Bulla, flossen mir glatt von der Zunge. Ich war eingeweiht in die Physis des Erdteils. Sein Profil war mir eingeprägt, samt allen Kreaturen: versteckt hinter den sieben Meeren, geformt wie ein plattgehämmertes Steak, Steinzeit-Terrain. Die größte Insel der Welt: Australien.

Ich wußte, was mich erwartete. Wüsten erwarteten mich. Sand und Sonne, von Leben und Tod verlassen. Unzuverlässige Jahreszeiten. Zerstörerische Zyklone. Jähe Sturmfluten. Üppige Sturzbäche. Schluchtenfüllende Gewitter.

Verrostete Berge erwarteten mich und verdurstete Ebenen. *Welcome, stranger.* Das Outback sammelt die tristesten und die prächtigsten Superlative: Leerer, größer, trostloser, wilder, heißer, einsamer, armseliger und reicher als im Outback ist es nirgendwo. Sein Klima ist das Klima der Langeweile und des Verdrusses. Nirgendwo sonst wird die Welt so verflucht.

*

Die ersten weißen Besucher dieses Kontinents waren Piraten, Seebären und königstreue Marineoffiziere, Janszoon, Dampier, Cook und Flinders. Der Herr sei ihren Seelen gnädig. Australien: das Exil der Verbannten, wo die Nachkommen struppiger Sträflinge hausen, jener widerspenstigen britischen Kolonisatoren, denen seit 1776 das emanzipierte Bagno Nordamerika versperrt war.

Eine kleinmütige Demokratie, regiert von Halsabschneider-Söhnen und Strauchritter-Töchtern, lauter Walisern und Schottinnen mit irischen Manieren. Ein Vororts-Staat: Die unzimperliche Imitation von Old England, die tropische Provinz der Cockneys, 20 000

Kilometer östlich von London-Eastend. Das Zuhause arbeitsscheuer *male chauvinists*, ausgebooteter Rassisten, die angeblich Englisch sprechen, in Wahrheit ist es Strine, ein aus geschlossenen Lippen gepreßtes Patois: *Owrstraihn, Australian*, Australisch. Ein schizoides Land. Apathisch und vital. Einerseits puritanisch und viktorianisch-verklemmt, andererseits viril und hemmungslos. Spießig. Stolz. Fruchtbar und unfruchtbar gleichermaßen.

Die Quellen seines Reichtums sind Schafe, Weizen, Rinder und Bodenschätze. Das gefährlichste Raubtier ist der lämmerreißende Dingo, ein hübscher kleiner wilder Hund. Staatsfeinde sind wilde Esel, wilde Ziegen und Känguruhs, hungrige Konkurrenten von hungrigen Schafen und Rindern.

Australien: Die Quellen seines Unglücks sind die Mißhandlungen der braunen und schwarzen Ureinwohner durch die weißen Eroberer und deren Kinder und Kindeskinder. Die Quellen seiner Not sind eine starke Leidenschaft für helles Bier und für Nichtstun.

Alle notwendigen Arbeiten werden von *wogs* verrichtet, Emigranten aus Italien, Griechenland, Holland, Jugoslawien und Deutschland.

Meine Lektüre hatte mich mit den am stärksten wuchernden Vorurteilen infiziert.

Aus dem nachtschwarzen Ozean tief unter uns stieg das nachtschwarze Land. Pünktlich, dem Flugplan gemäß, durchstießen wir die Dämmerung und schwebten in den unbekannten Tag namens Australien. Fast zwei Jahre waren die britischen Seelords nach Osten gesegelt, vor 200 Jahren, von Plymouth aus. Wir landeten nach 23 Stunden. Mein Kopf war in Bombay, mein Bauch in Singapur, meine Füße standen in Perth, auf westaustralischem Beton. Die Sterne glühten. Der Mond lag quer zur vorgeschriebenen Lage. Ein heißer Wind fauchte. Ich roch weder Erde noch Menschen, weder Tier- noch Pflanzenduft. Keinerlei Aroma begrüßte uns. Australien, der desodorierte Kontinent? Von nun an gerieten wir in zahllose australische Geschichten.

Australische Geschichten: Würze sie mit Phantasie und Erstaunen, oder sie schmecken nach nichts.

*

Am Ende seines Lebens trieb Bob Passey noch einmal einen Schacht in den Busch, und wieder scheiterte er. Der sanfte Hang im Eukalyptuswald hatte nach Gold gerochen, und als Bob, elf Monate später und 25 Meter tiefer, wirklich auf golden gefleckten Felsen stieß, war er zu erschöpft, um sich freuen zu können. Er war 76, sterbensmüde und krank. Seit 60 Jahren hackte er sich durch die Quarz- und Granitbarrieren der Eastern Goldfields. Er wußte, wie Gold riecht und wie es aussieht; wie es sich anfühlt, hatte er vergessen.

Vor der Wellblechhütte unter dem großen silbernen Eukalyptusbaum saß seine Frau und schwatzte mit Nugget, dem kleinen schwarzen Köter. Bob und Sarah Passey sahen eine Weile den flirrenden Blättern zu, dann sammelten sie die leeren Bierflaschen ein und beerdigten den Müll aus Büchsen und Kartons.

Sie fuhren nach Kalgoorlie und betranken sich. Gegen Mitternacht verkauften sie ihren Sechs-Hektar-Claim an Brett und Doug, zwei Greenhorns von der Westküste, für 1500 australische Dollar, etwa 3000 Mark.

Als am anderen Morgen die Sonne Bob Passey auf der Veranda des Palace Hotel weckte, waren die jungen Männer schon in seine Mine hinuntergestiegen. Sie hatten seine Hütte, sein Werkzeug und seine alte Zuversicht übernommen. 60 Jahre hatte Bob nach Gold gegraben, er besaß 1500 Dollar, ein kleines Lastauto und einen Hund. Nachdem er seine Schulden im Palace beglichen hatte, schenkte er Sarah die restlichen Dollar und das Auto, legte sich zurück in den Schatten und schlief weiter.

Ich hätte ihn gern nach dem Geruch des Goldes befragt und nach dessen geheimen Spuren. Doch als wir in Kalgoorlie nach Passey forschten, war er schon tot. Seine Frau war verschwunden. Die Helden des Outback sterben, bevor unser Mitgefühl sie erreicht.

Die beiden Greenhorns erweiterten ihren neuen unterirdischen Besitz mit Brechstange und Schaufel. Bald mündete ihr vertikaler Eingang zu den Goldfields in einen finsteren Stollen, ihre „Folterkammer", aus der sie, Eimer um Eimer, Sand und zerbröckeltes Gestein hievten.

Zwei Monate vergingen, bis der Haufen vor der Wellblechhütte einen Neun-Tonnen-Lastwagen füllte. Die State Battery, die staatliche Goldmühle, zermalmte den *dirt*, trennte das Gold vom Schutt. Sechs Unzen blieben übrig, 186,6 Gramm.

Brett und Doug tauschten, das ist Vorschrift in Westaustralien, den radiergummischmalen Barren gegen Geld, 1320 Dollar, 2640 Mark für zwei Monate Fron; steuerfrei.

In seinem ersten Leben war der schwarzbärtige Brett Nachtwächter eines Campingplatzes in Perth gewesen, Doug, spitze Nase, sorgenvoller Blick, Taxifahrer. „Das ist was anderes als Perth", sagen sie, zu erschlagen, um die Fliegen auf ihren Gesichtern zu verscheuchen, „hier bist du frei. Schon hinter der nächsten Zacke kann eine dicke Ader..."

Bleich liegen sie unter dem silbernen Eukalyptusbaum und rechnen ihr Glück aus. Aus wie vielen Tagen, aus wie vielen Unzen werden 10 000 Dollar? „Hier kannst du ganz schnell reich werden, bloody schnell, bloody reich, ob ihr's glaubt oder nicht..."

*

Jetzt im Februar ist der Himmel über den Eastern Goldfields aus blauem Feuer, und der rote Staub wirbelt auf wie Rauch. Die Erde glüht, es ist Hochsommer, 46 Grad. Noch im Schatten fällt die Hitze über uns her. Die Pipeline, die Wasser aus einem Stausee an der Küste in die wasserlosen Goldfields leitet, ritzt eine silberne Spur in den Sand.

Den letzten Regen hat im Februar 1975 der Zyklon Trixie beschert, mitten in der Trockenzeit, ein meteorologisches Versehen.

Alle Straßen führen durch glitzernde Scherbenfelder, an verlassenen Slums im Busch vorüber. Geisterstädte. Mauern ohne Dächer. Eingestürzte Fördertürme, schwarze Schächte, mit Müll verstopft. Sinnlose Kulissen einer sinnlos gewordenen Sehnsucht.

„Cheers! Chee-ri-oo!" Unser Nachbar im tosenden „Palace" von Kalgoorlie verbeugt sich vor dem spendierten Bier. Er lacht uns aus. „In Australien passiert nichts mehr", sagt er, „alles vorbei. Es gibt kein Land, in dem so viel nichts passiert." Er lacht und trinkt. Neben uns lachen und trinken fröhliche Kolosse in kurzen Hosen vor den gekachelten Wänden des Pub.

Zwischen Perth und Kalgoorlie haben sie uns überall ausgelacht, 600 Kilometer Hohn. Das Outback? Eine Menge Sand und Fliegen und Einsamkeit.

In Rauch und Gelächter gehüllt stehen die Männer an der Theke. Zahltag! „So fängt bei uns jedes Wochenende an", sagt unser Nachbar, „ich heiße Geoff, wie heißt ihr? Australien ist ein Pub, yeh, mate."

An jedem Freitagnachmittag verbannen die Männer das Outback aus ihrem Dasein. Sie narkotisieren sich mit eiskaltem Bier. Sie reden und trinken sich in ein Glücksgefühl hinein, das vor Montag morgen nicht abreißen darf.

„Wir sind bloß noch *weekend heroes*", sagt Geoff. Sonntagshelden. Alle wissen, daß ihr Leben zu einem Lebenslauf verödet ist, in dem ihre Träume verdorrten, die Träume von Dollars, von einer *sheep station*, einer eigenen Farm mit 100 000 Schafen und nie versiegenden Brunnen; der Traum von einer eigenen blonden Lady.

„Dies ist kein Land für Träume mehr", sagt Geoff. „Wir sind mutlose Nachkommen von Draufgängern", sagt er, „nur noch Säufer, Dickwänste, Kettenraucher, Spieler, Schwätzer."

Das Radio hinter den Zapfhähnen des Palace Pub überträgt unaufhörlich Pferderennen, die Andacht der Zocker. Die Vollblüter von Melbourne und Sydney galoppieren, durch Rauch und Gelächter, über uns hinweg. Die Männer halten ihre Biergläser fest, ein Viertelliter heißt im Outback *a pony*.

Kalgoorlie kostümiert sich noch heute als jenes Goldgräber-Babel, das seit 1893 nuggetgierige Glücksritter anzieht. Maulwurfsemsige Männer wie Bob Passey zerwühlen den Sand; wie Brett und Doug Opfer des Gerüchts, man müsse nur irgendwo graben, dann werde man schon reich.

In Coolgardie, 40 Kilometer weiter westlich, am Rande der Super-Bonanza, hatten sich vor 100 Jahren die ersten Siedler in die kümmerliche Erde gekrallt. Sie waren von der Westküste aufgebrochen, voller Mut, doch ohne Erfahrung mit der Wildnis. Im Outback sprudelten keine Quellen, wie ihnen verheißen worden war, der Regen regnete anderswo. Sie mußten die brackigen Tümpel in den Bergen anzapfen, stinkende Pfützen destillieren, so heftig litten sie Durst. Sie suchten Weiden für ihre Merino-Schafe. Und als sie weder Gras noch Wasser noch Wild fanden, begannen sie ihre Pferde zu verspeisen, sie baten Gott um Verzeihung, all ihre Schafe waren verreckt.

Im Juni 1893 kratzte der irische Einwanderer Patrick Hannan wieder einmal nach Wasser. Daß er auf Gold stieß, verdroß ihn zuerst, denn er war Farmer. Bald vergaßen Hannan und die übrigen Squatter ihren Durst und ihre verdursteten Schafe. Hannan wurde Prospektor, Digger, Goldsucher. Aus Hannans glücklichem Claim entsprang Kalgoorlie.

Das trübselige Coolgardie wucherte, zählte 1895 schon 6000, im März darauf 10 000 Einwohner. Die Hälfte kam um, vom Typhus vergiftet, von Fliegen gefressen, vom Staub erstickt. Doch der Menschenstrom riß nicht ab: Während die einen nach Gold gruben, begruben die anderen die Toten.

Die Ureinwohner, Aborigines genannt, flohen vor den Weißen in die Tiefen der Wüste.

Aus dem Busch quälten sich Städte: Bulong, Ora Banda, Siberia, Kanowna, Golden Valley, Kookynie, Gwalia – Orte ohne Zukunft. Nach einem halben Jahrhundert war jede dieser Goldadern erschöpft, wie das Leben. Heute sind alle verlassen, Outback-Archäologie, Friedhöfe, Schutthalden.

Coolgardie im Januar 1898: ein tobender 15 000-Menschen-Rummelplatz, belebt von Habenichtsen aus allen Ecken der Welt.

Coolgardie im Februar 1981: eine Ghosttown, bewohnt von 576 geisterhaften Männern und Frauen, die einmal pro Woche beschließen, nach Osten auszuwandern, um Hauswart in Sydney zu werden oder Bademeister in Brisbane, und die sich dann doch am Montagmorgen wieder in den Busch stehlen und weiterfahnden, nach Gold, Uran, Blei oder Nickel.

*

Leonora, am äußersten Rand der Großen Victoria-Wüste. Das bißchen Leben findet im Pub statt. Ich lege unsere Landkarte auf die Theke und frage nach dem Weg.

„Is doch egal, wohin ihr fahrt", sagen die Männer im Pub, „Outback is everywhere."

Dann ziehe ich eine Linie von Brisbane im Osten schräg hinunter nach Adelaide im Süden. Damit habe ich die Zivilisation vom Outback abgetrennt: auf einem Dreieck von der Größe Frankreichs und der Bundesrepublik leben elf Millionen der insgesamt 14,5 Millionen Australier.

„Lebt dort auch Australien?"

„No! Nooo", grölen die Männer im Pub. Sie verbeugen sich vor dem spendierten Bier. Wir heben die Gläser; etwas Besseres gibt es nicht zu tun an einem heißen Nachmittag in Leonora.

Wie Kalgoorlie und Coolgardie liegt Leonora weit außerhalb der Wohlstands-Zone und gehört dem Outback. „No man's land" sagen die Küstenbürger, zu bequem, um es zu besiedeln. „Das Reich von Schweiß und Trauer" sagen die Siedler, schwitzend und sauer geworden. „The never never country" sagen die Schaf- und die Rinderzüchter, die Digger und die Fallensteller, die Querköpfe und die Kämpferherzen, sagen all diese Todfeinde von Staub und Sonne.

The Outback State, der Bundesstaat West-Australien zum Beispiel, das wüste Drittel des Kontinents, ist zehnmal ausgedehnter als die Bundesrepublik und ernährt 1,2 Millionen Menschen; 850 000 leben in Perth, der Hauptstadt am Indischen Ozean. Nur der Küstengürtel ist fruchtbar, dahinter beginnt die Herrschaft der Weite, die Tyrannei der Distanz, deren Macht erst an jener glücklichen Grenze zwischen Brisbane und Adelaide endet.

*

Outback is everywhere: Wir haben die baumlose Nullarbor Plain hinter uns, die Goldfields und die Wüste um Alice Springs. Unser Ziel sind die Kimberleys, das rinderreiche Hochplateau im Nordwesten.

Eines Abends überlassen wir unser Auto einem Mechaniker – es war dem Outback nicht gewachsen. Wir setzen uns in den Staub, wie befreit.

Zwei arbeitslose Minenarbeiter klauben uns auf, fahren mit uns über die nächtliche Straße, sicher vorbei an den röhrenden Sauriern der *road trains*, den mit Schafen und Weizen und Rindern beladenen Schwertransportern, die niemals zur Seite weichen.

Die beiden Männer, 18 und 20 Jahre alt, betäuben sich mit Fusel, werden sachte betrunken. Sie kommen aus den Opalfeldern im Süden, aus Coober Pedy. Ihre Heimat ist Port Hedland am Meer. Sie sind *on the track*, auf Arbeitssuche. Das Suchen ist wichtiger als das Finden. Unbestimmter Haß vergiftet ihre Erzählungen. Wut auf die *bloody* kurvenlose Straße und die verwirrten Känguruhs im Lichtkegel. Zorn auf die Monotonie, *the big scrub*, das wilde Gestrüpp. Doch was sie verdammen und fürchten, ist allein das Lebens-Dickicht vor und hinter ihnen.

Als wir aus der Nacht auftauchen, empfängt uns die gleiche Landschaft, die wir verlassen haben. Aus der flachen roten Ebene wachsen blaurote Berge. Wir sind im Pilbara-Gebirge. Hügel und Schluchten reihen sich endlos. Der Mount Whaleback wölbt sich gegen den Himmel, er qualmt und vibriert, wir hören Bagger klirren und sehen häuserhohe Lastwagen auf ihm herumkriechen. Mount Whaleback, eines der mächtigsten Eisenvorratslager der Erde, wandert, in Zwanzig-Meter-Schritten, nach Westen.

Wir sind in Newman gestrandet, in einer fabrikneuen Fertighaus-Siedlung, Suburbia im Busch, einer Gründung der Stahlindustrie, nur zu dem Zweck errichtet, den feisten Leib des eisenträchtigen Whaleback zu schlachten, abzutragen, auszuweiden.

Wir hocken im Schatten des Walkabout Pub, die Bar öffnet erst um zehn, und Wally Kowalczyk, Supervisor der Production Division von Mt. Newman Mining, stellt uns die Stadt und den Erdkreis vor. Unaufhaltsam lagert sich eisenroter Dunst auf uns ab, er färbt die Luft, die Häuser, die Gärten und die Menschen.

Dies ist Wally Kowalczyks Bericht, ergänzt durch einige schwermütige Betrachtungen:

Vor 20 Jahren kümmerten verstaubte Merino-Schafe und Hereford-Rinder in den Tälern und Weiden ringsum, von Dingos bedroht, von Dürre gemartert, mit Känguruhs um die frugalen Gräser raufend. Obwohl die *stations*, die Farmen, Ausdehnungen von 500 000 Hektar besaßen und die Herden bis zu 100 000 Häupter zählten, waren die Farmer arm: Wenn die Tiere nicht von Dingos gerissen wurden, verhungerten viele von ihnen, bevor sie geschoren und geschlachtet werden konnten.

1876 marschierten die südaustralischen Entdecker Giles und Ross als erste Weiße durch das Pilbara-Gebiet, als Ernest Giles von einer Augeninfektion befallen wurde. Ein Aboriginal linderte den Schmerz mit Aboriginal-Zauber, und dankbar nannten die Weißen die blauroten Hügel vor ihren Augen die Ophthalmia Ranges, die Berge der wunden Augen. Erst 1957 stieß Professor Stan Hilditch auf der Suche nach Mangan in den Ophthalmia Ranges auf offenliegendes Hämatit mit einem Eisengehalt von 68,8 Prozent.

Eines Tages verglich sein Partner C. H. Warmann, ein Ingenieur, der den Ozean befahren hatte, die breit hingestreckte Bergformation mit einem Walrücken: Mount Whaleback. Und eines weiteren Tages wurde den Prospektoren, der Regierung und einigen Industriellen klar, daß in dem Eisengebirge der Pilbara mehr Geld steckte als in allen Goldfields Australiens. 1967 beschlossen australische, amerikanische und japanische Stahlkonzerne, den Tresor des Milliarden-Dollar-Berges zu knacken. Sie rechneten mit 220 Millionen Tonnen hochwertigen Erzes, alle Prognosen kumulierten in dollargrünen Profiten.

Der rote Staub umwallt uns. *The hill*, der Hügel, so heißt der Mount Whaleback inzwischen, *the hill* dampft und dröhnt.

Unsere Erlebnisse zwischen Perth, Alice Springs und Newman sind bescheiden, verglichen mit den Geschehnissen, die früher einmal möglich gewesen sind. Doch bergen unsere kleinformatigen Abenteuer ein kostbares Element: die Realität des Augenscheins. Wir müssen, als europäische Zutaten, nur Empfindung und Sympathie hinzufügen, damit wir das Outback begreifen.

Im Pilbara-Gebirge ist eine neue Welt entstanden, gegründet auf Eisen. Fünfeinhalb Kilometer ist der Mount Whaleback lang und 785 Meter hoch: Die Tagebau-Anlage hat *the hill* in drei übereinandergetürmte Scheiben zerschnitten. Der Schutt, das losgesprengte, zerquetschte, zerriebene, ausgemalmte Erzreich wird im Westen wieder aufgeschüttet. Der Berg wandert.

Eine private Eisenbahnlinie führt von Newman durch das Outback, 426 Kilometer weit, bis zum Indischen Ozean. Endstation ist das Treibhaus Port Hedland, von wo der wertvolle Staub nach Japan verschifft wird, nach Europa und die USA. Jahresproduktion 30 Millionen Tonnen. In 50 Jahren ist der Schatz gehoben, denn tatsächlich ist er 1,5 Milliarden Tonnen schwer.

Die neue Stadt Newman mit ihren staubgepuderten 5600 Einwohnern und ihren erzbehauchten Vorgärten, den Parks samt bikinibekleideten Gärtnerinnen, diese Oase mit Air-condition, dieses künstliche Paradies mit 48 Pornomagazinen im News Shop, wird in 50 Jahren ihren Zweck erfüllt haben. Newman wird zur Geisterstadt verkommen, zu einem Outback-Gespenst wie Ora Banda oder Gwalia.

*

Es vergeht kein Tag, an dem Ray Clausen Australien nicht verflucht. Clausen: Besitzer, Manager, einziger Bewohner und Nutznießer, aber auch einziges Opfer von Marillana, einer *sheep station* im Tal des Fortescue River, nördlich vom Wendekreis des Steinbocks, im tropischen Outback. Jetzt, auf dem Gipfel der Regenzeit, ist der Fortescue hoch über seine Ufer getreten; seenweit überschwemmt und verwüstet er die Ebene.

Im Süden mußten wir die Dürre fürchten. Hier ängstigen uns die abendlichen Überfälle der Gewitter. Wir erreichen Marillana nach einer regendurchweichten Nacht. Von ferne klappert das Windrad des Brunnens. Beim Näherkommen hören wir das scheppernde Wellblech der Dächer. Ein prächtiges Anwesen, einstmals – heute eine Ruine. Eine weiß gestrichene Veranda mit gedrechselten Säulen umgürtet das Herrenhaus, weitläufige Speicher, geräumige Schuppen ringsum. Eingestürzt die Mauern. Zertrümmert die Wände. Durchlöchert die Decken. Ein Geisterort, bewohnt von Ray Clausen, oder ist es sein Geist, der uns entgegenkommt?

Ein stämmiger Mann mit messinggelbem Bart. Nach dem zehnten Wort entdecke ich, daß er keinen Zahn mehr im Mund hat. Er ist 38 Jahre alt, ein geschlagener Schaffarmer, Schafzüchter, Produzent von Schafwolle und Hammelkeulen. Er lebt abgeschieden wie ein Säulenheiliger.

Er redet und redet, längst nicht mehr mit uns, er redet nur noch. Wann hat er zuletzt einen anderen Gesprächspartner gehabt als seinen kleinen Hund Tuck? Sein nächster Nachbar wohnt 32 Kilometer entfernt, in Sandhill Station.

Ray Clausen war einmal Pächter einer kleinen 4000-Hektar-Farm in New South Wales, der Gemüsekammer im Südosten Australiens. Träumte von Aufstieg und Erfolg, sparte, bis er 1971 die 75 000 Dollar für Marillana aufbringen konnte. Daß er ausgerechnet auf Marillana stieß, diesen fliegendreckgroßen Punkt auf der Landkarte – das kann er sich nicht verzeihen.

Drei Räume seines eingefallenen Gehäuses sind halbwegs intakt – nämlich die mit Joghurt und Orangensaft, seiner ausschließlichen Nahrung, vollgestellte Küche, das von Spinnweben versperrte Bad und das Schlafzimmer: ein Bett, darüber ein Moskitonetz. Unter dem

Bett ein Karabiner. Am 17. September 1976 hat Ray Clausen aufgehört, seinen Kalender abzureißen.

Vor seiner Zeit war Marillana mit 20 000 Schafen und 5000 Rindern zu Wohlstand gelangt. Die Farmer ringsum im Flußtal hatten sich gegen die Dingos zusammengeschlossen, einer half dem anderen. Dann verbrannten die dürren Weiden, der Regen fiel immer spärlicher, eine jener gefürchteten Trockenperioden begann. Die meisten Farmer gaben sich und ihre Stations auf.

Ray besaß 1972 rund 10 000 Schafe. Er verhökerte 450 Tiere, den Rest, sagt er mit seiner verdammt höflichen Stimme, den Rest erledigten die Dingos.

1975 war sein bestes Jahr, der Zyklon Trixie bescherte ihm genügend Regen. Ray zählte 6000 trächtige Mutterschafe. Als er sie markieren wollte, waren noch 1500 übriggeblieben: Dingos!

In einer Juni-Nacht 1976 rissen drei Dingos 200 Lämmer. 1978 brachte Ray ein Zehntel seiner Lämmer durch. 1979 kaufte er sich eine Secondhand-Cessna, ein Kleinflugzeug, um seine geschrumpften Herden und die Raubzüge der Dingos besser überwachen zu können. Zu Marillana gehören 367 000 Hektar Weiden, Hügel, Schluchten.

Vielleicht hat Ray inzwischen als Nachtwächter in Perth angeheuert.

*

Vor etwa 40 000 Jahren begleiteten die Dingos die Vorfahren der braunen und schwarzen Ureinwohner auf dem Weg von Asien nach Australien. „Dingos sind reizende Hunde", sagt Stan Aspinall. Wörtlich sagt er: „They are lovely dogs." Ohne Ironie, ohne Hohn. Manchmal zieht Stan Dingo-Welpen auf, aber spätestens nach zehn Monaten werden sie unruhig, und er schenkt ihnen die Freiheit. Später gehen sie ihm womöglich in die Falle.

Stans Amt ist die Jagd auf Dingos. Stans gutbezahlte Passion ist die sachgemäße Tötung von Dingos. Stan ist Dogger, Vermin Control Officer, Ungeziefer- und Raubzeug-Vernichter, Angestellter des staatlichen Agriculture Protection Board, der Behörde zum Schutz der Landwirtschaft.

Stan ist seit 16 Jahren dabei. Sein Arbeitsplatz ist 6000 Quadratkilometer groß. Stan sagt, er habe etwa 2000 Dingos in seinem Leben erledigt. Da er bescheiden ist, werden es wohl 3000 gewesen sein.

Am nächsten Morgen fahren wir mit Stan, der in Wittenoom lebt, einer Geisterstadt im Tal des Fortescue, in einem ächzenden Land Rover durch die Täler und über die Hänge der Hamersley Ranges. Wir wollen die Dingos kennenlernen, Stan will Dingos töten.

Inzwischen ist es März geworden. Das abendliche Gewitter hat die Erde getränkt. In fetten Büscheln sprießen die Gräser und das stachelige Spinifex. „Das war früher gutes Schaf-Land", sagt Stan, „bis die Dingos eingriffen."

Es gibt kaum Wege in Stans Revier. Wir folgen den vagen Hinweisen seiner alten Route, dem Lauf eines *creek* etwa, oder wir poltern über die Felsbrocken der *gorges*, der engen Schluchten, an weißrindigen *river gums* vorbei, silbern rauschenden Eukalyptusriesen.

Stan hat 66 Fallen aufgestellt. Wir kontrollieren 26, in 15 Fallen ist ein toter Dingo gefangen, verrottet und verfault. Die Dingo-Skelette sind vom Regen zerwaschen, von der Sonne gebleicht, von Raben abgenagt oder von Goannas, den Riesenechsen.

Wir beobachten Adler und Kakadus, bunte Papageien, wilde Truthühner, Känguruhs und andere Beuteltiere, Wallabies und Wallaroos. Wir sehen einige Schafe und Rinder. Keinen Menschen. Myriaden von schwarzen Buschfliegen empfangen uns.

Lebendige Dingos sehen wir nicht.

Stan überprüft seine mörderisch gezähnten Fallen. Um die Dingos zu locken, legt er stinkende Köder aus, einen Dingofußbreit vor dem zuschnappbereiten Bügel. Der Köder ist eine Mixtur aus Hundekot, menschlichem Urin, Känguruhblut sowie altem Getriebeöl. Stan hat auch Tierkadaver im Busch verstreut, Hals- und Keulenpartien von Känguruhs oder Schafen, mit rosarotem Strychnin gewürzt. Selbst die Fallenbügel sind vergiftet, damit die Gefangenen sofort sterben, sich nicht die Pfote abbeißen und entkommen. Stan betrachtet die Dingospuren im Staub mit Ehrfurcht. Dingos, schließlich, sind der Gegenstand seines Geschäfts.

Wir zockeln 14 Tage durch die dämmrigen Schlünde zwischen den roten Wänden der Ranges. Wir kreuzen das Plateau von Westen nach Osten. Eines Abends führt uns Stan in die Welt der Dingos ein.

Die „lovely dogs", hellgelb, hellbraun, selten grau oder schwarz, jagen, sagt Stan, „nur zum Spaß".

Stan sagt: „Ein Dingo reißt 100 Lämmer in einer Nacht, ohne einen Bissen zu essen. Dann packt er sich ein Känguruh, um seinen Hunger zu stillen." Doch wenn ein Dingo nachts in einen Schafpferch eindringt und ein Tier reißt, versetzt ihn die kopflose Panik der Schafe in einen derartigen Beuterausch, daß er wahllos weiter tötet. Die vielen toten Schafe täuschen am Morgen darüber hinweg, daß er auch seinen Hunger gestillt hat.

Für uns hat Stan ein rotes Känguruh geschossen, wir bereiten ein Känguruh-Schwanz-Stew zu, ein Eintopfgericht mit Zwiebeln und Kartoffeln und Knoblauch. Das Fleisch ist zarter als Rinderfilet.

Wir lernen endlich das Outback lieben, jetzt, da die Kimberleys schon nahe sind und unsere Safari bald am Ziel ist. Wir bewundern die Känguruhs, diese muskulösen Kentauren, die Stan abzuschießen hat. Er tötet sie mit Bedauern, er fürchtet, daß sie bald aussterben werden. Gnadenlos schicken die Farmer Killerkommandos los. 1977 knallten der Manager von Roy Hill Station und sein Bruder 40 000 Tiere in einer Saison ab. „Was ein *roo* gefressen hat", sagen die Menschen hier, „macht ein Schaf nicht mehr satt."

Wir lieben das Leben an den Wasserlöchern, unter den riesigen Sternen, die unser Nachtlager illuminieren. Wir empfinden Respekt vor den Dingos, die sich nicht zeigen. Stan liest uns aus den Abdrücken ihrer Pfoten im Sand vor. Er hofft, daß sie nie aussterben werden.

*

In den Kimberleys, 2000 gewalttätige Kilometer höher im Nordwesten, zehn unendliche Tage später, sehen wir eines arglosen Morgens zwei wolfsgroße hellbraune Hunde, die uns genau betrachten und sich trollen: Dingos.

Die Kimberleys, ein Hochplateau im tropischen Outback: eine herbe Landschaft, geformt aus feuerhellen Bergketten und grünen Ebenen, der Wind bewegt die Grasbüschel wie Wasser. Die Kimberleys sind Rinderland, die Wintermantel-Natur der Schafe fühlt sich in diesem Klima nicht wohl. Der Sommer-Monsun zwischen Dezember und März sorgt für ausreichende Regenfälle. Oft bleibt er jahrelang aus.

„An 225 Tagen im Jahr möchtest du spätestens um zwei Uhr mittags sterben", sagt ein kurzbehoster Koloß in Fitzroy Crossing, so heiß sei es. Wir haben die drei heißesten Tage erwischt.

Das schon traditionelle Mißgeschick hat uns nach Fitzroy Crossing geführt. Fitzroy Crossing, die sandige Große Wüste im Rücken, ist ein Pub, wen wundert's? Ein Pub, versehen mit allen Versorgungseinrichtungen der Zivilisation: Klinik, Tankstelle, Polizeistation und General Store. Auf der einen Seite der Kneipe stehen die braunen und schwarzen Ureinwohner und trinken ungekühltes Bier aus Plastikbechern. Auf der anderen Seite stehen die Weißen und trinken eiskaltes Bier aus Gläsern.

Auf zehn Volltrunkene brauner oder schwarzer Hautfarbe kommen drei weiße Bierleichen. Wer ganz schnell ganz viel Bier trinken kann, ohne umzufallen, ist ein Held und darf sich mit dem Titel *gun* dekorieren. Der starke Mann von Fitzroy Crossing ist Peter „Gun" Driscoe, er verträgt am meisten.

Fitzroy Crossing. Anus mundi. Die letzte Haltestelle vor der Hölle. Seit 50 Tagen ziehen wir durch das Outback. Seit 50 Tagen bemühen wir uns um die akkurate Aufzeichnung des Nichts; jedes noch so karge Ereignis wird unmittelbar in ein Erlebnis überführt, in eine Geschichte, ein Bild.

50 Tage im Outback: Konfrontation mit der Leere. Die Ahnung von abgespielten Tragödien. Doch die Helden sind tot. Seit Stan Aspinalls Wittenoom haben wir wenig andere Eindrücke bewahrt als Hitze und Wut auf die Hitze. Die schwarzen Buschfliegen turnen in unseren Augen, auf der Suche nach Feuchtigkeit.

Irgendwo im Nichts: Kununurra. Kununurra liegt Borneo näher als der australischen Hauptstadt Canberra. Kununurra wurde gegründet für jene Pioniere, die das Land bewässern und bebauen sollten. Ein Projekt, das fehlschlug. Kununurra könnte auch in China liegen oder auf dem Jupiter, so weit entfernt ist es von Australien.

Ein Flugplatz. Fabrikneue Fertighäuser. Ein Pub. Ein Hotel: „The Airconditioned Nightmare". Der Great Northern Highway führt, einige Kilometer nördlich von Kununurra, bei Wyndham ins Meer. Kununurra ist die Metropole des Alles-ist-vorüber-bevor-es-begonnen-hat. Menschen meiden die Kimberleys, sie meiden auch Kununurra.

In Kununurra berichtet uns der Veterinär Peter Saunders von den neuesten Outback-Sensationen: Der alte Willie Hay hat in den Eastern Goldfields ein Sieben-Pfund-Nugget ausgegraben. Der Digger Flohr und zwei Scharfschützen des Agriculture Protection Board haben in 15 Tagen, vom Hubschrauber aus, 16 000 wilde Esel erlegt, die schärfsten Rivalen der nimmersatten Rinder in den Kimberleys. In Halls Creek haben sich drei arbeitslose Aborigines zu Tode gesoffen. In Smoke Creek haben sie ein Millionen-Karat-Diamantenfeld entdeckt.

„Wo kommt ihr eigentlich her?" fragt Peter.

Nonning, Rawlinna, Coolgardie, Leonora, Alice Springs, Meekatharra, Wittenoom. Wir zählen die Namen des Outback auf. Es klingt wie ein Gedicht: Port Hedland, Derby, Fitzroy Crossing, Mabel Downs, Texas Downs, Lissardell. Das poetische Register des Weitweg-vom-Leben.

„Bloody big country", sagt Peter.   (1981)

JOHANNA WIELAND

Schöpfung, die nur sich selbst gehört

In Peru, am Fuße der Anden, liegt das
wohl artenreichste Regenwald-Reservat der Welt. Der
Manu-Nationalpark ist ein Garten Eden am Rande
Amazoniens – ein gigantischer Pflanzenteppich, dem Millionen
von Bäumen und Tausende von Wasserläufen sein Muster
geben und in dem auf einem Hektar mehr Baumarten wachsen als
in ganz Europa. Immer wieder sind Menschen ausgezogen,
seine Schätze zu heben. Doch der wilde Wald hat es denen, die
ihn erobern wollten, immer schwergemacht.

Der Wald schickt seine Boten aus. Langsam, als machte ihnen der Aufstieg Mühe, kriechen sie den Hang empor. Halten inne, eine kurze Weile nur, wenn sie den Bergkamm überwunden haben, und sammeln sich. Dann ersteht auf der Leinwand des Himmels ein luftiges Bestiarium, aus Wolken modelliert: Tierleiber, Menschengesichter, überirdische Phantasiegestalten, die ebenso schnell verfallen, wie sie sich formen. Sie müssen weiter, denn sie sind Getriebene. Bald werden sie die Last, die sie mit sich tragen, abwerfen. Dann regnet es, irgendwo in den peruanischen Anden.

Die Prozession der Wolken ist endlos, unermüdlich. Wir stehen zwischen strohgelben Grasbüscheln und niedrigen Sträuchern, die sich breitmachen, als zwänge das Gewicht der feuchten Luft sie zur Erde. Es ist kalt hier oben, denn der Bergkamm Tres Cruces in den peruanischen Anden liegt auf 4000 Meter Höhe. Steil wie die Wand eines Kessels fallen seine Abhänge in die Ebene. Sie sind die westliche Grenze Amazoniens und das Tor zum Manu-Nationalpark. Er ist mit 1,6 Millionen Hektar Fläche halb so groß wie die Schweiz und das wohl artenreichste Regenwald-Reservat der Erde.

Manchmal öffnet sich ein Riß in der wirbelnden Masse. Dann liegt uns der Wald in stiller Reglosigkeit zu Füßen: ein grünes Meer, das nur der dünne blaue Strich des Horizonts begrenzt. Dort unten, über dem Kronendach, kommen die Wolkenboten zur Welt, genährt von Millionen Bäumen, denen die tropische Hitze Feuchtigkeit entzieht.

Wir fahren hinunter ins Tal und sind plötzlich, gerade mal ein paar hundert Meter tiefer, in einer Landschaft, die das Gegenteil ist von der armen, dürren Tundra der Anden: Bergnebelwald liegt über den Hängen und leuchtet tiefgrün wie ein geschliffener Smaragd. Neben unserem Weg fallen Schluchten steil ins Bodenlose. Sie sind zugewachsen, und nur ab und zu blitzen auf ihrem Grund Bachläufe auf. Sie alle fließen von den kühlen Berghängen hinunter zu den großen Flüssen der Ebene, dem Río Manu und dem Río Madre de Dios.

Wasser gibt es hier oben im Überfluß; es regiert dieses grüne, kühle Universum, denn das ist, zwischen 3500 und 2500 Meter Höhe gelegen, den ziehenden Wolken nah und mit Regen gesegnet. Dunstfahnen umspielen die Wipfel mächtiger Bäume. Sie sind über und über beladen mit Moosen, Farnen, Orchideen, so, als dürfte nicht der kleinste Platz unbewachsen sein. Wie das Spiel eines Orchesters liegt die Musik des Wassers über allem: furios prasselnd, wenn es regnet. Zart klöppelnd, wenn sich die Tropfen ihren Weg von Blatt zu Blatt suchen.

Nur langsam kommen wir auf der ausgewaschenen, schlammigen Piste vorwärts; noch heute ist Manu kaum erschlossen. Der wilde Wald hat es denen, die ihn erobern wollten, immer schwergemacht. Er hat, im 16. und im 19. Jahrhundert, Expeditionen verschluckt und sich nur ein einziges Mal der menschlichen Gier nach seinen Schätzen ergeben müssen. 1896, als Europa und die USA nach Gummi verlangten, zog der legendäre Carlos Fitzcarrald nach Manu. Er versklavte die Nomaden der Machiguenga und Kogapakori und machte sie zu Gummizapfern.

Tausende der Ureinwohner haben diesen Kontakt mit der Zivilisation nicht überlebt. Doch auch „Fitzcarraldo" verließ den Wald, der ihn reich machen sollte, nicht. Er ertrank 1897 im Río Urubamba. Da hatte er gerade in Europa Schienen und eine Lokomotive für seine geplante Eisenbahn bestellt. Nach Fitzcarralds Tod und dem Ende des Gummi-Booms vergaß die Welt diesen Wald. Es waren Naturschützer, die sich schließlich seiner erinnerten: 1987 wurde er als „Erbe der Menschheit" unter Schutz gestellt.

DIE STRASSE ENDET in Shintuya. Wir steigen um in ein Boot, und der Río Madre de Dios trägt uns weiter, einige Stunden noch bis zum Zusammenfluß mit dem Río Manu. Der Fluß ist von grauem Blau und reißend und eiskalt, eine Erinnerung an seine Quellen 2000 Meter weiter oben. Wie eine schwarze Wand stehen die Anden hinter uns.

Aus den Schluchten und Abhängen sind längst Hügel geworden; und der Wald hat andere Farben angezogen: Licht und pistaziengrün ist er. Es ist heiß, und der Himmel spannt sich weit und blau über das Land. Am Abend wirft sich die Sonne kopfüber in den Fluß, und das Firmament scheint lichterloh zu brennen, bevor der Vorhang der Dunkelheit niederfällt. In der Nacht regnet es, und früh am Morgen schleifen dunstige Schleppen über den Fluß. Nebel steht vor dem Wald wie etwas Festes, Greifbares. Es ist still, als hätte sich die Welt auf ewig zur Ruhe gelegt, irgendwann in dieser Regennacht. Dumpf nur und wie aus weiter Ferne hallt der Ruf der Tauben, ab und zu das Hacken eines Spechts hinter den verhangenen Silhouetten der Bäume. Im Himmel schwimmt die fahle Scheibe der Sonne; nur zaghaft vergrößert sie ihren lichten Hof. Der Tag kommt langsam zu sich.

Wir fahren nach Norden den Manu hinauf. Vier Stunden entfernt liegt Cocha Salvador, der See der Riesenotter. Kläglich lärmt der Bootsmotor gegen die Stille an, weiter und weiter schieben wir uns hinein ins wattige Nichts. Dann, ganz plötzlich, triumphiert die Sonne über den Nebel. Der Vorhang, der die Welt verhüllte, hebt sich: Vor uns liegt ein lichterfüllter Raum, und gleißende Helle gibt der Landschaft ihre verlorenen Farben zurück. An den Ufern wachsen massive Wände aus ineinander verschlungenem, verfilztem Grün empor. Scherenschnitten gleich stehen die Kronen einzelner Bäume vor dem Blau des Himmels: Ceibas mit ausladenden Schirmen, die zerfederten Pinsel der Feigen. Unter ihnen in seinem Bett rekelt sich der Fluß wie eine Schlange. Seine Fluten sind jetzt, am Ende der Regenzeit im Mai, tiefbraun von der Erde, die er mit sich nimmt.

Das Land ist flach und weit. Der Blick kann sich im Unendlichen verlaufen, und nichts hält ihn auf bis zum Horizont, kein Hügel, keine Bergkette. Vor uns liegt ein gigantischer Pflanzenteppich, dem Millionen von Bäumen und Tausende von Wasserläufen sein Muster geben.

Viele Flüsse haben nicht einmal einen Namen. Auf manchem mag noch nie ein Mensch gefahren sein. In diesen Wald führt keine Straße. Er wird nicht ausgebeutet, nicht verwaltet. Er ist einfach da: Schöpfung, die nur sich selbst gehört. Sehr verloren komme ich mir vor, unser Boot ein winziges Insekt, das sich in ein fremdes Universum verirrt hat. Und doch wandern wir nur an dessen Rand, denn nicht einmal ein Zehntel der Parkfläche ist für Touristen und Wissenschaftler zugänglich.

DER MANU UND SEINE NEBENFLÜSSE sind die Lebensadern und die Gestalter dieser Landschaft. Sie bringen aus ihren Quellgebieten in den Anden fruchtbare Erde hinunter ins Tal, und so sind die Ufer, die die Flüsse zur Regenzeit überschwemmen und dann wieder freigeben, von einem überbordenden Pflanzenreichtum: 200 Baumarten wachsen hier auf einem Hektar – in ganz Europa kommen nur 160 vor.

Doch der Manu gibt nicht nur, er nimmt auch, im jährlichen Rhythmus von Zerstörung und Schöpfung. Wenn zur Regenzeit seine Wasser überquellen, drischt er Buchten ins Ufer, verwandelt steile Böschungen in flache Sandbänke und entwurzelt mächtige Bäume. Er trägt sie mit sich, bis sie irgendwo an einer Landzunge, einer Insel stranden und sich aufeinandertürmen: gefällte Riesen, mit zerzausten Bärten aus Lianen und Gras, an denen die Strömung reißt.

Das Wasser strudelt und quirlt an diesen bizarren Barrieren, die der Fluß sich selbst in den Weg legt. Wir umfahren sie vorsichtig, und an uns ziehen kleine Naturstilleben von berückender Schönheit vorüber: Wasserschildkröten sonnen sich auf dem warmen Treibholz, gelbe Schmetterlinge umtanzen sie. Jabiru-Störche stehen bewegungslos auf schmalen Streifen Strand, die Köpfe eingezogen wie müde alte Männer, als müßten sie sich frierend in ihr Gefieder verkriechen.

Auf einem Stamm ruhen Hunderte von Sandnachtschwalben von der nächtlichen Insektenjagd aus. Sie sind kaum zu erkennen in ihrer perfekten Camouflage: Das Muster ihres Federkleids ist braun und ocker, ein farbiges Ebenbild der Umgebung aus Sand und Holz. Erst am späten Nachmittag wird sich der Schwarm in die Luft erheben. Dann steht, bevor sie sich verliert, eine dichte, schwirrende Wolke aus Vogelleibern über dem Fluß.

Ornithologen haben gezählt, daß hier 1000 der geschätzten 9000 auf der Erde existierenden Vogelarten vorkommen, nur um die 500 sind es in Europa. Doch imponierende Zahlen bringen keine Ordnung ins Chaos der Eindrücke. Die Vielfalt überfordert die Sinne.

LANGSAM UND WIE EIN KIND, das Worte buchstabiert, bis sie schließlich eine Geschichte erzählen, lerne ich in diesem Buch der Natur lesen, das aufgeschlagen vor mir liegt. Manche Uferstreifen berichten, wie ein Wald entsteht, nachdem der überbordende Fluß auf das Land eingeschlagen und den Boden für neues Wachstum bereitet hat. Schilfiges Dickicht wächst auf Flächen, die noch vor kurzem kahle, ausgewaschene Flecken waren. *Caña brava*, dem Bambus ähnlich, ist eine Pionierpflanze. Einer feinen, dunkelgrünen Linie gleich stehen schlanke, bis zu 18 Meter hohe Cecropia-Bäume, auch sie Wegbereiter des Waldes, über dem Caña-Röhricht.

Es wird, irgendwann, im Schatten seiner Nachfolger eingehen; und auch die kurzlebigen Cecropias werden verschwinden und nach und nach Hartholzbäumen wie Zedern und Mahagoni Platz machen. Ein halbes Jahrtausend wird dieser Kampf um den Platz an der Sonne dauern, bis aus niederem Gestrüpp ein Wald wird, mit einem Kronendach, das sich 40 Meter und mehr über den Fluß erhebt.

Und so, unbegreiflich langsam für das menschliche Zeitmaß, verändert der Manu seinen Lauf und macht sich mäandernd ein immer neues Bett. Vielleicht sind die *cochas* die schönste Hinterlassenschaft dieser immerwährenden Bewegung: die ehemaligen Flußschleifen abgeschnitten vom Strom, still und grünblau inmitten des Waldes. Reich an Fischen sind diese Seen – und deswegen Heimat des Riesenotters. Sie wurden wegen ihres Fells gnadenlos gejagt. Im Manu leben heute nicht einmal 100 der eleganten Räuber: Es ist die letzte stabile Riesenotter-Gemeinschaft der Erde.

Lobo del río, Flußwolf, nennt man ihn: Er ist der König der Cochas. Ein Raubtier ohne natürlichen Feind, denn sogar die Mohrenkaimane fliehen den fast zwei Meter großen aggressiven Angreifer mit dem Schlachtermesser-Gebiß. Doch Flußwölfe sind scheu. Vor allem aber verdösen sie die Mittagsglut, die wie eine Last auf dem Land liegt und alle Wesen mit Instinkt zur Selbsterhaltung in den Schatten treibt. Am schlammigen Ufer liegt bewegungslos ein Kaiman und tut, als wäre er ein morscher, alter Stamm. Nur wir sitzen in der Sonne, denn wir haben eine Verabredung mit dem Wolf, und deswegen treiben wir stundenlang auf einem Floß über den See, benommen von der Hitze und in Schweiß gebadet.

AM SPÄTEN NACHMITTAG, als das Licht endlich weicher wird und der Tag sich allmählich verabschiedet, malt sich 20 Meter vor unserem Floß ein Kreis auf das Wasser. In seiner Mitte schießt ein runder Kopf hervor, dunkelbraun und wie poliert glänzend: Ein Riesenotter schaut mich an und bleckt die Zähne. Er zischt wütend. Sekunden später flippen fünf Köpfe aus dem Wasser. Die Familie lauert, und das einzig Sanfte an ihnen sind die Tropfen, die auf ihren langen Schnurrhaaren blitzen. Mit einer anmutigen Rolle vorwärts verschwinden sie unter der Wasseroberfläche. Der See liegt wieder spiegelglatt, als wären die Otter nie dagewesen. Mit leichten Paddelschlägen folgen wir ihrem Wasserballett, denn alle 20 bis 30 Sekunden müssen sie zum Luftholen wieder auftauchen.

Am Ufer schlagen plötzlich Wellen übereinander, und in einem Schaumkranz erscheint ein Otter, einen zuckenden Fischleib zwischen den Zähnen. Er schwingt sich auf einen umgefallenen Baumstamm und verschlingt seine Beute. Den Kopf geneigt, den schlanken Leib ausgestreckt, liegt er da in seiner ganzen wilden Pracht.

Zwischen den Bäumen hat sich schon die Dämmerung eingenistet, als wir zurück zum Fluß laufen. Ab und zu nur noch findet ein irrlichternder Sonnenstrahl seinen Weg durchs Kronendach; wir waten durch grünes Aquariumslicht und klebrige Hitze. Kein Luftzug rührt sich. Es ist, als atmete die Erde aus. Zwischen den übermannshohen Brettwurzeln einer Feige rasten wir. Und diesmal läßt uns der Wald ganz unerwartet an seinem ewigen Lebensdrama teilnehmen.

Auf den Ästen über uns tobt ein Trupp Sumpfspringaffen. Doch nicht wir sind der Grund für ihre schrille Angst. Sie sind auf der Flucht, denn eine Harpyie kreist über dem Wipfel. Pfeilschnell stößt sie plötzlich zu und schlägt ihre Krallen in ein braunrotes Fellbündel. Es kreischt, in Todesangst. Der Vogel flappt mühsam mit den Flügeln und kommt kaum vorwärts. Seine Beute ist schwer – und sie wehrt sich: Wieder und wieder greift der Affe nach der Gurgel des Greifvogels. Vergebens. Seine Glieder zucken ins Leere.

Wir stolpern durchs dichte Unterholz, den Schreien nach, denn das Grün hat die wilde Jagd verschluckt. Plötzlich kracht der Körper des Affen durch das Pflanzengewirr zu Boden. Er ist tot. Mit weiten, gebrochenen Augen liegt er vor uns. Sein Bauch ist aufgerissen, das Fell blutig. In einer Astgabel über uns sitzt der Greif. Er rührt sich kaum. Nur ab und zu bewegt er langsam den Kopf mit der prächtigen, schwarzen Haube. Von oben herab betrachtet er unsere Aufregung. Er kann sich Gleichgültigkeit leisten: Schließlich ist die Harpyie der machtvollste Greifvogel der Erde. Selten ist er, selbst im Manu. Ihm zu begegnen ist ein besonderes Glück.

Wir gehen. Hinter uns knacken Äste, rauscht Laub. Als wir zurückschauen, verschwindet die Harpyie, den Affen in den Klauen, im Himmel über den Wipfeln.

DIE POLIZEISTATION in Boca Manu ist der Brückenkopf der Zivilisation im Wald am Ende der Welt: ein paar Hütten, ein Boot, ein Funkgerät, eine Graspiste für die Buschflugzeuge. Ein Befehl aus Lima hat hier, am Zusammenfluß des Río Manu und des Río Madre de Dios, eine Handvoll junger Polizisten abgeworfen. Sie verdösen die zähen, heißen Tage im Schatten der Bäume.

Eine Stunde Flug ist es bis Cuzco. Unter uns liegt der Wald und leuchtet grün in allen Schattierungen. Wolken ziehen über ihm und werfen schwarze Schatten, als wäre der Wald ein gigantischer Spiegel.

Langsam steigt das kleine Flugzeug höher. Wir tauchen durch die Wolken und schweben im Blau über ihnen. Unten faltet sich das Land, und dann tauchen die braunen Hänge der Anden auf. Wir sind wieder da, wohin der Wald nur seine Boten schickt.   (1994)

REINHARD BREUER

Die Zähmung der Unendlichkeit

Die Erfindung der Zahlen stürzte
die Menschheit in eines ihrer größten Abenteuer.
Es dauert bis heute an.

Leise summt der Elektronikwecker auf dem Nachttisch: 7.32 Uhr, Zeit zum Aufstehen. Wilfrid Keller dreht sich auf die andere Seite, döst noch ein bißchen und schaut dann wieder lustlos auf die Digitalanzeige: 8.11 Uhr – nun aber raus! Ein flüchtiger Blick auf das Außenthermometer: minus 9 Grad Celsius, schnell noch ein Anruf bei der Freundin, Telefonnummer 41 18 22 53, dann stürzt er aus dem Haus.

Im U-Bahn-Eingang zückt Keller das Portemonnaie; 1,80 Mark verlangt der Fahrkartenautomat, summt und wirft mit der Karte 20 Pfennig Wechselgeld aus. Nach der dritten Station steigt Keller aus und eilt in seine Bankfiliale. Am Geldautomaten schiebt er seine Scheckkarte ein, tippt den vierstelligen Code ein, hebt 500 Mark ab und blickt auf seinen Kontostand: um 134,12 Mark überzogen.

Wilfrid Keller, 51 Jahre alt, 74 Kilogramm schwer, 176 Zentimeter groß, schaut auf ein Barometer im Schaufenster eines Optikers: 1025 Hektopascal Luftdruck, 67 Prozent Luftfeuchtigkeit. Kurz darauf betritt der Mathematiker und Computerfachmann seine Arbeitsstätte, das Rechenzentrum der Hamburger Universität, und geht in sein Büro: Zimmer 101.

Keller gehört zu einer besonderen Sorte Mathematiker. Er beschäftigt sich mit Zahlen; in Fachkreisen gilt er als Europas einziger Experte für „Primzahlriesen". Seine Alltagswelt jedoch wird wie die unsrige von Zahlen regiert: Zeit und Geld, Verkehr und Gesundheit, Sport und Musik bilden ein Universum, in dem fast alles zu Zahlen in Beziehung gesetzt wird. Jedenfalls alles, was sich zählen, wiegen, messen oder schätzen läßt.

Intelligenz wird als „Quotient" vermerkt; Börsentendenzen werden nach Indexwerten registriert; Geburten, Sterbefälle, Hochzeiten, Scheidungen nach Raten; Politiker, Parteien, Wahlen nach Prozenten bewertet – kein Lebensbereich, der nicht durch Abzählbares oder Meßbares auf seinen numerischen Kern gebracht würde. Kaum ein Moment, in dem wir uns nicht mit in Zahlen Gefaßtem absichern, orientieren und damit Entscheidungen treffen. Unser gesamtes Denken ist mit Ziffern verwoben, auf Schritt und Tritt sind wir von ihnen abhängig. Nie zuvor hat eine Kultur so durchgreifend auf mathematisches Denken gesetzt wie unsere High-Tech-Zivilisation.

Wilfrid Keller nimmt diese Allgegenwart der Zahlen bei seiner Arbeit kaum zur Kenntnis. Wenn er sich an seinen Schreibtisch setzt, betritt er eine Gegenwelt, einen von Menschen geschaffenen Kosmos, der beherrscht wird von seltsamen und geheimnisvollen Objekten und Gesetzen. Ein liebevoll gepflegtes Vorurteil weiß: Zahlenforscher sind weltfremd, ja vertrocknet und phantasielos. Doch je mehr man sich in das entrückte Universum der Zahlen hineinbegibt, um so klarer wird: Zahlenforschung ist ein faszinierendes und aufregendes Abenteuer des menschlichen Geistes, der seit Jahrtausenden den Geheimnissen der Zahlen auf der Spur ist. Angesichts ihrer noch immer ungelösten Rätsel umgibt die scheinbar so abstrakten Gebilde auch heute eine fast magische Ausstrahlung.

Der Eindruck des Geheimnisvollen wird noch dadurch verstärkt, daß wir zwar alle ständig mit Zahlen hantieren, sie uns aber vielfach kaum vorstellen können. Eine „Krise der Anschauung" diagnostizieren Zeitgenossen. Anläßlich eines Milliarden-Kredits an die DDR wollte ein Umfrage-Institut vor Jahren von erwachsenen Bundesbürgern wissen: „Wie viele Nullen hat eine Milliarde?" Ergebnis: Fast jeder zweite – 48 Prozent – tippte daneben. Von einem Reporter befragt, verlegte sich auch der damalige Wirtschaftsminister Bangemann aufs Raten: „Sieben, acht?" – „Nein, neun, Herr Minister."

Da wird der Mann aus Bonn auch wohl kaum in der Lage sein, zu erklären, was der Erwerb einer Milliarde Mark bedeutet. Dies wäre etwa so, als wenn einer 20 Jahre lang Samstag für Samstag im Lotto eine Million gewinnen würde. Oder: Fast 32 Jahre dauert es, bis eine Milliarde Sekunden verstrichen sind.

Wie viele Bundesbürger könnten auf den ersten Blick sagen, daß 314 159 265 358 979 rund tausendmal größer ist als 271 828 182 845, wie viele könnten diese Zahlen überhaupt laut vorlesen? Und wer wüßte schon auf Anhieb oder durch Nachdenken, selbst nur der Größenordnung nach, die richtige Antwort auf folgende Fragen:

- Wie viele Buchstaben enthalten die Bücher einer Buchhandlung? (einige Milliarden)
- Wie viele Menschen sterben täglich auf der Erde? (ca. 190 000)
- Wie viele unterschiedliche Schachpartien gibt es? (ca. 10^{57}, eine Eins mit 57 Nullen)
- Wie viele Noten spielt ein Berufspianist während seines Lebens? (ca. drei Milliarden)
- Aus wie vielen Zellen ist ein Mensch zusammengesetzt? (6000 Milliarden)

Zucken wir zusammen, wenn wir lesen, daß die Erde 658 Billiarden Tonnen wiegt? Oder was wüßten wir zu der Behauptung des britischen Astrophysikers Sir Arthur Eddington von 1931 zu sagen: „Ich glaube, es gibt 15 747 724 136 275 002 577 605 653 961 181 555 468 044 717 914 527 116 709 366 231 425 076 185 631 031 296 Protonen im Weltall und dieselbe Anzahl von Elektronen" – eine Zahl, die jedenfalls der Größenordnung nach zutrifft?

WAS ALSO SIND ZAHLEN? Über dieser Frage werden selbst Mathematiker Opfer poetischer Anwandlungen. „Die ganzen Zahlen hat der liebe Gott gemacht", schwärmte der Berliner Mathematiker Leopold Kronecker im letzten Jahrhundert, „alles andere ist Menschenwerk." Sein nicht minder berühmter Braunschweiger Kollege Richard Dedekind befand dagegen: „Zahlen sind freie Schöpfungen des menschlichen Geistes, sie dienen als Mittel, um die Verschiedenheit der Dinge leichter und schärfer aufzufassen."

Um mehr Präzision bemühte sich 1890 der Amerikaner H. B. Fine: „,Zahl' ist die Eigenschaft einer Gruppe unterschiedlicher Dinge, die während einer Veränderung, der diese Gruppe unterworfen werden könnte, unverändert bleibt, die aber die Verschiedenheit der individuellen Dinge nicht zerstört."

Menschen zählen mit allem, was tauglich zu sein scheint: mit Händen und Füßen, Schultern, Nase, Ohren oder Augen. Zahlen begleiteten den Menschen vermutlich, seit er die Sprache erfunden hat, spätestens aber seit der Zeit der Höhlenmalerei vor 30 000 Jahren. Aus dem Ende der Altsteinzeit, vor 10 000 Jahren, stammen Tierknochen mit eingeritzten Kerben, die, so sagen Prähistoriker, als primitive Rechentafeln dienten. Die Kerben entsprachen offenbar noch dem einfachsten denkbaren Zeichensystem. Die Finger hochrecken und für jede Zahl ein Zeichen setzen: I, II, III, ... – eine Zählweise, die unseren Kindern mit „Eins, zwei, drei, ... viele" noch heute vertraut ist. Der Nachteil: Jenseits der Zehn (oder, mit Zehen, der 20) wird eine demonstrative Verständigung über Quantitäten praktisch unmöglich.

Um über die Zehn wesentlich hinauszukommen, bedurfte es einer Methode, die es vermied, für jedes Zahlenwesen einen eigenen Namen einzuführen. Bereits die Ägypter orientierten sich an der Zehn als Zähleinheit – frühes Beispiel eines „Dezimalsystems". Sie benutzten Zahlzeichen mit sieben Hieroglyphen – den Zeichen für eins, zehn, hundert, tausend, zehntausend, hunderttausend, eine Million – und addierten ihre Zahlen nach einem simplen Verfahren: Nebeneinanderstehende Zeichen, etwa fünfmal die Zehn, wurden einfach zusammengezählt – „additiv", wie die Fachleute das nennen. Andere Kulturen entwickelten andere Systeme:

- Zahlreiche Urvölker, wie die australischen Aborigines, Indianerstämme in Südamerika oder afrikanische Buschmänner, kannten nur Zahlwörter für die „Eins" und die „Zwei";
- Azteken und Maya rechneten in Mexiko mit der Fünf und der 20 als Grundeinheiten;
- die Babylonier benutzten die 60 als Einheit – ein System, das bis heute als Winkelmaß, bei Uhrzeiten oder in der Bezeichnung „ein Schock" für die 60 überlebt hat;
- die Griechen gebrauchten, wie die Ägypter, ein additives Dezimalsystem, verwendeten jedoch als Zahlsymbole alle 24 Buchstaben ihres Alphabets, zuzüglich dreier alter, sonst nicht mehr gebräuchlicher Lettern – und konnten damit etwa bis 1000 rechnen;
- auch die Römer verbreiteten in ihrem Reich ein additives Dezimalsystem, die „römischen Zahlen". Zwar taugten diese, wie alle anderen additiven Zählsysteme, kaum zum Rechnen. Viel mehr als Abzählen war damit nicht möglich. Dennoch blieben sie in Europa bis ins Mittelalter hinein in Gebrauch.

Tatsächlich stellten additive Systeme einen geistigen Rückschritt dar. Denn unter den alten Systemen stach bereits um 1800 v. Chr. das babylonische durch die Neuerung heraus, die Ziffernsymbole nach ihrem Stellenwert nebeneinander zu setzen. In unserem Zehnersystem bedeutet dies: Je nach ihrer Position in der Zahl kommt den Ziffern eine andere Bedeutung zu: Die „1" hat nur den Wert eins, wenn sie rechts außen steht; mit jeder Stelle, die sie nach links rückt, verzehnfacht sich ihr Wert wie in 10, 100 oder 1000 – übrigens ein Relikt der im Osten üblichen Schreibweise von rechts nach links.

Dieses Positionssystem erforderte jedoch ein neues Zeichen, das nur die Stelle markierte, aber ansonsten „nichts" darstellte – die Null. Auch diese wohl denkwürdigste abstrakte Erfindung war den Babyloniern in ihrem 60er System schon gelungen. Noch vor dem 3. Jahrhundert benutzten sie ein Sonderzeichen für die Leerstelle, „die älteste Null der Geschichte", wie der französische Zahlenforscher Georges Ifrah anmerkt.

Die Dominanz des römischen Imperiums und damit der bei den Römern üblichen Zählweise war der hauptsächliche Grund dafür, daß die babylonischen Errungenschaften wieder verlorengingen. Es dauerte bis zum 6. nachchristlichen Jahrhundert, ehe sie von den Hindus wiederentdeckt wurden. Zum zweitenmal in der Geschichte der Menschheit tauchte damals ein Zeichen für die Null auf.

Zwei Jahrhunderte später hatten die Sanskrit sprechenden indischen Völker praktisch unser heutiges dezimales Positionssystem inklusive der Null voll entwickelt. „Die größte Errungenschaft der Hindus", befand 1897 der amerikanische Mathematikhistoriker F. Cajori, „und diejenige, die in der Mathematik am meisten zum allgemeinen Fortschritt der Intelligenz beitrug, ist die Erfindung des Positionsprinzips beim Schreiben von Zahlen."

Die Araber, ursprünglich ohne eigene Zahlenschrift, übernahmen nun eine einzigartige Vermittlerrolle, indem sie das indische System aufgriffen. Während sie vom Süden her das Abendland zu überrollen versuchten, brachten sie die indischen Ideen ins eroberte Spanien. Von dort her wurden die „arabischen" Ziffern auch den lateinischen Gelehrten bekannt.

Dennoch sahen die mittelalterlichen Gelehrten und Handelsleute noch lange keinen Grund, die etablierten additiven römischen Ziffern gegen die indisch-arabischen einzutauschen. Den hinhaltenden Widerstand löste unter anderem die „Null" aus. Diese scheinbar paradoxe Zahl, die selbst nichts darstellt, aber, rechts angehängt, anderen Ziffern zu einer Verzehnfachung verhilft, kam ihnen vor wie Teufelswerk.

Der Sprachphilosoph Roland Posner von der Technischen Universität Berlin beschreibt die Abwehrhaltung der Kaufleute so: „‚Wie kann etwas, das selber nichts ist, zu anderem hinzugefügt, dessen Wert verzehnfachen?' räsonierte man und übersah dabei den Unterschied zwischen Zeichen und Bezeichnetem und zwischen isoliertem Wert und Stellenwert eines Zeichens."

Erst der Bergwerksbuchhalter Adam Riese aus Staffelstein am Main brachte als genialer Praktiker seinen Zeitgenossen 1522 die „Rechenung auf der linihen und federn auff allerley handtierung" überzeugend bei. Rieses Buch erlebte 60 Auflagen allein bis zum Jahre 1650 und half entscheidend, das Hantieren mit Zählpfennigen und dem Rechenbrett zu verdrängen.

Durch Riese popularisiert, blieb das neue System nicht nur Priestern und Gelehrten vorbehalten. Es verbreitete sich auch rasch im

Volk – und war damit bahnbrechend für die moderne Zivilisation. Das neue Verfahren

- benötigte weniger Zeichen – man kam mit den Grundzeichen für die Zahlen unter Zehn aus;
- erlaubte es, Zahlen beliebiger Größe zu bezeichnen, ohne neue Grundzeichen einführen zu müssen – damit war das Tor zu wirklich großen Zahlen aufgestoßen;
- ermöglichte praktisches Rechnen auf dem Papier – das allein sparte erheblich an Zeit.

Der Erfolg war durchschlagend: Das Bankwesen erblühte ebenso wie die modernen Naturwissenschaften. In der Unermeßlichkeit des Zahlenreiches stießen die Forscher bald über jede alltägliche Dimension hinaus – zu den großen Zahlen und, potentiell, bis ins Unendliche. „In den meisten Hochkulturen", merkt Posner dazu an, „gab es für Zahlen über einer Million gar keine Bezeichnungen. Der Ausdruck ‚Milliarde‘ ist im deutschen Sprachraum erst seit den Reparationszahlungen gebräuchlich, die Frankreich nach dem Krieg von 1870/71 an das Deutsche Reich zahlen mußte."

Die Menschheit, deren Sprache sich zunächst immer am Anschaulichen orientiert, sprengte mit der manipulativen Erreichbarkeit riesiger Zahlen den Bereich der Alltagswelt so radikal wie nie zuvor. Moderne Wissenschaft, wie sie sich seit dem 17. Jahrhundert entwickelte, beschreibt heute die Welt in Zahlen jenseits und unabhängig von ihrer sinnlichen Vorstellbarkeit.

Die „Milliarde", die schon dem deutschen Bildungsbürger zu schaffen macht, entlockt Mathematikern allerdings höchstens ein Lächeln. Große Zahlen haben in deren Handwerk eine andere Bedeutung. Um auch mit noch größeren Zahlengiganten bequem hantieren zu können, erfanden sie – Steigerung des Positionssystems – die sogenannten Hochzahlen oder Potenzen: Statt $100 = 10 \cdot 10$ schrieben sie fortan 10^2, und für $10\,000 = 10 \cdot 10 \cdot 10 \cdot 10$ notierten sie kurz 10^4.

Um 1930 prägte der Mathematiker Edward Kasner – nur teilweise zum Scherz – die Zahleneinheit „Googol". Ein Googol, so definierte der Amerikaner, ist eine Eins, der hundert Nullen folgen, in Potenzschreibweise als 10^{100} zu notieren. Als logische Steigerung offerierte Kasner darauf eine Zahl, in der er selbst vor der Potenz einer Potenz nicht zurückschreckt: ein „Googolplex" – eine Eins, der ein Googol an Nullen folgt – kurz $10^{10^{100}}$.

Mit „normaler" Sprache geriete man da schon ins Stammeln: Um sie in „-illionen" auszusprechen, würde nämlich für das Zahlenmonster Googolplex nicht mal das Alter des Universums ausreichen!

Ein weiter Weg von der Zählerei mit „Eins, zwei, drei, . . . , viele" –
und doch nur ein Schatten des Nichts angesichts des „Unendlichen".
Denn einfach einzusehen ist die Tatsache, daß sich die Folge der Zahlen „1, 2, 3, . . ." unaufhörlich fortsetzen läßt. Keine noch so große
Zahl, kein Googolplex von Googolplexen, wäre die „letzte" (man
zähle immer nur eine Eins dazu). Daher „gibt" es also unendlich viele
Zahlen, obwohl natürlich niemand unendlich viele Zahlen „herstel-
len" oder aufschreiben könnte – nicht die ganze Menschheit und alle
möglichen außerirdischen Zivilisationen zusammen in der Geschichte des Universums.

Neben der Lösung praktischer Probleme – Kalenderberechnungen,
Astronomie, Vermessungsarbeiten, Handel, Steuer, Buchführung,
Münzprägung, Kreditwesen – gewannen schon die frühen Zahlenforscher, zumeist als ein Ergebnis von Zahlenmystik, belegbare Einsich-
ten in den abstrakten Zahlenkosmos. Aber selbst in unseren „aufgeklärten" Zeiten befassen sich die Forscher oft noch mit den gleichen
Problemen wie in Antike oder Mittelalter. Mit Papier und Bleistift,
aber auch mit Supercomputern identifizieren Mathematiker Gesetzmäßigkeiten und suchen nach verborgenen Zusammenhängen. Im
scheinbar gleichförmigen Zahlenmeer fahnden sie im jeweils Besonderen nach dem grundlegenden Muster. Zudem verblüfft Philosophen wie Naturwissenschaftler die Prägnanz, mit der sich die uns
umgebende Welt mit Zahlen durchdringen und beschreiben läßt.

Zwar ist das Universum der Zahlen viel größer als das physikali-
sche Universum – stellt doch die Realität nur einen kleinen Ausschnitt des mit Hilfe von Zahlen und Mathematik Denkbaren dar.
Aber die meisten abstrakt ermittelten Gesetze erwiesen sich als auch
für die Natur zutreffend. So wurde die moderne Wissenschaft zum
prominentesten Nutznießer der Rechenkunst: Die Physiker etwa nutzen sie als ein Instrument der Prognose; durch Hochrechnung und Si-
mulation finden die Forscher aber auch auf anderen Gebieten Dinge
heraus, die anders gar nicht erforschbar wären.

WÄHRENDDESSEN ist ein geringer Teil der schätzungsweise 37 000
Mathematiker, die es in aller Welt gibt, mit Problemen der Zahlenforschung beschäftigt, die dem Rest der Welt bisweilen als schierer
geistiger Amoklauf erscheinen. Besonders fasziniert die Forscher ein
Zahlentyp, der schon die griechischen Denker vor über 2300 Jahren
beschäftigte: die „Primzahlen".

Primzahlen – die „ersten", die „ursprünglichen" oder auch „primi-
tiven" (Primus = der Erste) – spielen im Zahlenkosmos eine ähnlich
fundamentale Rolle wie die chemischen Elemente in der Natur: Im

Reich der Zahlen bilden sie die unverrückbaren Grundbausteine, aus denen alle anderen Zahlen zusammengesetzt sind. „Elementar" sind Primzahlen tatsächlich, denn sie lassen sich nicht wie alle anderen Zahlen durch Multiplikation zweier kleinerer gewinnen.

Die Folge der Primzahlen beginnt mit 2, 3, 5, 7, 11, 13, 17, 19, 23, 29 ... und reicht in irregulären Sprüngen über jede Grenze der noch von Menschenhand manipulierbaren Zahlen hinaus. Jede Zahl – eben außer den Primzahlen – läßt sich, das wußte schon Euklid im Jahre 300 v. Chr., in genau ein Produkt aus Primzahl-Faktoren zerlegen, so wie sich ein beliebiger Stoff in die Atome der Elemente sortieren läßt, aus denen er aufgebaut ist: $60 = 2 \cdot 2 \cdot 3 \cdot 5$ oder $782 = 2 \cdot 17 \cdot 23$.

Mathematiker blicken wie gebannt auf diese Zahlensonderlinge, vor allem, weil sich über sie viele Fragen oft furchtbar einfach stellen, die darin steckenden Probleme sich aber kaum lösen lassen. Don Zagier von den Universitäten in Bonn und Maryland: „Trotz ihrer einfachen Definition gehören Primzahlen zu den willkürlichsten und widerspenstigsten Objekten, die der Mathematiker überhaupt studiert. Sie wachsen wie Unkraut, scheinbar keinem anderen Gesetz als dem Zufall unterworfen, und kein Mensch kann voraussagen, wo wieder eine sprießen wird."

Obwohl die Primzahlen als Einzelwesen nicht recht in den Griff zu bekommen sind, gehorcht jedoch die Masse der Primzahlen – genau gesagt: ihre Häufigkeit – einem verblüffend einfachen statistischen Gesetz. Mathematiker staunen noch heute über diese Tatsache. Der Schweizer François Fricker, Mathematikprofessor in Gießen: „Die größte Überraschung ist, daß überhaupt ein einfaches Gesetz besteht. Zwar sind die Primzahlen im einzelnen völlig unregelmäßig verteilt; insgesamt aber ist ihre Verteilung doch wieder erstaunlich regelmäßig."

Dieses Paradoxon erinnert Fricker an die Bienen: „Betrachtet man einen Bienenschwarm aus der Nähe, so wird man einzelne Tiere sehen, die völlig wirr in verschiedensten Richtungen durcheinanderfliegen. Und trotzdem wird der Schwarm insgesamt von irgendeinem bestimmten Ziel angezogen."

Auch Wilfrid Keller von der Hamburger Universität ist diesen Spezialzahlen seit Jahren verfallen. Der Wissenschaftler gehört zum exquisiten Kreis der „Primzahlriesen-Forscher". Mit anderen Zahlentheoretikern beteiligt er sich an der weltweiten Jagd auf die größten Primzahlen, die man noch in den Griff bekommen kann, und der Analyse ihrer Eigenschaften. Ohne die schnellsten elektronischen Zahlenfresser wäre diese Jagd längst nicht so aufregend.

Eines wissen die Forscher schon seit langem: je größer die Zahlen, desto seltener die Primzahlen. Unter den Zahlen bis 100 sind noch 25 „prim" – also 25 Prozent. Bis tausend sind es 16,8 Prozent, bis eine Million nur 7,8 Prozent, und unter der ersten Milliarde Zahlen treten gar nur noch 5,1 Prozent Primzahlen auf – Tendenz weiter fallend. Wäre es also denkbar, daß die Primzahlen von einer bestimmten Größenordnung an „austrocknen", es also eine letzte, größte Primzahl geben sollte? Eine Frage von grundlegender Bedeutung für das „Aussehen" des Zahlenkosmos.

Kein noch so schneller Computer könnte auf die Frage „Gibt es unendlich viele Primzahlen?" je eine Antwort geben. Denn keine noch so große jemals entdeckte Primzahl würde etwas über Existenz oder Nichtexistenz noch größerer Primzahlen aussagen. Den Kampf mit dem Unendlichkeitsproblem kann nur der menschliche Geist selbst aufnehmen. Aber wie?

Reicht unser Denkvermögen aus, „unendlich vieles" zu behaupten, obwohl das Gehirn aus biologischen Gründen auf endliche Zeit und endlich viele Gedankenschritte beschränkt ist?

Tatsächlich lieferte schon vor fast zweieinhalb Jahrtausenden Euklid in seinem klassischen Werk „Die Elemente" den Beweis für die Unendlichkeit der Primzahlenfolge. Euklids Beweisidee gilt unter Fachleuten noch heute als Muster mathematischer Eleganz – so einfach ist sie, und dadurch genial. Der Grieche zeigte durch eine absolut zwingende Überlegung, daß es zu jeder Primzahl eine noch größere gibt. Damit ist gleichzeitig bewiesen, daß es eine größtmögliche Primzahl eben nicht geben kann.

Euklids Geniestreich blieb für die nächsten 2000 Jahre die einzige gesicherte Aussage über Primzahlen. Ungeklärt blieb noch lange, ob die allmähliche Ausdünnung der Primzahlen, deren sinkende Häufigkeit also, einem erkennbaren Gesetz unterworfen ist. Um 1800 glaubten Carl Friedrich Gauß und Adrien-Marie Legendre diese Frage bejahen zu können und gaben unabhängig voneinander dieselbe Formel für ein solches Gesetz an. Wie es Genies oft passiert, konnten sie zwar keine exakte mathematische Begründung dafür liefern. Aber ihre Vermutung, jene heute als „Primzahlsatz" bezeichnete Formel, stimmte trotzdem – auch wenn sie erst 96 Jahre später als allgemein gültig nachgewiesen wurde. Nunmehr ließ sich die abnehmende Häufigkeit auf einfachste Weise ausrechnen.

Soweit die gute Nachricht. Die Tatsache, daß es unendlich viele Primzahlen mit gesetzmäßiger Häufigkeit gibt, enthob die Wissenschaft aber nicht der mühseligen Aufgabe, diese auch konkret zu finden. Halbwegs systematisch hatte die Suche nach einzelnen dieser Gebilde erst im 17. Jahrhundert eingesetzt. Was den Mathematikern damals noch vorschwebte, war, eine Formel zu finden, die möglichst viele und möglichst große Primzahlen hervorbringt.

Einen bis heute ertragreichen Wurf landete um 1645 der Paulanermönch Marin Mersenne in Paris. Ihm war aufgefallen, daß unter den Zahlen einer bestimmten Bauart immer wieder Primzahlen auftraten. Die Formel, die ihm besonders geeignet zu sein schien, betraf Zahlen mit einer Potenz von 2, genauer: Zahlen des Typs 2^p-1, wobei auch „p" eine Primzahl darstellen mußte. Mersenne selbst berechnete die einfachsten Fälle wie $2^2-1 = 3$ oder $2^3-1 = 7$, die nur „prime" Werte lieferten. In der Mehrzahl der Fälle stieß er zwar nur auf Zerlegbares, wie etwa bei $2^{11}-1 = 2047 = 23 \cdot 89$. Aber die nächsten seiner Zahlen, $2^{13}-1$, $2^{17}-1$ und $2^{19}-1$ (nämlich die Primzahlen 8191, 131071 und 524287) bestärkten ihn in der Hoffnung, sich mit dieser Formel an immer größere Primzahlen heranpirschen zu können.

Mersenne war davon überzeugt, daß sich schließlich auch „$2^{67}-1$" als Primzahl entpuppen müsse, und hinterließ die gleiche Vermutung für die noch größere $2^{127}-1$ (nur überstieg die Überprüfung dieser 21- beziehungsweise 39stelligen Zahlen seine Möglichkeiten). Über 220 Jahre blieb Mersennes Vermutung ungeklärt.

Danach demontierten die Forscher zumindest den ersteren Fall stückweise: Im Jahr 1876 zeigte der Franzose Edouard Lucas mit einem speziell auf Mersenne-Zahlen zugeschnittenen Testverfahren, daß $2^{67}-1$ zerlegbar sein müsse (ohne allerdings, eine Merkwürdigkeit seiner Methode, die einzelnen Faktoren selbst benennen zu können). Dies blieb dem US-Professor Frank Nelson Cole vorbehalten. 1903 hielt er auf der amerikanischen Mathematikertagung den vielleicht seltsamsten wissenschaftlichen Vortrag aller Zeiten.

Ein Zeitgenosse beschrieb das Ereignis folgendermaßen: „Cole – ohnehin ein Mann weniger Worte – ging zur Tafel, nahm die Kreide und rechnete 2^{67} aus. Dann subtrahierte er minuziös eine 1. Wortlos ging er nun zur anderen Tafelhälfte und multiplizierte 193707721 und 761838257287 miteinander – und dieses Produkt und das Ergebnis von $2^{67}-1$ stimmten überein! Die Anwesenden applaudierten. Cole setzte sich stumm. Niemand stellte eine Frage." Die Wochenenden von drei Jahren, so Coles Auskunft hinterher, habe er für dieses Ergebnis gebraucht.

Was die Rekordmarken anging, so erwiesen sich die Mersenne-Zahlen bei der Primzahljagd bis heute als äußerst fruchtbar. Edouard Lucas hatte mit seinem Test 1876 auch demonstrieren können, daß

Mersenne mit seinem zweiten Fall mehr Glück hatte, indem er belegte, daß $2^{127}-1$ tatsächlich prim ist. Es sollte die letzte per Hand berechnete Primzahl bleiben. Kein Wunder, wenn man sich die Zahl einmal in voller Schönheit betrachtet: $2^{127}-1 = 170\,141\,183\,460\,469\,231\,731\,687\,303\,715\,884\,105\,727$.

Erst von 1951 an gelang es mit Computern, die Lucas-Rekordmarke von 1876 zu verbessern. Und wie bei Pferderennen der Jockey stets mit Pferd genannt wird, ziert seither die Primzahl-Hitliste neben dem Entdecker auch der Name der Rechenmaschine. Derzeitiger Spitzenreiter ist David Slowinski von der Cray Research Company, der seit dem Jahre 1979 dreimal in Folge den neuen Rekord aufstellte, übrigens auch weiterhin mit den Zahlen vom Mersenne-Typ. Mit einem Cray-Supercomputer bewies er im September 1985, daß die Mersenne-Zahl $2^{219\,091}-1$ eine Primzahl ist – eine Zahl mit 65 050 Ziffern. Es ist die 30. bekannte Primzahl unter den Mersenne-Zahlen. Es braucht einen guten Achtstundentag, diese Zahl einmal mit der Hand abzuschreiben.

Schon vor Mersenne hatte dessen Zeitgenosse Pierre de Fermat geglaubt, eine untrügliche Primzahlformel entdeckt zu haben: Zwei hoch einer Potenz von zwei, also $2^{2^n}+1$, wobei n eine Null oder jede andere Zahl sein kann.

Im Gegensatz zu Mersenne vermutete der Rechtsanwalt und Hobby-Mathematiker, daß seine Zahlen ausnahmslos prim seien. Fermat konnte seine Vermutung nicht beweisen. Zwar traf seine Vermutung für die ersten fünf seiner Zahlen zu: $2^{2^0}+1 = 2^1+1$ ergibt 3; $2^{2^1}+1 = 5$; für n = 2 folgt die 17, n = 3 führt auf 257, und aus n = 4 resultiert die Primzahl 65 537.

Aber Fermat hatte sich – wie erst hundert Jahre später der Schweizer Mathematiker Leonhard Euler bemerkte – geirrt. Euler wagte sich an die nächste, noch unerledigte Fermat-Zahl (für n = 5), ein zehnstelliges Gebilde. Nach einigem Rackern entdeckte er 1732, daß die Zahl in zwei Faktoren zu zerlegen war: $2^{2^5}+1 = 641 \cdot 6\,700\,417$.

Auch für die Folgewerte n = 6, 7, 8 bis 21 errechnen sich, so weiß man inzwischen, jeweils nur zerlegbare Zahlen, also Produkte aus mindestens zwei Primzahlen.

Obwohl Fermat sich in seiner „Primzahlformel" getäuscht hatte, hielten die Forscher es dennoch – und weil sie bisher keine bessere finden konnten – für der Mühe wert, sich mit Hilfe von Mersenne- und Fermat-Zahlen in immer schwindelerregendere Zahlenregionen vorzupirschen. Fehlanzeige jedoch bei Fermat: Bis heute wurde mit seinem Rezept keine einzige weitere Primzahl entdeckt.

Dies taucht die wahre Natur aller Fermat-Zahlen vorläufig in beunruhigendes Dunkel; denn weder über die Menge der Fermatschen Primzahlen noch über die zerlegbaren Fermat-Zahlen konnten Forscher allgemeingültige Gesetzmäßigkeiten herausfinden. Wilfrid Keller: „Die Experten erwarten, daß es höchstens noch endlich viele dieser Primzahlen gibt, vielleicht auch gar keine mehr. Demnach sollten vermutlich fast alle übrigen Fermat-Zahlen zerlegbar sein. Aber ob es tatsächlich unendlich viele zerlegbare Fermat-Zahlen gibt, weiß kein Mensch. Daher reizt es mich, in diesem Punkt wenigstens die Grenze des Wissens immer weiter ‚nach oben‘ zu schieben."

Zumindest in Fachkreisen wird daher – ähnlich wie bei der Jagd nach den Primzahlriesen – mit Aufmerksamkeit verfolgt, welches die gerade jeweils größte zerlegbare Fermat-Zahl ist. Die Hamburger liegen da gut im Rennen: 1984 ermittelte Keller die noch heute größte bekannte zerlegbare Fermat-Zahl, indem er den kleinsten ihrer Faktoren berechnete. Sie ist wahrhaft furchterregend und sprengt sogar Googol-Dimensionen: $2^{2^{23471}}+1$ – eine Zahl mit mehr als 10^{7000} Stellen. Ihr kleinster Teiler – jener, den Keller 1984 herausfand – ist allein schon 7067 Ziffern lang.

DEN GRIECHEN EUKLID hätte diese Rekordjagd womöglich gar nicht so sehr beeindruckt; denn er wußte im Prinzip ja schon, daß jeder Primzahl unter Garantie ein „größerer Bruder" folgt. Interessant blieb jedoch ein anderes Problem. Zwar gilt: Je größer die Primzahl, desto mehr nimmt im Schnitt der Abstand bis zur nächsten zu. Aber wie groß die Lücken im Einzelfall sind, blieb den Forschern bis heute verborgen. Außer dem Trend, daß die Abstände bei größeren Zahlen ständig wachsen, gilt für sie immer noch Don Zagiers Unkrautprinzip: mal kurz, mal lang.

Manche der erratischen Sonderlinge stehen dicht an dicht, etwa die Paare: 5 und 7, 11 und 13, 17 und 19, 101 und 103 oder auch 1 000 000 000 061 und 1 000 000 000 063. Die Mathematik führt solche Nachbarn als „Primzahl-Zwillinge". Andere Primzahlen reißen dagegen immer größere Lücken selbst in den generellen Abnahmetrend: Wilfrid Keller kann ein Lied davon singen. Auf seinem Computer-Bildschirm läßt er die Primzahlfolge vorüberziehen. Bis zur Zahl hundert, so demonstriert er mir, sind 89 und 97 am weitesten voneinander getrennt, bis zu tausend sind es 887 und 907. Der mit 682 Zahlen größte bekannte Abstand spannt sich zwischen den Primzahlen 61 003 096 898 749 und 61 003 096 899 431 auf.

„Das einzige, was die Wissenschaft über solche Lücken exakt bewiesen hat", seufzt der Zahlenforscher, „ist, daß sie beliebig groß werden können." Und erläutert dies an einem Beispiel: Man denke sich irgendeine noch so riesige Zahl aus – etwa ein Googolplex. Dann gibt es, irgendwo weit draußen im Zahlenmeer, auch zwei benachbarte Primzahlen, die mindestens um ein Googolplex voneinander entfernt liegen.

Keller hält es in seiner eigenen Forschung – unter anderem – mehr mit den Primzahl-Zwillingen, auf die eine ähnliche Großwildjagd im Gang ist wie auf große prime Einzelgänger. Die Hatz auf große Zwillingspaare (respektvoll auch „Titanenzwillinge" genannt) läuft schon geraume Zeit.

1983 hielt Keller für ein paar Monate die Rekordmarke des größten bekannten Titanenzwillings: zwei Zahlen mit je 1338 Stellen. Aber inzwischen konnten die Konkurrenten immer schnellere Computer einsetzen. Ein 1985 annonciertes Spitzenpaar ist schon je 2259 Ziffern lang.

Allerdings ist bis heute unbekannt, ob es – ähnlich wie bei den Primzahlen – auch unendlich viele Primzahl-Zwillinge gibt, ob also zu jedem Zwilling immer ein noch größeres Paar existiert – bis in alle Unendlichkeit. Für diese scheinbar simple Frage funktioniert Euklids Kurzbeweis nicht, aber auch keine Idee aus den 2300 Jahren danach lieferte die Lösung! Das beste Ergebnis erzielte 1973 der in Beijing wirkende Mathematiker Tschen Djin-jun. In zehnjähriger Arbeit bewies er immerhin, daß es unendlich viele Paare gibt, bei denen der „größere Zwilling" entweder eine Primzahl oder das Produkt von höchstens zwei Primzahlen ist.

Damit aber ist die ganze Wahrheit noch immer nicht auf dem Tisch, und so könnte der Fall eintreten, daß es irgendwo einen größten und damit letzten Titanenzwilling gibt. Einen Preis von 25 000 Dollar, den die Firma Worldwide Computer Services 1982 für eine Lösung des Problems aussetzte, ist allerdings nicht mehr zu holen: Die Frist der Ausschreibung lief am 31. März 1987 ab.

IST DIESE JAGD nach Riesenzahlen nicht völlig absurd? „Tatsächlich stößt diese Aktivität selbst unter Mathematikern manchmal auf ziemliches Unverständnis", bekennt Wilfrid Keller. Er müsse sich schon ab und zu mal „herzhafte Beschimpfungen" oder ein „Was soll denn der Blödsinn?" gefallen lassen.

Aber Keller läßt sich dadurch den „Spaß am sportlichen Wettbewerb" nicht verderben. Gleichwohl räumt er ein, daß die Konkurrenz durch die „technische Materialschlacht der Computer" noch angeheizt werde. Dennoch stünden auch ernstere Fragen dahinter: So diene die Primzahlensuche dem Sammeln von Erfahrungsmaterial, mit dem sich Vermutungen über Zahlensonderlinge erhärten oder neue aufstellen ließen; auch zeige sich oft, sagt Keller, daß in der Zahlenforschung viele Fragen so eng miteinander zusammenhängen, daß sich mit der Lösung eines Problems gleichzeitig andere miterledigen lassen.

Wem die Primzahljagerei dennoch als Beleg für die Weltfremdheit der Mathematik dient, der irrt. Gerade die großen Primzahlen lieferten in den letzten zehn Jahren das entscheidende praktische Werkzeug für Datenschutz und Kryptographie – die Lehre von der Verschlüsselung von Nachrichten. Die Mathematiker Ronald Rivest, Adi Shamir und Leonard Adleman konstruierten ein praktisch einbruchsicheres Chiffrierverfahren, bei dem die Verschlüsselungsmethode sogar dem Gegner bekanntgegeben werden kann – ein sogenannter Öffentlicher Code.

Das Verfahren beruht im Prinzip darauf, daß zwei große Primzahlen sich zwar relativ leicht miteinander multiplizieren lassen, sich das Produkt danach aber kaum mehr in diese beiden Faktoren zerlegen läßt. Zum Verschlüsseln benutzt der Absender die jedem bekannte Produktzahl, zum Entschlüsseln jedoch braucht der Empfänger die nur ihm bekannte Faktorenzerlegung.

Alle Verfahren zur Faktorisierung müssen vor beliebigen Zahlen nach dem gegenwärtigen Stand der Technik schon kapitulieren, wenn sie mehr als 200 Ziffern lang sind. Legt man der Verschlüsselung also eine Zahl zugrunde, die sich aus dem Produkt zweier mehr als 100stelliger Primzahlen ergibt, so wäre diese und damit der ganze Code auch mit den schnellsten Rechnern der Gegenwart und nach den derzeit bekannten Verfahren in Tausenden von Jahren nicht zu knacken.

Freilich sind solche Anwendungsmöglichkeiten meist nicht mehr als ein Nebenprodukt einer Grundlagenforschung, die so oder so betrieben worden wäre. Der ins amerikanische Princeton abgewanderte geniale deutsche Mathematiker Gerd Faltings, der 1985 eine berühmte Vermutung der Zahlentheorie aufklärte, sieht das so: „Man entwickelt (die Strukturen) zunächst für die Mathematik. Es kommt aber immer wieder vor, daß andere Leute damit etwas anfangen können." Andererseits hängt der Übergang vom Abstrakten zur konkreten Anwendung auch vom Zeitgeist ab.

„Das Konkrete", sagte der französische Physiker Paul Langevin, „ist das Abstrakte, an das man sich gewöhnt hat."   (1988)

JÖRG-UWE ALBIG

Gehirn auf Millionen Beinen

Ameisen, Myriaden von Ameisen in einem Bau.
Doch die vielen krabbeln nicht ausschließlich eigene Wege – sie
verhalten sich zugleich auch wie ein einziger Organismus.
Wie ein in tausend Teilen in die Welt gestreuter Körper, gesteuert von
einer übergeordneten Intelligenz. Vor ihr verbeugen
sich seit jeher die Insektenkundler. Von der Ameise lernen,
sagen manche, heißt siegen lernen!

„Die Ameise ist klüger als der Mensch", sagt Walter R. Tschinkel. Der Professor an der Florida State University in Tallahassee hat einen länglichen Kopf mit ausgeprägten Kiefern. *Solenopsis invicta*, die Rote Feuerameise, hat zwei zehngliedrige Fühler und einen gemeinen Stachel. Sie kam vor ziemlich genau 50 Jahren aus dem brasilianischen Pantanal per Schiff in den Südosten der Vereinigten Staaten und heißt dort deshalb Red-IFA – Rote Importierte Feuerameise. Als Walter R. Tschinkel vor 48 Jahren mit seinen sudetendeutschen Eltern nach Amerika einwanderte, war Solenopsis jedenfalls schon da.

„Die Ameise", sagt Professor Tschinkel, „ist klüger als der Mensch." Zum Beweis erzählt er, wie die beiden einmal aneinandergerieten. Der Mensch in seiner eitlen Vermessenheit hatte *Solenopsis invicta* den Krieg erklärt. Zwischen 1957 und 1977 ließ die Regierung Kampfbomber aus dem Zweiten Weltkrieg die Südstaaten mit dem Insektizid „Mirex" bestreichen. Rund 200 Millionen Dollar kostete der Feldzug. Menschen und Tiere atmeten die Giftschwaden, heimische Ameisenarten gaben ohne einen Mucks ihren Platz in der Fauna auf, nicht aber *Solenopsis invicta*. Denn die „Unbesiegte" eroberte die entvölkerte Region um so schneller, da alle Konkurrenz ausgeschaltet war, und verbreitete sich glorreicher als je zuvor. Der Krieg ging als „Vietnam der Insektenkunde" in die Geschichte ein.

Solenopsis invicta, die Unbesiegte! Kaum eine Ameise wurde so voller Liebe und Haß studiert wie sie. Das Zentrum der nachrichtendienstlichen Tätigkeit gegen sie gehört zum US-Landwirtschaftsministerium und liegt in Gainesville, Florida, zwei Stunden östlich von Tallahassee. Das Sternenbanner hängt in lastender Hitze über Baracken aus Ziegeln und Wellblech. Dr. David Williams, der Chef der Station, hat sich die fröhlichen Manieren eines Mannes in aussichtsloser Lage angewöhnt.

„Hier haben wir 200 Kolonien", sagt er und stampft durch das Labor. Ähnlich wie *Strongylognathus alpinus*, die ihre Kriege gemeinsam mit versklavten Fremdameisen führt, hat er hier einen Stellvertreterkrieg gegen die Feuerameisen versucht; mit parasitischen Viren, Bakterien und Pilzen. „Wir hofften, die Parasiten würden sie fertigmachen. Aber die Immunmechanismen der Ameisen sind einfach so gut in der Gegenattacke. Außerdem: Du tötest 50 000, und du schadest ihnen nicht."

Williams' Finger kämmen sanft durch die Plastikschalen, in denen agile Feuerameisen beharrlich Eigelb und tote Heuschrecken atomisieren. „Uuuh", ruft er und zieht seine Hand zurück, „diese verdammten Dinger stechen! Aber hier", seine Stimme summt vor Zärtlichkeit, „dies ist doch eine wunderschöne Königin."

Und er erzählt die Geschichte seiner tragischen Liebe.

„Ich war Fliegenexperte, bis ich vor sieben Jahren auf die Feuerameisen angesetzt wurde. Die Fliege war ein schlichtes, redliches Tier, aber die Ameisen verwirrten mich. Ich habe Tag und Nacht damit verbracht, sie zu betrachten, statt etwas gegen sie zu unternehmen. Ich bin fasziniert von Ameisen. Sie sind hübsch. Ich liebe es, sie anzusehen. Ich liebe es, mit ihnen zu arbeiten. Wenn ich mir Mittel gegen sie ausdenken muß, fühle ich ein leichtes Bedauern. Ich lerne von ihnen, immerzu."

Von der Ameise lernen heißt siegen lernen! Anfangs hatten Williams und seine Leute noch „Ausrottung" im Sinn; dann sprachen sie, weiser geworden, von „Kontrolle". Inzwischen nennen sie ihre fruchtlosen Bemühungen „Management", und auch das scheint ein bißchen hoch gegriffen zu sein. Ihre ausgedienten Gifte – Amdro, MagiKil oder Bushwhacker („das letzte Festmahl der Feuerameise") – stellen sie in einer Vitrine aus wie rührende, aber hoffnungslos unterlegene Speere aus dem Herero-Krieg: Sie haben gegen Solenopsis nichts ausrichten können.

„Von Ameisen und Menschen" hieß das Buch, das der Insektenforscher Caryl P. Haskins 1939 schrieb. Es war Programm für eine sehnsüchtige, ruhelose Suche nach einer Wahlverwandtschaft, einem gleichwertigen Kontrahenten in einem entgötterten Kosmos. Wo war das Wesen, in dem sich *Homo sapiens sapiens* auf dem Gipfel seiner einsamen evolutionären Karriere noch spiegeln konnte?

Schon vorher war die Heldensage von der Ameise mit dem frischen Mythos von der Massengesellschaft verschmolzen. 1921 bis 1923 veröffentlichte der Schweizer Ameisen-Pionier Auguste Forel seine fünfbändige Abhandlung über die „soziale Welt der Ameisen des Erdkreises im Vergleich mit der des Menschen". Sieben Jahre später erschien der Essay vom „Aufstand der Massen" des spanischen Philosophen José Ortega y Gasset. 1926 zeigte Fritz Lang seinen Film über die Zukunftsstadt „Metropolis", ein unterirdisches Labyrinth voller willenloser, stummer Arbeitskolonnen, die durch endlose Gänge krabbeln und blindwütig schuften, dem Geist des Ganzen zuliebe, der dauernd Menschenopfer verlangt, um weiterleben zu können.

Ein gutes Jahrzehnt später beschrieb Professor Haskins euphorisch den Aufstieg der Ameisenwelt: „Es gibt nur wenige lebende Geschöpfe, deren soziale Entwicklung überhaupt unserer eigenen gleichkommt, und unter diesen führen die Ameisen."

So scheint auch das Feuerameisen-Forschungszentrum von Gainesville nach ameisischem Modell zu leben. Betriebsame Wesen wimmeln, schwärmen aus und ein, lagern ihre Informationen in den vorgesehenen Kammern ab oder würgen Wissensbissen um Wissensbissen für ihre Kollegen aus, die sie emsig an den Rest der Kolonie weitergeben. In Baracke acht hängt eine Geburtsannonce am Schwarzen Brett – Nachwuchs für die Wissenschaftlerin Karen M. Vail. Daneben ein Kommentar in rotem Filzstift: „Ameisenforscherin gründet Kolonie".

Ein größenwahnsinniger Witz. Denn wie unwirtschaftlich ist Mrs. Vails Reproduktionstechnik im Vergleich mit der von Solenopsis! Mrs. Vail benötigte zur Produktion einer einzigen Tochter den Einsatz von 200 bis 600 Millionen Spermien. Die Feuerameise aber braucht für jede der rund 2,6 Millionen Arbeiterinnen, die sie in ihrem vielleicht siebenjährigen Dasein hervorbringt, nur einen bis drei Samenfäden. Während ihrer Massenhochzeit, eines gemeinschaftlichen Flugs mit Tausenden von Königinnen in 100, manchmal sogar 250 Meter Höhe, legt sie mit Hilfe eines einzigen Männchens in einem Organ mit dem unromantischen Namen „Spermathek" den Vorrat für ihr ganzes Leben an. Und wenn sie nicht gefressen wird – was fast allen Königinnen gleich nach der Begattung widerfährt –, gründet sie mit diesem Kapital unterirdisch eine Kolonie.

Anders als Mrs. Vail, die laut Anzeige auf Mr. J. Patrick Parkman zurückgreifen mußte, braucht die Königin nur sich selbst bei diesem einsamen, lichtlosen Geschäft. Wenn sie die ersten 5 bis 35 Eier gelegt hat, bleibt sie in der Brutkammer, verwandelt ihr eigenes Körperfett sowie vor allem die nutzlos gewordenen Flugmuskeln in weitere, unbefruchtete Eier und energiereiche Sekrete. Beides wird an die erste Larvengeneration verfüttert, die sich in vier Stufen entwickelt und danach verpuppt. Sobald nach sieben bis zehn Tagen die ersten winzigen Arbeiterinnen geschlüpft sind, finden die schon wieder 75 bis 120 Eier vor und dürfen sich gleich um sie kümmern.

Dabei sind sie aber abhängig auch von ihren Zöglingen: Die Larven der vierten Stufe sind die einzigen im Staat, die Proteine verdauen können. Eiweißhaltige Beute kauen sie in einer Einsenkung am Mund, dem „Futterkorb", für die anderen vor. Und eines Tages, wenn die Kolonie ihre endgültige Größe erreicht hat, produziert die Königin täglich ihr eigenes Körpergewicht in Eiern, 1500 und mehr. Dann lebt Metropolis.

DER AUSGEDÖRRTE, pinienbestandene Rasen vorm Institut in Gainesville ist übersät von graubraunen Glatzen; Solenopsis ist in die Schaltzentrale des Feindes vorgedrungen, und unter der Erde wartet wie in jedem Frühjahr die geflügelte fortpflanzungsfähige Minderheit unruhig auf den großen aphrodisischen Regen. Aber seit fünf Wochen herrscht Trockenheit in Florida.

Karen Vail wartet nicht, sie läßt es selber regnen. Denn sie braucht neue Kolonien für ihre Experimente. Zwei reife Ameisenhaufen hat sie ausgegraben und in weiße Plastikeimer umgetopft. Dann gaukelt sie den Übersiedlern mit einer Sprühflasche den Durchzug eines Tiefausläufers vor. Die feuchte Erde hat sie mit Startrampen aus Holzstäbchen und Grashalmen gespickt. Und eines Morgens öffnet sich das Erdreich; nervöse königliche Flügeltiere klettern an die Oberfläche, sie zerren ihre Schleppen hinter sich her, umwimmelt und umtastet von kleinen Arbeiterinnen.

Manchmal erklimmt eine Ungeduldige Stäbchen oder Halm, schlägt fahrig mit den Flügeln und wird von den Wachen zurückgezerrt; die Zeit ist noch nicht reif. Manchmal fliegt ein Pionier spiralig gegen die Eimerwand und glitscht zu Boden. Aber dann, gegen ein Uhr mittags: der erste erfolgreiche Start. Um halb zwei verzeichnet die Station einen Abflug pro Sekunde; um halb drei ist alles still.

Etwas später, nach der Befruchtung, schweben die schmächtigen Männchen zu Boden, um bescheiden zu sterben. Die frischgebackene Königin aber knackt ihre Flügel an der Sollbruchstelle ab und gräbt sich in der Erde ein, unter einem Stein oder einem Blatt oder einer leeren Zigarettenpackung. Dann können Dr. Williams' Leute ausschwärmen, vorzugsweise zum Parkplatz von „Winn-Dixie's Delicatessen" gleich um die Ecke, und mit Gummischläuchen die jungen Mütter noch vor der Familiengründung aus den Asphaltritzen saugen. Dann sind die Königinnen für einen Moment in Menschenhand: Kriegsgefangene der Wissenschaft, neues Material für die Betriebsspionage der Menschen bei der Konkurrenz.

Am Schwarzen Brett in Baracke acht hängt ein Foto des Dr. Williams. Die Augen liegen tief, der Mund ist schmal, die drahtigen Locken weisen ein bißchen dämonisch gen Himmel. Und unter dem Bild beunruhigt ein Filzstift-Menetekel: „Ameisenforscher von Insektengesellschaft versklavt". Läßt *Solenopsis invicta*, die Unbesiegte, ihn je wieder los?

„Der Unbesiegbare" hieß auch das Raumschiff in dem gleichnamigen utopischen Roman des Polen Stanisław Lem, das auf dem Wüstenplaneten Regis III einer höheren Intelligenz begegnet; winzigen Maschinenteilen, die sich zu schwirrenden Materiewolken organisieren und die Eindringlinge in die Flucht schlagen. „Der Unbesiegbare" scheiterte an einem ungreifbaren, unbeirrbaren Gegenüber ohne Kopf und ohne Gefühle, das unendlich mehr zu sein schien als die Summe seiner verschrotteten Teile.

Das ungefähr muß auch die Vision des großen Ameisenforschers William Morton Wheeler gewesen sein, als er 1928 die Ameisenkolonie zum „Superorganismus" erklärte. Das kryptische Gekrabbel war, das stand für ihn fest, nicht einfach eine Ansammlung von zusammenarbeitenden Tieren – sondern von Zellen. Eine überlegene Intelligenz, die die Intelligenz ihrer Teile erst zum Leben erweckt. Ein in die Welt gestreuter Körper, der in beständiger Anpassung unablässig seine Form verändert.

Generationen von Forschern malten die Allegorie aus. Der ständige Nahrungsaustausch im Ameisenstaat: ein einziger Blutkreislauf! Die chemischen Duftmarken, mit denen das Volk sich selbst erkennt und Fremde ausgrenzt: ein einziges Immunsystem! Die geflügelten, ausschwärmenden Geschlechtswesen, die ein Volk nach Ablauf seiner kollektiven Pubertät produziert: Eier und Spermien! Und was sind die Berufsgruppen im Ameisenstaat anderes als Organe des großen Ganzen?

„Ob sie wohl keinen Fürsten noch Hauptmann noch Herrn hat, bereitet sie doch ihr Brot im Sommer und sammelt ihre Speise in der Ernte", bestaunte König Salomo, der Sohn Davids, das hochorganisierte Geschöpf, das so ganz ohne königliche Führungsqualitäten auszukommen schien, um ihren Großbetrieb mit all den Erntearbeiterinnen, Blattlausmelkerinnen, Bauarbeiterinnen, Jägerinnen, Spediteurinnen, Gärtnerinnen, Köchinnen, Säuglingsschwestern, Kellnerinnen, Putzfrauen, Kosmetikerinnen, Zofen, Wächterinnen, Soldatinnen in Schuß zu halten.

Welches Arbeitsamt entscheidet über die Berufswahl der Blattschneiderameise Atta? Sie hat im Lauf ihrer evolutionären Entwicklung vom Jäger-Sammler-Dasein zur Ackerbaugesellschaft ein komplexes System von Arbeitsteilung mit 29 unterschiedlichen Aufgaben entwickelt. Wie am Fließband wandern frische Pflanzenteile zur Veredelung von Spezialist zu Spezialist; sechs Stationen sind es von der Ernte-Atta, Schädeldurchmesser über zwei Millimeter, die mit ihren scharfen Kieferwerkzeugen das Grün absäbelt, bis zur Pilzbäuerin mit dem winzigen Kopf, die es zerkaut und als fertigen Nährbrei auf die Pilzbeete streicht, welche die ganze Kolonie ernähren.

Das System ist rigide und flexibel zugleich. Forscher, die aus Neugier eine ganze Abteilung aus einer Ameisengesellschaft entfernten, konnten beobachten, wie die Lücke umgehend aus dem vorhandenen Personalbestand geschlossen wurde; ein Teil der jungen Innendienstlerinnen avancierte dann frühreif zum Außendienst, oder alte Hasen aus der Abteilung Futterbeschaffung kletterten auf der Karriereleiter abwärts zum bescheidenen Brutpflege-Job.

Die Forscher entdeckten einen Regelkreis wie in menschlichen Gesellschaften, gesteuert von Angebot und Nachfrage. Nicht die Ameise hat Hunger, sondern die Kolonie. Die Hungerrezeptoren, die einen Menschen in seiner Ganzheit zum Schaschlik drängen, sind im Ameisenorganismus die Larven, deren Launen Generalmobilmachungen auslösen. Wenn die Kolonie satt ist, verlieren zuerst die Larven den Appetit. Dann verlängern sich die Wartezeiten für die Futtersammler, Zwischenhändler und Verteiler, die ihre Beute von Mund zu Mund endlich an die Larven loswerden wollen, und automatisch drosselt sich die Nahrungszufuhr.

„Die Ameise ist klüger als der Mensch", sagt Professor Tschinkel.

Es sind ja nicht die olympischen Rekorde der Ameise, die einen Menschen, der sich mit ihnen befaßt, demütig machen. Es sind nicht die Ameisenhügel, deren manche den Insekten 84mal so groß erscheinen müssen wie einem Menschen die Cheops-Pyramide. Es sind nicht die Abermillionenstädte wie die 1979 entdeckte japanische *Formica yessensis*-Superkolonie, die mit 45 000 vernetzten Nestern eine Fläche von 2,7 Quadratkilometern umspannt und 306 Millionen

Arbeiterinnen sowie 1 080 000 Königinnen beherbergt. Es ist nicht die Kampfkraft, mit der Ameisen Tiere kleinkriegen, die viel größer sind als sie selbst. Es ist die abstrakte Schönheit des Kollektivs. Wieder und wieder zitieren die nüchternsten Ameisenforscher die salomonische Weisheit: „Gehe hin zur Ameise, du Fauler; siehe ihre Weise an und lerne."

Sechsbeinige Götter! Und 80 Millionen Jahre alt. Die alte Maya-Legende „Von den zwei Sonnen" erzählt von Ameisen, die den Samen säten, aus dem der Mensch nebst dem Rest der Geschöpfe entschlüpfte. Pogonomyrmex oder Ischnomyrmex muß das gewesen sein, wenn Professor Haskins sich nicht sehr irrt: Beide konnten, als der Mensch noch staksig den aufrechten Gang einübte, schon ausgiebig sämtliche gesellschaftlichen Formen abhaken, die uns, so der Professor in seinem Buch, erst noch bevorstehen. Der französische Revolutionshistoriker Jules Michelet hatte im 19. Jahrhundert seine Utopie bei den „entschieden republikanischen" Ameisen gefunden, deren Gemeinwesen seinen Idealstaat darstelle. Professor Haskins jedoch sah, sieben Jahre nach Erscheinen von Huxleys Diktatur-Utopie, nichts als Schöne neue Welt.

Wird nicht im Ameisenstaat aller Nachwuchs gleich nach der Geburt der Mutter entzogen und in Erziehungsanstalten verschleppt? Ist nicht der Sinn für Eigentum jeder höheren Ameise, die ja anstandslos ihre Beute sozialisiert, verdächtig fremd? Wird sie nicht säuberlich Kasten zugewiesen, die sogar ihren Körper formen? Lebt sie nicht in Kommunen? Ist ihr nicht jede individuelle Regung fremd? Sie ist nichts, ihr Volk ist alles.

Der Mensch allerdings, fand Professor Haskins, sei für einen Totalitarismus im Ameisensinne einfach noch nicht reif, und es blieb offen, ob er es bedauerte. Ebenso offen bleibt bislang die Staatsverfassung der Ameisen: konstitutionelle Monarchie oder Diktatur des Proletariats? Die Königin kann zwar bestimmen, ob ein Ei zur Arbeiterin oder zur Königin heranwächst. Sie kann neue Weibchen am Eierlegen hindern. Sie kann chemische Botschaften über die Nahrungskette an ihr Volk verteilen. Aber die Arbeiterinnen können mit gezielter Fütterung ihre eigenen Personalpläne verfolgen, und in Solenopsis-Hügeln mit mehreren Königinnen sorgen sie sogar für das Gleichgewicht der Macht: Königinnen, die durch eine Laune der Gene zu fruchtbar werden, droht die Todesstrafe.

Im Computerzeitalter schließlich wurden die ahnungslosen Genies zur Fabel für Informatiker. Was für ein Schaltkreis: Eine Kolonie von einer Million Ameisen, kommunikativ vernetzt, erreicht theoretisch die Rechenleistung des menschlichen Gehirns mit dessen hundert Milliarden Schaltelementen. Und was die Elektronik in Lichtgeschwindigkeit bewerkstelligt, erledigt das Überhirn des Ameisenstaats langsam, aber sicher auf chemischem Weg.

„Kleine Chemiefabriken" nennt der Ameisenforscher mit zärtlichem Schauder die gliederreichen Körper, die aus Drüsen Botenstoffe, die Pheromone, absondern. Sieben bis 20 Drüsen, je nach Art, versprühen ihr Vokabular, allein die Dufoursche Drüse der Roßameise enthält 40 unterschiedliche Substanzen. Fühler- und Beinbewegungen ergänzen den Wortschatz.

Neuerdings interessieren sich die Forscher auch wieder für eine der geheimnisvollsten ameisischen Fähigkeiten: den „topochemischen Sinn", den der große Forel in den zwanziger Jahren am Ende der Ameisenfühler gefunden zu haben glaubte. Mit dem könne die Emse nämlich räumlich riechen. Was für eine Vorstellung für uns Unterentwickelte: ein Duft in drei Dimensionen? Ein flacher oder spitzer Geruch vielleicht? Ein nördliches Aroma? Cyberspace! Minister for Tomorrow: die Ameise.

Die Ameise öffne uns den Blick in unsere eigene Zukunft, fand schon Professor Haskins. „Es bleibt uns kein anderer Wegweiser", sagte auch der symbolistische Literat Maurice Maeterlinck in seinem Buch „Das Leben der Ameisen".

Kein Wunder, daß die Ameise zum Alien wurde. Die Science-fiction-Maschine Hollywoods lieferte den Gläubigen bereitwillig Ameisen in allen Größen: die übermannsgroßen Mutanten in „Formicula" (1954), die Propagandamaschinen in dem Streifen „In der Gewalt der Riesenameisen" (1976) und die winzigen Intelligenzbestien in „Phase IV" (1973), die dem Menschen nur die Wahl zwischen Anpassung und Vernichtung lassen – sie alle waren nicht exotische Monstergestalten wie Godzilla, Gene Hackman, die Teufelsspinne oder die Killertomate. Sie waren Objekte der Verehrung.

In „Phase IV" erkennt der Held auch brav die Göttlichkeit seiner Widersacher an und reiht sich ein in den Superorganismus der Ameisen. Er wird aufgenommen vom fürsorglichen Massenkörper, ein rotes, warmes Bild des Friedens beschließt den Film: Nirwana! Nehmt unser Ego, ihr uralten Schwestern, vielbeinig wie Hindu-Göttinnen!

WIE VON EXTRASTARKEN Pheromonen einer unsichtbaren Nahrungsquelle entgegengezerrt, schnüren die Autos in der Mittagshitze den Highway entlang, und auch Professor Tschinkel biegt auf Nahrungssuche ins Schnellrestaurant „Sandy's" ein. Er bestellt ein Chicken Barbecue. Was er nicht ißt, verstaut er in einem Beutel für die Lieben daheim. Verwahrt nicht auch die Ameise den Großteil ihrer Nahrung unangetastet im Kropf, dem „Sozialen Magen", um sie an Artgenossen zu verteilen?

„Trophallaxis" nennt der Fachmann den Prozeß, mit dem der Energiepegel in allen Körpern einer Kolonie auf gleichem Stand gehalten wird: Die Spenderin, von der Empfängerin mit rhythmischem Fühlertasten und chemischen Bettelsprüchen angepumpt, würgt prompt überreichlich die Nährflüssigkeit aus, und Stunden später ist eine Portion unter hundert Arbeiterinnen verteilt. Sogar schmarotzende Käfer, die den Signalcode geknackt haben, kommen da noch auf ihre Kosten. Der große Forel wollte nackte Wollust auf den Antlitzen auswürgender Wohltäter beobachtet haben: Geben seliger denn Nehmen, Teilen verbindet.

Ist die ameisische Selbstlosigkeit, für die der Mensch extra ein Gewissen braucht, also das schiere Lustprinzip? Haben die Ameisen längst das Organ erfunden, dessen Fehlen im Menschen unsere Geschichte noch immer zu einer Geschichte von Klassenkämpfen macht? Der sogenannte Altruismus der Ameisen, das fand 1964 der englische Evolutionsbiologe William Hamilton heraus, ist in Wirklichkeit der Egoismus ihrer Gene. Diese befehlen die Ausbreitung und Vermehrung des Volks auch auf Kosten des Individuums. Weshalb das so ist, zeigt ein typisch soziobiologisches Kalkül.

Während nämlich menschliche Geschwister nur die Hälfte ihres Erbguts gemeinsam haben, gleichen die Gene weiblicher Ameisen einer Kolonie einander zu 75 Prozent, genauer: dem Mittel aus 100 und 50 Prozent. Denn weil ihr Vater nur einen einzigen Chromosomensatz hat (Männchen entstehen aus unbefruchteten Eiern), gibt er an alle Töchter die gleichen Gene weiter. In ihrer väterlichen Erbschaft gleichen sich weibliche Ameisen also zu 100 Prozent. Von der Mutter, der Königin, dagegen bekommen sie Gene aus dem ersten oder zweiten Chromosomensatz – und gleichen sich in ihrer mütterlichen Erbschaft nur zu 50 Prozent.

Weil sich die väterlichen Gene „einmischen", sind aber auch Ameisen-Mutter und -Tochter – wie beim Menschen – nur zu 50 Prozent miteinander verwandt. Nur bis zu diesem Wert könnten Arbeiterinnen, wollten sie sich paaren und vermehren, also ihre Gene reproduzieren. Dieser Aufgabe kann das Heer der Arbeiterinnen aber durch die ständige Aufzucht 75prozentiger Schwestern nachhaltiger dienen als durch die Produktion eigenen Nachwuchses.

„Ameisen wie Menschen", sagte Edward O. Wilson, der amerikanische Ameisenforscher und Mitbegründer der Soziobiologie, „haben die Fähigkeit zum äußersten Opfer." In der Tat, nicht nur bei der Fortpflanzung praktizieren Ameisen die Selbstaufgabe: Wie Roboter stürzen sie sich auch in aussichtslose Kämpfe mit Feinden, um das Territorium zu verteidigen, das den dreiviertelidentischen Schwestern lebenswichtig ist. Manche sprengen sich in Kamikaze-Manier selber in die Luft, wie die malaiische *Camponotus saundersi*, die lebende Bombe, die im Ernstfall die Muskeln strammt, ihren klebrig gefüllten Hinterleib platzen läßt und den Gegner mit lähmendem Leim überzieht.

Manche Ameisenarten ziehen nur mit ihrem Stachel in den Krieg, andere verlassen sich auf die in langen Evolutionsjahren perfektionierten Kieferwerkzeuge, die Mandibeln heißen und bei vielen Ameisenkasten ähnlich den menschlichen Händen Präzisionsinstrumente sind. Oder sie setzen die C-Waffe Ameisensäure ein, mit der sie aus der Distanz gegnerische Insekten metzeln und die sie jährlich in einer Menge von einer Million Tonnen in die Atmosphäre sprühen. Die Ameise ist das einzige Insekt, das organisierte Heere unterhält und Angriffskriege führt.

WAS WEISS DER KLEINE FROSCH, der nachmittags über die verlassene Southwood Farm bei Tallahassee quakt, vom Krieg? Die Sonne sticht aus babyblauem Himmel, Zikadengesirr verstärkt die Stille ins Zeitlose. Der Boden aber ist gespickt mit numerierten Blechplaketten, mit blauen und roten Fähnchen wie auf Stabsplänen eines Manövers.

Hier schreibt Professor Tschinkel Ameisengeschichte auf. Er steckt Lebensräume ab, verzeichnet Geburt, Wachstum und Tod seiner Ameisenkolonien, verfolgt Wanderungen, Feldzüge, Expansionen, Annexionen und Völkermorde. Manchmal gibt es Grenzverschiebungen: je reifer, größer und stärker eine Kolonie, desto unwiderstehlicher ihr Verlangen nach Grundbesitz. An den Frontlinien, die von den andauernd wechselnden Kräfteverhältnissen bestimmt werden, toben kleine Scharmützel. Um schneller groß und stark zu werden, ist es die erste Tat einer jungen Kolonie, die Neugründung von nebenan zu plündern und deren Brut zu verschleppen. Der beraubten Königin aber gelingt es manchmal, sich in der siegreichen Kolonie einzunisten und deren Königin zu verdrängen.

„Ameisen-Bosnien", sagt Professor Tschinkel.

Dabei ist die Southwood Farm längst kein Vielvölkerstaat mehr. *Solenopsis invicta* hat das Terrain übernommen und beschäftigt sich nur noch mit internen Verteilungskämpfen. Fremdvölker erringen allenfalls Minderheitenstatus, solange sie sich unauffällig verhalten.

„Trupp Pseudomyrmex auf Futtersuche", meldet ein Student.

„Die haben Glück gehabt, daß sie bisher überlebt haben", sagt Tschinkels Kollege Eldridge Adams.

Er setzt sich auf die Ladefläche seines Pick-ups und futtert gelassen ein Sandwich. Solenopsis neidet es ihm nicht. Southwood Farm ist in ihrer Hand, der Mensch in die Rolle des UN-Beobachters und die Mitameise in die düsteren Wälder verwiesen.

Die Ameise ist der Ameise ein Wolf. „Wie der Mensch sind die Ameisen aller Wahrscheinlichkeit nach die anpassungsfähigsten Organismen ihrer Gruppe", wußte der alte Professor Haskins, „und die gefährlichsten Feinde der Welt sind für ihn wie für sie die Artgenossen."

Die Ameise ist eine antiutopische Utopie. Anpassung an das Bestehende, nicht die Entwicklung in eine leere Zukunft ist ihr Erfolg. Und darum ist „Erfolg" ein Lieblingswort der von Ameisen so faszinierten Soziobiologen; gern fallen ihnen zur Ameise Vokabeln aus der Betriebswirtschaft ein: „Kosten-Nutzen-Analyse", „Effektivitäts-Maximierung", „Konstruktionsaufwand".

Erstklassige Brutpfleger, aber schlechte Futterbeschaffer (also „energetisch ineffizient") sind etwa die winzigen Arbeiterinnen aus der ersten Solenopsis-Generation. Darauf reagiert die kollektive Vernunft wie ein straffes Personalbüro: Die zweite Generation wird bereits großwüchsiger und damit fit zum Außendienst. „Ergonomische Selektion", sagt da der Soziobiologe kühl und achtungsvoll. Oder „adaptive Demographie": Bevölkerungspolitik zum Zweck der Anpassung.

Denn per Anpassung hat die Ameise die Welt erobert, unschuldig, aber unerbittlich, und sich in schätzungsweise 20 000 Arten für fast jede erdenkliche Lebenssituation aufgespalten: 8804 sind bislang beschrieben. Sie beherrscht den Globus inklusive Steppen und Wüsten; nur Grönland, Island, die Antarktis und ein paar einsame Eilande im Ozean sind noch ameisenfrei.

Die Ameise ist der Idealtyp aller Managerkurse: ein streng rationelles, effizientes, kaum krankheitsanfälliges Tier ohne jeden Spieltrieb, das peinlich sauber ist und darüber hinaus so prächtig verdaut, daß es fast keinen Kot zurückläßt. Der unglückliche Mensch zittert vor Bakterien, der Atombombe und Industriegiften; die Ameise produziert ihre eigenen Antibiotika, verträgt 500mal höhere Strahlendosen als wir und ignoriert den Club of Rome.

Solenopsis fürchtet nicht einmal die Sintflut; bei Überschwemmungen ballt sich das Volk zu einer flachen Arche Noah zusammen, die Königin und die Brut wohlig im Schiffsbauch geborgen, und treibt gelassen auf dem Wasser bis zum nächsten Berg Ararat. Auf jeden Menschen der Welt kommen Hunderttausende von Ameisen; da muß es dem Menschen doch dämmern: Wir haben die Erde von unseren Ameisen nur geliehen.

Draußen auf der Tennessee Street von Tallahassee predigt ein frommer Mann ins Abgas. „2000 Jahre bis Abraham", steht auf seinem Sandwich-Plakat. „2000 Jahre bis zur Geburt Christi. 2000 Jahre bis zur Wiederkehr Christi. 6000 Jahre: Die bemessene Zeit des Menschen." Wir erwarten das dritte nachchristliche Jahrtausend: Die Zeit des Menschen ist so gut wie um, er wird langsam nervös. Aber die Ameise pflanzt ungerührt noch ein Pilzchen, melkt noch ein Blattläuschen, würgt noch ein Tröpfchen.

Tausend Jahre sind vor ihr, der Geduldigen, wie ein Tag.   (1994)

PETER-MATTHIAS GAEDE

Die Welt des Konrad Eugen Himmelein

*Im Lehenhof, einer anthroposophischen Dorf-
gemeinschaft am Bodensee, leben über 100 Bewohner, die für
gewöhnlich »psychisch behindert« genannt werden.
Dabei sind sie nur so frei, ganz normal verrückt zu sein.
Wie Konrad, der Bäcker, der fliegen kann.*

Konrad erklärt den Bäckern die Entdeckung des Atoms. Die Bäcker staunen. Sie geben zu bedenken, die Menschheit habe Mühe genug gehabt, etwas so ungleich Größeres wie Amerika zu finden. Wie könne es ihr da gelungen sein, auf ein winziges milchig-gläsernes Kügelchen zu stoßen. Zufall, meint Konrad. Weil Madame Curie beim Verlassen der Postkutsche in den Schlamm kippte. „Und da lag es, das Atom." Umschwirrt von Elektronen, deren Weg Konrads Arme in die Luft zeichnen. Dem Otto Hahn, der sich des Fundes annahm, gelang dann, zack, die Spaltung. Hermann ahmt einen Handkantenschlag nach: So müssen sich die Bäcker das vorstellen.

Nachmittags um vier sitzen sie bei Kräutertee zusammen und schmieren sich Marmelade auf das Brot, das sie gebacken haben. Sie schicken 700 Laibe am Tag in den Ofen und manchmal mehr; Leinsamenbrot, Buttermilchbrot, Walnußbrot, rund zehn Sorten, alle in Handarbeit geknetet, biodynamisches Vollkorn, und bis nach Stuttgart und München verkauft. Die Bäcker vom Lehenhof sind eine eingespielte Crew. Jeder in den 17 Häusern der Dorfgemeinschaft kann sich auf die Pünktlichkeit der Hörnchen am Freitag und der Brötchen zum Samstag verlassen. Auch wenn mal einer aus der Stammbesatzung in der Backstube ausfällt. „Den Christian hat leider eine Biene in den Zahn gestochen", sagt Konrad. „Du spinnst", sagt Hermann.

Natürlich spinnt Konrad. Wie jeder Verliebte. Er hat Almut getroffen und beschlossen, fleischlos glücklich zu werden wie sie. Für sie. Almut kommt jeden Morgen den Weg durch den Wald hinauf zur Arbeit im Haus Eschenhain, wo Konrad ein Zimmer im ersten Stock bewohnt. Leider aber hat er seine Hände um diese Zeit schon tief im Teig, und so erfahren die Bäcker mehr von Konrads Liebe zu Almut als Almut selbst. Sie ist „ein prachtvolles Sternenbild" für ihn.

ALMUT. Sie war die erste, die ich auf dem Lehenhof traf, nachmittags in der Küche des Hilda-Heinemann-Hauses. Sie hatte Pflaumen entsteint, wischte sich die Hände an der Schürze ab, sagte „sodele" und verschwand. Am Tisch zurück blieb Hänschen, ein schmächtiger Kerl mit einer scharf konturierten großen Nase, mit kurzen Armen und mit Beinen, die unter seinem Stuhl in der Luft baumeln konnten, ohne die Erde zu berühren. Auch Hänschen war dabei, mit einem Küchenmesser Pflaumen zu sezieren; eine große Menge ließ er im Mund verschwinden, und zur Abwechslung biß er sich mit einer Art entsetzter Fröhlichkeit in den Handballen.

Zwischen fünf und sechs kamen dann auch die anderen Bewohner des Hauses allmählich im Wohnzimmer zusammen: Johannes aus der Kistenfabrik im Tal, Christian und Sonja aus der Webstube, Hans aus der Wollwäsche und Axel. Für Christian war soeben die Blindenausgabe des „Stern" eingetroffen, Hans blätterte in einem Wissenschaftsmagazin, und Axel las in seinen Händen, die er sich mit wild verwickelten Fingern vor die Augen hielt. Hänschen befühlte das Blut eines Mafia-Opfers auf einem Foto im „Time"-Magazin und legte sein Ohr auf die Abbildung eines schreienden Mannes.

Beim Abendbrot faßten sich alle an den Händen, bevor sie mit großer Geduld begannen, den Bitten weit entfernt sitzender Tischnachbarn zu entsprechen und Käse und Wurst und Tee und Brot und Salz weiterzureichen, immer wenn sie gerade einen Bissen in den eigenen Mund schieben wollten. Sonjas Oberkörper war nun mit einem breiten Lederband an der Lehne ihres Stuhles vertäut, und Hans, mit 51 Jahren der Älteste im Haus, legte seine Hand immer mal wieder beruhigend und ohne hinzusehen auf Axels Hand, wenn der im Mikado-Spiel mit seinen Fingern versinken wollte. Almut schwieg, Hänschen pfiff, bis ihm die Gurke gereicht wurde, die er zärtlich auf einer Scheibe Wurst plazierte. Messer und Gabel behandelte er, als seien sie aus hauchdünnem Glas, und Krümel stippte er mit einer Fingerspitze auf, so vorsichtig und konzentriert, als berührte er Seifenblasen. Irgendwie kam Johannes auf Klaus Kinski zu sprechen und meinte, den hätte er nicht gern neben sich in der Kistenfabrik: „Der hat eine schlechte Ausstrahlung", sagte Johannes. Das fand Christian auch.

Bis auf Roland, zu einer Untersuchung im Krankenhaus, war sie komplett, die Wohngemeinschaft des Heinemann-Hauses: sieben von über 100 „Dörflern" auf dem Lehenhof. Dazu die Hauseltern Lynne und Stephan mit ihren Kindern – zwei von rund 70 Betreuern, für die acht Stunden kein Tag sein dürfen. Die Auflösung des Abendmahls vollzog sich in perfekter Arbeitsteilung, wortlos und eilig; nur Sonja und Axel waren aus der Abwasch- und Abräumkette ausgenommen, an deren Spitze Christian als „biologisch-dynamische Spülmaschine" das Geschirr wusch.

Hans hatte noch einen Termin außer Haus. Weil sich ein Kamera-team der BBC angesagt hatte, probten sie außerplanmäßig das „Karfreitagsspiel" jenes Dr. Karl König, der den Lehenhof vor 26 Jahren als Einrichtung der anthroposophischen Camphill-Bewegung gegründet hat. Ein Stück von der versuchten Verbannung Blinder, Lahmer, Groß- und Kleinköpfiger auf eine antike Insel, von der schließlichen Überwindung ihrer Schwäche durch die Entdeckung, daß es die „Krankheit" ihrer Herzen war, die sie mutlos und uneins hatte werden lassen.

Hans war in Not, seinen Part unter den zwölf verteilten „Gebresten" mit Dramatik zu füllen. Er sollte den Stummen spielen. Schaffte es aber nicht, sich vom „eh, eh, eh" im Skript zu lösen, um zur freieren Interpretation eines Menschen zu gelangen, „der innerlich gesagte Sätze nur nicht rausbekommt". Zwischendurch hockte er matt im Zuschauersaal und streichelte dem Mädchen, das neben ihm im Rollstuhl saß, einmal beiläufig über die Wange.

BEIM FRÜHSTÜCK am nächsten Morgen kommen Hans die „Wahr-spruchworte" aus Rudolf Steiners „Seelenkalender" sehr viel besser über die Lippen. Wann immer der geistige Übervater des Lehenhofs wörtlich zitiert wird, belegen sich die Stimmen der Rezitierenden mit einem leicht pathetischen Zittern. Auch bei Hans. Ein unwillkürlicher Nachahmungseffekt des herrschenden Vibrato in den Weihefeiern. „Es dampfet herbstlich sich der Sinne Reizesstreben. Der Sommer hat an mich sich selber hingegeben", liest Hans in die Versammlung, der Sonja dann das Datum des Tages zur Orientierung mit auf den Weg gibt. Wobei ihr alle helfen, wenn sie mal den richtigen Monat sucht. Meist ist Sonja ihrer Zeit ein wenig voraus.

Kurz nach acht schieben sie los. Sonja im Rollstuhl mit dem Sticker der Feuerwehr Sersheim, Christian mit dem „Marburger Langstock" voraus, Hans mit Filzhut. Und Hänschen mit „schwin-delnden Höhen" und anderen Fragmenten irgendeines Jägerlieds, das er in hohem Stakkato herausschleudert. Meist führt ihn sein Weg zunächst zu einem Baumstumpf, in dem er ein Depot von Hölzchen angelegt hat, und dann erst zur Teppichknüpferei. Er braucht diese Hölzchen, um bei der Welt anzuklopfen; und auch bei sich selbst – mit einem kurzen trockenen Schlag über dem rechten Ohr.

Almut ist im Nebel verschwunden und hat den Blick des Bäckers Konrad wieder nicht gesehen.

Johannes, in einem Kleinbus zur Kistenfabrik gefahren, steht im Kreis mit rund 30 Kollegen und verfolgt den alltäglichen Situationsbericht, den der Werkstattleiter gibt. Wenn einer aus „der Kiste" Geburtstag hat, ist dies der Moment für Thomas, seine Bonbondose mit dem Pausenbrot beiseite zu legen und sich aus den Sägespänen vor den Untertischkappsägen zu erheben. Er nimmt dann die blaue Schirmmütze vom Kopf und singt die Arie des Sarastro aus der „Zauberflöte". Für gewöhnlich aber hat die Lagebesprechung Terminnöte und die Preissteigerung für den Festmeter Fichte zum Gegenstand. Probleme, die der Chef der Kiste seiner Belegschaft nicht vorenthalten will.

Die Seitenwände der Obstkisten sind schon vernagelt, wenn Johannes sie vom Band nimmt. Er greift sich einen Boden, schiebt ihn in die Maschine und tritt auf ein Pedal. Die Nägel werden dann ins Holz geschossen. 800 Kisten am Tag gehen durch Johannes' Hände, seit 16 Jahren, oder 751 Kisten oder in der Erntesaison 1050 Kisten, deren genaue Stückzahl er abends unterm Dach des Heinemann-Hauses in ein Buch einträgt: eine Bilanz seiner ganz privaten Zufriedenheit.

Und vielleicht auch der Freifahrtschein für die kleinen Fluchten auf dem lindgrünen Moped, einer 17 Jahre alten DKW, die er sonntags, selten allerdings, aus dem Verschlag am Kaninchenstall hervorholt, um sich hinuntertragen zu lassen bis zum Bodensee. Gegen die kalten Füße bei solchen Reisen schützt sich Johannes mit Stiefeln, die ihm drei Nummern zu groß sind; er hat sie in „40" statt in „37" gekauft. „Auf gerader Strecke haut die Maschine ab wie 'ne Eins", sagt Johannes, „30, 35 Sachen macht die glatt."

DIE ENTDECKUNG DER LANGSAMKEIT hat der Werkstattleiter der Kiste zwar schon lange hinter sich, seine Reserven an Langmut aber muß er täglich neu entdecken. Einerseits will er mehr als Beschäftigungstherapie für seine Belegschaft, nämlich die „industrielle Produktion sinnvoller Güter". Andererseits gibt es auf dem Lehenhof auch zarter besaitete Betreuer, denen das Montageband für die Kistenböden, Arbeitsplatz von rund zehn Dörflern, ein Schreckgespenst ist. Unkreativ wie sonst nur noch das verbotene Fernsehen.

Rund die Hälfte des Zwei-Millionen-Umsatzes des Lehenhofes erwirtschaftet die Kiste; sie trägt entscheidend dazu bei, daß der Pflege-
satz hier mit knapp 100 Mark am Tag weit unter dem einer üblichen
psychiatrischen Landesklinik liegt. Aber zwei- bis dreimal höher ist
der Umsatz ähnlich großer Schreinereien der Umgebung, mit denen
konkurriert werden muß. Dennoch würde sich an der Dorfgemein-
schafts-Idee vergehen, wer den Arbeitern nicht jederzeit erlaubte, zur
Fuß- oder Seelenpflege abzutreten oder zur Theaterprobe zu verschwinden.

Der Werkstattleiter und die Mitarbeiter sehen sich da in mancher
Konfliktsituation zwischen der Binnenwelt der Dörfler und dem zu-
gigen Außenklima. „Es beruhigt den Kunden nicht, wenn er einen
Lastwagen schickt, um Kisten abzuholen, und ich sage dem, unsere
Jungens tanzen gerade um das Johannisfeuer", sagt ein Betreuer.

Aber das kommt selten vor. So selten wie ein Arbeitsunfall. So selten wie Arbeitsunlust. Obwohl die „Prämie", die Johannes im Monat
bekommt, bei gerade mal 75 Mark netto liegt. Und bis auf ein Taschengeld ohnehin im Dörfler-Sozialfonds landet. Für einen Teil der
Häuser verwaltet ihn Hans, stolzer Manager eines Vermögens, aus
dem – alle für einen, einer für alle – die Reparatur von Brillengestel-
len bezahlt wird, Ersatz für verlorengegangene Uhren, Fahrräder, Ur-
laubsreisen und auch mal ein Radio.

Kurz vor Beginn der Mittagspause winkt mich Konrad in die
Bäckerei, um mir einen Gruß an Almut aufzutragen. Seine 150 Zentimeter sind von Kniehöhe aufwärts in einen Parka gepackt, auf dem
ein Aufnäher Konrads zweite Leidenschaft verrät: die Raumfahrt.
Genaugenommen ist sie die ältere, denn sie begann „am 21. Juli
1969", als Konrad 20 Jahre alt war und Neil Armstrong seine Füße
auf den Mond setzte. Konrad lädt mich zum Mitfliegen ein für einen
der nächsten Abende.

„Renate, geht's mit deinem Gehgestell?" fragt Volker mit der be-
mehlten Brille, und hält einer Dame die Tür auf, um sie in die Rush-
hour vor der Bäckerei zu entlassen. Morgens, mittags, abends kreuzen sich hier, zwischen Backofen, Kuhstall und Verwaltung, die
Wege fast aller Dörfler. Erzählt Marcel, der seit 25 Jahren den Stall
entmistet, von der Freundin in Berlin, die mit roten Fingernägeln in
einem Jaguar oder einem Camaro auf ihn wartet. Berichtet Bernhard,
der Verwalter der Briefmarkenkasse, von Kanzler Kohls Genesungs-
prozeß nach der Unterleibsoperation. Träumt Hermann, der Mann
mit den zwei Radios, von der fürs nächste Jahr geplanten Amerika-
Reise. Sitzt Gerti, der Bäcker, auf seiner Stammbank unter dem

Kastanienbaum, auf der er zu seinen Krankheiten spricht, vor allem zur Heiserkeit; nach einem langen Winter auch zur Wiese, der er dann „Blumen raus" befiehlt. Manchmal lachen sie über Gerti, ohne Verachtung.

Beim Mittagstisch sagt Hänschen „Rudolf Steiner". Rudolf Steiner sagt Hänschen immer dann, wenn er sich ärgert. Der Kamin im Heinemann-Haus, in dem er einst ein Standardwerk des Meisters versenkte, ist im Zuge der allgemeinen Gefahrenabwehr inzwischen stillgelegt. „Es gibt keine normalen Menschen mehr", wirft Johannes ein, „heute haben sogar Politiker und Polizisten ihre Macken." Die sie sich allerdings nicht anmerken ließen. „Nur mir merkt man es an", ergänzt Johannes nach einer Pause.

Als er sich unbeobachtet fühlt, die anderen sind schon beim Abwasch, gesteht sich Hans ein Quantum Wut zu. Er faßt Axel, der seinen Teller noch nicht leer hat, an der Nase, reißt sie nach oben und stopft ihm eine Portion Kartoffeln in den Mund. Dazu rutscht ihm ein zufriedenes „na also" heraus.

Solch ein Blick auf eine Privat-Grenze des Gleichmuts ist rar. Wenn ich an Tischen mit bis zu 21 spontan zusammengekommenen Essern im Alter von 19 bis 68 Jahren nach dem Limit der Aufnahmefähigkeit fahnde, irgendeinem Ende des Geduldsfadens, suche ich meist vergebens. Toleranzzone. Sie haben einen anderen Begriff von Fortschritt, und der ist nicht an Effizienz gekoppelt: Gerti hat nach acht Jahren in der Bäckerei, acht Jahren, in denen er nur aus seinen leuchtend blauen Augen gesprochen hat, begonnen, seinen Mund zu benutzen. Und Hänschen, im Alter von dreieinhalb Jahren von einem Arzt zur Verschlußsache der Psychiatrie erklärt, übt auf den nassen Wiesen fröhlich Kopfstand.

ABENDS NACH DEM SINGEN, „Winde zum Tanze die goldenen Ähren" mit dem Bäcker Hans-Peter an der Geige, hocken von den Heinemann-Häuslern noch einige unter der Lampe im Wohnzimmer. Almut entwirrt die Wolle, aus der Sonja einen Schal stricken will, seit die anderen zurückdenken können. Endlich richte ich Almut den Gruß von Konrad aus. Verlegenheit wischt über ihr Gesicht. Wenn sich Almut freut, reibt sie sich mit Höchstgeschwindigkeit die Hände. Aber jetzt läßt sie die Wolle nicht los. Almut, die auf ihrem „Würgmänn jüdische Lieder" hört und gern puzzelt. Der nicht anzumerken ist, welche Haarrisse in der Psyche sich zu dem Tragflächenbruch ausweiteten, der sie auf dem Lehenhof notlanden ließ. Der nichts anzumerken ist, solange der Tag keine Irritationen für sie bereithält, keine Verspätungen in den erprobten Abläufen, keine verrückten Dinge in den Schränken. Keinen Teller, den sie zuwenig auf den Tisch gestellt hat.

Almut, 27, der die Verläßlichkeit der Welt die Haut ersetzen muß. Hänschen, 30, der für andere kaum merklich einem abgebauten Kran vor dem Fenster nachtrauern kann. Christian, 27, dem 1980 das Licht ausgegangen ist, aber sonst nichts, was er erklären könnte. Hans mit seinem der Sage nach aus Schokoladentürmen und Chaos gebauten Zimmer, in das er niemanden hineinläßt: Es gibt vieles, was sie für sich behalten. Für sich behalten wollen. Müssen. Dürfen. Manchmal sitzen sie wie ein Geheimbund zusammen. In langen Schweigedemonstrationen. Scheinbar geschichtslos.

Eine Gehirnhautentzündung, ein Autounfall, ein Geburtsfehler, einige traumatische Stunden im Keller eines zerbombten Hauses haben ihnen das Gestern genommen, und den meisten von ihnen auch die Fähigkeit, mit der Gegenwart uneins zu sein. Nur Johannes erzählt mir von „früher". Johannes, 40, der Sohn des Uhrmachers, der gelernte Schuster, ist nicht für Ellenbogeneinsätze geschaffen gewesen. Die Prognose, andere haben sie formuliert, lautete: „Gosse". In seiner Erinnerung hat er eine Kette von Heimen, viele „Käfige"; Höfe, in denen „man nur Hand in Hand spazierengehen durfte, wie bei Bekloppten". Sein Vater hat ihn rausgeholt. Als die anderen fragten, ob der das dürfe, hat Johannes ihnen gesagt: „Mein Vater darf alles, und wenn der mich totschlagen wollte, dann dürfte der das."

DAS FIND' ICH ECHT GUT, strahlt Konrad, als ich ihm am nächsten Morgen ausrichte, daß sein Gruß an Almut angekommen ist. Und er reibt sich die Hände, wie es sonst auf dem Lehenhof nur die Adressatin seiner Botschaft kann. Bis sie glühen. „Du bist der Retter der Liebe", sagt Konrad. Eigentlich soll er Pflaumen auf den Kuchen legen. Er muß mir aber einen Brief diktieren: „Meine liebe Almut, ich mag Dich. Wir Universumsflieger. Ich breche aus den Sternen."

Gerti hat neue Schuhe bekommen, hellgraue Klötze, schwer wie Brote. Mit Klettverschluß; es ist ihm nach „tanzen" zumute, „tanzen, tanzen". Gerti fängt immer bei „80" an und läßt sich nur ungern herunterhandeln, wenn ihn einer nach dem Alter fragt. Keiner weiß, warum ihm seine 43 Jahre nicht genügen. „Stille Wasser sind schief", meint Hermann.

Hermann treffe ich am Nachmittag im „Lager" wieder, wo er den Kühlschrank mit dem Speiseeis betreut. Das Lager ist zweimal wöchentlich ab 17 Uhr geöffnet, der Konsumtempel des Lehenhofs. Seit 15 Jahren ist hier Otto mit der Baskenmütze der Chef. Otto ist einer der Ältesten in der Dorfgemeinschaft, hat früher mal ein Reformhaus besessen, bis ihn der Partner über den Tresen zog. „Der Otto war zu weich", sagen die, die von seiner Vergangenheit wissen. „Er hat das nicht verkraftet und auch nicht den Krieg." Er wirkt auch jetzt wie hingehaucht, immer leicht verlegen und als habe er es aufgegeben, nach Menschen zu suchen, die ihn nicht unterschätzen. Aber er hat es geschafft, durch die Mitte seines Ladens eine Kette zu spannen, um die bargeldlose Selbstbedienung in weiter entfernten Regalen zu stoppen. „Sie meinen es nicht böse", nimmt Otto seine Kunden in Schutz, „sie haben da nur nicht diese... Sicherheit."

Dabei ist es kein Kaufrausch, dem sich Otto gegenübersieht. Ulla will ihr „stilles Wasser", wie immer, und nie mehr als eine Flasche davon. Die meisten treibt die kleine Sehnsucht nach dem Süßstoff des Lebens am Tresen entlang, die Genugtuung, zweimal in der Woche an der Schokoladenseite defilieren zu können, um sich einige Riegel daraus nach freiem Bedarf abzubrechen. Ein Genuß, spürbar dadurch gesteigert, daß er aus eigener Tasche bezahlt werden kann. Was zu sehen ist, wenn sie den Inhalt ihrer Geldbörsen gespannt auf die Holzschaufel schütten, die ihnen Otto entgegenhält.

KONRAD HAT WIEDER MAL eine Chance ausgelassen, mit Almut zu reden. Er hätte sie beim Schrubben im Flur treffen können, zog es aber vor, das Brot vor der Tür abzustellen. „Ich kann sie doch nicht beim Arbeiten stören", flüstert er mir zu. Vielleicht liebt er die Fiktion noch inniger als die Erfüllung. Oder er hat Angst.

Aber abends in seinem Zimmer, da hebt er ab. Da ist er freier. Dann geht er auf Reise. Seine Phantasien heben die niedrige Decke hoch, seine Gedanken haben nicht mehr Platz auf den zwei mal vier Metern. Zwischen den Bildern von Raumfähren und Mondfahrzeugen, den Büchern von Galilei, Keppler und Kopernikus, zwischen dem „Kometenbrevier für jedermann" und den „Wichtigen Papieren von Konrad", worin er aufhebt, daß die „Columbia" sicher gelandet ist – da träumt sich Konrad in Höhen, in die ihn keiner mehr begleiten kann. „Nur Schlafanzug und Nudeln, Spiegeleier und gelbe Rüben" wird er mitnehmen auf die Umlaufbahn, und „Teller von schwebender Schwerelosigkeit".

An die Wand ist ein Foto gepinnt, das ihn im Lager einer Elektrohandlung zeigt. Dazu die Unterschriften aller Kollegen und ein Gedicht zu seinem Abschied. Dreimal war Konrad in den Ferien auf dem Lehenhof. Am Ende des dritten Besuchs sagte er seiner Mutter, er habe sich nun entschieden zu bleiben. Konrad hat es draußen nicht schlecht gehabt, wissen die Betreuer. Er sei beliebt gewesen. Um den Preis, daß er den Clown spielte.

Das muß er nicht mehr, hat sich das volle Menschenrecht erkämpft, alle Bäcker und noch ein paar andere auf dem Lehenhof mit seiner Sehnsucht zu nerven. Er liegt auf dem Bett und guckt mit einem Fernglas, Marke „Seeadler", aus dem Fenster. Selbst wenn heute nacht keine Sterne zu sehen sind: Konrads Freiheit kann auch unter den Wolken grenzenlos sein.

Er tauscht das Fernrohr gegen sein Akkordeon. Er setzt zu einer Ode an Wernher von Braun an – um schließlich den Bogen zu Almut zu schaffen: „Im Universum haben wir unsere Ruhe." Seine Nachbarin Ingrid, von der Musik ins Zimmer gelockt, kichert und will wissen, wie er das meine, mit der Ruhe. „Was ich im All mit Almut mache, das geht dich gar nichts an, Ingrid", gibt ihr Konrad Bescheid.

Er bringt mich an die Haustür. „Auch die Liebe ist eine Wissenschaft", sagt er zum Abschied. Und: „Wollen Sie noch etwas trinken?"

SONNTAG.

Nur Axel begreift ihn nicht. Es kann passieren, daß er vor der verschlossenen Tür der Weberei gefunden wird, in der er sechs Tage in der Woche Wolle auf eine Walze dreht. Marcel ist meist auf der Suche nach einer Kirche unterwegs, in der er noch kein Hausverbot hat. Er redet den Pfarrern zu oft dazwischen und von sich immer in der dritten Person. Singt zu gern „Du hast Glück bei den Frau'n, Bel ami".

Wenn er nicht zu früh startet, begleitet ihn die „Verlobte" Sylvia Hand in Hand ein Stück seines Weges, bis zur Bank am Maisfeld. Hans schiebt Sonja „im elektrischen Stuhl" zu den Weihern. Almut dreht mit Hänschen und Christian die große Schleife durch die Hügel, manchmal bestimmen sie dabei Pflanzen. Der Bäcker Hermann hat es bis auf Voralpengipfel jenseits des Bodensees gebracht. Sonntags kommen die persönlichen Mobilitätsreserven zum Vorschein.

Sie gehen selten allein los. Gemeinsamkeit heißt das Medikament, das sie die ganze Woche über in stärkster Dosierung bekommen und auch am freien Tag nicht absetzen. Konrad, der Marcel zu oft vom Sterben erzählen hört, will mir die Düsternis in dessen Worten erklären: „Du muß verstehen", sagt er im Vertrauen, „der Marcel ist ein bißchen geistig krank." Es ist selten, daß einer so redet. Krank sein heißt hier eine Grippe haben. Dahinter verblaßt das Bewußtsein der Dörfler, daß für ein rundes Drittel von ihnen der Psychiater vorbeikommt und es auch solche gibt, die – chemisch – „eingestellt" werden, ausbalanciert mit Psychopharmaka.

Sonntags, wenn sie ausgeflogen sind: Wer ihre Zimmer dann durchwanderte, würde unter den Bewohnern viele artige Jungen vermuten. Und fromme kleine Mädchen. Karge Klausen liegen hinter den offenen Türen. Mit dem verschrammten, aber reinlichen Mobiliar der sechziger Jahre. Oder Zimmer wie kunstgewerbliche Warenlager, Aufwärmkammern für die Seele, voller Betsprüche und bunter Kalender und mit „Heidi" im Bücherregal, mit Puppen und Poesiealben. Behausungen wie Dechiffrieranleitungen für die Psyche jener, die hier ihre Privatheit haben, mögen an mancher Wand auch nur die Charakter-Bilder der Verwandten hängen, ihre Wünsche, heile Welt zu stiften.

Sie sind Schutzräume, diese Zimmer, und doch völlig verschieden von der hygienisch gekachelten Sicherheitsverwahrung üblicher Psychiatrie: Teil des familiären Lehenhof-Konzepts, zu dem mehr gehört, als ein materielles Aufgehobensein zu schaffen, mehr, als bloß satt und sauber zu machen. Zu dem das Brot des Bäckers gehört, nicht die Großküche. Fast 300 Anfragen nach einem freien Platz gehen jedes Jahr ein, aber keine fünfmal in seiner Geschichte haben auf dem Lehenhof Dörfler gelebt, vor denen die Mitarbeiter kapitulieren mußten.

Gebraucht wird jeder.

Volker, sonntags mit etwas weniger Mehl auf der Brille als sonst, hat ohne die Hilfe des Werkstattleiters zwei Apfelkuchen gebacken. Mit einer Überdosis Salz und so fest, daß er sie wie große Bücher unterm Arm in das selbstverwaltete „Café" tragen kann, in das fast alle Dörfler am Nachmittag kommen. Vor dem Versammlungssaal stehen weißgedeckte Tische in der Sonne. Einige Betreuer helfen im Hintergrund. Konrad wartet schon mit dem Akkordeon auf den Knien. Er glaubt ganz fest daran, daß er das Caféhaus-Publikum, darunter hoffentlich Almut, begeistern kann. Aber er glaubt nicht alles auf der Welt. Die einzige fliegende Untertasse zum Beispiel, von deren Existenz er sicher weiß, „hat die Frau von Wernher von Braun nach ihm geschmissen".

Der Chef der Bäckerei hat die Theorie, daß Konrad Almut vielleicht schon wegen ihres Namens so galaktisch gut findet. Wer könne seine Phantasien besser befördern als All-Mut? Zumindest sei das nicht auszuschließen.

„Sie redet schwäbisch und hat eine tolle Figur", raunt mir Konrad zu, als er Almut kommen sieht. Sie setzt sich an einen entfernteren Tisch, und Konrads Sichtkontakt zu ihr wird nun von den roten Strohhüten behindert, die Sabinchen und Evchen der Spätsommergesellschaft präsentieren. Evchen, die täglich tausend O's aus Daumen und Zeigefinger formt und dann mit zärtlichem Schnipsen irgend etwas, das niemand kennt, auf die Reise in die Atmosphäre schickt. An den

Hosenträgern einiger Herren sind Rosen zu sehen und um die Beine der Damen lange Blümchenröcke. Jetzt ist viel Sahne versprochen.

Nach einer Stunde erreicht Konrad die Bitte, das Akkordeon in den Kasten zu packen. Für das Geld, das sich in seinem Hut gesammelt hat, würde er Almut gern einladen, entscheidet sich dann aber doch nur dafür, an der Theke darum zu kämpfen, daß die Geliebte schnell an ihr bestelltes Eis kommt. Was schwierig ist, weil Volker, der kellnert, im Übereifer schon eine Ladung Spülmittel in den Eisbehälter gegeben hat. Und außerdem seinerseits damit beschäftigt ist, sein erstes Trinkgeld in eine Einladung an eine junge Besucherin aus der DDR zu investieren. Irgend jemand sucht noch immer nach dem Messer, mit dem man Volkers Apfelkuchen in Stücke schneiden könnte.

„Ohuohu, love is a feeling", singt Jo, der Raucher, drinnen im Saal über den Flügel gelehnt. In die Tasten haut die dicke Helga aus Wien, die mit Jo die Lust am vierhändig gepfefferten Boogie-Woogie teilt und ein bißchen auch die gegenseitige Zuneigung, die jeder sehen kann, wenn sie auf der Bank sitzen und sich über die Köpfe streicheln. „Bababahua, she's my Baby", singt Jo und läßt die Augen entgleisen. Gerti ruft „toll" und „tanzen".

Jo, der ewige Zigarettenschnorrer. Der Underdog. Wochentags schiebt er meist einen Karren umher, bringt Müll von hier nach dort. Sein Gang hat etwas von der Westernparodie eines Betrunkenen, seine Arme rudern umher, seine schweren Schuhe bekommt er nicht vom Asphalt. Mehrmals täglich geht Jo verloren, und wenn er wieder auftaucht in der Dorfmeisterei, bekommt er dort nicht nur Streicheleinheiten. Etwas an ihm provoziert auch geduldige Betreuer, etwas von ihm ist nicht gut aufgehoben auf dem Lehenhof. Etwas ist in ihm, das keine Anerkennung findet. Seine Musik könnte sie bekommen, würde sie in die Tonlage des Lehenhofs passen; in dieses Moll der Leier-Lektionen und Glockenspiele, die wie Tranquilizer auf das Gemüt und den Sex wirken. Wirken sollen.

Ein Betreuer schaut verdrossen in den Saal. Aber Helga findet es „Spitze", und Jo spielt ja auch tatsächlich wie ein Profi, und als er sein „Morning has broken" seufzt, wiegt Gerti den Kopf in seinen Händen, als schaukelte er ganz geheime Erinnerungen. Ein Bäcker setzt sich an den Flügel, spielt Beethovens „Für Elise", dann Konrad, der „für Almut" spielt.

Jo schielt mich eine Weile sprachlos an. „Meinst du, die beim Radio könnten eine Schallplatte von mir machen?" Ungeschützt wirkt er plötzlich, so ungeschützt, wie mich Ingrid am „Fußweh" ihrer Kasperpuppe teilhaben läßt oder Gisela an ihren Schreibübungen.

WENN GISELAS LOCKENKOPF tief über die Platte gebeugt ist, wenn sie eine neue Seite so zögernd aufschlägt, als eröffnete sich auf dem nächsten leeren Blatt eine unbekannte Welt, wenn sie dann den Bleistift zunächst verkehrt herum führt, und, als sie es bemerkt, „o schade" sagt, und dann richtig herum, aber so, daß der Bleistift kaum eine Spur hinterläßt – dann ist die Würde dieses Menschen unantastbar. Gleichzeitig offenbart sich eine Arglosigkeit, die auch Wehrlosigkeit ist. Denn die absichtslose Freundlichkeit der Dörfler, ihr nahezu totales Defizit an Hinterlist, mag andere erwärmen, sie selbst macht es auch nackt.

Erwartungsvoll überreicht mir Roland, zurückgekehrt aus dem Krankenhaus, eine Kladde, in die er Kapitel für Kapitel deutsche Geschichte schreibt. Mit rot unterstrichenen Zwischentiteln und dem jeweiligen Datum der Eintragung. „Meine Eltern haben nichts mehr von mir erwartet", sagt er. Roland, ein 27jähriger, der das Lernen entdeckt hat. Und der raus will, raus aus allem, aus sich selbst, aus den Werkstätten, aus dem Bedürfnisnebel, in dem er stochert. Wo seine Grenzen liegen, weiß er noch nicht. Er will den Führerschein machen, hat die Antworten für den theoretischen Teil auswendig gelernt.

„Irgendwann im Februar hat dessen Computer im Kopf mit der Arbeit begonnen", erklärt Johannes, dessen Bett an der Wand zu Rolands Zimmer steht. Seither vergleichen die beiden das Längerwerden ihrer Bücherreihen, und in Rolands Ordner wachsen die Stationen des SS-Staates in bizarren handgeschriebenen Kurzversionen – ein Anschreiben gegen die ganz eigene unbewältigte Vergangenheit. Roland kann keinen Frieden machen. Kann nicht einfach Herbstgedichte zu Papier bringen wie Johannes.

Kann sich auch nicht so forsch in den Tag hineinreden wie Christian, der immer nur die Nachrichten meint, wenn er „sieht nicht gut aus" sagt. Wenn Christian auf seinem Bett liegt und überlegt, dann kann er auch nichts Schlechtes sehen in seinem Leben. Den tiefen Schnitt, den es erfuhr, scheint er aushalten zu können. Wie den Venedig-Bildband im Bücherbord neben Wallraffs „Ganz unten" in der Punktschrift-Fassung.

Das Erlernen der Blindenschrift war „so gesehen der letzte Härtetest" für ihn. Denn die Webstube des Lehenhofs steuert Christian ganz streßfrei an. Fast mit der Lust, einen Sinn des Lebens in Zentimetern bemessen zu können. 210 Zentimeter Teppich schafft er in zwei Arbeitswochen.

Die Gewißheit, etwas wert zu sein, teilen die meisten Dörfler mit Christian – auch wenn ihr Verhältnis zu den eigenen Fähigkeiten bei vielen nicht ganz so unkompliziert wirkt wie bei ihm. Um zehn Uhr in der Knüpferei, der Weberei, der Wollwäsche: konzentrierte, verschlossene Gesichter, manche wie in meditativer Versenkung. Hände, die unvermittelt bewegungslos werden, als seien die Richtungsbefehle aus den Köpfen nicht mehr zu entschlüsseln. Andere, die gleichmäßig wie Maschinenteile arbeiten. Unterm Gummibaum in der Wollwerkstatt sitzt Gisela und verfolgt den Weg der Wolle aus ihren Händen auf das Spinnrad. Auch wenn es ihr eigener Fuß ist, der das Rad zum Laufen bringt – sie wirkt so angespannt, fast überrascht, als sähe sie das alles zum erstenmal. „Du weißt nicht, was Zuspätkommen heißt", flüstert sie.

Konrad hat Almut vom Friseur Zipfel kommen sehen. „Es ist gut, daß Sie da sind", ruft er mir zu, nimmt mich an die Hand und holt eine Schere aus der Backstube: „So kurz wie bei Almut, ich möcht' ihr nämlich gefallen." Nach wenigen Schnitten und einem Blick in die nächstgelegene Fensterscheibe sieht er das Ziel erreicht, „genauso schön auszusehen wie sie". Konrad ist „sehr glücklich heute", denn mittlerweile steht fest, daß auch Almut den Ausflug ins Restaurant „Am Höchsten" mitmachen wird. „Ein ganz modernes Hemd" hat er vorsorglich schon seit einigen Tagen in einer Plastiktüte dabei.

Aber am Nachmittag steht zunächst noch Eurythmie auf dem Programm. An der Tafel des kleinen Saales sind seltsame Wege vorgezeichnet; in Figuren, die an die Form von Hörnchen und Brezeln erinnern. Die Bäcker stehen im Kreis, Konrad, Hermann, Volker, Hans-Peter. Nur Gerti will nicht in die Ballettschuhe schlüpfen: „Fußschmerzen." Wenn sich die Bäcker jetzt in Bewegung setzen, sollen sie spüren, daß zu jedem Buchstaben ein ihm gemäßer Ausdruck des Körpers paßt. Ihre Seele soll schreiten. So jedenfalls ist es beabsichtigt. Bewegung als sichtbarer Gesang. „Rastlos vorwärts mußt du streben, ... nur Beharrung führt zum Ziel", deklamiert der Eurythmist aus Schillers „Sprüchen des Konfuzius" und lobt Hans-Peters Oben-unten-Koordination mit einem „sehr gut".

„Freut mich", sagt Hans-Peter.

„Dort fällt ein Korn, die Ruh' ist süß." Spreizschritt nach links, die Arme ausstrecken, den Kupferstab an den Nebenmann reichen, den Kupferstab senkrecht vor die Brust ziehen und mit beiden Händen umfassen, dann wieder loslassen. „Ein Wechselspiel aus Altruismus und Egoismus" schwebt dem Eurythmisten vor, das seine Schüler souverän und lässig beherrschen. Aber für den Flug im Hochnebel der

Esoterik sind die Bäcker entschieden zu schwer, und zumindest Konrad sitzt im Geiste ohnehin schon neben Almut im „Höchsten".

Als es Stunden darauf tatsächlich soweit ist, bestellt er „Käseplatte". Wie Almut vor ihm. Die anderen schieben sich mächtige Schnitzel ein. Zwei Käseplatten für Almut und Konrad sind eine exklusive Gemeinsamkeit, die ihn ganz sprachlos macht. Aber nachher wird er erzählen, sie, Almut, habe das gleiche bestellt wie er. Und das habe sich bei der Nachspeise sogar noch wiederholt, mit zweimal gemischtem Eis und Sahne. Er wird vergessen, daß sie kein Wort miteinander geredet haben. Er strahlt.

Später am Abend sind sie noch einmal feierlich vereint. Im großen Saal des Lehenhofs gibt Mariane Schram einen Liederabend. Eine Karriere als Sopranistin an der Nürnberger Oper hätte sie haben können, aber sie entschied sich für die Bewegung des Dr. König; deshalb können Gerti, Hermann und Bernhard ihre Hausmutter nun als Diva bestaunen. Auf dem Programm stehen Brahms, Dvorák und Beethoven. „Almut hat mir zugelächelt", wispert Konrad.

Im Foyer bittet mich Sabinchen um Feuer. Zwei Pausen waren ausgedruckt, zwei Zigaretten hat sie deshalb in der Handtasche. Sabinchens Zigaretten kommen ganz ohne Tabak aus, sind krumm und zierlich aus Papier-Servietten gedreht. Konrad erinnert sich unscharf an einen Borchert-Abend, eine Lesung, in der er das Wort „Omelette" gehört haben will. Sabinchen schnippt die unsichtbare Zigarettenasche gekonnt in einen Blumenkübel. Hans erklärt, weshalb er ein Sweatshirt von „Greenpeace" trägt: „Ich helfe denen, indem ich solche Käufe tätige, denn für eine weitere Unterstützung fehlen mir leider die finanziellen Mittel." Bernhard regt sich über Dörfler auf, die bei ihm, der akkuraten Postdienststelle, „Briefmarken auf Raten" kaufen wollen. „Aber nix." Er bleibe wachsam. Wie auch sonst im Leben. Gorbatschows Perestrojka-Buch habe er schon bestellt.

„Kennst du das Land, wo die Zitronen blühen?"

Konrad kennt noch ganz andere Länder. „Ach, die Mariane hat so schön gesungen", strahlt er und reibt sich die Hände. Gerti hat ihr einen Blumenstrauß überreicht. Gerti mit den Tanzschuhen an den Füßen. „Heimweh", sagt er. „Heiser." „Traurig."

Am nächsten Morgen sind Diskussionsveranstaltungen mit den Eltern angesetzt, die zum Jahrestreffen erschienen sind. Das Thema heißt „Seelenpflege". Die Gäste in der Runde ringen um Gottesbegriff und Menschenbegriff. Konrad wirft ein klares „Einstein" ein.

Die Eltern staunen. „Ich bin der kleine Mikrokosmos", sagt Konrad Eugen Himmelein.   (1990)

WOLF SCHNEIDER

Die längste Nacht

Am 27. August 1883 explodierte südlich von Sumatra
der Vulkan Krakatau. 36 000 Menschen verbrannten im Feuerregen
oder ertranken in den Flutwellen, drei Jahre lang trieb die
Asche um die Erde. Es war eine der größten Naturkatastrophen aller
Zeiten – und die erste, von der binnen Stunden auch der
Rest der Menschheit erfuhr: per Telegraphie.

Als der Vulkan Krakatau am Morgen des 27. August 1883 mit der Kraft von 7000 Hiroshima-Bomben explodierte, erzeugte er das gewaltigste Getöse, das auf Erden je registriert worden ist; vier Stunden war es unterwegs. Die Eruption türmte eine der höchsten Wogen auf, von der wir wissen: Mehr als 30 000 Menschen erschlug und ersäufte sie, nach 32 Stunden kam sie im 18 000 Kilometer entfernten Le Havre an.

Ein Jahr nach der Detonation auf der kleinen Insel zwischen Java und Sumatra landete ein Teppich aus Bimsstein an der Ostküste Afrikas, bedeckt mit Muscheln, Krebsen und den Skeletten von Mensch und Tier. Die Asche des Krakatau trieb drei Jahre lang sichtbar um die Erde; drei Monate nach dem Ausbruch färbte sie den Abendhimmel über New York so flammend rot, daß die Feuerglocken läuteten; vier Jahre lang senkte sie die Durchschnittstemperatur auf Erden.

Viel schneller aber als die Asche und die Welle lief die Schreckensnachricht um die Welt: Durch das gerade komplettierte Netz der im Meer versenkten Telegraphenkabel ließen Verwaltungsbeamte, Journalisten, Versicherungsagenten ihre Berichte aus der Sundastraße nach Indien, Holland, England morsen, nach Sydney, Kapstadt, New York und Buenos Aires. Und während eine Reise um die Erde nach den Fahrplänen von 1883 noch immer 80 Tage dauerte, wie Jules Verne dies 1873 ausgerechnet hatte, brauchte die Nachricht bis zu den Zeitungslesern weniger als 24 Stunden.

Da entstand nun allmählich etwas gänzlich Neues in den Köpfen: das Bewußtsein, daß die Menschheit eine Schicksalsgemeinschaft auf einem höchst begrenzten Planeten ist. Die „Victoria" des Fernando de Magallanes hatte ja noch wenig bewegt, als sie 1522 ihre dreijährige Weltumseglung abschloß und damit die Kugelgestalt der Erde zum erstenmal anschaulich machte; dafür interessierten sich nur Kaufleute, Admirale und Gelehrte.

Aber nun einen feuerroten Horizont oder einen grünen Mond zu sehen, weil am anderen Ende der Welt ein Vulkan explodiert war – und durch die allgegenwärtigen telegraphischen Berichte binnen Stunden über die jüngsten Hiobsnachrichten informiert zu sein –, und mit den eigenen Ängsten und Fehlalarmen wie dem der New Yorker Feuerwehr Stoff für neue Telegramme zu liefern, die wiederum um die Erde flogen: Das war die eigentliche Geburtsstunde dessen, was der kanadische Medienphilosoph Marshall McLuhan 81 Jahre später als „das globale Dorf" bezeichnete – die Menschheit, die eines Tages gleichzeitig lachen oder weinen wird.

203 Jahre lang, seit einem Ausbruch Anno 1680, von dem nicht viel überliefert ist, hatte die Insel Krakatau friedlich dagelegen: damals 33 Quadratkilometer groß, etwas kleiner als Pellworm im nordfriesischen Watt; von drei stumpfen Vulkankegeln nur mäßig überragt, 822 Meter hoch der höchste; vielen Seefahrern durch ihre Lage mitten in der verkehrsreichen Sundastraße zwischen Sumatra und dem reichen Java wohlvertraut; unbewohnt und von üppigem Urwald bedeckt, der hin und wieder ein paar Holzfäller von den Nachbarinseln anzog.

Daß aus diesen drei Vulkanstümpfen 20 Kubikkilometer Bimsstein und Asche – fast 8000mal das Volumen der Cheops-Pyramide – in den Himmel schießen würden, bevor das Meer zwei Drittel der Insel verschlang: dafür gab es durchaus Signale. Die Vulkanologen von heute, Wissenschaftler, die der Erdkruste den Puls fühlen und die Menschen warnen können wie 1991 vor dem Ausbruch des Pinatubo auf den Philippinen – sie hätten diese Signale zu deuten verstanden und damit vermutlich Zehntausenden ihren gräßlichen Tod erspart.

Sonntag, 20. Mai 1883. Drei Monate vor der Katastrophe erwacht der Krakatau aus seinem Schlaf: Er läßt Donner hallen, Asche regnen und auf Java Häuser zittern; und die Sonne, wenn sie sich überhaupt zwischen den Aschenwolken zeigt, ist blau.

30 Kilometer nördlich am Krakatau vorbei dampft an jenem Sonntag im Mai die deutsche Korvette „Elisabeth" von Java nach Westen, ein kleines Kriegsschiff mit Schornstein und mit Segeln, wie das damals noch üblich ist. (Den Geschwindigkeitsrekord für die Atlantiküberquerung hält seit 1871 die britische „Adriatic", eine vollgetakelte

Viermastbark mit Dampfmaschine.) An Bord befindet sich ein Marinepfarrer namens Heims, der farbig schildert, was er am Himmel und was er auf Erden sieht.

„Der Kapitän hatte eben die paradierende Besatzung besichtigt und schickte sich an, zur Inspektion des schönen blitzblanken Schiffes zu gehen, als unter den im Sonntagsanzug auf Achterdeck versammelten Offizieren eine gewisse Aufregung bemerkbar wurde", berichtet Heims. Von der Insel Krakatau steigt plötzlich „eine enorme glänzend weiße Dampfsäule mit reißender Schnelligkeit auf, in kurzer Frist die kolossale Höhe nicht unter 11 000 Meter erreichend und in fast schneeiger Helle von dem klaren blauen Himmel sich abhebend".

Die Säule rundet und ringelt sich und erinnert den Pfarrer an einen riesigen Blumenkohl, von immer neuen wirbelnden Massen zu majestätischem Rollen getrieben. „Allmählich mischten sich dunklere Farben in die weißschimmernde Helle der Wasserdämpfe, bis nach und nach eine breite blaugraue Wand, gleich einer mächtigen, finsteren, fächerförmigen Gewitterwolke alles überdeckte."

Aus der Wand regnet es Asche – „eine hellgraue, etwas gelbliche, unendlich fein zerteilte Masse", die sich wie ein Flaum über das Schiff ausbreitet. Und was ist am nächsten Morgen aus des Kaisers spiegelnder Korvette geworden? Eine schwimmende Zementfabrik! schreibt der Marinepfarrer: Schiffswand, Torpedorohre, Segel „dick und lückenlos mit dem graulichen haftenden Staube belegt. Gedämpft klang der Tritt der Leute, und sie selbst sahen aus, als wären sie ehrbare Müllergesellen. Über all diesen Aschenregendesastra wölbte sich der Himmel wie eine große Glocke aus recht mattem Milchglas, in der die Sonne wie eine hellblaue Kugellampe hing".

An den beiden folgenden Tagen sind in Batavia auf Java, der Hauptstadt des damaligen Niederländisch-Indien, noch mehrere Explosionen zu hören, 150 Kilometer vom Krakatau entfernt. Das alles gilt als nicht weiter beunruhigend: Mit einem Schiff der Niederländisch-Indischen-Dampfschiff-Kompagnie fahren am 27. Mai, eine Woche nach dem großen Aschenregen, 86 Passagiere aus Batavia zum Krakatau, aus Neugier einfach. Über dem niedrigsten der drei Vulkankegel der Insel, den Meeresspiegel nur um 100 Meter überragend, steht eine Dampfwolke von zwei bis drei Kilometer Höhe, und alle fünf bis zehn Minuten kracht es in ihm.

Die meisten Passagiere bleiben an Bord bis zur Heimfahrt am Abend, aber einige lassen sich mit einem Boot an Land setzen, darunter der Bergwerksingenieur J. Schuurman. Den Strand erreichen sie, indem sie, bis zu den Knöcheln einsinkend, über eine etwa einen

Meter dicke Schicht aus Bimsstein und Asche staksen. Den früher undurchdringlich dichten Tropenwald finden sie auf kahle Stämme reduziert, die aus der Asche ragen; es riecht nach Schwefelsäure. „Ein Bild der totalen Zerstörung", notiert Schuurman, „aus dem mit unbeschreiblicher Schönheit und donnernder Gewalt die Rauchsäule emporschoß."

Irgendwelche Warnungen für die nahe Zukunft leitet der Bergwerksingenieur daraus nicht ab: Ein wissenschaftliches Instrumentarium fehlt ihm, an Vulkanausbrüche ist man in diesem Teil der Welt gewöhnt, und nachdem die Zeitungen mit Schuurmans Bericht noch ein letztes Echo hervorgerufen haben, erlischt in der Hauptstadt Niederländisch-Indiens das Interesse am Krakatau.

Dabei sind an der Westküste, näher zu den drei Vulkanen, ab Mitte Juni wieder Detonationen zu hören, auch heftige darunter, eine zweite Rauchsäule steht am Himmel, und in Anyar, der Krakatau nächsten javanischen Stadt, werden Erdstöße registriert.

Am 11. August, 16 Tage vor dem Unglück, erhält die Vulkaninsel noch einmal Besuch: Kapitän H. J. G. Ferzenaar hat immerhin den Auftrag, zu prüfen, ob eine genaue Erforschung des Krakatau möglich sei. Der Kapitän rät von ihr ab, weil sie zu gefährlich wäre: Nun stehen schon drei Rauchsäulen über der Insel, schmutziggrau, weiß oder rötlich gefärbt. Ferzenaar fertigt eine Lageskizze an, stochert in Asche, Bimsstein und Schwefel herum und fährt rasch wieder davon. Seine Gründe, nicht zu bleiben, sind gut, nur: Welchen Grund hat er, keine Warnung zu äußern?

Am 23. August, drei Tage vor dem Verhängnis, notiert der Kapitän des Postdampfers „Princes Wilhelmina": „einstündige Fahrt durch hellbraunen Aschenregen, mächtige Rauchwolken über dem Krakatau". Die Bewohner der umliegenden Küsten von Java und Sumatra sehen sie auch und ändern ihr Leben nicht. In Anyar trifft am 25. August, dem Vorabend der beiden Schreckenstage, der neue Leiter des Telegraphenamts ein, Schruit mit Namen. Seine Familie hat er zunächst in Batavia gelassen; er zieht ins Hotel und freut sich des hübschen Städtchens mit seinen Mango- und Tamarinden-Bäumen, Kokospalmen und Platanen.

Sonntag, 26. August. Aus brodelnder Tiefe bahnt das Desaster sich seinen Weg nach oben. Vulkane sind ja nur die sichtbaren Mündungstrichter von Schloten, die durch die Erdkruste ins Erdinnere ragen, als Ventile für den Überdruck, wie er sich zum Beispiel aufbaut, wenn im Magma, dem glühend-flüssigen Gestein der Tiefe, Druck oder Temperatur abnehmen: Dann werden riesige Gasmengen freigesetzt, die sich explosionsartig ausdehnen und durch den Schlot nach außen drängen, wobei sie Magma mitreißen und auch Fels und Sand von den Wänden des Eruptionskanals.

Um sechs Uhr morgens ist es allein die Besatzung des amerikanischen Frachters „Berbice", mit Petroleum von New York nach Batavia unterwegs, die einen Geschmack davon bekommt, was der Sundastraße und den benachbarten Regionen auf Java und Sumatra bevorsteht. Sonst zeigt sich der Überdruck am Morgen dieses schwarzen Sonntags nur in einem Mehr an Rauchwolken, Donnergrollen und Aschenregen.

Der aber trifft eben die „Berbice" voll, so daß sie nicht mehr in die Sundastraße einfährt. „Blitz und Donner wurden immer schlimmer", heißt es im Logbuch des Kapitäns. „Elektrische Entladungen schossen um das Schiff herum, Feuerbälle fielen aufs Deck und versprühten zu Funken. Der Steuermann spürte in einem Arm Elektroschocks, die Kupferverkleidung des Ruders begann zu glühen. Ich ließ Segel über die Luken nageln, damit die Ladung nicht Feuer fing."

Gegen Mittag verlassen viele Anwohner der Lampung-Bucht auf Sumatra nördlich des Krakatau ihre Häuser und flüchten in die Berge, aus Angst vor dem Wasser – das, wie sie richtig voraussehen, viel mehr Menschen umbringen wird als die glühende Lava. (Nur daß Tausende der Geflohenen später eben doch durch fallende Glut verbrennen.)

13.06 Uhr. Viele Bewohner von Batavia schauen verwundert zum Himmel, denn ein Gewitter scheint heranzurumpeln, ohne daß sich eine Wolke blicken läßt. Vielleicht Kanonendonner? Erste Unruhe macht sich breit.

14.00 Uhr. Die glühenden Gase sprengen den Deckel des Ventils und schießen, mit Lava versetzt, donnernd in den Himmel – 34 Kilometer hoch, der Kapitän des Handelsschiffes „Medea" hat die schwarze Wolke vermessen, das Schiff ist 149 Kilometer entfernt und wird doch von der Eruption geschüttelt. In Anyar an der Westküste Javas, nur 60 Kilometer vom Krakatau entfernt, tickert der diensthabende Telegraphist nach Batavia: Krakatau explodiert, Qualm und Dunkelheit ringsum.

Das Telegraphenbüro in Batavia wird sogleich in Hochbetrieb versetzt. Es ist die hohe Zeit der Telegramme: Der drahtlose Funk ist noch nicht erfunden (er kommt erst 1897), Telefonleitungen sind nur zwischen einzelnen Großstädten gelegt – aber 190 000 Kilometer Telegraphenkabel liegen auf dem Meeresgrund.

Allein zwölf Kabel queren den Atlantik, das erste schon seit 1866 – während noch 1865 die Nachricht von der Ermordung Abraham Lincolns zwei Wochen von Washington nach Berlin unterwegs gewesen war, weil sie den Weg zwischen den Telegraphenstationen New York und Cork in Irland per Schiff zurücklegen mußte.

Die Nachricht von der Detonation des Krakatau aber rast von Batavia einerseits nach Australien, andererseits über Sumatra, Singapur, Madras in Indien und Bombay nach Aden, von wo ein Unterseekabel nach Kapstadt, das andere nach Suez führt. Von Suez aus rennen die Morsezeichen über Malta und Gibraltar nach Lissabon, von dort verzweigen sich die Kabel nach Rio de Janeiro und nach Land's End, der Südwestspitze Englands; von dort westwärts nach New York und ostwärts nach London, Le Havre, Rotterdam, Den Haag und Hamburg.

Über Nacht ist ein großer Teil der zivilisierten Menschheit informiert. Zugleich beginnt damit jene Ära, in der wir heute leben, und mit Hilfe des Fernsehens noch intensiver: die blitzartige und fast lückenlose Unterrichtung über alle Katastrophen auf Erden (die uns oft zu dem Irrglauben verführt, es gehe auf dem Globus heute schlimmer zu als in früheren Jahrhunderten).

14.10 Uhr. Der nächste Ausbruch des Krakatau, von nun an etwa alle zehn Minuten. Gegen 15 Uhr werden die Eruptionen noch lauter, wie Kanonenschüsse, die mit Donnerschlägen wechseln, schreibt ein Ohrenzeuge auf Sumatra.

15.30 Uhr. Der Kapitän des irischen Seglers „Charles Bal", nur zehn Seemeilen vom Krakatau entfernt, registriert „ein seltsames Geräusch wie prasselndes Feuer oder die Salven schwerer Artillerie im Abstand von ein bis zwei Sekunden", während eine Aschenwolke mit rasender Geschwindigkeit nach Nordosten zieht.

17.00 Uhr. Der Lärm der Eruption durchdringt die gesamte Länge der Insel Java, bis zu 1100 Kilometer vom Krakatau entfernt. Im Logbuch der „Charles Bal" ist festgehalten: „Dunkelheit überzog den Himmel, und ein Hagel warmen Bimssteins knatterte aufs Schiff. Wir deckten die Luken ab und schützten Füße und Köpfe mit Stiefeln und Südwestern."

17.30 Uhr. In Anyar trifft der erste Vorbote des furchtbaren Seebebens ein: Eine zwei Meter hohe Welle läßt mehrere vor Anker liegende Schiffe an die Zugbrücke krachen, schwer beschädigt bleibt sie zurück. Eine halbe Stunde später meldet Mijnheer Schruit aus dem Telegraphenamt von Anyar nach Batavia: totale Finsternis; kurz darauf ist die Leitung unterbrochen. Südlich der Hauptstadt zittert die Erde.

In Telukbetung auf Sumatra, 80 Kilometer nördlich des Krakatau gelegen, wird das Meer so unruhig, daß die ersten Einwohner aus den unteren Teilen der Stadt fliehen. „Die Sonne ging ganz schrecklich unter", berichtet später ein Augenzeuge. „Durch schmutzige Wolkenmassen zuckten wilde Blitze."

19.00 Uhr. Wild wechselnde Strömungen reißen in Telukbetung mehrere Schiffe aus den Verankerungen, Matrosen gehen über Bord. In Caringin auf Java, 40 Kilometer südöstlich des Krakatau, spülen Wellen mehrere Häuser weg; aus umgestürzten Lampen wächst ein Feuer, das weitere Häuser zerstört.

20.00 Uhr. In Katimbang auf Sumatra, 35 Kilometer nordöstlich des Krakatau, klatscht die erste Welle gegen das Büro des holländischen Verwalters Beyerinck. Der schickt seinen Schreiber zum höher gelegenen Wohnhaus: Die Familie solle sich sofort zur Flucht vorbereiten – warm anziehen, noch was essen! Was danach geschieht, hat Frau Beyerinck aufgeschrieben: Ein Diener mit einer Laterne kommt vorbeigerannt und schreit: „Der Seegeist kommt! Das Meer ist weg! Ich habe die Korallenbänke gesehen, und man sieht sie nie, auch nicht bei der tiefsten Ebbe!"

20.30 Uhr. Während der Tumult des Vulkanausbruchs sich mit dem Lärm des aufs Dach prasselnden Bimssteins mischt, versucht Frau Beyerinck noch ihren Jüngsten zu stillen. Da reißt eine Welle das Bürohaus weg und vom Wohnhaus die Treppe. Ihr Mann kann sich auf eine Kokospalme retten, rennt dann zum Wohnhaus und ruft den Dienern zu: „Bindet die Pferde los!" Und zu Frau und Kindern: „Springt, ich fang' euch auf!" Sie rennen durch riesige Pfützen, versinken in Morast, erreichen den pfadlosen Dschungel, reißen sich Blutegel vom Hals und verschnaufen erst gegen Mitternacht, nachdem sie eine Hütte etwa 130 Meter über dem Meer erreicht haben.

Zur selben Zeit setzt sich Mijnheer Schruit, der neue Telegraphenmeister in Anyar auf Java, zum Abendessen nieder, mit dem Vorsatz, sich gleich morgen früh um die Reparatur der vor drei Stunden unterbrochenen Telegraphenleitung zu kümmern. Für seine Mahlzeit nutzt er eine Viertelstunde, in der die drei Vulkane auf Krakatau schweigen. Vorher hat er mehrere holländische Damen beschwichtigt, „die sich durch die obwaltenden Umstände alarmiert fühlten", wie er später schreibt. Die Umstände – das waren „ein gewaltiges Gewitter und ein Beben der Erde, als wäre der Tag des Jüngsten Gerichts gekommen".

23.00 Uhr. Kapitän W. J. Watson von der „Charles Bal" berichtet, 20 Kilometer vom Krakatau entfernt: „Feuerketten steigen zwischen dem Vulkan und dem Himmel auf und ab, weiße Feuerbälle drehen sich über der Insel. Der Wind ist heiß, erstickend, schwefelig, brennende Schlacke fällt aufs Deck. Das Lot kommt ganz warm aus dreißig Faden Tiefe" (55 Meter).

23.32 Uhr. In Batavia bleibt die astronomische Uhr stehen, die Erdstöße haben sie aus dem Tritt gebracht.

So endet der erste der beiden schwarzen Tage – der weniger schlimme. Noch sind nur einige Menschen umgekommen, noch glaubt niemand an eine Jahrhundertkatastrophe. Aber die meisten der in der Tiefe freigesetzten Gase rumoren noch in den Kavernen und drängen in den Schlot, der auf der Insel Krakatau seine drei Ventile hat.

Montag, 27. August. An diesem Morgen berichten die holländischen Zeitungen bereits von dem, was gestern auf der anderen Seite der Erde geschah.

2.00 Uhr. Auf der „Berbice" liegt die Asche einen Meter dick. „Ich mußte meine Beine andauernd aus den Ascheschichten ziehen, damit sie nicht darin begraben wurden", berichtet der Kapitän. „Ich rief alle Mann mit Laternen an Deck, um die Asche wegzuschaufeln – obwohl die fürchterlichen elektrischen Entladungen und Donnerschläge weitergingen. Die Asche brannte Löcher in die Kleider und die Segel."

Auf Java und Sumatra bleibt die Lage bis kurz vor Sonnenaufgang wie seit gestern gewohnt: In Telukbetung so hohe Wellen, daß kein Schiff mehr anlegen kann, auf der „Charles Bal" tanzen Elmsfeuer an Masten und Rahen, in der Hauptstadt Batavia sind etliche Schaufenster zerbrochen, und viele Gaslaternen verdüstern sich.

5.00 Uhr. In ihrer Hütte 130 Meter über dem Meer geben die Beyerincks ihren Dienern den Auftrag, ein Huhn zu schlachten und eine Suppe zu kochen – „schnell, vielleicht müssen wir noch höher fliehen!" Die Hütte ist in Wolken von Asche gehüllt, die das Meer verbergen; Flammen züngeln in den Baumwipfeln.

5.30 Uhr. Der Krakatau holt zum ersten seiner vier verheerenden Schläge aus. Hunderttausende schreckt das Ungewitter aus dem Schlaf – ein Morgengrauen, ohne daß es tagt. Um 5.43 Uhr zeichnet das Barometer in der Gasanstalt von Batavia eine schwere Druckwelle auf. Weitere Bewohner der Stadt Telukbetung auf Sumatra fliehen in die Berge; andere, die schon gestern abend geflüchtet sind, kehren noch einmal zurück, um ein paar Habseligkeiten zusammenzuraffen. Gegen sechs Uhr berichtet ein Kapitän südöstlich des Krakatau: Bimsstein fällt in Kürbisgröße.

6.30 Uhr. Die erste der vier großen Wellen kommt, zehn Meter hoch, höher, als sie hier je ein Orkan peitschen könnte – ein Tsunami, Schreckensruf in Japan, in Indonesien, auf Hawaii. In Telukbetung auf Sumatra zerstört die Welle den Leuchtturm und die Lagerhäuser; den Raddampfer „Berouw", der an der Pier geankert hat, wirft sie mit seinen vier Kanonen auf die Hütten der Chinesen, alle 28 Mann der Besatzung kommen um.

6.44 Uhr. Die zweite der vier großen Eruptionen. Nach 13 Minuten ist die Druckwelle in Batavia. Durch die Hauptstadt kriecht die Angst, notiert Reverend Tenison-Woods. Gegen 8.20 Uhr knirscht es in den Mauern vieler Häuser.

9.00 Uhr. Der zweite Tsunami steilt sich auf, die Sintflut kommt. Die Woge schlägt über dem blühenden Städtchen Anyar zusammen und läßt keinen Baum und keine Mauer stehen. Mijnheer Schruit, der Telegraphenmeister, sieht sie nahen, weil er gerade mit seinen Männern plaudert, die die gestern zerstörte Leitung nach Batavia reparieren wollen – sieht sie „wie einen Berg, der vorwärts stürmt, und zwei noch höhere hinter ihr. Ich rannte, so schnell mich meine Beine tragen konnten, den brüllenden Tod auf den Fersen". Als Schruit auf einem Berghang atemlos zusammenbricht, sieht er ungläubig das Wasser fallen und dankt dem Himmel, daß er seine Familie in Batavia zurückgelassen hat.

Alle, die noch in Anyar waren, als die Welle kam, sind tot: Javaner, Araber und Chinesen und etwa 50 Europäer. 35 Meter hoch war der Tsunami, wie sich später anhand seiner Spuren berechnen ließ – 35 Meter! Eine elf Meter hohe Grundsee war am Neujahrstag 1995 stark genug, den deutschen Seenotrettungskreuzer „Alfried Krupp" unter Wasser zu drücken und einen Mann der Besatzung über Bord zu spülen; 35 Meter aber – das ist so hoch wie ein elfstöckiges Haus oder fast so hoch wie die Türme der Markuskirche in Venedig.

In Merak nordöstlich von Anyar zerstört die Welle einen Steinbruch, drückt Kräne zu Blech zusammen und schleudert eine Lokomotive 300 Meter weit ins Land. Der Fabrikdirektor, seine Familie und 100 Arbeiter kommen um. In Batavia wird der Himmel gelblich und beginnt sich zu verdüstern, während es Asche regnet. Sie bedeckt die Straßen und legt sich auf die Gemüter. In den Häusern gehen die Lichter an.

9.30 Uhr. Mijnheer Schruit hat sich von seinem Schock erholt, schreibt sofort einen Bericht an seine Vorgesetzten und schickt einen Boten los, nach Serang im Inneren von Java. Fast unbekleidet und völlig verstört stolpert ihm eine europäische Dame entgegen, sie hat ihre beiden Kinder verloren und sucht Hilfe für ihren Mann, der mit verletztem Rückgrat in ihrem halbzerstörten Hause liegt. Schruit wirft ihr einen Sarong über und eilt mit ihr durch den Aschenregen, um zu helfen.

9.58 Uhr. Das Barometer in der Gasanstalt von Batavia zeigt den nie erlebten Ausschlag von 6,7 Zentimetern Wassersäule. Auf der amerikanischen Dreimastbark „W. H. Besse", die 80 Kilometer nordöstlich des Krakatau mit gerefften Segeln ankert, hüpft die Nadel des Barometers um mehr als zwei Zentimeter hin und her. Mit einem Getöse, das bis nach Indien und Australien dringt, speien die Schlote des Krakatau glühenden Bimsstein und glühende Asche in Kubikkilometern himmelwärts, die Asche bis in 40 Kilometer Höhe; und zwei Drittel der Insel mit den drei Vulkanen beginnen in den Hohlraum hinabzustürzen, den das Magma hinterlassen hat – schneller hinausgeschleudert, als sie aus dem Erdinnern nachfließen kann.

Oben, über der Kruste, zucken Bündel von Blitzen in allen Richtungen durch die schwarze Nacht. In den Donner mischt sich das Heulen des Orkans und das Klatschen des Schlamms, der vom Himmel fällt. „Es war eine der wildesten und schrecklichsten Szenerien, die man sich vorstellen kann", berichtet der Erste Offizier der „W. H. Besse": „Es war Mitternacht zur Mittagszeit. Der Sturm heulte in der Takelage, das Wasser strömte mit knapp 20 Kilometern pro Stunde dem Krakatau entgegen und riß an unserer Ankerkette. Es stank nach Schwefel, wir hatten Angst zu ersticken. Wir glaubten, die letzten Tage der Welt seien gekommen."

10.00 Uhr. An den Küsten von Java und Sumatra werden Bäume vom Orkan entwurzelt, Dächer abgedeckt, Hütten eingerissen, Fenster von Schlamm zerschlagen. In Batavia wird es Nacht. Die Temperatur steigt nicht wie sonst am Vormittag; den Einwohnern kommt das vor, als ob das Thermometer fiele.

10.15 Uhr. Auf die krakataunahen Küsten bricht die dritte der vier großen Wellen nieder. Bis zu elf Kilometer weit schwappt sie auf Sumatra landeinwärts, losgerissene Korallenblöcke bis zu 600 Tonnen schwer hebt sie auf den Strand, und den Raddampfer „Berouw" mit den Leichen derer, die nicht von der ersten Welle über Bord gespült worden sind, trägt sie von Telukbetung drei Kilometer landeinwärts; in einem Flußbett setzt sie ihn fast unversehrt ab, neun Meter über dem Meeresspiegel.

Es ist dieser Tsunami, der die meisten der mehr als 300 Dörfer zerstört und die meisten der 36 000 Menschen tötet, die dem Krakatau

zum Opfer fallen. Und zugleich ist es diejenige Welle, die sich fort-
pflanzt durch alle Ozeane bis nach Kap Hoorn und in den Englischen
Kanal. Warum aber kracht sie so vernichtend auf die Küste, während
sie alle Schiffe auf dem offenen Meer unbehelligt läßt? Dazu muß
man die Mechanik eines Tsunami verstehen und seine speziellen Ursachen am Krakatau.

Das sind vermutlich drei auf einmal:
• der Kollaps von zwei Dritteln der Insel, mit dem ungeheuren Sog
  des Wassers, das in den Hohlraum stürzt;
• die gleichzeitige Hebung des Südteils der Insel (dort steigen während der Ausbrüche fünf Quadratkilometer Land aus dem Meer);
• der Umstand, daß Millionen Tonnen Schlacke und Bimsstein aufs
  Meer platschen.

Durch je eine dieser Ursachen oder durch das Zusammenwirken
aller drei entsteht eine Welle, an der zunächst keineswegs die Höhe
ungewöhnlich ist – hier kaum mehr als 60 Zentimeter –, sondern das
Tempo. Gewöhnt sind wir an die erhabene Langsamkeit, mit der ein
Sturm die Brecher den Strand hinauftreibt. Wo aber nicht der Wind
das Wasser bewegt, sondern eine plötzliche Erschütterung, da breitet
sich die Welle kreisförmig mit rund 800 Kilometern pro Stunde aus,
der Reisegeschwindigkeit eines Düsenflugzeugs.

Stößt nun diese Wasserschlange, die quer über den Ozean rast, auf
flache Gewässer wie zumal in Küstennähe, dann wird sie gebremst,
zusammengestaucht und in die Höhe gedrückt – kirchturmhoch und
nur noch etwa 45 Kilometer pro Stunde schnell; nur noch das doppelte Tempo eines Menschen, der um sein Leben rennt.

Eine Bucht staut den Wellenberg zusätzlich durch ihre Trichter-
form, und im Innersten der größten Bucht rund um den Krakatau liegt
das Städtchen Telukbetung. Von dort kann niemand mehr berichten,
wie es war, als der Tsunami kam – wie es war, von dem brüllenden
Ungeheuer ergriffen, hochgeschleudert, niedergepreßt, zermalmt,
verschlungen zu werden.

10.30 Uhr. Auf den irischen Segler „Charles Bal" stürzt Schlamm
herab, ununterbrochen muß ein Matrose ihn von den Scheiben des
Kompaßhauses wischen. Es ist so finster, daß keiner mehr den anderen sieht.

Mijnheer Schruit, der Telegraphenmeister von Anyar, erreicht mit
anderen Flüchtlingen ein Dorf im Dschungel, die Einwohner kommen ihnen in der schwarzen Nacht des Tropentags mit Fackeln entgegen und zerren sie in ihre Hütten, „offenbar froh, Europäer um sich zu
haben, deren Gegenwart ihre Angst verminderte. Das Krachen der

Bäume im Orkan, der Schlammregen und die Finsternis verbanden sich zu einem Abbild der Hölle".

Da immer mehr Flüchtlinge herbeiströmen „und rücksichtslos Wasser tranken", rationiert Schruit den Vorrat, indem er sich aufs Wasserfaß setzt. Die Flüchtlinge beklagen ihr hartes Los „und schimpften mehr oder weniger auf die Regierung, der sie die Schuld an allem Unglück gaben".

Ein anderer Europäer unter den Flüchtlingen, von Reverend Neale zitiert, erlebt Schlimmeres: Nicht irgendeiner fernen Regierung – allen Europäern wird von den Einheimischen die Schuld gegeben, „sie verweigerten uns Essen und Hilfe, so daß etliche Frauen vor Erschöpfung niedersanken und starben".

Am schlimmsten unter allen Überlebenden geht es gegen 10.30 Uhr den Beyerincks an der Südspitze Sumatras in ihrer Hütte über dem Meer. „Einer kam angerannt und schrie: ‚Macht die Türen zu!' Plötzlich wurde es pechschwarze Nacht", berichtet Frau Beyerinck. „Das letzte, was ich sah, war Asche, die durch die Ritzen im Fußboden emporquoll wie ein Springbrunnen. Mein Mann rief: ‚Wo ist das Messer? Ich werde uns allen die Pulsadern aufschneiden, dann sind wir von unserem Leiden erlöst.' Das Messer ließ sich nicht finden. Ein schwerer Druck warf mich zu Boden, die Luft wurde mir aus dem Mund gesaugt, Klumpen fielen mir auf Kopf und Körper, die Eingeborenen schrien ‚Allah il Allah!'"

Frau Beyerinck versucht aufzustehen, fällt in heißer Asche auf die Knie, stolpert ins Freie. Als sie ihr Haar zurückstreichen will, verfangen sich die Finger in ihrer verbrannten Haut. Stöhnend in die finstere Hütte zurückgekehrt, findet sie ihren Jüngsten und will ihm die Brust geben, aber sein Herz schlägt nicht mehr. Er ist erstickt oder verbrannt wie mindestens tausend weitere Opfer an der Südspitze von Sumatra.

Auf dem Postdampfer „Generalgouverneur Loudon", von Telukbetung nach Anyar unterwegs, um von dem Unheil zu berichten, entschließt sich der Kapitän in der totalen Finsternis des Aschenregens, beide Anker auszuwerfen. Während der Regen in Bimsstein und schließlich in Schlamm übergeht, schlagen sieben Blitze in die Mastspitze. Ihr Krachen übertönt das Heulen des Sturms und das Kreischen der Ankerketten, an denen das Schiff dem Hurrikan die Stirn bietet, unter Dampf mit halber Kraft voraus, um manövrierfähig zu bleiben und „die himmelhohen Wogen" richtig anzuschneiden. In zehn Minuten ist die „Loudon" 15 Zentimeter hoch mit Schlamm bedeckt, fünf Zentner pro Quadratmeter. Die Mannschaft schaufelt keuchend über Bord, was sie im Orkan schaffen kann.

10.45 Uhr. Die letzte der vier großen Detonationen. Während noch einmal Magma in die Höhe schießt, werden die nördlichen zwei Drittel der Insel Krakatau vollends in die dadurch entstandene Höhlung hinabgesogen, fast sechs Kubikkilometer Inselmasse, und unter 200 Meter Wasser begraben.

11.10 Uhr. In den Leuchtturm an der Westspitze Javas schlägt der Blitz ein, fährt durch die Ketten der dort arbeitenden Sträflinge und verbrennt sie. Serang auf Java meldet: Es regnet erst Bimsstein und dann Schlamm, unter dessen Last die Äste von den Bäumen brechen.

In Batavia herrscht Nacht. Die Hühner gehen schlafen, die meisten Europäer räumen die Büros und fahren mit ihren Kutschen heim zu ihren Villen, mit brennenden Laternen und gespenstisch leise auf der zentimeterdicken Ascheschicht. Die Temperatur liegt bei 22 Grad – sieben Grad niedriger als zur selben Zeit am Tag davor und am Tag danach. Das Telegraphenkabel zwischen Batavia und Singapur ist zerrissen.

11.30 Uhr. Der vierte Tsunami. Er trifft vor allem die Semangka-Bucht auf Sumatra, 125 Kilometer nordwestlich des Krakatau; mindestens 3000 Menschen bringt er um.

12.30 Uhr. Im drei Kilometer langen „Havenkanaal", der die Kais von Batavia mit dem offenen Meer verbindet, steigt das Wasser jäh um 2,35 Meter, reißt einen Teil der Mauern weg, die den Kanal säumen, und überschwemmt die tiefer liegenden Straßen einen Meter hoch. Menschen rennen um ihr Leben. Eine Stunde später stehen nur noch Pfützen im Kanal, der Meeresspiegel ist um 3,15 Meter unter Normalnull gesunken, das heißt um fünfeinhalb Meter gegenüber der Flut – der Sog der verschluckten Insel Krakatau.

Der Kapitän des britischen Seglers „Bay of Naples", 220 Kilometer südwestlich von Java, meldet: „Die Strömung trägt 150 Leichen vorbei, auch tote Tiger und entwurzelte Bäume."

12.42 Uhr. Der Donner der großen Eruption von 9.58 Uhr kommt in Manila an, der 2880 Kilometer entfernten Hauptstadt der Philippinen. Die Hafenbehörden glauben an Kanonensalven und rätseln, ob es sich um ein Gefecht oder um das Signal eines Schiffes in Seenot handelt.

13.30 Uhr. An der Südwestküste von Ceylon (heute Sri Lanka), 3100 Kilometer vom Krakatau entfernt, geschieht „etwas Außerordentliches", wie der Korrespondent des „Ceylon Observer" festgehalten hat: „Das Meer zog sich für drei Minuten bis an den Fuß der

Hafenmole zurück und ließ viele Boote auf dem Trockenen, Kulis griffen nach Fischen und Garnelen. Das geschah noch zweimal."

In London geht am Nachmittag ein Telegramm aus Batavia ein, das die „Kölnische Zeitung", Deutschlands führendes Intelligenzblatt, in ihrer Morgenausgabe vom 28. August zitiert: „Auf der vulcanischen Insel Krakatoa in der Sundastraße haben in der vergangenen Nacht furchtbare Erdausbrüche stattgefunden. Die Feuererscheinungen waren in Batavia sichtbar. Serang ist vollständig in Dunkelheit eingehüllt, aus den Kratern ausgeworfene Steine sind dort niedergefallen. Auch in Batavia herrschte fortwährend vollständige Finsternis und alle Gaslaternen waren gestern abend verlöscht. Der Verkehr mit Anjer ist unterbrochen und man hegt Befürchtungen für diesen Ort."

Die Leser erfahren das auf Seite 2, unter „Vermischte Nachrichten", und zwar an dritter Stelle: Wichtiger war der „Kölnischen Zeitung" offenbar, daß in Erpel „ein des Schwimmens unkundiger Knabe im Rheine ertrunken" sei und daß man in der Pfalz „zur allgemeinen Heiterkeit" einen irrtümlich verhafteten Professor wieder freigelassen habe. Schnelle Nachrichtenverbindungen – das heißt eben noch nicht, daß die Journalisten schon imstande sind, in der neuen Informationsflut vernünftige Leuchtfeuer aufzustellen.

13.48 Uhr. Das Getöse von 9.58 Uhr hat den größten Teil des Indischen Ozeans überquert und erreicht die Insel Rodriguez östlich von Madagaskar, 4653 Kilometer vom Krakatau entfernt. Von keinem anderen Lärm auf Erden ist überliefert, daß er je eine solche Distanz überbrückt hätte. Es ist, als ob man in New York eine Explosion in San Francisco mit bloßem Ohr vernähme oder in Hamburg eine in Nigeria, über die Sahara, das Mittelmeer und die Alpen hinweg.

14.00 Uhr. In Batavia hört der Aschenregen auf. Langsam wird es hell, graue Asche liegt acht bis zehn Zentimeter dick in den Straßen, dazu die Äste, die unter dem Gewicht der Asche gebrochen sind. Die Hähne verkünden einen neuen Tag.

15.00 Uhr. Nun trifft es die „Berbice" noch einmal, die vor 33 Stunden mit den Feuerkugeln als erste das Nahen des Unheils zu spüren bekam. Um sie herum ist weiterhin Nacht. Das Schiff hat Schlagseite, weil viele Tonnen Asche in der Takelage kleben. Da fegt aus der stürmischen See ein sechs Meter hoher Brecher übers Deck und macht den Rumpf in seiner ganze Länge zittern; alle Chronometer bleiben stehen. Nur im Schein der Blitze sieht die Mannschaft ihr Gespensterschiff.

Um 16 Uhr setzt auf den Kokosinseln im Indischen Ozean, mehr als 1100 Kilometer vom Krakatau entfernt, ein zweitägiger Aschenregen ein. Um 21 Uhr fällt in Bombay, mehr als 4500 Kilometer west-lich des Krakatau, der Meeresspiegel so plötzlich, daß Tausende von Fischen zurückbleiben und von Passanten gegriffen werden können. In Batavia ist kurz vor Mitternacht ein letztes Rumpeln zu verneh-men. In der Nacht zum 28. August steht der Mond sichtbar am Him-mel und beleuchtet Land und Meer so hell, wie die Sonne es zwei Tage lang nicht vermochte.

Dienstag, 28. August. Zum erstenmal bricht wieder ein richtiger Tag an. Die Sundastraße zwischen Sumatra und Java, an der schmal-sten Stelle 22 Kilometer breit, ist lückenlos durch einen zwei Meter dicken Bimsstein-Teppich verstopft, auf dem all das liegt, was die Riesenwogen mit zurück ins Meer gerissen haben: Bäume, Balken, Bretter, Türen, Trümmer aller Art – und Zehntausende von Kadavern, Menschen, Pferde, Büffel, Ziegen und auch Haie.

Erst vier Tage später, als die Meeresströmung etwas Luft geschafft hat, kann das erste Schiff sich knirschend eine Rinne bahnen. Die Zu-fahrt zu dem Strand, auf dem sich bis vor kurzem das Städtchen Te-lukbetung erhob, ist gar bis zum 7. September durch eine vier Meter dicke Bimssteinschicht blockiert. 2260 Menschen sind hier getötet worden.

In Katimbang, dem Ort, aus dem die Beyerincks flohen, sind 1000 Menschen ertrunken und 2000 durch glühende Asche verbrannt. Nach zwei Wochen sind 700 Leichen noch nicht beerdigt, Fliegen ha-ben sich auf ihnen niedergelassen. Nahe den Kadavern etwa 1000 Überlebende, aus den Bergen zurückgekehrt, viele von Brandwunden entstellt, alle dem Verhungern nahe. Es gibt keine Pflanze mehr in den Küstenregionen von Sumatra und Java, die dem Krakatau zuge-wandt sind, nur Bimsstein, Schlamm und Asche. Pferde, Büffel, so-gar Wildschweine durchstöbern die Wüste auf der Suche nach Was-ser. Wo es noch welches gibt, schmeckt es nach Schwefel.

Vom Krakatau selbst sind vier kleine, noch qualmende Inseln geblieben, von Schlacke und Asche bis zu 70 Meter hoch bedeckt; mehrere andere Erhebungen sind durch den Schlackeregen aus den flachen Gewässern der Umgebung gewachsen. Weit über fünf Kubik-kilometer Asche hat der Vulkan in die Luft geblasen und den größe-ren Teil auf 800 000 Quadratkilometern ausgestreut, mehr als der doppelten Fläche Deutschlands; der kleinere reist um die Erde.

Lange vor der Asche kommt die Luftdruckwelle. Den Meteorolo-gen in aller Welt bietet sie ein Schauspiel, wie es kein zweites ge-geben hat, und 70 Jahre später wird sie bei der internationalen

Diskussion über die möglichen Folgen von Wasserstoffbomben-Explosionen als warnendes Beispiel zitiert.

Während der Schall immerhin den Indischen Ozean überbrückt, ehe er nach knapp vier Stunden verebbt, breitet sich die Druckwelle mit annähernder Schallgeschwindigkeit kreisförmig über den gesamten Erdball aus. 19 Stunden nach der gewaltigsten der vier Explosionen prallen die Wellen in Kolumbien wieder aufeinander, am „Gegenüber" der Vulkaninsel auf der Erdkugel. Hier reflektieren sie einander und laufen nach Sumatra zurück.

Den Menschen wird diese Welle nicht bewußt, aber die Barometer registrieren sie jeweils durch einen plötzlichen Druckanstieg, und das viermal auf ihrem Lauf nach Kolumbien und dreimal gleichsam auf dem Heimweg zum Krakatau, siebenmal also in fünfeinhalb Tagen. Hinter einem Vulkanausbruch, der dieses leistet, steckt eine Energie von 100 bis 150 Megatonnen des Sprengstoffs TNT – das Doppelte der größten Wasserstoffbombe, die jemals detonierte.

Später als die Luftwelle trifft die Seewelle ein, sie reist nur mit 500 bis 600 Kilometern in der Stunde. In der Nacht zum 28. August läßt sie in Port Elizabeth in Südafrika, 7500 Kilometer vom Krakatau entfernt, den Meeresspiegel um 66 Zentimeter steigen. In Europa kommt die Welle nur noch in solch schwacher Höhe an –12 Millimeter in Le Havre am Abend des 28. August–, daß zu ihrer Messung zweierlei vonnöten ist: sehr feine Instrumente und ein Wille zur scharfen Beobachtung, den es ohne die telegraphischen Berichte vom Krakatau nicht hätte geben können.

Länger noch als Luft- und Seewelle braucht die Asche bei ihrem Rundflug um die Erde. Ihre geschätzte Menge: 300 Millionen Tonnen; die geschätzte Geschwindigkeit: 5000 Kilometer pro Tag, vom Jetstream getrieben, der Strahlströmung in durchschnittlich zehn Kilometer Höhe.

Was die Asche bewirkt, das können mindestens drei Viertel aller damals 1,4 Milliarden Menschen mit eigenen Augen sehen. Was in hundert Kilometer Umkreis schwarze Nacht und erstickenden Regen verbreitet hat, teilt sich Europäern und Amerikanern, Asiaten und Australiern monate-, ja jahrelang als lodernder Abendhimmel in allen Farben des Regenbogens mit – vor allem in Rubinrot, Blutrot, Purpur, Lila, Lachs- und Bernsteinfarben.

Bedrohlich finden das die einen, hingerissen sind die anderen, und oft bleibt umstritten, ob es der Widerschein eines nahen Feuers ist oder ein rätselhaftes kosmisches Ereignis – oder gar die Schleifspur des fernen Krakatau?

Auf den Seychellen im westlichen Indischen Ozean geht am 28. August, dem Tag nach dem Desaster, die Sonne verschleiert auf „wie an einem frostigen Morgen in England", und tags darauf sieht sie mehr aus wie der Mond. Auf Ceylon wird sie als grün am Morgen und blau am Mittag geschildert.

Am 2. September schreibt ein Einwohner von Trinidad in der Karibik an die „Times" in London: „Heute am späten Nachmittag sah die Sonne wie eine blaue Kugel aus, und nachdem sie untergegangen war, leuchtete der Himmel derart rot, daß wir glaubten, es brenne in der Stadt." Auf den Karolinen nördlich von Neuguinea ist die Sonne am 7. September „von krankem grünlichen Blau, als hätte sie die Pest".

In Batavia sind inzwischen die Hilfsmaßnahmen angelaufen. Dampfer mit Lebensmitteln, Tierfutter, Trinkwasser und Kleidung verlassen den Hafen, auch mit Petroleumfässern, um Kadaver zu verbrennen – dort, wo sie in Massen herumliegen. Einzelne Leichen werden begraben, zweieinhalb Gulden können sich die Einheimischen mit jedem beglaubigten Begräbnis verdienen. Noch weiß niemand, wie viele Menschen wirklich umgekommen sind.

Die Bimssteinteppiche treiben mit durchschnittlich 23 Kilometern pro Tag träge über den Indischen Ozean nach Westen, aber dick verharren andere in der Sundastraße. Anfang Oktober berichtet ein Matrose: „Zehn Tage lang segelten wir durch Bimssteinfelder. Zwei Tagesreisen hinter Anyar schlugen Hunderte und Aberhunderte von Leichen gegen das Schiff, die meisten nackt."

Ihre erstaunlichsten optischen Wirkungen ruft die Asche des Krakatau in aller Welt erst Ende November hervor. Was am 27. November, genau drei Monate nach dem Drama, in New York geschieht, liest sich tags darauf so in der „New York Times": „Kurz nach 17 Uhr entzündete sich der westliche Horizont zu einem leuchtenden Scharlachrot. Die Menschen auf den Straßen waren bestürzt über diesen unglaublichen Anblick, versammelten sich in kleinen Gruppen an allen Ecken und starrten nach Westen. Viele glaubten, das sei eine Feuersbrunst, die gerade Staten Island oder die Küste von New Jersey verwüste. Die Wolken verfärbten sich langsam ins Blutrote und mit ihnen das Meer. Schließlich gingen die leuchtenden Farben in ein mattes Rosa über, das langsam in der Dunkelheit verschwand."

In Poughkeepsie, nördlich von New York, läuten bei Sonnenuntergang die Feuerglocken: Der Himmel glüht fast bis zum Zenit. Auch in New Haven im Staat Connecticut galoppiert die Feuerwehr dem flammenden Horizont entgegen.

Wann aber setzt sich die Einsicht durch, daß dies die Reflexe der Asche vom Krakatau beim vermutlich zwölften Umlauf um die Erde sind – und gar die Folgerung daraus, daß auf unserem Planeten alles mit allem zusammenhängt, Luft, Land, Meer und Sonnenuntergang? Die erste schon bald, die zweite so recht erst rund hundert Jahre später. Da bestätigt sich die These der Kulturphilosophen, daß der Geist des Menschen dazu neigt, weit hinter seinen eigenen technischen Erfindungen zurückzubleiben.

Im Herbst 1883 freilich hat die Wissenschaft noch längst nicht bewiesen, daß es der Krakatau ist, der die New Yorker das Fürchten lehrt. Manche Experten tippen auf Meteorschwärme. Erst am 20. Dezember, knapp vier Monate nach der Katastrophe, stellt die angesehene Zeitschrift „Nature" fest, der Zusammenhang mit der Eruption in der Sundastraße habe sich „definitiv bestätigt".

Die „New York Times" ist davon nicht beeindruckt; sarkastisch schlägt sie fünf Tage später vor, es sollten endlich wissenschaftliche Expeditionen zu allen Orten mit feuerrotem Horizont ausgerüstet werden, nach Paris, Wien, Rom und Peking: „Mit einer geschickten Lobby sollte es mehreren hundert Wissenschaftlern möglich sein, sechs Monate lang auf Regierungskosten herumzureisen. Die Öffentlichkeit möchte die Sonnenuntergänge schließlich erklärt haben."

Einige der Bimsstein-Teppiche haben unterdessen, im Dezember 1883, immer noch eine Länge von 2000 Kilometern. Der Kapitän des Dampfers „Bothwell Castle" notiert: „Manchmal waren die Massen so dick, daß Matrosen auf ihnen herumspazierten. Wenn wir Fahrt machten, gab es ein ständiges Knattern und Knirschen."

Von einem anderen Dampfer wird berichtet: „Eine Eisenstange, die wir hinunterwarfen, blieb auf dem Bimsstein liegen. Das Schiff bahnte sich eine Fahrrinne, die sich hinter ihm sofort wieder schloß. Es war, als dampften wir wie ein Pflug durch trockenes Land."

Und von einem dritten Schiff, 4200 Kilometer westlich des Krakatau: „Die größeren Bimssteinbrocken waren mit Muscheln derart bepackt, daß wir uns fragten, ob sie noch lange schwimmen würden." Zwischen den Muscheln tummeln sich unzählige Kriechtiere, zwischen den Brocken „ruderten Legionen von Krebsen".

Was den Grund der aufregenden Sonnenuntergänge angeht, so läßt die „New York Times" nicht locker. Am 23. Januar 1884, fünf Monate nachdem es den Krakatu zerrissen hat, schreibt sie: „Auf Long Island hat ein Wissenschaftler den Staub in der Atmosphäre durch ein raffiniertes Experiment geprüft: Zwei Nächte lang ließ er seine Brille im Freien liegen. Es schlug sich jedoch kein Staubpartikel auf ihr nieder. Also wird niemand, der etwas von Brillen versteht, noch behaupten können, daß Staub vom Krakatau in nennenswertem Umfang in der Atmosphäre wäre."

In Wirklichkeit bleibt er dort mehr als drei Jahre lang. Der englische Maler William Ascroft hält zwischen dem 26. November 1883 und dem 13. September 1886 in 530 Pastellskizzen fest, wie die Asche aus der Sundastraße den Himmel leuchten läßt und zuletzt noch die Sonne mit einem kupferroten Hof versieht.

Die Erde kühlt sich im ersten Jahr nach der Explosion im Durchschnitt um 0,5 Grad ab, erst 1888 ist die Normaltemperatur wiederhergestellt. Die Reste des Krakatau werden von Experten vieler Nationen durchstreift, erforscht, vermessen. Schon im Mai 1884 entdecken französische Wissenschaftler eine winzige rote Spinne in der Lava-Wüste einer der Rest-Inselchen. Zwei Jahre später haben sich 34 Pflanzenarten angesiedelt, 1897 gibt es wieder eine dichte Pflanzendecke. Der alte Tropenwald aber hat sich auf diesen Inseln bis heute nicht vollständig erholt.

Im Dezember 1927 wird es auf der Inselgruppe erneut unruhig, und 1928 steigt gar ein neues Inselchen aus den Fluten empor, „Kind des Krakatau" genannt. Dreimal versinkt es wieder, viermal steigt es empor. Heute ist es auf 200 Meter Höhe angewachsen, oft brummend und Schwefeldämpfe speiend: Dabei kommt 1993 eine amerikanische Touristin ums Leben (man kann Motorboot-Ausflüge unternehmen von einem Hotel an Javas Westküste, das Krakatau-Souvenirs pflegt und am Wochenende überschwemmt wird von Touristen aus Jakarta, dem früheren Batavia).

Bis zu einer neuen großen Eruption wird sich der Krakatau vielleicht noch einmal hundert Jahre Zeit lassen. Wann und wo aber wird die Erde das nächste Mal ihren immer wieder verblüfften Bewohnern deutlich machen, daß sie eine Feuerkugel mit einer erschreckend dünnen Kruste ist?

Schon in neun Kilometer Tiefe stießen die Bohrer von Windischeschenbach in Bayern 1994 auf Gestein, das 300 Grad heiß und zähflüssig wie Honig war – und was sind neun Kilometer? Ein Siebenhundertstel der Entfernung zum Mittelpunkt der Erde. Und auf diese erbärmlich dünne Haut bauen wir Wolkenkratzer und Bausparhäuschen, am liebsten „für die Ewigkeit", wie wir bei Domen und Pyramiden sagen. Woher nehmen wir so viel Vertrauen?

Daher vor allem, daß wir, gemessen an den Zeitabständen geologischer Katastrophen, nur Eintagsfliegen sind mit unseren 80 Lebensjahren. Es ist die Kürze unseres Daseins, die uns zu der Illusion verführt, er verspreche uns Beständigkeit – dieser im Innern kochende Planet, dem nicht etwa die Kruste die annähernde Kugelgestalt bewahrt, sondern die Rotation.

Wollte man einen Globus zu einem wirklich realistischem Modell der Erde machen, so dürfte er natürlich nicht hohl und schon gar nicht aus Pappe sein: Aus Eisen, Nickel, Stein wäre er zu formen, und das hieße, daß er bei einem Meter Durchmesser fast drei Tonnen wöge. Und ein Motor müßte ihn in permanenter Drehung halten, sonst sänke er langsam und zischend zu einem Pfannkuchen zusammen, von Flammen umzüngelt, nach Schwefel stinkend und bis zu 7000 Grad heiß.

So ist sie, die alte Erde, und hin und wieder erzählen uns Vulkane die Wahrheit über sie. (1995)

Die Autoren

JÖRG-UWE ALBIG, 36, arbeitete bei *art* und *stern*, seit 1990 freier Autor, vor allem für GEO. Lebt in Berlin. Seine besonderen Interessen sind die Kultur, der Alltag und ihre Überschneidungspunkte.

ANDREAS ALTMANN, 46, war u. a. Hausmeister, Nachtportier, Schauspieler, ehe er zu schreiben begann. 1991 Egon-Erwin-Kisch-Preis (1. Preis). Lebt in Paris. Eine Sammlung von Afrika-Reportagen (*Weit weg vom Rest der Welt*) erscheint im Oktober 1996 bei Rowohlt.

REINHARD BREUER, 50, habilitierter Physiker, war 1984 bis 1990 GEO-Redakteur. Seither bei Daimler-Benz, Stuttgart, verantwortlich für Technologie-Publikationen. 1990 GEO-Buch *Mensch + Kosmos*.

WIBKE BRUHNS, 58, war Redakteurin bei ARD und ZDF, *stern*-Reporterin, Autorin, Talkmasterin, Anchorwoman. Seit 1995 TV-Kulturleiterin beim ORB. 1988 Egon-Erwin-Kisch-Preis (3. Preis) für die hier abgedruckte Reportage über das Vietnam Veterans Memorial in Washington.

CARMEN BUTTA, 34, gebürtige Italienerin, lebt als freie Autorin für Zeitschriften und TV in Hamburg.

PETER-MATTHIAS GAEDE, 45, war Reporter der *Frankfurter Rundschau*, ehe er 1983 zu GEO kam. Seit 1994 dort Chefredakteur. 1981 Theodor-Wolff-Förderpreis, 1985 Egon-Erwin-Kisch-Preis (1. Preis).

BARTHOLOMÄUS GRILL, 42, war von 1987 bis 1993 Politikredakteur der *Zeit*, seither Afrika-Korrespondent für die *Zeit* und andere Periodika in Johannesburg.

KLAUS IMBECK, 53, arbeitete von 1967/68 als Zeichner für das Satiremagazin *pardon*, danach als Reporter für den *stern*, von 1976 bis 1991 GEO-Autor. Lebt seit 1994 auf einer Insel im Golf von Neapel.

RAINER JOEDECKE, 56, war lange Fotograf, ehe er ab 1976 begann, Textreportagen zu erarbeiten – anfangs vor allem für GEO. Lebt als freier Autor in Berlin.

ERWIN KOCH, 40, war 1984 bis 1990 Redakteur beim *Züricher Tages-Anzeiger-Magazin*, seither freier Autor. Egon-Erwin-Kisch-Preis 1988 (3. Preis) und 1996 (1. Preis). Zürcher Journalistenpreis 1992 und 1995. Lebt in Hitzkirch, Schweiz.

GERRIT KOMRIJ, 51, ist einer der bekanntesten holländischen Literaten. Er lebt zurückgezogen in den Bergen Nordportugals.

BENNO KROLL, 65, verließ 1968 seinen Industriejob und lebte zwei Jahre als Hippie. Danach Reporter für *Twen*, *stern*. 1978 bis 1982 GEO-Redakteur. Seither Schriftsteller und Autor von TV-Dokumentationen. Kisch-Preisträger 1979 (3. Preis) für die hier abgedruckte Reportage „Charlys treuer Killer". Lebt in Berlin.

JÜRGEN NEFFE, 40, promovierter Biologe, arbeitete 1986 bis 1994 für GEO und GEO-Wissen. Seither Reporter beim *Spiegel*. Kisch-Preisträger (3. Preis) 1991 für „Der Fluch der guten Tat", nachgedruckt in diesem Band. Lebt in New York.

JENS REHLÄNDER, 33, ist seit 1987 Redakteur bei GEO. 1985 Herbert-Weichmann-Preis für eine New-York-Reportage. Lebt in Hamburg.

CHRISTOPH REUTER, 28, war Redakteur bei *Wochenpost* und *stern*, lebt seit 1996 als freier Autor in Hamburg.

JOHANNA ROMBERG, 38, ist seit 1987 Redakteurin bei GEO. Kisch-Preisträgerin 1987 (2. Preis) sowie 1993 (3. Preis) für „Karlagin – bitte 4x klingeln". Lebt in Hamburg.

PETER SARTORIUS, 59, ist seit 1957 Zeitungsredakteur. Seit 1973 bei der *Süddeutschen Zeitung*, zuletzt als Leitender Redakteur. Kisch-Preisträger 1977 (1. Preis), 1978 (2. Preis), 1983 (1. Preis), Theodor-Wolff-Preisträger. Ein Band mit Reportagen über den Balkankrieg, *Seiltanz über den Fronten,* erscheint im Herbst .

PETER SCHILLE, Jahrgang 1940, war Redakteur bei der *Münchner Abendzeitung* und der *Zeit*, ehe er 1976 zu GEO kam. 1985 wechselte er zum *Spiegel*. 1987 Kisch-Preisträger (1. Preis). Im April 1991 starb Peter Schille.

WOLF SCHNEIDER, Jahrgang 1925, hat 18 Sachbücher geschrieben. Er war Korrespondent der *Süddeutschen Zeitung* in Washington, Verlagsleiter des *stern*, Chefredakteur der *Welt*, Moderator der NDR-Talkshow und von 1979 bis 1995 Leiter der Hamburger Journalistenschule. Lebt seit 1995 auf Mallorca, bücherschreibend.

HERMANN SCHREIBER, Jahrgang 1929, war Redakteur bei der *Stuttgarter Zeitung* und Reporter beim *Spiegel*, ehe er 1979 GEO-Chefreporter wurde. Von 1987 bis 1992 Chefredakteur von GEO. Moderator der NDR-Talkshow von 1981 bis 1993 und Sachbuchautor (*Das gute Ende. Wider die Abschaffung des Todes*, Rowohlt 1996). Lebt in Hamburg.

ALEXANDER SMOLTCZYK, 37, war Redakteur und Korrespondent der *tageszeitung*, später der *Wochenpost*. Seit 1996 freier Autor und regelmäßiger Mitarbeiter von GEO. Kisch-Preisträger 1994 (2. Preis) und 1995 (1. Preis). Lebt in Berlin.

HANNE TÜGEL, 43, war freie Autorin und Redakteurin der *Woche*, ehe sie 1995 zu GEO kam. Lebt in Hamburg.

JOHANNA WIELAND, 38, arbeitete von 1988 bis 1992 für das *Greenpeace-Magazin*. Seit 1993 Redakteurin bei GEO. 1995 ausgezeichnet mit dem Deutschen Umweltpreis für Publizistik. Lebt in Hamburg.

Lust auf mehr?

Seit über 20 Jahren lassen die Berichte und Fotos renommierter Reporter und Fotografen GEO–Leser die Welt mit anderen Augen sehen. Sie werden jeden Monat Augenzeuge überraschender, spannender und schöner Geschichten. Eine Auswahl der Reportagen aus GEO findet sich in diesem Buch.
Sie möchten mehr aus der Welt von GEO lesen? Ihr kostenloses Probeheft liegt für Sie bereit.
Fordern Sie es einfach mit dem Coupon ab oder rufen Sie uns an.